Mit der Bibel durch das Jahr 2025

Mit der Bibel durch das Jahr 2025

Ökumenische Bibelauslegungen

Herausgegeben von
Nikolaus Schneider
unter Mitwirkung von
Franz-Josef Bode
Jochen Cornelius-Bundschuh
Maria Jepsen
Emmanuel Sfiatkos
Rosemarie Wenner
Heiner Wilmer

KREUZ kbw bibelwerk

Redaktion
Dr. h.c. Nikolaus Schneider
Präses a.D. und Ratsvorsitzender der EKD a.D.

MIX
Papier | Fördert gute Waldnutzung
FSC® C014496

www.verlag-kreuz.de
Koproduktion mit dem Verlag Katholisches Bibelwerk GmbH, Stuttgart
www.bibelwerkverlag.de
Umschlagkonzeption: wunderlichundweigand, Schwäbisch Hall
Umschlaggestaltung: Verlag Herder
Umschlagmotiv: t0m15/AdobeStock
Satz: Arnold & Domnick GbR, Leipzig
Druck und Bindung: GGP Media GmbH, Pößneck

Printed in Germany

ISBN 978-3-451-60129-3 (Verlag Kreuz)
ISBN 978-3-460-20255-9 (Katholisches Bibelwerk)

Inhalt

Liebe Leserinnen und Leser!

Zu Beginn jeden Jahres geht es um gute Vorsätze. Von anderen empfohlen oder von uns selber aufgestellt. Was sollen, wollen wir leisten, erleben – und was nicht? Die kürzeste Bündelung aller Vorstellungen liegt für mich in der alten Bezeichnung: annus Domini. Es möge ein Jahr des Herrn sein, unter Gottes Segen. So wie die Sternsinger Anfang des Jahres vielerorts unterwegs sind und den Segen Gottes anderen wünschen. Sie singen und erzählen die biblische Geschichte von den Weisen und ihren Gaben. Dazu machen sie diesen Wunsch nach dem Segen Gottes an den Häusern sichtbar: CMB mit der Jahreszahl. Christus mansionem benedicat. Christus segne das Haus – und alle, die da ein- und ausgehen. Und wie die Kinder für andere Kinder auf der ganzen Welt singen und sammeln, so möge Gott allen seinen Menschenkindern und Geschöpfen Segen schenken.

Statt 20*C*M*B*25 (es erinnert auch an die später so benannten Weisen oder Könige: Caspar, Melchior, Balthasar) kann es aber auch heißen: abc – annum benedicat Christus – Christus segne das Jahr. Das einfache ABC als Aufgabe für das ganze Jahr, von Anfang bis zum Ende. Spielerisch mit Texten umzugehen, das tut meist gut. So sagt es die Bibel: Die Weisheit spielte vor Gott (Weish 8), und wir werden zum Singen und Spielen vor und für Gott aufgefordert (Eph 5). Allein und mit anderen zusammen. Das verändert die eigene und allgemeine Stimmung. Wie gut, dass in unseren Kirchen noch viel gesungen wird, anders als sonst in unserer Gesellschaft. Dazu muss man nicht besonders musikalisch sein. Einfach loslegen: dabei vielleicht auch Neues wagen und Altes wiederentdecken, unter dem Horizont Gottes sich unterwegs wissen. Tag und Nacht, Sommer und Winter. Ein Lied auf den Lippen oder nur im Herzen macht alles leichter und weiter.

»Herr, dein Wort, die edle Gabe, diesen Schatz erhalte mir; denn ich zieh es aller Habe und dem größten Reichtum für. Wenn dein Wort nicht mehr soll gelten, worauf soll der Glaube ruhn? Mir ist's nicht um tausend Welten, aber um dein Wort zu tun.« Vor genau 300 Jahren, anno Domini 1725, schrieb Nikolaus Ludwig von Zinzendorf dieses Lied (EG 198). Es ist ein Jahreswunsch, ein Lebenswunsch. Für mich zumindest. Und so Gott will, für alle Menschen, jung und alt, nah und fern.

Zu singen und mit Gottes Wort sich auf den Weg zu machen, das war dem lutherischen Theologen Zinzendorf wichtig. So gab er am 3. Mai 1728 seiner Brüdergemeine in der »Singstube« die erste Losung mit auf den Weg: »Liebe hat ihn hergetrieben, Liebe riss ihn von dem Thron, und ich sollte ihn nicht lieben?« Der Grundstock für die Herrnhuter Losungen wurde damit gelegt, kurze Bibeltexte aus beiden Testamenten. Sie gelten inzwischen als überkonfessionell, verfasst und gelesen von Christen und Christinnen aller Konfessionen, weltweit.

Spielerisch mit kleinen Bibelstellen und größeren Bibeltexten umgehen, das reizt mich immer wieder. Das geschieht in unseren Auslegungen, den sorgfältig und theologisch klug erarbeiteten, ebenso wie in der fast nebenbei gelesenen, morgendlichen Kenntnisnahme einzelner Worte oder längerer Texte. Was bleibt hängen? Was klingt sich ein in meinen Tagesbereich? Was sickert einfach ein ohne besondere Deutungsmuster? Was ärgert mich, Sie? Rückmeldungen und Gespräche können dabei den Texten und der eigenen Seele Bereicherung geben.

Als ich vor 30 Jahren in den Herausgeberkreis der Ökumenischen Bibelauslegungen eingeladen und aufgenommen wurde, war ich die einzige Frau noch und die anderen älteren Herren waren kirchenleitende Mitglieder der evangelischen und römisch-katholischen Kirche. Ein bisschen hat sich das geändert. Längst ist meine methodistische Bischofsschwester dabei und nun endlich auch ein orthodoxer Bischof. In Folge dann auch orthodoxe Ausleger und Auslegerinnen. Eine längst fällige ökumenische Erweiterung und Bereicherung, auch digital abrufbar – und doch: So modern diese Bibellese auch gestaltet werden mag – sie ist zum ganz normalen alltäglichen sowie festtäglichen Gebrauch da, für jeden Tag, für das ganze Jahr. Ökumenische, christliche Wegzeichen, Segenshinweise für uns und alle Welt.

Auch wenn ich den Herausgeberkreis nun verlasse, ich gebe zu, auch mit Wehmut, aber alles hat eben seine Zeit. Ganz gewiss werden die Ökumenischen Bibelauslegungen mich täglich weiter begleiten und anregen – sub conditione Jacobaea / So Gott will und wir leben (Jak 4,15).

Dass auch Sie Freude daran haben und mitmachen und sich anstecken lassen von den biblischen Texten und unseren Auslegungen, das wünsche ich Ihnen.

Bischöfin a.D. Maria Jepsen

Hinweise zum Gebrauch dieses Buches

Die Lesungen des Tages folgen dem Bibelleseplan der »Ökumenischen Arbeitsgemeinschaft für Bibellesen«, den wir in diesem Band abdrucken (ab Seite 432) und worin auch die Zeiten des Kirchenjahres berücksichtigt werden. Ziel des Bibelleseplans ist es, im Laufe der Jahre die wichtigsten Texte der Bibel kennenzulernen. Um ein vertieftes Verständnis der biblischen Schriften zu ermöglichen, finden Sie in diesem Buch zum ersten Mal eine Erklärung zu den biblischen »Urschriften«. Die deutschen (und auch die anderssprachigen) Übersetzungen der Bibel verdanken sich dem hebräischen und griechischen Text der Bibel. Eine Beschreibung der Entstehung dieser »Urtexte« soll Ihnen verdeutlichen, auf welch lange und auch zuverlässige Tradition die Übersetzerinnen und Übersetzer der Bibel zurückgreifen können. Das gilt in gleicher Weise für den lateinischen Urtext, der für alle Übersetzungen in der katholischen Kirche von letztentscheidender Bedeutung ist. Und es gilt auch für die griechische Übersetzung der Hebräischen Bibel, die für alle Orthodoxen Kirchen die verbindliche Textfassung unseres »Alten Testamentes« bietet. Bisher fanden Sie Einführungen zu allen biblischen Büchern, die in »Mit der Bibel durch das Jahr« ausgelegt werden. Wegen der Einführung zu den »Urtexten« werden wir Ihnen diese Lektüre nicht vollständig ermöglichen können. Die fehlenden Einführungen finden Sie aber im Ergänzungsband »Mit der Bibel durch das Jahr – Einführung in die biblischen Bücher«. In ihm sind alle Einführungen der letzten Jahre gesammelt. Für alle an den Fragen nach Herkunft, Inhalt und Verfasser der biblischen Bücher Interessierten bietet dieses Buch einen schnellen und gut lesbaren Zugriff.

Am besten beginnen Sie mit der Lektüre des Bibeltextes selber und legen dazu die Lutherbibel oder die Einheitsübersetzung (in möglichst aktuellen Übersetzungen) an einen festen Platz in Ihrer Wohnung. So vorbereitet, greifen Sie zu den Auslegungen im vorliegenden Band, denen ein Gebetstext beigegeben ist.

Wir haben die Jahreslosung an den Beginn des Bandes gestellt. Dort finden Sie auch die Monatssprüche (Seite XII). Die Gebete (Morgen- und Abendgebete) für jeden Tag der Woche wurden von der Abtei Königsmünster in Meschede verfasst (von P. Maurus Runge OSB, P. Guido Hügen OSB, Br. Benjamin Altemeier

OSB, Br. Benedikt Müller OSB, P. Johannes Sauerwald OSB; ab Seite 416). Die Gebete auf dem Lesezeichen haben meine Frau Anne Schneider und ich formuliert.

Im Anhang finden Sie:

- ein Bibelstellenregister (ab Seite 439), welches das Auffinden der Auslegungen erleichtert,
- ein Verzeichnis der Mitarbeiterinnen und Mitarbeiter (ab Seite 443),
- ein Abkürzungsverzeichnis der biblischen Bücher (Seite 447),
- und ein Quellenverzeichnis (Seite 448), in dem vermerkt ist, woher jene Gebetstexte am Ende einer jeden Auslegung stammen, die nicht von den Autorinnen und Autoren selbst verfasst wurden.

Die Schreibweise der biblischen Namen folgt dem »Ökumenischen Verzeichnis der biblischen Eigennamen« nach den Loccumer Richtlinien.

Der Verlag hat es dankenswerter Weise ermöglicht, »Mit der Bibel durch das Jahr« auch elektronisch zu nutzen und im Abonnement beim Herder-Verlag zu beziehen. Dadurch ergeben sich weitere Nutzungsmöglichkeiten, die zum Beispiel das Blättern und Nachschlagen überflüssig machen. Der Stärken der elektronischen Datenverarbeitung sollen Sie sich auf diese Weise erfreuen können. Für Rückmeldungen zu den Bibelauslegungen sind wir dankbar. Am besten erfolgen diese Rückmeldungen an die Redaktion, die sie an die betreffenden Autorinnen und Autoren weiterleitet. Hinweise zur Verbesserung unserer Ökumenischen Bibellesehilfe können ebenfalls an die Redaktion erfolgen (redaktion@kreuz-verlag.de).

Ich wünsche Ihnen eine anregende Lektüre, die Ihnen in Zustimmung und Widerspruch auch neue Blickweisen auf einen Bibeltext eröffnet!

Ihr Nikolaus Schneider

Jahreslosung und Monatssprüche

Jahreslosung 2025

Prüft alles und behaltet das Gute!

1. Thess 5,21 (E)

Monatssprüche 2025

Januar

Jesus Christus spricht: Liebt eure Feinde; tut denen Gutes, die euch hassen! Segnet die, die euch verfluchen; betet für die, die euch beschimpfen!

Lk 6,27-28 (E)

Februar

Du tust mir kund den Weg zum Leben.

Ps 16,11 (L)

März

Wenn bei dir ein Fremder in eurem Land lebt, sollt ihr ihn nicht unterdrücken. *Lev 19,33 (E)*

April

Brannte nicht unser Herz in uns, da er mit uns redete?

Lk 24,32 (L)

Mai

Zu dir rufe ich, HERR; denn Feuer hat das Gras der Steppe gefressen, die Flammen haben alle Bäume auf dem Feld verbrannt. Auch die Tiere auf dem Feld schreien lechzend zu dir; denn die Bäche sind vertrocknet. *Joel 1, 19-20 (E)*

Juni

Mir aber hat Gott gezeigt, dass man keinen Menschen unheilig oder unrein nennen darf. *Apg 10,28 (E)*

Juli

Sorgt euch um nichts, sondern bringt in jeder Lage betend und flehend eure Bitten mit Dank vor Gott! *Phil 4,6 (E)*

August

Gottes Hilfe habe ich erfahren bis zum heutigen Tag und stehe nun hier und bin sein Zeuge. *Apg 26,22 (L)*

September

Gott ist unsere Zuversicht und Stärke. *Ps 46,2 (L)*

Oktober

Jesus Christus spricht: Das Reich Gottes ist mitten unter euch. *Lk 17,21 (L=E)*

November

Gott spricht: Ich will das Verlorene wieder suchen und das Verirrte zurückbringen und das Verwundete verbinden und das Schwache stärken. *Ez 34,16 (L)*

Dezember

Gott spricht: Euch aber, die ihr meinen Namen fürchtet, soll aufgehen die Sonne der Gerechtigkeit und Heil unter ihren Flügeln. *Mal 3,20 (L)*

Mit der Bibel durch das Jahr 2025

Alles Gute kommt von oben!

Psalm 19 stellt uns ein durch und durch positives Bild der Welt vor Augen. Ähnlich wie im ersten Text der Bibel (Gen/1 Mose 1) ist sie ein geordnetes Lebenshaus, mit Gott als ihrem strahlenden Souverän, der für Stabilität sorgt. Das zeigt sich zum einen an der zuverlässigen Abfolge von Tag und Nacht. Das zeigt sich auch an der Sonne, die einen festen Platz erhält, von dem aus sie immer wieder aufbrechen kann, um die Welt in Licht zu hüllen und so vor Dunkelheit und Chaos zu bewahren. Und das zeigt sich an der Gabe der guten Rechts- und Sozialordnung in Form der Tora. In diese gute Ordnung der Welt will sich auch das Ich des Psalms bergen und hofft auf Gottes Unterstützung und wohlwollende Zuwendung.

Trotz dieser Stabilität und Ordnung ist in dem Psalm alles in Bewegung. Die Begeisterung über Gottes Schöpfung lässt selbst die Himmel in Jubel ausbrechen und durchdringt zuletzt die ganze Erde. Ob hörbar oder unhörbar, ihre Botschaft gelangt überallhin und, wichtiger noch, setzt alles mit allem in Beziehung. Tag und Nacht begegnen einander und teilen ihre frohe Botschaft mit dem gesamten Erdkreis. Und auch die Sonne wird von ihrer Begeisterung mitgerissen und rast geradezu und entzündet alles, was ihr begegnet. Genauso dynamisch, trotz ihrer unvergänglichen Geltung und trotz ihrer Stabilität, ist die Ordnung Gottes für die Menschen, die Tora. Sie verändert, sie belebt, sie macht froh und klug.

Erst der letzte Absatz bringt einen neuen Ton in den Psalm. Er zeigt, wie wichtig diese dynamische und beglückende Stabilität der göttlichen Schöpfung für den an sich zweifelnden, ängstlichen, vor anderen zurückschreckenden Menschen ist, der sich nach genau dieser Sicherheit, Geborgenheit und Freude sehnt. So richtet sich der Blick scheu und zuversichtlich zugleich nach oben, zu Gott, wo das Gute seinen Ursprung hat.

ELISABETH BIRNBAUM

Herr, mein Gott, wie wunderbar ist deine Welt und wie dankbar bin ich, mich vertrauensvoll in deine Pläne fügen zu können. Zerstreue meine Ängste und Sorgen, die oft dieses Vertrauen überdecken und lass mich in den Jubel des Himmels einstimmen.

Einführung zum Lukasevangelium auf Seite 398ff.

Was lange währt …

Erlösung, Rettung, Heil – diese Begriffe verheißen Großes –, aber sie sind Abstrakta. Wir fragen: Wann, wie, wo soll das geschehen? Für Lukas ist all das kein überzeitliches, mythisches oder gar rein innerpsychisches Geschehen, losgelöst von allem Konkreten. Nein: Die Rettung geschieht inmitten konkreter menschlicher Geschichte, an einem konkreten Ort (am Jordan), ja, Lukas macht es so konkret, dass man das Auftreten Johannes' heute in die Zeit zwischen 27 und 29 datieren kann. Das Interesse des Lukas ist aber kein primär »historisches«, sondern er will damit die Bedeutung des Johannes für alle Welt (V. 6: alle Menschen!) herausstellen. Darum nimmt er mit den erwähnten Namen Bezug auf die damalige politische (V. 1) und die religiöse Welt (V. 2). Und er weist Johannes seinen Platz in der Heilsgeschichte Gottes mit den Menschen zu: als Prophet, der in den Fußstapfen und mit den Worten des großen Jesaja den Menschen die anbrechende Heilszeit ankündigen und sie darauf vorbereiten soll. Aus dieser historischen Einmaligkeit ist für uns längst Vertrautes und Gewohntes geworden. Jede Adventszeit – man denke nur an das Lied »Macht hoch die Tür« – will uns an diese Verheißung erinnern und uns von neuem in die Zeit der Erwartung stellen. Nur: Lassen wir uns – beinahe 2000 Jahre nach dem Auftreten des Johannes – noch darauf ein, »Erwartende« zu sein? Theologisch: Ja klar, wir leben im zweiten Advent vor der Wiederkunft des Herrn – aber das eben schon lange, lange Zeit. In früheren Zeiten war die Adventszeit als ein bewusstes Erwarten geprägt; das wachsende Licht des Adventskranzes mit seinen vier Kerzen, das im vollen Glanz des Christbaumes gipfelt, war eines dieser nachdrücklichen Zeichen. Heute ist er vielfach einer vorgezogenen Weihnachtszeit gewichen. War Ihr Advent vor wenigen Wochen eine solche Zeit der inneren Erwartung und Ausrichtung auf den kommenden Herrn?

HANS-CHRISTIAN NEIBER

Bereitet doch fein tüchtig den Weg dem großen Gast; macht seine Steige richtig, lasst alles, was er hasst; macht alle Bahnen recht, die Tal lasst sein erhöhet, macht niedrig, was hoch stehet, was krumm ist, gleich und schlicht. – Ja, Herr, das lass mich tun!

Eine ganz besondere Taufansprache

Würde heute ein/e Pfarrer/in eine Taufansprache im Stil des Johannes halten, mit einer Publikumsbeschimpfung (»Schlangenbrut«) beginnen und sie mit der Androhung ewiger Verwerfung (Feuer; vgl. V. 17) beenden, er/sie könnte sich sicher sein, darauf sehr unterschiedliche Reaktionen zu ernten – wohl aber nicht die, die Johannes' Predigt provoziert hat: nämlich viele Leute an sich zu ziehen und sie zu einer Lebensumkehr zu bewegen.

Umso erstaunlicher ist allerdings, was Johannes den Leuten dann rät, die ihn nach einem Leben in dieser Taufe fragen. Auf die äußerst bedrängende Gerichtspredigt folgt eine sehr »zahme« Ansage: Ressourcen selbstlos teilen und Zöllner und Soldaten sollen einfach anständig ihren Dienst tun, ohne sich zu bereichern oder ihre Macht zu missbrauchen. Das soll schon alles sein? Zur Zeit des Johannes war das aber, wie uns die Evangelien erzählen, in der Tat alles andere als selbstverständlich – und dass Johannes ausgerechnet Zöllner und Soldaten anspricht, also die zu seiner Zeit als Kollaborateure der Besatzermacht bzw. deren direkte Vertreter Verhassten, ist bemerkenswert. »Allem Fleisch« soll Heil widerfahren – das meint auch die, die verloren scheinen. Für Zachäus (Lk 19) und den römischen Hauptmann unter dem Kreuz Jesu (Lk 23,47) wird das später noch einmal ganz konkret werden.

Aber das geschenkte Heil soll auch im Leben der Geretteten sichtbar werden. »Nur« getauft zu sein, ist also zu wenig. Die Taufe muss im Leben der Getauften konkret werden, an ihrem Handeln ablesbar sein – also gute Früchte bringen. Und: Getauft zu sein ist kein »Besitzstand«, bedeutet auch nicht, Ansprüche gegen Gott zu haben. Daran erinnert uns Heutige der kritische Hinweis des Johannes auf die Abrahamskindschaft.

HANS-CHRISTIAN NEIBER

Ich gebe dir, mein Gott, aufs Neue Leib, Seel und Herz zum Opfer hin; erwecke mich zu neuer Treue und nimm Besitz von meinem Sinn. Es sei in mir kein Tropfen Blut, der nicht, Herr, deinen Willen tut.

Wir in der Spur des Vorläufers

Die Zeit des Johannes war geschwängert mit Heilserwartungen politischer und religiöser Art. Er war einer von vielen, der prophetisch auftrat und Menschen um sich sammelte. Aber nach dem Ausweis der Evangelien grenzt er sich von messianischen Heilserwartungen, die sich auf ihn beziehen, deutlich ab und verweist auf den, der nach ihm kommen wird. Er ordnet sich ihm klar unter wie ein Diener seinem Herrn (das bringt das Bild vom Ausziehen der Sandalen zum Ausdruck). Eindrücklich ins Bild gesetzt hat der Maler Matthias Grünewald dieses Verweisen auf Jesus: Auf dem Isenheimer Altar deutet Johannes mit seinem überlangen Zeigefinger auf Jesus am Kreuz: Seht, das Lamm Gottes. Aber Johannes war kein »Leisetreter«: Die Notiz in V. 19 erinnert an einen Aspekt des prophetischen Auftretens: den Herrschenden nötigenfalls gewaltig auf die Füße zu treten. Johannes wird das später das Leben kosten. Nicht umsonst wird er mit seiner Bekleidung in eine Linie mit dem großen, leidenschaftlichen Elias gestellt, der der jüdischen Überlieferung nach dem Messias als Herold vorausgeht.

Die Unterscheidung von Wasser- und Feuer-/Geisttaufe ahmt die westliche Kirche bis heute nach, indem sie die Taufe von Kindern quasi in zwei Etappen feiert: einmal mit der Taufhandlung selbst und dann mit der nach hinten, an den Übergang zum Erwachsenwerden versetzten Geistbegabung in der Firmung bzw. Konfirmation. Die Zeit dazwischen dient der Einführung in den Glauben: Der Getaufte soll sich darin einüben, mit seinem eigenen Ja sein ganzes Leben zum Korn, d.h. zur Frucht werden zu lassen – damit am Ende nicht nur Spreu bleibt. Dieses »Ja« lebt von einer guten und intensiven Vorbereitung durch das gelebte Vorbild der Eltern und Paten sowie aller Menschen, die – quasi als Nachfolger/innen des Johannes – mit ihrem Reden und Handeln den Heranwachsenden immer wieder auf den Messias verwiesen haben. So bleibt Johannes bis heute ein zentrales Vorbild all derer, die ihr eigenes Leben als Zeugnis für den lebendigen Gott begreifen und entsprechend, Frucht bringend, führen.

HANS-CHRISTIAN NEIBER

Herr, wachse in mir, damit mein ganzes Leben zu einem lebendigen Fingerzeig auf dich werden kann!

Gerechte Herrschaft

Eine der schönsten Eigenschaften der Bibel ist ihre kritische Einstellung zu weltlicher Macht. Auch Könige sind davon nicht ausgenommen. Auch sie unterstehen der gerechten Ordnung Gottes. Und auch sie müssen sich bemühen, die Kriterien dieser Ordnung zu erfüllen.

Jedes einzelne Kriterium hat dabei das Allgemeinwohl im Blick. Ein König in der Bibel ist also nicht in erster Linie zum Herrschen da, sondern zum Dienen. Er hat die Verantwortung dafür, dass es allen Menschen in seinem Gebiet gut geht. Er muss dafür sorgen, dass allen die bestmöglichen Lebensbedingungen zuteilwerden.

In diesem »Fürstenspiegel«, den Psalm 72 vorstellt und der durch Überschrift und Schluss an den großen weisen Davidsohn Salomo gerichtet ist, sind es vor allem folgende Aspekte, die besonders betont werden: Gerechtigkeit, Friede, Sorge für die Armen und Abwehr von Feinden. Gerade an den Ärmsten der Gesellschaft zeigt sich im biblischen Verständnis, was Gerechtigkeit bedeutet. Jene, die sich nicht selbst helfen können, die »Elenden«, sollen durch den König Recht bekommen. Und das wiederum schafft sozialen Frieden und sorgt auch für das Wohlergehen des Landes als Ganzes (V. 16). Auch sonst wird die Sorge für die Armen besonders in den Mittelpunkt gerückt: Mitleid, Rettung und Befreiung soll ihnen zuteilwerden. Macht ist nur dann gottgewollt, scheint dieser Text zu sagen, wenn er vor allem den Schwächsten der Gesellschaft zugutekommt. Und wie wohl ein solcher König dem Volk tut, ist mit dem schönen Bild des Regens beschrieben, der die Felder bewässert (V. 6).

Wenn der König diese Kriterien erfüllt, wird auch ihm selbst Gutes geschehen: Er wird lange leben, für ihn wird gebetet, sein Name wird Bestand haben und er wird Ruhm und Ansehen erlangen.

Den Beginn und den Abschluss aber machen das Gebet und der Lobpreis Gottes. Denn der wahre, der einzige König Israels ist Gott. Er ist Maßstab und Vorbild für alle, die Macht und Verantwortung tragen.

ELISABETH BIRNBAUM

Herr und Gott, schenke allen, die Macht ausüben, Anteil an deiner Gerechtigkeit, damit alle Menschen in Frieden, Freiheit und Wohlergehen leben können.

Jesus und seine Vorfahren

Ich sitze am Sterbebett meiner Mutter. Wir sprechen über ihr Leben, erinnern uns, schauen alte Fotoalben an. Woher kommt sie, wo sind ihre Wurzeln? Ein großes Blatt Papier, in einer Rolle verstaut, zeigt den Stammbaum unserer Familie. Sie erzählt über die Vorfahren. Vieles kenne ich, einiges ist mir neu. Die einen sind auf Grund ihres Glaubens geflohen, die anderen erlebten Kriege, Gefangenschaft, Konzentrationslager. Die Familie erfuhr Enteignung, Kommunismus, Verfolgung und Unterdrückung. Aber auch Erfolge, Hoffnung und Freude. Es waren Männer und Frauen ihrer Zeit. Und ihre Erfahrungen gaben sie weiter. All dies gehört zum Leben meiner Mutter, aber auch zu meinem Leben. Wir sind miteinander verbunden. Seit Jahrhunderten. Würden wir meinen Stammbaum noch weiter zurückverfolgen, würden wir vielleicht irgendwann bei Adam landen.

Ich weiß nicht, ob Sie den Stammbaum Jesu je wirklich gründlich gelesen haben. Ungewöhnliche, unbekannte und bekannte Namen aneinandergereiht: Josef, Serubabel, David, Boaz, Juda, die Erzväter, Noah und Adam. Jesus, der Gottes-Sohn, hat einen ganz menschlichen Stammbaum. Eine Kette von Lebensgeschichten einzelner, ganz konkreter Menschen, die genauso hofften und liebten, die auch scheiterten und erfolgreich waren, wie jede und jeder von uns. Jesu Stammbaum gehört zu seinem Leben, so wie mein Stammbaum zu meinem Leben gehört.

Ich bin dankbar für diesen so trockenen Stammbaum Jesu, weil er mir zeigt, dass Jesus ein Mensch aus Fleisch und Blut war. Ein Mensch mit Geschichte und Vergangenheit. Einer, dessen Familie und Vorfahren genauso geglaubt und gehofft, gebetet, gelitten und gezweifelt haben. Einer, der es versteht, was es bedeutet, Familie zu haben mit allem, was dazu gehört. Einer, der eingebunden ist in eine Gemeinschaft von Brüdern und Schwestern. Und ich gehöre dazu. Gott sei Dank.

MAGDALENA SMETANA

Gott, ich danke dir für meine Familie. Für alles, was sie mir mit auf den Weg gegeben haben. Vergib, wo ich Menschen verletzt oder enttäuscht habe und ihnen nicht gerecht geworden bin. Segne das Band, das uns verbindet.

Erlöse mich von dem Bösen

Diese Geschichte von der Versuchung Jesu in der Wüste gehört zu meinen Lieblingsgeschichten im Neuen Testament. Aber nicht, weil Jesus so standhaft und heldenhaft agiert und sich nicht vom Teufel über den Tisch ziehen lässt. Sondern wegen der offensichtlichen Hilflosigkeit und Aggression des Teufels, der unverrichteter Dinge abziehen muss. Er gibt sich alle Mühe, nutzt die vermeintliche Schwäche Jesu – nach 40 Fastentagen kann man schon schwach werden –, verspricht ihm Reichtümer und Macht, argumentiert mit Gottes Wort (V. 10), doch sein Plan geht nicht auf. Jesus ignoriert seine Angebote auf eine außergewöhnliche Art. Er lehnt sie nicht einmal direkt ab, sondern antwortet mit konkreten und passenden Versen aus der Tora – aus dem Alten Testament. Was für eine Interaktion zwischen diesen beiden! Jesus geht aus der Begegnung als Sieger hervor. Die Taufe, die kurz zuvor stattfindet, schützt offensichtlich nicht vor Versuchungen und bösen Mächten. Und das, obwohl die Absage an den Teufel (lat. »abrenuntiatio diaboli«) ein Teil des christlichen Taufritus war und zum Teil noch ist. Und auch heute noch wird die Taufe von vielen Menschen als etwas Magisch-Beschützendes verstanden.

Jesus gerät in eine Versuchung. Wie ein ganz normaler Mensch. Wie jede oder jeder von uns. Er unterscheidet sich von uns nur in der Art, wie er mit der Versuchung umgeht. Er durchschaut die Absichten des Teufels und lässt ihn auflaufen. Mit viel Gelassenheit und innerer Ruhe.

Manchmal wünschte ich mir für mein Leben die Fähigkeit, mit solch einer Besonnenheit und Ruhe den Versuchungen des Lebens zu begegnen. Denn sie kommen. Immer wieder. Und lassen sich nicht einfach ignorieren. Sie sind ein Zeichen unserer Lebendigkeit und Menschlichkeit. Und vielleicht ist es eine gute Übung für das neue Jahr – die Versuchung erst einmal nur zu beobachten. Nicht sofort zu agieren, zu streiten, sich aufzuregen, sondern kurz innezuhalten und in der Stille zu beten.

MAGDALENA SMETANA

Gott, lass mich nicht allein in der Versuchung, sondern erlöse mich von dem Bösen.

Wenn Worte Taten werden

Nach der Taufe, dem Fasten und der erfolgreich abgewehrten Versuchung kommt Jesus in seine Heimatstadt Nazareth. Als Jude war er es gewohnt, samstags in die Synagoge zu gehen. Doch diesmal ist es anders. Er ergreift das Wort und in seiner »Antrittspredigt« legt er die späteren Inhalte seines öffentlichen Wirkens fest. Er spricht nicht von sich als dem Erlöser, sondern er stellt in den Mittelpunkt seiner Verkündigung die anderen – die Benachteiligten, die Armen, die Gefangenen, die Blinden und die Zerschlagenen. Ihnen verheißt er die Erlösung und das Gnadenjahr. Und zwar nicht irgendwann in Zukunft, sondern jetzt, heute. Und ich schaue mir die heutige Welt an und sehe die Benachteiligten überall. Die Bürgergeld-Empfänger*innen, die Alleinerziehenden, die Geflüchteten, die Vertriebenen, die von Rassismus, Homophobie oder Frauenhass Betroffenen und all die Müden, die keine Last mehr tragen können, denen alles zu viel wird in dieser unübersichtlichen und herausfordernden Welt.

Gerade jetzt zu Beginn des Jahres starten an vielen Orten die Vesperkirchen. Auch in Tübingen – in einer schön hergerichteten Kirche werden Arme und Reiche, Junge und Alte, Einsame und Neugierige drei Wochen lang zur Gemeinschaft und einem warmen Mittagessen, Kaffee und Kuchen eingeladen. Neben dem Angebot für das leibliche Wohl wird auch Seelsorge, Rechts- und Sozialberatung, Arztmobil, Frisör oder Fußpflege angeboten. Vesperkirche – das ist Jesu Wort in die Tat umgesetzt. Und so bin ich dankbar für alle, die sich einbringen in der Vesperkirche, in der Diakonie, in Gefängnissen, in der Kinder- und Jugend- oder in der Geflüchtetenarbeit und in vielen anderen Bereichen. Jetzt nämlich ist die Zeit des Heils, jetzt ist das Jahr der Gnade (Jes 49). Heute, im Jahr 2025.

MAGDALENA SMETANA

Gott, öffne meine Augen und mein Herz, damit ich sehe, wo ich dein Wort in die Tat umsetzen kann, wo ich gebraucht werde und für andere Menschen da sein kann.

Haben wir einen Anspruch auf Wunder?

Wie kann eine Stimmung derartig schnell umschlagen? Die Antrittspredigt Jesu »Heute ist diese Schriftstelle erfüllt in euren Ohren« hallt noch nach, da machen sich erste Zweifel breit. Am Ende ist die Synagogengemeinde von Wut erfüllt, entschlossen, Jesus gewaltsam zu beseitigen. Die Szene bildet wie im Zeitraffer die Spaltung ab, die sich im Verlauf des Evangeliums zwischen Jesus und dem Volk auftun und in seinem Tod am Kreuz und im Wunder von Ostern kulminieren wird.

Der erste Riss zeigt sich darin, dass die Synagogenbesucher nicht mit, sondern über Jesus reden. Sie reduzieren ihn auf seine biologische Herkunft: »Ist dies nicht Josefs Sohn?« Mehr als das kann er für sie nicht sein. Dass Gott in der Taufe zu Jesus sagt: »Du bist mein lieber Sohn«, geht für sie damit nicht zusammen. Wie oft gehen wir selbst mit Menschen ähnlich um und reduzieren sie auf einen Aspekt ihres Wesens?

Der Riss weitet sich zum Graben durch die Anspruchshaltung, mit der sie sich über Jesus erheben. Aus ihrer Sicht hat er sich ihre Anerkennung erst zu erarbeiten, wenn er bei ihnen etwas gelten will. Jesus lässt sich darauf gar nicht erst ein: Er verweist auf die beiden großen Propheten Elia und Elisa, die jeweils nur ein Wunder und das auch noch an Ausländern vollbracht haben. Im Unterschied zu den Bürgern Nazareths galten die beiden Propheten bei ihren Zeitgenossen dennoch als die Großen. Warum? Weil die Menschen damals nicht so vermessen waren zu meinen, Wunder stünden ihnen zu.

Heute begegnen wir Gott mit einer ähnlichen Anspruchshaltung. Als hätten wir einen vertraglichen Anspruch darauf, dass unser Leben ohne Enttäuschungen und Rückschläge verläuft, anstatt ihm für das unverdiente Geschenk zu danken, das unser Leben von Anfang bis Ende ist. Ein Geschenk, für das wir nichts, aber auch gar nichts getan haben!

Dass Gott uns trotz allem die Treue hält, ist das Wunder, von dem Lukas in seinem Evangelium erzählt.

CHRISTOPH SCHROEDER

Gott, du tust Wunder. Du hast mir das Leben geschenkt, unverdient. Ich danke dir dafür.

Wer geht auf Jesus zu?

In Kapernaum verläuft die Begegnung anders. Ein Dämon hat von einem Menschen Besitz ergriffen. Dieser Dämon konfrontiert Jesus; er fühlt sich von ihm bedrängt. Er greift ihn an, macht ihm Vorwürfe, versucht, ihn abzuwehren. Weil er ihn erkennt, meint er, Macht über ihn zu haben: »Ich weiß, wer du bist: der Heilige Gottes.« Doch sein vermeintlicher Trumpf erweist sich als Bumerang. Anders als im Märchen von Rumpelstilzchen entzaubert er Jesus durch die Namensnennung nicht; er beraubt ihn keineswegs seiner Macht. Im Gegenteil: Dass er ihn bei seinem Namen nennt, wirkt wie ein Bekenntnis. Er zieht den Kürzeren. Er muss sich dem Machtwort Jesu fügen und verflüchtigt sich.

Doch was ist mit dem vom Dämon befreiten Menschen? Er wird nicht sichtbar. Schade eigentlich. Ich würde gerne sehen, wie er, der jetzt Freie, Jesus begegnet.

Die Zeugen des Wunders in der Synagoge sprechen weiter über Jesus – als hätten sie Scheu, in direkten Kontakt mit ihm zu treten. Warum ist das so? Jesus geht auf die Menschen zu und spricht sie an. Doch keiner wagt es bisher – außer Maria, seiner Mutter –, keiner wagt, außer eben dem Teufel und den Dämonen, von sich aus auf ihn einzugehen und mit ihm zu sprechen. Er bleibt ein Fremder.

»Ich weiß, wer du bist: der Heilige Gottes«, sagt der Dämon. Doch Jesus möchte nicht, dass die Dämonen die Menschen zur Erkenntnis bringen. Sie sollen ihn von selbst und aus freien Stücken erkennen. Wann wird ein Mensch, nicht der Teufel (Lk 4,1–13) oder einer der Dämonen und unreinen Geister, von sich aus in Kontakt mit Jesus treten, und wie wird das aussehen? Wird das eine Begegnung auf Augenhöhe sein, eine Frage, die Jesus beantworten soll, eine Bitte, ein Dank, eine Geste des Staunens, ein Beziehungsangebot? Wird die Dynamik, die daraus entsteht, seinen Dialogpartner verändern? Wird daraus eine Verbindung zwischen beiden entstehen?

Die Spannung steigt.

CHRISTOPH SCHROEDER

Gott, du gehst mit uns und lässt uns selbst im Dunkel des Todes nicht allein. Deine Güte reicht, so weit die Wolken gehen.

Jesus, der Dienstleister?

Jesus begegnet den Menschen nicht nur unter freiem Himmel oder in den Synagogen. Er geht einen Schritt weiter auf sie zu. Er besucht sie zu Hause. »Das Wort ward Fleisch und wohnte unter uns.« Das Haus ist der persönlichste und intimste Bereich des Menschen. Näher können wir einander kaum kommen, als wenn wir einander besuchen. Jesus besucht die Zöllner Levi und Zachäus. Er ist zu Gast im Haus des Pharisäers, geht in das Haus des Jairus; er besucht Maria und Marta. Er sendet seine Jünger aus, die Kranken zu heilen, und gibt ihnen den Auftrag: »Wenn ihr in ein Haus kommt, sprecht zuerst: Friede sei diesem Hause!« Besucht zu werden, ist eine Ehre, ein Zeichen der Wertschätzung. Denn der Besucher ist die Inkarnation der Botschaft: »Das Reich Gottes ist nahe zu euch gekommen.« (Lk 10,9b) Wie die Menschen den Gast aufnehmen, daran entscheidet sich viel für Jesus. Den ersten Hausbesuch macht er bei Simon.

In den Heilungen, die Jesus vollbringt, kommt das Reich Gottes nahe. Das Wort wird Tat. Nun, da mit Sonnenuntergang der Sabbat zu Ende ist, bringen sie ihre Kranken zu ihm in das Haus des Simon. So etwas wie eine zu respektierende Privatsphäre scheint es da nicht zu geben.

Am Ende wird es wieder gewaltsam. Die Menschen reden zwar nicht mit Jesus, wollen ihn jedoch dauerhaft bei sich behalten. Dass das Reich Gottes in den Heilungen zeichenhaft zu ihnen kommt, reicht ihnen nicht. Sie wollen es ganz, schon jetzt, jeden Tag. Bei der wundersamen Brotvermehrung (Joh 6) verstehen sie nicht, dass Jesus selbst das wahre Brot ist. Sie verstehen nicht, dass ihr Hunger und Durst gestillt ist, wenn sie an ihn glauben. So ist es auch hier. Sie wollen einen neuen Mose haben. Der soll ihnen täglich und verlässlich Brot vom Himmel regnen lassen. Sie wünschen sich einen Arzt, der die Technik des Gesundmachens verlässlich beherrscht und immer verfügbar ist.

Erfüllt Jesus diese Erwartungen?

CHRISTOPH SCHROEDER

Gott, komm zu uns. Besuche uns. Zieh ein in unsere Herzen. Verwandle, was dunkel ist in uns, in das helle Licht des neuen Tages.

Weite finden

Das Schönste an Bitt- und Klagepsalmen wie diesem ist der Wandel von Klage zu Freude und innerem Frieden. Der Psalm beginnt in großer Unruhe. Offenkundig wird das Ich des Psalms von verleumderischen Menschen gequält, abgewertet und entwürdigt. Die Folgen sind das Gefühl von Ohnmacht und Einengung.

So bleibt dem im wahrsten Sinne des Wortes bedrängten »Ich« nur der Hilfeschrei an einen Gott, der für Gerechtigkeit steht und der gerade solchen bedrängten Menschen wieder »weiten Raum« geben kann, wie es die Einheitsübersetzung so schön formuliert (V. 2). Dabei geht es dem »Ich« nicht darum, Gott dazu zu bringen, Gleiches mit Gleichem zu vergelten und die Mächtigen ihrerseits zu bedrängen. Vielmehr verschafft ihm die von Gott erbetene, wieder neu erfahrene »Weite« die Kraft, hinter dem Verhalten der Mächtigen eine innere Not zu erkennen, die Gott allein heilen kann.

So wendet sich das »Ich« des Psalms direkt an sie und empfiehlt ihnen einen Weg zu Gott in mehreren Schritten: zuallererst die Einsicht in die Größe Gottes, der immer auf Seiten der Bedrängten steht. Der Schrecken darüber kann zur Abkehr von der Sünde und damit zur zunächst äußerlichen Ruhe führen. Aus dieser Stille kann eine Gottesbeziehung erwachsen, wenn die Mächtigen sich Gott zuwenden und auf ihn vertrauen.

Doch das bedrängte »Ich« ahnt, was einem solchen Vertrauen entgegensteht: leidvolle Erfahrungen, die den Blick auf das Gute verstellen. So bittet es Gott um Hilfe: Er soll das Dunkel mit seiner lichtvollen Zuwendung heilen. Auffälligerweise identifiziert sich das Ich nun mit seinen Bedrängern und erbittet diese Zuwendung für »uns«, für die Bedränger und den Bedrängten. Und diese Haltung der Feindesliebe scheint genau der Schritt zu sein, der auch ihm selbst vollends innere Ruhe und Freude bringt. So endet der Psalm mit einem freudigen Vertrauensbekenntnis, der auch den Bedrängern die Frucht der Gottesliebe lockend vor Augen stellt.

ELISABETH BIRNBAUM

Herr und Gott, lass mich auch in Anfechtung und Bedrängnis den weiten Raum erfahren, den deine Liebe für uns bereithält, und der mich selbst mit Ruhe und Liebe füllt.

In leere Hände die Fülle des Lebens

»Meister, wir haben die ganze Nacht gearbeitet und nichts gefangen.« Mit leeren Händen dazustehen, die Vergeblichkeit des eigenen Tuns zu erleben, ist eine bedrückende Erfahrung. Für den Fischer Simon Petrus wie für uns.

Nicht mit Worten des Bedauerns, sondern mit einer Aufforderung reagiert Jesus auf die leeren Netze: »Fahre hinaus, wo es tief ist, und werft eure Netze zum Fang aus.« Praktisch gesehen ist das kaum sinnvoll; der Tag ist zum Fischen nicht die rechte Zeit. Aber Jesus gibt hier keinen Kurs in Fischerei, sondern in Vertrauen. Seine Aufforderung meint zunächst: »Komm, versuche es noch einmal. Ich vertraue darauf, dass du es schaffst.« Welche ungeahnten Möglichkeiten eröffnen sich, wenn wir in der Erfahrung vergeblicher Mühe motivierende Worte hören?

Jesu Worte bedeuten aber noch mehr. Er bezeichnet genau die Stelle, an der Petrus die Netze auswerfen soll: »Fahre hinaus, wo es tief ist.« Nicht im Flachen soll er fischen, sondern in der Tiefe erwartet ihn der große Fang.

Was geschieht, wenn wir in unserem Leben tatsächlich in die »Tiefe« gehen? In unseren Netzen fängt sich sicher manche Angst, aber auch alle Gaben, die Gott in uns gelegt hat, im wörtlichen Sinne die »Tiefendimension« unseres Lebens. Für den Theologen Paul Tillich ist die »Tiefe« der Bereich in uns, in dem wir Gott begegnen und durch ihn der Fülle und der Wahrheit unseres Lebens in all seinen Aspekten.

Petrus vertraut auf das Wort Jesu, fährt noch einmal aus und fischt in der Tiefe. Das übervolle Netz, das er an Bord holt, ist wie ein Sinnbild für diese Fülle des Lebens. Sie ist allen verheißen, die in ihren vergeblichen Mühen nicht aufgeben, sondern auf Jesu Wort vertrauen. Die in ihrem Wissen um ihre Bedürftigkeit und in ihrer Bereitschaft zum Empfangen Gott in der »Tiefe« ihre leeren Hände entgegenhalten, auf dass er sie mit der Fülle des Lebens beschenke.

WIEBKE BÄHNK

Mein Gott, so viel habe ich gearbeitet, mich bemüht, und doch stehe ich mit leeren Händen da. Voller Vertrauen halte ich sie dir entgegen. Lege hinein, mein Gott, was du mir von der Fülle des Lebens schenken willst.

Grenzüberschreitungen

»Seit mein Mann an Alzheimer erkrankt ist, bekommen wir kaum noch Besuch«, klagt mir eine Frau aus unserer Gemeinde. Sie fühlt sich mit ihrem Mann durch die Krankheit isoliert. Menschen, die an Lepra erkrankt waren, wurden Jahrhunderte lang von der Gemeinschaft auch räumlich isoliert. Sie waren, wie das Wort »Aussatz« sagt, im Wortsinne »Ausgesetzte«. Sie mussten in eigenen Siedlungen leben, mit Klappern auf sich aufmerksam machen, wenn sie sich anderen Menschen näherten.

Hier aber ist ein Kranker, der diese Grenze einfach überschreitet. Nicht nur, dass er offensichtlich in der Stadt ist, er nähert sich Jesus einfach und fällt vor ihm nieder. Mit dieser Grenzüberschreitung beginnt seine Heilung. Er lässt sich nicht auf den letzten Platz verweisen, schickt sich nicht in seine Krankheit und die damit verbundene Isolation. Er hat den Mut zum Hoffen bewahrt und setzt all seine Hoffnung auf Jesus: »Herr, willst du, so kannst du mich reinigen.«

Jesus weicht dem Kranken nicht aus, wendet sich ihm zu. Und dann überschreitet er von seiner Seite aus eine Grenze, gesetzt von Religion und Herkommen, verrückt eine unmenschliche Grenze. Jesus berührt den »Unberührbaren«. Der wird geheilt, kann in die Gemeinschaft zurückkehren.

Der Mann scheint zu spüren, dass durch Jesus Gott selbst handelt, er kniet vor ihm. In seiner Krankheit hat Gott ihn berührt, macht sein Leben neu. Krankheit trennt nicht vom Leben und von der Gemeinschaft mit Gott. Weder Lepra noch eine andere Krankheit. Gott streckt seine Hand aus, uns zu berühren, wenn wir krank sind.

Dass Krankheit uns nicht von der Gemeinschaft miteinander trennt, dafür sind wir verantwortlich. Indem wir die unsichtbaren Grenzen überschreiten zu denen, die sich isoliert fühlen, uns berühren lassen durch ihr Leid. Wie Jesus es tut, voller Mitgefühl und Zuwendung.

WIEBKE BÄHNK

Jesus Christus, du rührst mich an, wenn ich krank bin, mich einsam fühle und isoliert. Berühr mich auch mit deiner Weise, unsichtbare Grenzen zu überschreiten. Zu denen, die sich nach Mitgefühl sehnen, Zuwendung und Worten des Heils.

Vertrauen, fröhlich, frech und trotzig

Heilung braucht Vertrauen. Zunächst ist da das Vertrauen der Freunde des gelähmten Mannes in Jesus so groß, dass sie ihren Freund zu ihm bringen wollen. Koste es, was es wolle. Auch das Vertrauen des Mannes in ihren Plan ist nötig. Als sie die vielen Menschen vor dem Haus sehen, verlangt es Phantasie, damit sie ihren Freund direkt zu Jesus bringen können. Auch hier wieder Vertrauen, dass ihre unkonventionelle Methode nicht auf Widerstand stößt. Dass auch Jesus nur auf das schaut, was ihnen wichtig ist.

Jesus sieht tatsächlich nur ihren Glauben. Er sieht die Haltung. Martin Luther hat solchen Glauben als »fröhliches, freches, ja trotziges Vertrauen« in Gott und seine Möglichkeiten bezeichnet.

Wohl eher wider Erwarten spricht Jesus dem gelähmten Mann zuerst die Vergebung seiner Sünden zu. Wenn Sünde Trennung von Gott meint, ist ihre Vergebung Zuspruch der Gemeinschaft und des Vertrauens Gottes. Es ist, als ob der Mann in diesem erfahrenen und zugesprochenen Vertrauen aufgehoben wird wie in einem Kraftfeld. Und als er von Jesus hört, »Ich sage dir, steh auf, nimm dein Bett, geh heim«, geschieht, was vorher undenkbar schien. Erfährt der Mann für sich an Seele und Leib, was es heißt, wenn Jesus von seinem Kommen sagt: »Blinde sehen und Lahme gehen ...«

Als er aufsteht, lässt er sein Bett nicht stehen, sondern nimmt es mit sich. Es bleibt Zeichen seiner Krankheit und Lähmung, Zeichen, dass auch diese zu seinem Leben gehören. Und erinnert ihn und seine Freunde an das, was geschehen ist und was möglich wurde aus Vertrauen.

Vertrauen, fröhlich, frech und zuweilen trotzig, tut not, wenn wir uns nach Heilung sehnen. Vertrauen in andere Menschen und in Gott und seine unausdenkbaren Möglichkeiten. Und nicht zu vergessen: Gottes Vertrauen in uns. Trotz allem immer wieder uns zugesprochen.

WIEBKE BÄHNK

Mein Gott, um eines bitte ich, dass du mir Vertrauen schenkst, dein Vertrauen in mich und meines in dich, fröhlich, frech und trotzig. Gegen alles Unheil, gegen Not und Krankheit lass mich vertrauen auf dein Wort. Sprich nur eines zu mir, so werde ich heil.

An einem Tisch

Wenn Menschen an einem Tisch sitzen, gelingen Gespräche, die sonst undenkbar wären. Da sitzt Jesus mit einem Krisengewinnler, mit einem, der reich ist, weil andere arm sind. Levi trägt als Zöllner dazu bei, dass die Besatzungsmacht der Römer Israel ausbeuten kann, dass Menschen, die wenig haben, überhöhte Abgaben zahlen.

Ich verstehe die Wut der gelehrten Männer. Ich empöre mich über die Krisengewinnler unserer Zeit, deren Vermögen in der Coronazeit und seit dem Beginn des Krieges in der Ukraine unaufhörlich wachsen, während andere verarmen. Ich glaube nicht, dass es da um Neid geht. Ich meine, es geht um Gerechtigkeit und ein wohlfundiertes Urteil: Levi gehört im Israel seiner Zeit zu denen, die Gottes Gebote nicht halten. Er ist einer, der die Not seiner Mitmenschen ignoriert und nur auf seinen eigenen Vorteil schaut. Es ärgert mich maßlos, wenn in unserer Kirche das Gespräch mit den Superreichen voll Unterwürfigkeit geführt wird. Immer schon ein Auge auf die möglichen Spenden gerichtet.

Ich meine auch, wir müssen miteinander reden. Aber an wessen Tisch, frage ich mich. An vielen Orten in Süddeutschland finden in diesen Wochen Vesperkirchen statt. Menschen in Not sind eingeladen und erhalten Essen und vielfältige Unterstützung. Viele Reiche spenden, viele helfen mit. Manche gönnerhaft. Andere lassen sich anrühren. Am Ende des Tages sind sie vielen begegnet, die durch Krankheit, Sucht, Behinderung, durch Gewalterfahrungen, Flucht und Schicksalsschläge, Unfälle oder Geldprobleme von Kindheit an in Not sind. Einige sehen dadurch ihr eigenes Leben neu. Glück ist es, wenn eine*r es immer gut hat – dennoch, es macht krank, reich und egoistisch zu sein. Deswegen setzt sich Jesus mit Levi an einen Tisch. In dieser Begegnung wird Heilung möglich. Eine*r sieht sich selbst neu, vielleicht – und wird sein Leben ändern, so die Hoffnung.

ILKA SOBOTTKE

Gott, in der Begegnung mit Menschen in Not lerne ich mein Leben neu zu sehen. Ich begegne dir, wo mein Herz sich öffnet und mein Verstand hinaussieht über mein eigenes Leben.

Neuer Wein

Neuer Wein und Zwiwwelkuche – wer in der Kurpfalz oder in anderen Weingebieten lebt, kennt das: Es ist Ende September, überall gibt es neuen Wein. Ein Getränk, das harmlos daherkommt, süß noch wie Traubensaft, aber schon am Gären und voller Alkohol. Ein Getränk, das nur in Gefäßen, die sich dehnen können oder zumindest nicht fest verschlossen sind, aufbewahrt werden kann. Sonst bringt es Flaschen und alte Schläuche zum Explodieren. Sprengkraft ist da drin. Neue Schläuche können sich dehnen, alte Schläuche werden hart.

Dies Gleichnis wurde und wird bis heute antijüdisch verstanden, nämlich so: Jesus ist der neue Wein, der gehört in neue Schläuche. Die Gebote und Riten des Judentums passen nicht dazu. Wer nicht alles Bisherige aufgibt, kann nicht zu Jesus gehören. Das Judentum wird diffamiert als erstarrte Religion des Gesetzes – alter Schlauch, der platzt.

Diese Gleichnisse beschäftigen sich tatsächlich mit dem Verhältnis von Alt und Neu, wer aber bis zum Ende liest, stellt fest, da heißt es: »Niemand, der alten Wein getrunken hat, will neuen haben. Der alte ist besser!« Jesus ist und bleibt Jude. Niemals hätte er das Judentum abschaffen wollen.

Und doch nimmt er sich für sich und seine Freundinnen und Freunde Sonderregeln heraus. Es ist jetzt eine besondere Zeit. Da ist Sprengkraft in seiner Gegenwart. In der Beziehung von Alt und Neu kommt es zu Auseinandersetzungen. Der Glaube an Gott wird durch Jesu Gegenwart entgrenzt und zugänglich für Menschen weltweit.

Das Christentum hat nach der eigenen Identität lange gesucht. Zwischen Nähe und Distanz zum Judentum. Das Judentum hatte einen Sonderstatus im römischen Reich: Juden durften ihre Religion leben, eben weil es eine althergebrachte Religion war. Der missionarische Anspruch der Jesusanhänger passte nicht dazu. Die Römer hätten diese Veränderung des Judentums nicht weiter toleriert. Er hat die Rechtssituation des Judentums gesprengt.

ILKA SOBOTTKE

Gott, die Welt verändern, zu den Ursprüngen zurückkehren oder ganz neue Wege gehen. Auf deinen Wegen leite uns heute und morgen.

So jüdisch wie nur möglich

»Steh auf und stell dich in die Mitte!« Da steht ein Mensch in Not, voll Scham und dem Wunsch, diese Not zu verbergen. Seine Hand wird geheilt. »Ich denke, das Beste, was wir als Christen tun können, ist, so jüdisch wie nur möglich zu werden«, sagt Dorothee Sölle. Jüdisch ist dieser Gedanke: Einem Menschen das Leben retten, Gutes tun, das steht über allen anderen Geboten. Jüdinnen und Juden stehen dafür ein, dass das, was wir tun, wichtiger ist als hehre Ziele oder korrekte Haltungen. Meine jüdische Freundin Esther hilft seit Jahren bei der Vesperkirche in Mannheim. Da werden Hunderte von Menschen täglich mit Essen versorgt, auch mit Seelsorge, medizinisch und mit Sozialberatung. Esther hilft. Sie erklärt: Es geht darum, Gutes zu tun und die Welt zu heilen. Das ist das Wichtigste im Judentum. So handelt Jesus. Und wenn Lukas sagt, »im Unverstand« beraten die Schriftgelehrten und Pharisäer, was sie gegen Jesus unternehmen können, dann meint er: Es ist Unverstand und es ist nicht jüdisch, nicht das Gute zu sehen, was Jesus tut. Diese Männer wollten vor allem eines: die Deutungshoheit behalten und damit ihre Machtstellung bewahren. Jesus heilt am Sabbat und lässt seine Freunde essen, als sie Hunger haben.

Das Leben in dieser Welt zu schützen, das Leben zu lieben, ist das Höchste im Judentum. Jesus, der sein Leben gibt für Freundinnen und Freunde, steht genau dafür ein: für das Leben in dieser Welt. Zugleich ist Jesus in seinem Jüdischsein eins mit all denen, die immer wieder die Erfahrung machen, ausgegrenzt zu werden. Handeln und leben wie Jesus trägt diese beiden Grundzüge in sich: das Leben lieben und zugleich aushalten, ausgegrenzt zu werden, wo immer wir diesen Gedanken radikal umsetzen. Ganz gleich ob im Blick auf Geflüchtete, Jugendliche, die zu viel Geld und zu wenig Zuwendung haben, Straßenkinder, die alte Frau ohne Rente, Opfer von Gewalt weltweit. Die Scham überwinden, die in Not in die Mitte!

ILKA SOBOTTKE

Gott, schenke Vertrauen, wo Scham ist. Schenke Mut zur radikalen Tat, das Leben zu schützen in dieser Welt und vor dem Tod.

Wie ein schlimmer Albtraum

Unser Psalm hat eine Vorgeschichte: Wie ein schlimmer Albtraum legt sich diese böse Geschichte mit Absalom auf König Davids Schlaf. Sein Drittgeborener war es, der den Stammhalter Amnon umgebracht hatte als Rache dafür, dass Amnon die Schwester des Absalom vergewaltigt hatte. Einige Zeit hatte er in Gschur verbracht, bis David ihn zurückkommen ließ. Aber der Vater hatte sich schwer getan mit der Versöhnung. Und dann erdreistete sich Absalom, die Zuneigung der Leute zu erschleichen, um sich gegen David, seinen eigenen Vater, den gesalbten und gefeierten König Israels, zu wenden.

Das sind die größten Albträume: wenn die Familie zerfällt und sich Vater und Sohn immer mehr zum Gegner werden. David hatte seine Stadt Jerusalem verlassen, bevor Absalom ihn vertreiben oder töten konnte. Aber sein Schlaf am Ufer des Jordan war nicht besonders gut. Ob er nachts von Bathseba und Salomo geträumt hat? Wenn man morgens aufsteht und schlecht geschlafen hat, dann verheißt der Tag nichts Gutes. Und doch ist ein klarer Kopf nie wichtiger als in Zeiten des größten persönlichen Albtraums.

So kann ich dieses »Morgenlied in böser Zeit« verstehen, das vor Gott beklagt, dass sich so viele Israeliten seinem Sohn zugewandt haben und ihn verfolgen. Dass manche sagen: Nun geht's ihm wie dem Saul! Und dass so viele bezweifeln, ob Gott noch bei David ist. Aber dann rafft David sich innerlich auf, streift den Albtraum ab wie ein Hemd. Er ist sich sicher, dass Gott an seiner Seite ist, seinen Schlaf bewacht und er sich nicht fürchten muss vor der Menge der Gegner. Sein Vertrauen in den Gott des Sinai (»von seinem heiligen Berge«) ist riesengroß. Und so schließt David mit der Bitte um den Segen für das Volk Gottes. Spätestens da hat sich sein Geist von den Albträumen der Nacht befreit.

Ich bewundere diesen Mann, der sich in schwerer Zeit morgens an Gott hochzieht. Gerade dann kann das Morgengebet Kraft geben für den Alltag und auch Ruhe vermitteln, um den schwierigen Weg weiterzugehen – unter dem Segen Gottes.

ANNE OBERKAMPF

Ich will darauf vertrauen, dass der Gott Davids auch meine Albträume verjagt und mir Kraft und Ruhe für meinen Tag schenkt.

Das ganze Volk Gottes

Diese Stelle steht im bewussten Kontrast zu der vorangegangenen Erzählung. Eben waren die Pharisäer noch »von sinnloser Wut« erfüllt, weil Jesus, sicher ganz bewusst am Sabbat, einen Menschen geheilt hatte, trotz des Verbots. Nun also war Jesus wieder allein und stieg auf einen Berg. Der Berg hat für Jesus immer wieder eine besondere Bedeutung. Entweder ist er allein, hat er ungestörten Kontakt zu Gott, eine ganze Nacht lang. Oder aber er wird von dort aus besser gehört und kann eine größere Menschenmenge ansprechen, wie etwa im berühmtesten Fall, der Bergpredigt. Das Gebet, die Nähe zu Gott, gibt ihm Kraft und bestärkt ihn in dem Entschluss, seinem Anhängerkreis – vielleicht wegen der Größe der Zahl – eine besondere Struktur zu geben und eine wohlüberlegte Auswahl zu treffen.

Nur hier bei Lukas spricht Jesus seine zwölf Jünger direkt als »Apostel«, also Sendboten, an. Ihm war wohl sicher bewusst, dass er nicht lange auf dieser Erde verbleiben würde, und so brauchte er Menschen, die seine Botschaft vom Reich Gottes in ganz Israel und darüber hinaus verbreiten sollten. Nun folgt eine vollständige Namensliste, die sich weitgehend mit der Aufzählung anderer Evangelisten deckt. Allerdings gibt es bei Markus einen Thaddäus anstelle des zweiten Judas (dem Sohn des Jakobus) hier bei Lukas. Einige der Namen sind uns wohl vertraut, weil sie noch öfter genannt werden. Zuallererst natürlich Simon Petrus, dessen Bruder Andreas und sicher auch Johannes, der »Lieblingsjünger«. Zwölf Jünger also, vor dem Hintergrund der zwölf Stämme Israels.

So wird klar, dass Jesus sich zum ganzen Volk Israel gesandt wusste.

WOLFGANG DOERING

Herr, immer wieder beeindruckt uns die Zielstrebigkeit und die Gottesnähe in den Handlungen Jesu. Gib uns die Kraft und die Weisheit, dass auch wir deine Nähe suchen und deine Gebote einhalten.

Selig oder verdammt? Arm oder reich?

Nun folgt eine ausführliche Rede Jesu vor großem Publikum. Er spricht seine Jünger an, meint aber auch die große Menschenmenge, die aus den verschiedensten Teilen Israels kommt. Und wir können davon ausgehen, dass das für alle Menschen und alle Zeiten gilt, also auch für uns heute. Man kann seine Rede in zwei Abschnitte unterteilen. Zunächst geht es um vier Seligpreisungen: Selig sind Menschen, die arm sind, die hungern, die weinen vor Kummer und Sorgen und die von anderen Menschen verfolgt, beschimpft und verachtet werden, weil sie dem Menschensohn, also Jesus, anhängen und folgen. Das ist Grund zur Freude, denn im Himmel, also im Jenseits, werden sie dafür belohnt werden. Anders jedoch ist es mit den anderen Menschen, die satt und reich sind und die sich über die lustig machen, die Gott folgen. Das sind harte Worte und auch heute noch werden wir zusammenzucken, wenn wir das lesen.

Wie ist das zu verstehen? Sind wir dann auch in unserer Wohlstandsgesellschaft zum Elend verdammt? Haben wir dann auch keine Chancen, ins Himmelreich zu kommen? Vielleicht ja, wenn wir all jene Menschen übersehen, die arm sind und leiden müssen. Aber wir können uns um diese Menschen kümmern. Da gibt es vor allem die Institutionen der Kirchen, Caritas und Diakonisches Werk, die es sich zur Aufgabe gemacht haben, für Bedürftige, Obdachlose, Kranke, geistig und körperlich Behinderte sowie Suchtkranke da zu sein, ihnen zu helfen und ihnen ihre Menschenwürde zurückzugeben. Das sollten die Aufgaben der Wohlhabenden sein, diese Helfer durch Mitarbeit und finanzielle Hilfen zu unterstützen.

WOLFGANG DOERING

Herr, hilf uns zu erkennen, wie und wo wir für andere, bedürftige Menschen da sein können. Gib uns die Kraft und die Weisheit, hier aktiv zu werden um deines Namens willen.

Seid barmherzig!

Spenden allein genügt nicht. Wir werden immer wieder aufgefordert zu spenden, sei es für Menschen in Afrika, für Bedürftige, für Kinderhilfe, für den Tierschutz. Wir kennen das. Selbst wenn wir davon ausgehen, dass die meisten Bitten ehrlich gemeint sind, wären wir meistens überfordert, alle diesen Bitten zu erfüllen. Jesus macht uns klar, dass es nicht nur um finanzielle Hilfen geht. Es geht um viel mehr: Wir sollen barmherzig sein! Das ist viel mehr als ein aufmunterndes Wort, mehr als finanzielle Hilfe! Barmherzig sein heißt doch, auf hilfsbedürftige Menschen zuzugehen, sich ganz persönlich um ihre Probleme zu kümmern und ihnen zu helfen, wo wir können. Aber Jesus geht noch einen Schritt weiter: Wir sollen auch diejenigen, die wir als Feinde empfinden, lieben. Geht das überhaupt? Soll ich meinen Hass, meinen Schmerz, den mir jemand zugefügt hat, unterdrücken, vergessen und diesen Menschen umarmen und verzeihen? Ihn gar segnen? Wer ist dazu in der Lage?

Wichtig ist, dass es nicht darum geht, einen Ausgleich zu schaffen, etwa wie in »Wie du mir, so ich dir«. Ich soll alles hergeben, was der andere Mensch braucht, auch das berühmte »letzte Hemd«? Sind es nur die materiellen Dinge, die wir abgeben sollen? Es geht um mehr! Wir dürfen bei diesen Überlegungen nicht Gott aus den Augen verlieren. Wir sollen den Impuls der Liebe Gottes, die wir selbst erfahren haben, weitergeben! Nur so erreichen wir eine von Gott geprägte Gemeinschaft, in der einer oder eine für die anderen da ist. Nur das gibt uns die Kraft, auch Schwierigkeiten zu überstehen. Dieses Gottesbild knüpft an die Stellen des Alten Testaments an, wo Gott immer wieder als gnädig dargestellt wird. Ja, sagt Jesus, Gott ist barmherzig!

WOLFGANG DOERING

Herr, wir bitten dich, gib uns die Kraft, anderen Menschen zu verzeihen und versöhnend auf die zuzugehen, die uns Böses angetan haben. Ohne deine Hilfe schaffen wir das nicht!

Fehlerfreundlichkeit

Vor vielen Jahren besuchte ich eine Freundin in Mexiko. Sie hatte dort geheiratet und war nun besonders bemüht, als Deutsche in der mexikanischen Gesellschaft nicht aufzufallen. Ich bin damals in viele kulturelle Fettnäpfe getreten. Meine Freundin machte mir schwere Vorwürfe, die letztlich zum Ende der Freundschaft führten.

So ähnlich muss es auch in den ersten christlichen Gemeinden gewesen sein. Konvertierte oder Spätbekehrte stehen in der Gefahr, besonders streng zu sein. Sie grenzen sich vom vorherigen Leben ab und wollen alles richtig machen. Lukas sieht dies als Gefahr und nimmt nach den radikalen, ethischen Anweisungen der Feldrede nun einen Schwenk vor: Achtung! Dein Bemühen, alles richtig machen zu wollen, könnte mit Hochmut oder Selbstgerechtigkeit einhergehen.

Darum appelliert er an die Barmherzigkeit als Grundhaltung. Es sind die berühmten drei Finger, die auf dich selbst gerichtet sind, wenn du mit dem Zeigefinger auf andere zeigst. Gehe lieber großzügig und barmherzig mit den vermeintlichen Fehlern anderer um, denn auch du hast diese Großzügigkeit und Barmherzigkeit nötig!, sagt Lukas. Halte dich nicht für was Besseres – erst recht nicht, wenn du in einer privilegierten Position bist!

Diese Haltung wünsche ich mir für unsere Kirche und Gemeinden: dass wir großzügig und barmherzig sind und uns als Lernende verstehen. Ich wünsche diese Haltung auch unserer Gesellschaft: dass wir eine »Fehlerkultur« haben, die uns ermutigt, offen und ehrlich mit unseren »Fehlern« umzugehen und zugleich mit anderen großzügiger zu sein als mit uns selber.

Vielleicht hätte ich damals auch gegenüber meiner Freundin in Mexiko großzügiger sein sollen: dass ich ihre Angst wahrgenommen hätte, in ihrer neuen Heimat nicht respektiert zu werden. Vielleicht war ich selber zu unbarmherzig mit ihr? In Bezug auf meine Freundin ist es nun zu spät. Aber jetzt kann ich es ja anders machen. Wie gut, dass mich Lukas daran erinnert!

CHRISTIANE QUINCKE

Gott, hilf mir, großzügig und barmherzig zu sein. Und sei barmherzig und großzügig mit mir!

Stabiles Fundament

Am Ende der Feldrede wird Tacheles gesprochen: Hören und Tun gehören zusammen. Beides zusammen bildet ein tragfähiges Fundament. Beides zusammen trägt gute Früchte. Die ethischen Anweisungen Jesu sind kein »nice to have«, sondern Spiegelbild der Gottesbeziehung. Wer die Dimensionen der Reich-Gottes-Botschaft nicht verinnerlicht, wird mit dem nächsten Regenguss weggespült.

Ich gestehe, dass ich mit dem dualistischen Akzent der Feldrede Probleme habe. Mit dem Bild von »Wasserflut« klingt der Gedanke des Endgerichts an, wie schon bei den Weherufen zu Beginn der Rede. Aber: Gibt es wirklich nur Richtig oder Falsch, Schwarz oder Weiß, nur gute oder schlechte Früchte, Sand oder Fels? Auch der Felsen kann zu Sand werden und ein guter Baum trägt auch mal keine Früchte.

Ich verstehe, dass in unruhigen Zeiten klare Linien gebraucht werden. Das galt für die Hörerinnen von Jesus genauso wie für die ersten Christen, für die Lukas sein Evangelium aufschrieb, wie für uns heute, wo viele den Boden unter den Füßen verlieren. Die Sehnsucht nach einem stabilen Fundament ist groß – die Gefahr, dass Fundamentalismus und Populismus diese Sehnsucht bedienen, aber auch. Umso wichtiger ist es, sich vom Tun und Leben Jesu leiten zu lassen.

Jesus lehrt und lebt einen Gott, der sich den Armen, Kranken und Ausgestoßenen zuwendet. Seine Reich-Gottes-Botschaft ist die der überfließenden Liebe, die im Gegensatz zur unbarmherzigen Gesellschaft seiner Zeit steht: Nächstenliebe, Barmherzigkeit, Großzügigkeit, Teilhabe für alle – dies sind Fundamente, die Gott gelegt hat. Und wir als Christen und Christinnen sind gerufen, uns um diese Fundamente zu kümmern.

Gerade diese Welt, der diese Fundamente verloren zu gehen scheint, braucht die Worte und Taten Jesu in ihrer radikalen Liebe zu den Menschen. Und sie braucht uns, die diese Worte hören und tun – oder es zumindest versuchen und sich von Jesus neu ausrichten lassen. Wie gut, dass er uns dabei zur Seite steht.

CHRISTIANE QUINCKE

Großer Gott, sei du das Fundament in meinem Leben. Und gib, dass ich mit vielen anderen deine Liebe lebe.

Grenzen überschreiten

Kaum ist die Feldrede beendet, kommt es zur Probe auf's Exempel: Wie weit würde Jesus für seine Botschaft vom Reich Gottes gehen? Aus unserer Perspektive ist die Erzählung, wie ein Soldat sich hilfesuchend an Jesus wendet, nicht besonders aufregend. Die judenchristlichen Gemeinden, für die Lukas schrieb, werden jedoch die Brisanz erkannt haben: Ein Jude kehrt in das Haus eines Heiden (außerdem Vertreter der verhassten römischen Besatzungsmacht) nicht ein. Dazu schwingen noch einige pikante Vorurteile mit: In welcher Beziehung steht der Centurio zu seinem »Knecht«, »der ihm lieb und wert war«? Und warum betont Lukas besonders seinen tadellosen Ruf – sicherstellend, dass alles mit rechten Dingen zugeht?

Jesus scheint sich nicht darum zu scheren. Die Beziehung zwischen dem Centurio und seinem Knecht interessiert ihn nicht. Er macht einfach ernst mit seinem Auftrag, die frohe Botschaft zu bringen, und kennt dafür keine Grenzen – weder der Nationalität, der Religion noch der Sexualität. Der Centurio selber kann das offensichtlich kaum fassen. Er weiß um die Brisanz seines Anliegens und lässt Jesus ausrichten, dass er selber nichts wert sei, aber Jesus alles zutraue. Er denkt in Befehlshierarchien und ermöglicht damit Jesus, sich nicht unrein zu machen: Jesus braucht sein Haus noch nicht mal zu betreten! Dieses »Ich bin es nicht wert« lässt Jesus aber nicht gelten, sondern lobt ihn öffentlich. Und damit öffnet er das Reich Gottes für den, der sich bisher nicht dazu zählt.

Mir imponieren beide: der Centurio und Jesus. Sie gehen respektvoll miteinander um, ermutigen sich gegenseitig, achten mögliche innere Grenzen und überschreiten sie dann doch. Und letztlich geht es um die zentrale Botschaft Jesu: Vielleicht bist du in deinen Augen oder in denen anderer nichts wert, aber Gott hält sich nicht daran. Gott kommt auch zu dir – und sogar zu denen, die du für nicht »geeignet« hältst. Ja, für diese Botschaft gibt es keine Grenzen. Und für Jesus auch nicht.

CHRISTIANE QUINCKE

Du grenzenloser Gott, befreie mich von meinen Vorurteilen. Und lass mich Grenzen überwinden, die deine Liebe aufhalten.

Lobpreis: sinnvoll und zweckfrei

Lässt Gott mit sich »markten«? Der Begriff stammt von Meister Eckhart und beschreibt den »Tauschhandel« manch frommen Gemütes mit Gott. Das System funktioniert nach dem römischen Do-ut-des-Prinzip: Ich gebe dir etwas, damit du mir etwas (mehr) gibst. Man kennt das Spiel vom Tausch der Weihnachtsgeschenke! Wenn es da funktioniert, warum dann nicht mit Gott? Man gibt eine Spende für einen guten Zweck und erwartet eine »göttliche« Gegenleistung. Man pilgert zu Fuß und dafür wird einem die Erhörung einer Bitte zuteil. Wer so denkt, degradiert Gott zu einem Automaten, in den man oben Münzen einwirft und sogleich unten die Klappe mit dem gewünschten Produkt aufspringt. Nein, so funktioniert das nicht! Gott betreibt keinen Gemüsestand auf dem Wochenmarkt, sodass man mit ihm handeln könnte. Und selbst der Gemüsehändler lässt sich heutzutage nicht mehr darauf ein.

Diese Überzeugung legt auch Psalm 9 nahe. Der Beter lobt Gott seiner Wunder wegen, er »jauchzt« und singt und freut sich an Gott. Warum er das tut? Weil Gott Gott ist und der Beter den Sinn des Lobpreises verstanden hat. Es geht ihm gleichsam um nichts – außer um das Lob Gottes. Er verbindet keine Absichten damit. Sein Lobruf ist zweckfrei und doch sinnvoll.

Ähnliches sagt Romano Guardini von der Liturgie. Sie sei ein zweckfreies Singen und Spielen vor Gott, ja ein Kunstwerk, will heißen: Sie lässt sich nicht verzwecken und ist doch äußerst sinnvoll. Einfach Gott um Gottes Willen loben und lieben, ohne auf die Erhörung persönlicher Bitten zu schielen. Für Bernhard von Clairvaux ist die Maxime Gott um Gottes Willen zu lieben und zu loben die dritte von vier Sprossen auf der Liebesleiter zu Gott.

Diesen Gedanken bringt eine Wochentagspräfation aus dem katholischen Messbuch wunderbar auf den Punkt, wenn es dort heißt: »Du bedarfst nicht unseres Lobes. Es ist ein Geschenk deiner Gnade, dass wir dir danken. Unser Lobpreis kann deine Größe nicht mehren, doch uns bringt er Segen und Heil durch unseren Herrn Jesus Christus.«

BERNHARD KIRCHGESSNER

Ich will dir danken, Herr, einfach weil du bist.

Jesus – der Toten-Auferwecker

Die Geschichte von der Auferweckung des Jünglings zu Nain ist zweifellos ein kaum zu überbietender Höhepunkt des Wirkens Jesu im Lukasevangelium. Dementsprechend legt der Erzähler in diese Szene alles hinein, was ihm zur Verfügung steht, um Jesus groß erscheinen zu lassen. Was im jüdischen Glaubenshorizont eine der höchsten Gottesbezeichnungen ist – im Achtzehnbittengebet heißt es: Gepriesen seist du, JHWH, der »Die-Toten-Auferwecker« –, das wendet Lukas auf Jesus an und gibt ihm so göttliche Würde. Es ist kein Zufall, dass in unserer Geschichte zum ersten Mal die Bezeichnung Herr / Kyrios für den irdischen Jesus auftaucht. Kyrios Jesus ist als ältestes christliches Glaubensbekenntnis ansonsten dem Auferstandenen vorbehalten. Hier aber erhält Jesus diesen Titel, als er sich der Witwe zuwendet, die um ihren einzigen Sohn trauert: voller Erbarmen.

Überhaupt konzentriert sich in der Mitte der geschilderten Szene alles auf die trauernde Mutter des Toten. Die Auferweckung ihres Sohnes durch Jesus ist seinem Erbarmen ihr gegenüber nachgeordnet. Sie soll und darf dessen innewerden und gewiss sein, dass Gott sich ihrer annimmt. »Weine nicht!« Deine Trauer soll in Freude verwandelt werden. Diese Zusage ist der eigentliche Trost für die trauernde Witwe. Die Auferweckung ihres Sohnes beglaubigt diese Zusage nur. Für Gott – und Jesus, der Sohn, vertritt den Vater – ist der Tod wie ein Schlaf, aus dem er aufwecken kann. Auch der Tote bleibt noch sein Gegenüber. Jesus spricht ihn an, der Tote hört seine Stimme und gehorcht, indem er sich aufrichtet und Gott antwortet. Es bleibt nicht bei dieser Interaktion zwischen dem Herrn und dem Jüngling. Jesus gibt ihn seiner Mutter und stellt sich damit in die Reihe der großen Propheten Elia und Elisa, die das ebenfalls taten, nachdem sie das Kind einer trauernden Mutter im Namen Gottes auferweckt hatten. Gottesfurcht und Lobpreis Gottes sind die Folgen bei denen, die diese Heils-Tat Jesu miterleben durften.

Können wir uns davon anstecken lassen?

GÜNTER KNOLL

Jesus Christus, du hast in der Einheit mit dem Vater Macht über den Tod. Wir vertrauen auf dein göttliches Erbarmen auch mit uns und unseren Liebsten.

Sollen wir auf einen anderen warten?

Unser Textabschnitt gibt eine eindeutige Antwort: Nein! Das Warten auf den Messias hat ein Ende. Er, Jesus von Nazareth ist's. Kein Geringerer als Johannes der Täufer treibt die Frage nach Jesu Identität auf die Spitze. Dass er selber der Messias sein könnte, hat er schroff zurückgewiesen. Er will zur Umkehr rufen, zu einem Leben nach Gottes Willen, aber der Gesalbte Gottes, der Erlöser und Heiland der Welt, das kann er nicht sein und das ist er nicht. In Jesus ist ein Größerer erschienen, der Größere, ja der Größte. Braucht man ihn, Johannes, dann überhaupt noch? Ja, man braucht ihn in der Funktion als Hin-Weiser. An unserer Textstelle kleidet Johannes seinen Hinweis in eine Doppelfrage, die er durch zwei seiner Jünger an Jesus stellen lässt: »Bist du, der da kommen soll, oder sollen wir auf einen anderen warten?« Zweimal erklingt dieser Satz in diesen wenigen Versen. Niemand soll ihn überhören. Auch Jesus überhört ihn nicht. Jesus lässt sich diese Doppelfrage gefallen, beantwortet sie aber nicht direkt. Wie bei seiner Antrittspredigt in Nazareth verweist er auf das, was alle, die sein Wirken miterlebt haben, bestätigen können: »Blinde sehen, Lahme gehen, Aussätzige werden rein, Taube hören, Tote stehen auf, Armen wird das Evangelium gepredigt.« Braucht es da noch weitere Argumente für die Messianität Jesu?

Es ist offenkundig der Evangelist Lukas, der Jesus an dieser Stelle noch ein überraschendes Argument in den Mund legt: »Und selig ist, wer sich nicht ärgert an mir.« Eine Seligpreisung als Argument dafür, dass Jesus der erwartete Heiland und Erlöser ist? Ja, an ihm werden sich immer die Geister scheiden, denn er bringt Gott nicht so, wie er einem passt. Ein Ärgernis stellt er dar mit seiner Demut und Sanftmut und seiner Leidensbereitschaft. Man muss sich auf ihn einlassen, an ihn glauben, in seine Nachfolge treten, dann winkt Seligkeit.

GÜNTER KNOLL

Ein Herz, das Demut liebet, bei Gott am höchsten steht; ein Herz, das Hochmut übet, mit Angst zugrunde geht; ein Herz, das richtig ist und folget Gottes Leiten, das kann sich recht bereiten, zu dem kommt Jesus Christ.

Mit wem soll ich die Menschen dieser Generation vergleichen?

Einen sinnierenden Jesus kennen wir sonst nicht. Hier wird er uns vor Augen gestellt. Kaum sind die Boten des Täufers weggegangen, da macht sich Jesus so seine Gedanken über seine Zeitgenossen und über die Menschen im Allgemeinen. Was sind eigentlich ihre Erwartungen an einen Gottes-Mann? Doch gewiss nicht die, dass er sich mal in die eine Richtung und dann wieder in die andere bewegt, je nachdem, woher gerade der Wind weht – so das Bild vom Schilfrohr. Und gewiss auch nicht die Erwartung, in der Einöde einen Mann anzutreffen, der ein kostbares Gewand anhat; solche trifft man bei Hofe im Königspalast.

Zu Johannes sind die Menschen tatsächlich und mit Recht deshalb hinausgezogen, weil sie einen Propheten erwartet haben, also eine standfeste Persönlichkeit, die sich nicht in die übliche menschliche Rangordnung einfügen lässt, einen Außenseiter im besten Sinne. Insoweit bestätigt Jesus die Erwartungen der Volksmenge. Auch in seinen Augen ist der Täufer wahrhaftig ein Prophet, dem man höchsten religiösen Respekt zollen muss. Jetzt aber kommt erst die Pointe: Johannes ist in Wahrheit mehr als ein Prophet, kein gewöhnlicher also, sondern ein besonderer. Ihm kommt nämlich der Auftrag zu, ganz unmittelbar für den Herrn den Weg zu bereiten. Er steht also Gott näher als jeder andere Prophet.

Und doch, wenn der Herr selber kommt und sein Reich anbricht – das geschieht mit Jesu Auftreten –, dann entpuppt sich der Größte unter den Menschen als nicht mehr als ein Vorläufer. Der Kleinste im Reich Gottes ist größer als er. Dieser Unterschied will anerkannt werden. Beide, Johannes und Jesus, haben ihren je eigenen Platz in Gottes Ratschluss: Der eine als Asket, der Gottes Gericht ankündigt, der andere als Verkündiger der frohen Botschaft, dass niemand vom Reich Gottes ausgeschlossen ist, wenn er dieser Botschaft Glauben schenkt. Beide spielen auf je eigene Weise das Lied der Weisheit Gottes. Ob wir uns wiederfinden in Jesu Gedanken über seine Zeitgenossen?

GÜNTER KNOLL

Jesu, wie soll ich dir danken? Ich bekenne, dass von dir meine Seligkeit herrühr, so lass mich von dir nicht wanken. Nimm mich dir zu Eigen hin.

Gegensätze

In jedem Menschen gibt es verschiedene »Teilpersönlichkeiten«. Sie scheinen oft widersprüchlich zu sein: die ordentliche Hausfrau und die ausgelassene Faschingsnärrin, der pedantische Beamte und der romantische Künstler, der kalte Manager und der zärtliche Vater.

Im Haus des Simon treffen gegensätzliche Persönlichkeiten aufeinander: Da ist die Frau mit ihrer ungeordneten Lebendigkeit und überschwänglichen Leidenschaftlichkeit, die nicht daran denkt, wie peinlich ihre Zuwendung in dieser frommen Gesellschaft für Jesus werden könnte. Da ist auf der anderen Seite Simon mit seiner Ordentlichkeit, die aber etwas lieblos ist und Einfühlung vermissen lässt.

Jesus wendet sich beiden zu. Die Frau und Simon hingegen sprechen nicht miteinander. Wie wäre es, wenn sie beide erkennen würden: Mir fehlt etwas. Ich bräuchte genau etwas von dem, was die andere Person verkörpert. Simon täte etwas mehr Spontaneität, Gefühl und Liebesfähigkeit gut. Die Frau bräuchte etwas von Simons Strukturiertheit, Kontrolliertheit und Klarheit.

Es kann weiterführend sein, sich zu vergegenwärtigen: Welche inneren »Seiten« oder »Anteile« nehme ich in mir wahr? Welchen Namen könnte ich diesen vielfältigen und vielleicht gegensätzlichen »Teilpersönlichkeiten« geben? Welche davon sind allzu dominant, so dass ich sie in die Schranken weisen möchte? Welche sind unterentwickelt, und ich möchte sie fördern? In welcher Situation könnte ich die eine mehr brauchen, in welcher die andere? Ich kann mir die verschiedenen Teilpersönlichkeiten vorstellen wie Musiker eines Orchesters. Ich bin der Dirigent, der den Einsatz gibt und bestimmt, wie laut oder zurückhaltend das jeweilige Instrument zu welcher Zeit spielen soll. So kann ich die Möglichkeiten entfalten, die Gott in mich gelegt hat, und sie zum Wohl anderer einbringen.

HELMUT GABEL

Gott, zeige mir meine Gaben. Lass mich entdecken, wie vielfältig und oft gegensätzlich das ist, was du in mich hineingelegt hast. Hilf mir, diese Vielfalt für das Ganze fruchtbar zu machen.

Als Sünderin diffamiert

Wie viele Maler haben Maria von Magdala als Verführerin und Prostituierte dargestellt! Wie viele Theologen haben ihr Frauenbild in ihr verkörpert gefunden – ein sehr problematisches Bild: die Frau als ein von ihren Gefühlen völlig beherrschtes Wesen, das der männlichen Führung bedarf, um auf den rechten Weg zu kommen! Wie viele Männer haben Maria von Magdala als Projektionsfläche für ihre sexuellen Phantasien benutzt!

In den Evangelien finden wir nichts von alledem. Die Sünderin im Haus des Simon (Lk 7,36-50) wurde erst in nachbiblischer Zeit mit Maria von Magdala gleichgesetzt. Über Maria von Magdala heißt es nur, dass Jesus sie – ebenso wie einige andere Frauen – geheilt hat (sieben Dämonen seien aus ihr ausgefahren) und dass diese Frauen Jesus begleiteten und mit ihrem Vermögen unterstützten. Eine Frau also, die Jesus von ihren Zwängen befreit hat, die Heilung und Befreiung erlebt hat und die nun mit Jesus mitgeht wie die zwölf Männer, die Jesus als Apostel berufen hat. Im Johannes-Evangelium spielt sie darüber hinaus eine wichtige Rolle: Sie ist die erste Person, der der Auferstandene begegnet. Jesus gibt ihr den Auftrag, seine Auferstehung zu verkünden. Eine Frau als erste Botschafterin der Auferstehung! Noch Augustinus hat sie »apostola apostolorum«, die »Apostolin der Apostel« genannt – zu einer Zeit, in der man sonst kaum noch etwas wusste von der wichtigen Rolle, die Frauen in den urchristlichen Gemeinden spielten, und in der man sie längst aus kirchlichen Ämtern zurückgedrängt hatte.

Die Evangelien erinnern daran, dass Frauen und Männer die gleiche Würde haben und dass beide Geschlechter gleichermaßen in Jesu Nachfolge berufen sind.

HELMUT GABEL

Gott, wir danken dir für all das, was Frauen im Lauf der Jahrhunderte an Gutem in Kirche und Welt eingebracht haben. Lass Frauen und Männer partnerschaftlich und mit gegenseitiger Achtung in Kirche und Welt zusammenarbeiten. Du baust durch uns deine Kirche auf und veränderst die Erde zum Guten. Wir danken dir.

Die Vielfalt entdecken

Ursprünglich war es wohl ein »Mutmach-Gleichnis«: Die Menschen, die Jesus erleben, fragen sich: Das soll wirklich der Anfang des Reiches Gottes sein? Die paar ungebildeten Fischer vom See Genesaret, der ehemalige Kollaborateur und der frühere Partisan im Jüngerkreis – hat das eine Aussicht auf Erfolg? Und auch wenn viele Jesus nachlaufen – wie wenige lassen sich wirklich ein! Und in der riesigen römischen Welt ist das alles doch sowieso nur ein Randphänomen!

Diesen Zweiflern erzählt Jesus von einem Landwirt, der sät. Auch wenn drei Viertel der Saat auf den Weg, in die Steine oder in die Dornen fallen – einiges fällt auf guten Boden und geht auf. Das Gleichnis steht in der Reihe anderer »Kontrastgleichnisse« Jesu, in denen es auch um den kleinen Anfang und das große Ende geht – so etwa im Gleichnis vom Senfkorn.

Später deutet man das Gleichnis nicht mehr als Zuspruch, sondern als Mahnung: Der Same ist das Wort Gottes, und es fällt auf unterschiedliche Böden. Welcher Boden bist du? Sei guter Boden, der das Wort Gottes mit aufrichtigem Herzen aufnimmt!

Die Evangelisten legen diese Deutung Jesus sogar selber in den Mund. Jesus hat ja oft dazu aufgerufen, seine Botschaft zu hören und mit bereitem Herzen aufzunehmen. Daher ist es ganz legitim, dieses ursprüngliche »Mutmach-Gleichnis« auch als Mahnung zu lesen. Das ist ja das Faszinierende an den biblischen Texten: dass sie nicht auf eine einzige Deutung hin festlegbar sind, sondern dass sie dem, der sie mit offenem Herzen liest, immer neue Facetten zeigen und in immer neuen Farben leuchten. Weil die biblischen Texte Gottes inspiriertes und inspirierendes Wort sind!

HELMUT GABEL

Gott, dein Wort bringt Licht und Freude in die Welt. Es macht das Leben reich, es stiftet Frieden und Versöhnung. Gib, dass wir es nicht achtlos überhören. Mach uns aufnahmebereit. Bring dein Wort in uns zu hundertfältiger Frucht. Darum bitten wir durch Christus, unseren Herrn.

Wie ein roter Faden

Beim ersten schnellen Lesen des Psalms stolperte ich über so manche Wörter und Sätze, wie zum Beispiel: »mein ganzes Glück bist du alleine«, »Erbteil«, »den Herrn beständig vor Augen«, »wanke ich nicht«, »Totenwelt«. Und ich fragte mich: Kommt darin überhaupt meine Welt vor? Wie steht es mit diesem bergenden Vertrauen zu Gott? Manches, von dem der Psalmist so überzeugt erzählt, kam mir auf den ersten Blick doch sehr weit weg vor.

Aber je mehr ich die einzelnen Verse durchbuchstabierte, umso mehr fielen mir Begegnungen und Erlebnisse ein und oft nur eine leichte Ahnung davon, dass dieses Vertrauen auf Gott auch bei mir sich wie ein roter Faden, wenn auch manchmal recht dünn, durch meinen Alltag zieht.

In Erinnerung kommt mir, wie ich kürzlich bei meiner hochbetagten Mutter am Bett saß, konfrontiert mit der Aussage des Arztes, dass es nicht gut um sie steht. In diesem »Bei-ihr-Sein« wuchs in mir der Wunsch, dass ihre lebenslange Sehnsucht nach Gott in Erfüllung gehen kann, dass sie an der Liebe und dem unendlichen Leben bei Gott teilhaben kann – mit den Worten des Psalmisten ausgedrückt: einen »Erbteil« an Gottes Herrlichkeit haben wird. Ihre Gebrechen aufgehoben werden. Und ich merkte, wie ein Vertrauen und eine Gewissheit in mir wuchs, welches mich glücklich und ruhig machte. Ich glaube, hier hätte ich mit dem Psalmbeter gut mitbeten können: »Gott, bei dir habe ich mich geborgen – mein ganzes Glück bist du.«

Und mir fallen weitere Situationen ein, in denen es mir gelang, mich von all dem, was mich belastet, auf Gottes Zusage und sein aufrichtendes Wort hin zu wenden. Die Erfahrung, wie mir in schlaflosen Nächten und quälenden Fragen am Tag die Eingebung kam: Ich darf es bei dir, Gott, ablegen, da du auf mich schaust – und in diesem kleinen Augenblick hatte ich dich »vor Augen«. Rückblickend kann ich sehen, dass ich ohne mein Zutun aus dem dunklen Totenreich immer wieder in einen himmlischen, göttlichen Raum gebracht wurde.

DOROTHEA KLEELE-HARTL

Gott, bei Tag und in schlaflosen Nächten, lass mich dich suchen, finden und mich von dir anblicken. Bringe mich ins Leben zurück, denn du gibst mir das, was ich täglich zum Leben brauche. Dafür danke ich dir.

Familienbande

Viele Eltern erleben es: Die Kinder gehen auf Abstand. In einem bestimmten Alter ist das normal. Töchter und Söhne stellen die Werte, die ihnen ihre Eltern vermittelt haben, in Frage. Sie schauen auch kritisch darauf, ob ihre Eltern wirklich so leben, wie es den Prinzipien entspricht, die sie ihren Kindern vermitteln wollten. Und wenn sie eine Schwachstelle entdecken, dann können sie unbarmherzig sein. Das tut weh. Die Eltern wollten doch nur das Beste für sie. Wirkliche Tragödien können daraus entstehen, Zerwürfnisse über Jahre hinweg, manchmal auch der Abbruch jeglicher Beziehung.

Auch Jesus war Glied einer Familie. Er hatte Brüder und Schwestern. Er hatte eine Mutter. Als Erwachsener schlug er einen völlig anderen Weg ein als den, der in seiner Familie erwartet wurde. Sie aber ließen nicht los von ihm. Sie suchten den Kontakt mit ihm. Jesus wies sie immer wieder schroff zurück. Familienbande standen für ihn nicht an erster Stelle.

Jesus sagt zu Beginn dieser kleinen Rede: »Niemand aber zündet ein Licht an und bedeckt es mit einem Gefäß …« Und doch kommt es vor, dass jemand sein Licht unter den Scheffel stellt oder dass jemand daran gehindert wird, sein Licht leuchten zu lassen.

Ein Junge hat eine außergewöhnliche Gabe für Musik. Schon als Kind zieht es ihn immer wieder zum Klavier. Er findet von selbst Melodien und Harmonien. Sein Gehör ist außergewöhnlich fein. Er wird gefördert so gut es geht. Aber der Plan der Eltern ist, dass er später einmal ihren Betrieb übernimmt. Dies ist ein gewaltiger Zwiespalt. Wird er das Licht, das in ihm leuchtet, zur Seite stellen und den von der Familie vorgesehenen Weg einschlagen? Wie auch immer mit diesem Zwiespalt umgegangen wird, es wird zu Enttäuschungen führen, vielleicht sogar zu Zerwürfnissen und langanhaltendem Hader.

Jesus sagt: »Ich bin das Licht der Welt.« Und er sagt es auch denen, die sich um ihn scharen: »Ihr seid das Licht der Welt. So lasst euer Licht leuchten …«

GERHARD SCHÄBERLE-KOENIGS

Herr Jesus Christus, Licht auf unserem Wege, gib deinen hellen Schein in unser Herz und leuchte uns, wenn wir glauben, nicht mehr weiter zu wissen.

Wo ist euer Glaube?

Sie fahren behutsam mit ihrem Boot. Sie fahren so behutsam, dass Jesus einschlafen konnte. Er hatte bei dieser Überfahrt nichts zu tun. Die Mannschaft wusste, was zu tun ist. Gerne werden die Passagiere und die Mannschaft im Boot als Sinnbild für die Kirche verwendet. Auch die Kirche erlebt Zeiten, in denen sie in ruhigem Fahrwasser unterwegs ist. Es sind gefährliche Zeiten. Wenn sie lange dauern, dann verlernen die Menschen, wie sie mit plötzlich aufkommendem Sturm umzugehen haben.

Wir haben – zumindest in Westdeutschland – eine sehr lange Periode erlebt, in der die Kirchen in ruhigem Fahrwasser dahinsegelten. Es ging immer besser voran. Geld gab's genug. Anerkennung und Würdigung auch. Es war kaum mehr vorstellbar, dass die Kirchen in Stürme geraten könnten.

Diejenigen aber, die aus eigenem Erleben und Überleben erzählen konnten, wie es ist, wenn der Kirche der Wind entgegenbläst, die wurden weniger. Sie starben und mit ihnen verschwanden auch ihre Erfahrungen aus der Zeit der nationalsozialistischen Gewaltherrschaft, als die Kirchen in höchster Not waren. Ihre wichtigste Erfahrung war: In größter Not hilft allein der Glaube. Gott hilft. Christus ist bei den Seinen. Er ist bei ihnen, wenn sie vor Gericht stehen und angeklagt werden. Er ist bei ihnen im Gefängnis und in der Verbannung. Er ist mit im Boot, wenn sie verachtet und beschimpft werden. Immer wieder erlebten sie Rettung wie durch ein Wunder.

Jetzt bläst den Kirchen der Wind ins Gesicht. Und wie! Und jetzt? Ist jetzt so ein Schreckensruf zu hören wie »Meister, Meister, wir kommen um«? Nein. Stattdessen werden alle möglichen selbst ausgedachten Hilfsmittel als Heilmittel angepriesen. Es scheint so, als bräuchten wir Jesus nicht. Dabei ist er es doch, dem der Wind und die Wasser gehorchen.

»Wo ist euer Glaube?«, fragt Jesus.

Wo ist unser Glaube?

GERHARD SCHÄBERLE-KOENIGS

Herr Jesus Christus, du fragst nach unserem Glauben. So bitten wir dich: Stehe den verfolgten Christen in aller Welt bei. Und gib auch uns Mut und Zuversicht. Erinnere uns immer wieder daran, dass sogar Wind und Wasser dir gehorchen.

Die Dämonen haben Angst

Dämonen beherrschen den Menschen, in den sie eingedrungen sind. Sie kapern sozusagen sein Ich. Wenn er spricht, dann redet er nicht selbst, sondern die Dämonen haben sich seiner bemächtigt. Sie beherrschen sein Sprechen und sein Verhalten. Er verhält sich zerstörerisch, vor allem gegen sich selbst.

Die Menschen, die diese Geschichte hörten und weitererzählten, lebten in einem besetzten Land. Sie waren nicht frei. Besatzung bedeutet damals wie heute brutale Machtausübung, Raub und Demütigung der unterworfenen Menschen. Jeder Widerstandsversuch wird brutal niedergeschlagen.

Unterdrückte Menschen finden in solchen Situationen dennoch Mittel und Wege, um ihren Protest und ihre Sehnsucht nach Befreiung auszudrücken. Sie erzählen einander Witze und Geschichten mit doppeltem Boden. Die Geschichte von dieser Heilung ist so eine doppelbödige Erzählung. Manche Details deuten darauf hin, dass insgeheim von der Besatzungsmacht und ihren Soldaten geredet wird. Als Jesus den Dämonen fragte, wie er heiße, antwortete der: »Legion«. Das meint zunächst einfach »Viele«. Doch bei diesem Namen ist sofort die römische Legion im Sinn, die im Norden Israels stationiert war. Jesus redet mit dem Dämon. Der erkennt, welche Macht vor ihm steht, und bittet, ihn in Ruhe zu lassen. Letztlich flüchten die Dämonen in eine Schweineherde und ihr Schicksal ist besiegelt. Dass die ganze Erzählung insgeheim von den Angehörigen der Besatzungsmacht erzählt, wird vollends klar, wenn man weiß, dass die dort stationierte Legion auf ihrem Feldzeichen zwei Wildschweine abgebildet hatte.

Immer wenn diese Geschichte von der wunderbaren Befreiung eines Mannes von der Macht der Dämonen erzählt wurde, war es ein Lobpreis auf Jesus. Der, dem Wind und Wasser gehorchten, gebietet auch den Mächten, die die Menschen unterdrücken, demütigen und ausbeuten.

GERHARD SCHÄBERLE-KOENIGS

Herr Jesus Christus, wir bitten dich an diesem Tag für die Menschen, die hilflos fremden Mächten ausgeliefert sind. Erwecke ihnen mutige Menschen, die an deine Kraft glauben. Lass Hoffnung bei ihnen wachsen. Segne alles, was dem Frieden dient.

Fürchte dich nicht, glaube nur

Zweierlei kann die Hoffnung auf Hilfe und Heilung zerstören und Menschen in Verzweiflung und Resignation treiben: wenn die Not so lange andauert und Heilungsversuche immer wieder scheitern oder wenn das Unglück so groß und endgültig ist, dass alles aussichtslos erscheint. Beides kennen wir aus eigenem Erleben oder mitfühlendem Beobachten. Damit die, die sich Christus anvertrauen, auch in solchen schlimmen Situationen die Hoffnung nicht verlieren, überliefert Markus zwei Geschichten, in denen Jesus Hilfe genau in diese Ausweglosigkeiten bringt.

Zwölf lange Jahre hat die namenlose Frau die nicht zu stoppenden Blutungen, und das bedeutet: Zwölf lange Jahre ist sie ausgeschlossen aus der kultischen Gemeinschaft, ausgegrenzt, allein gelassen in ihrem Unglück. Nichts hatte geholfen und ihr letzter Groschen war für die Ärzte draufgegangen. Auch der längste Atem erschöpft sich, die Hoffnung zerrinnt zwischen den Fingern, ein Jahr vergeht nach dem anderen. Und doch gibt diese Frau nicht auf, sie wagt sogar die unerhörte Grenzüberschreitung, indem sie als unreine Frau die Kleider Jesu berührt. Dein Glaube hat dir geholfen, sagt Jesus, Krankheit und Ausgrenzung und die lange Zeit haben dieser Frau nicht ihre äußere Aktivität und nicht ihre innere Aufmerksamkeit nehmen können. Sie erkennt, wo sie endlich Hilfe finden kann.

Als Jairus zu Jesus eilt, bestand noch ein Fünkchen Hoffnung, seine Tochter lebte noch. Als die Todesnachricht überbracht wird, ist alles menschliches Hoffen am Ende, und darum ist es Jesus selbst, der aktiv wird: Er spricht Jairus Mut zu, und gegen alle Einwände geht er mit, schafft die angemessene Situation und holt das Mädchen ins Leben. Diese Hilfe geht über Bitten und Verstehen.

KERSTIN LUBENOW

Ach, Herr, wie lange noch, wie lange noch muss ich auf Hilfe warten. Schenke mir doch das Vertrauen, dass du auch dann da bist, wenn ich mich verlassen fühle, und gib mir die Kraft auszuhalten, bis ich deine Berührung spüre.

Leichtes Gepäck

Wir haben aus den Augen verloren, mit was für leichtem Gepäck die Jesus-Bewegung startete: Zunächst sendet Jesus nur die Zwölf aus, und das auch nur für eine begrenzte Zeit. Allein Lukas berichtet (Kap. 10), dass er später dann 70 beziehungsweise 72 seiner Jünger auswählt und sie, jeweils zu zweit, mit dem gleichen Auftrag und den gleichen Weisungen auf den Weg in die israelischen Orte schickt: Nur das, was sie am Leibe tragen, sollen sie dabei haben, sonst nichts, kein Gepäck, keinen Vorrat, keine ausgeklügelte Strategie. Aber einen klaren Auftrag gibt ihnen Jesus: heilen, helfen, das Reich Gottes verkündigen. Dabei in einem Haus bleiben, sich nicht verzetteln, sich nicht aufreiben lassen. So konzentriert, so einfach. Und frei sein, frei auch, zu gehen, wenn man keine Aufnahme oder kein Gehör findet.

Nach Jesu Himmelfahrt traf sich die junge Gemeinde in den Häusern der Christinnen oder Christen, die Raum bieten konnten. Erste Verfolgungen führten teilweise zu Flucht und Vertreibungen, da war das Gepäck naturgemäß schmal. Doch mit dem Anwachsen der Gemeinden, dem Nachrücken neuer Generationen und vor allem dem Aufstieg zur Staatsreligion im römischen Reich wurde das materielle wie das immaterielle Gepäck immer schwerer, der Ballast immer größer, und die verhängnisvollsten Gepäckstücke waren der Reichtum und die Macht.

Ich finde diesen Text tröstlich und ermutigend für eine Zeit, in der so viele Kirchen und Gemeinden in unserem Land ab- und umbauen, Liebgewonnenes loslassen und sich auf erhebliche Veränderungen einstellen müssen. Die Jesus-Bewegung hängt nicht an Reichtum und Macht, sondern daran, dass Jesus seine Nachfolgerinnen und Nachfolger zu den Menschen sendet. Mit weniger Gepäck werden wir uns neu auf den Auftrag besinnen können, denn er bleibt unverändert: heilen, helfen, Gottes Reich verkündigen.

KERSTIN LUBENOW

Herr, ich will nicht mit Angst auf die Zukunft der Kirche schauen, sondern mit Zuversicht, denn deine Zusage gilt: Deine Gemeinde wird nicht untergehen.

Gut gecoacht

Wie viel können Gemeindeleitungen von Jesu Umgang mit seinen Mitarbeitenden lernen! Offenkundig voller Enthusiasmus kehren die Zwölf von ihrem ersten Einsatz zurück, und aufgeregt erzählen sie Jesus, was sie getan und welche großen Erfolge sie erzielt haben. Sie, die Jünger, nicht derjenige, der ihnen Auftrag und Vollmacht gegeben hat. Jesus tadelt sie nicht, rückt nicht die Verhältnisse zurecht, schickt sie auch nicht alleine ins Retreat, sondern bleibt eng bei ihnen, aber eben nicht im Trubel, nicht versehen mit einem neuen Arbeitsauftrag, sondern in der Abgeschiedenheit. Sie sollen zur Ruhe kommen, das Geschehene verarbeiten, mit ihm und untereinander sprechen können, neue Kraft schöpfen.

Offenkundig hat diese kleine Auszeit den Jüngern gut getan: Am Abend, nach Jesu großem evangelistischen und diakonischen Einsatz, haben sie den rechten Blick für die Bedürfnisse der hungrigen Menschen und auch für ihre eigenen beschränkten Mittel: Wir haben nur fünf Brote und zwei Fische. Und dann machen sie die gewiss überwältigende Erfahrung, dass das Wenige ausreicht, wenn sie es Jesus geben, er seinen Segen darauf legt und sie sich dann an die Arbeit machen. Alle werden satt, und es bleibt noch viel übrig.

Es ist gut zu wissen für unsere Gemeinden und Kirchen in dieser Zeit des Umbruchs, dass es einen Weg gibt zwischen Selbstüberschätzung und Resignation: Hinwendung zu den Menschen, es geht um sie und das, was sie brauchen; und Hinwendung zu Jesus, denn von ihm kommen der Auftrag und der Segen. Mit dieser doppelten Hinwendung ist genug für alle da.

KERSTIN LUBENOW

Herr Jesus, wir und unsere Kirchen brauchen es sehr, dass du uns coachst, damit wir nicht bei uns selbst stehen bleiben, weder bei unseren vermeintlichen Erfolgen noch bei unseren vermeintlichen Niederlagen. Herr, lass uns hören, welchen Auftrag du uns gibst, und schenke uns den Segen, damit wir den Menschen dienen können.

Schrei! Gott rettet!

Die ersten Verse könnten aus einem Liebesbrief sein. In wunderschönen Bildern beschreibt König David, wie Gott sich ihm zeigt, wer Gott für ihn ist und wie Gott ihn aus schlimmster Not gerettet hat.

Nun wird es düster: Schilderungen darüber, was er Schreckliches erlebt hat, und die verwendeten Bilder klingen wie Szenen aus einem schrecklichen Traum. Bilder von existenzieller Angst – die einschnürt, Not, dunkle Bedrohung –, die mit ihren Kräften in den Abgrund ziehen. Diese Bilder können für real Erlebtes, aber sicher noch mehr für das, was sich tief in David und somit in jedem Menschen an inneren »Urfluten« auftun, stehen: sich wie tot, wie abgeschnitten vom Leben, gefesselt fühlen, in den Strudel nach unten ziehend, fern ab von der Erfahrung einer Beziehung zu Gott.

Bei David kommt die Wende erst, als er in dieser tiefsten Not einen Hilfeschrei an Gott absetzt. Alles unsortiert aus sich herausschreit. Ein Schrei, der sein Innerstes nach außen, zu Gott hin schreit, und David erfährt: Gottes Ohr hört mich. Wie gewaltig diese Not gewesen sein muss, kann man an den nun folgenden dramatischen und für uns doch befremdlichen Bildern für Gott ableiten. Sprachbilder für das rettende Eingreifen Gottes. Fantasiebilder für erlebbare Wirklichkeiten zwischen Himmel und Erde. Diese Bilder erzählen davon, dass Gott mit allen Kräften, die im Himmel und auf der Erde sich befinden, Rettung herbeiführt – den Menschen aus dem Abgrund herausreißt und ihm Weite und Leben schenkt. Zerstörerischer, kraftvoller Angst wird unvorstellbare, kraftvolle Rettung entgegengesetzt.

Wie ein Traum unbewusste Themen an die Oberfläche bringt und Veränderung einleitet, so ermutigt dieser Psalm, sich mit allem, was an zerstörerischen Kräften und Ängsten in einem ist, »unsortiert« an Gott zu wenden, es Gott hinzuschreien, denn Gott hört. Da ist einer auf meiner Seite, es lässt Gott nicht kalt, was mit mir, in mir geschieht, er zeigt Emotionen, der Himmel neigt sich mir entgegen und schafft Veränderung.

DOROTHEA KLEELE-HARTL

Gott – wende dein Ohr mir zu und schenke mir Mut zum Schreien – denn vor dir darf alles sein. Danke.

Die Mitte des Evangeliums

Mit den folgenden drei Erzählungen betreten wir die Mitte des Lukas-Evangeliums. Sie sind durch die Zeitangaben eng miteinander verbunden und umfassen einen Zeitraum von nur neun Tagen (9,28 und 9,37). Ihr Ziel ist es, die Identität Jesu zu klären, seinen zukünftigen Weg zu markieren, sein Leiden vorherzusagen und Kreuz und Auferstehung zu benennen.

Immer wenn es besonders wichtig wird, wird im Lukasevangelium gebetet (3,21; 5,16; 6,12; 9,28). So auch hier (V.18). Zurückgezogen von der Welt, umgeben nur noch von seinen Jüngern an einem nicht näherbestimmten Tag geht es eben um die wahre Identität Jesu. »Die Leute« beschreiben ihn mit seinem Wirken zwar als bedeutsam, aber in die Tiefe können sie noch nicht vorstoßen. Was kann es aber Wichtigeres geben als genau diese Identität zu benennen und zu bekennen? Ganz eng stehen zweierlei Aussagen hier und im nachfolgenden Text beieinander: Es geht darum offenzulegen, wer dieser Jesus ist, also um die Christologie, und es geht um die Nachfolge, um die Bedeutung dieser Identität für uns, also im weitesten Sinne um »Kirche«.

Petrus kommt dabei die Rolle des Bekenners zu. Petrus übernimmt es stellvertretend für die Jünger, Jesus als den Christus zu bekennen. Was dieses bedeutet, wird daraufhin in knappster Form von Jesus selbst erläutert. Er prophezeit seinen Leidensweg mit der Verurteilung, es werden Kreuz und Auferstehung erwähnt. Als ganz nah befindlich wird das Reich Gottes angekündigt, als drängender Ruf in die Nachfolge sind die Worte zu hören. Es gilt jetzt zu bekennen und standhaft zu sein und auch in schwierigsten Situationen zu bleiben. Es geht ums Leben, ums ganze Leben mit ihm. Das ist die Mitte des Evangeliums.

STEFFEN BAUER

Dreieiniger Gott, lass uns hören und spüren, sehen und fühlen, was die Mitte des Evangeliums für uns ist und wie sehr du unser Leben veränderst. Lass uns davon reden, lass uns darüber im Gespräch sein, lass uns das leben.

Klarheit wird hergestellt

Acht Tage später (V. 28) geht die Erzählung um die Mitte des Evangeliums nicht nur weiter, sondern verdichtet und steigert sich. Jetzt zieht Jesus sich nicht nur zurück wie in 9,18, sondern jetzt geht es hinauf auf einen Berg. Erneut beginnt es mit einem Gebet. Jetzt aber sind nur noch drei der Jünger bei ihm. Man spürt förmlich die zunehmende Konzentration auf das Wesentliche. Und während Jesus in den vorangegangenen Versen selbst der Handelnde war, wird hier an ihm gehandelt, wird seine Identität von außen und schließlich von oben bekräftigt.

Zunächst verändert sich das Aussehen, das Ansehen Jesu in Gesicht und Kleidung. Er erscheint dadurch anders, ohne ein anderer zu sein. Mit Mose und Elija wird die Wolke der Glaubenszeugen sichtbar. Er, Jesus, ist Teil der Geschichte Gottes mit seinem Volk. Schließlich aber wird über ihm ausgesprochen, wer er ist. Wieder geht es dabei nicht nur darum, Jesu Identität zu bekräftigen und zu bekennen, sondern auch darum, ihm nachzufolgen.

Petrus versucht es damit sofort, aber was tut er? Er will für die drei Personen Zelte bauen, eine Behausung, sie also festhalten, sie verorten. Nachfolge, so wird die Stimme aus der Wolke aber klarmachen, heißt im Moment »zu hören«, auf ihn, auf Jesus zu hören, und soll erst mal keine weitere Aktivität freisetzen. Bitte nicht in Aktionismus verfallen. Die Jünger halten sich daran, noch nicht einmal reden werden sie über dieses Ereignis.

Stattdessen handelt Gott und klärt die Identität Jesu, sagt, wer dieser Jesus in Wirklichkeit ist. Und während diese Klärung stattfindet, sind die Jünger vollständig eingehüllt und Gott damit verhüllt. Sie sehen ihn nicht, die Situation macht ihnen Angst, bis diese Stimme erklingt und sie in diese Klarheit führt.

STEFFEN BAUER

Gott in Jesus Christus, schenk uns Klarheit immer neu. In all unserer Unsicherheit, in unserem Alltag, an besonderen Orten und in besonderen Zeiten, lass uns diese Sicherheit erlangen über dich und dein Tun, damit wir so gestärkt unseren Weg des Lebens weitergehen.

Irrungen und Wirrungen

»Am nächsten Tag« (V.37), der Ablauf der Erzählung verdichtet sich nun auch zeitlich. Während das vorangehende Geschehen räumlich abgesondert und von den Teilnehmenden auf einen kleinen Kreis begrenzt war, öffnet es sich zunächst: Viele Menschen kommen Jesus entgegen. Er ist auf dem Weg bergab, hin ins Tal, sie sind auf dem Weg empor zu ihm. Und plötzlich wird deutlich, wie sehr die Herrschaft Gottes mit Jesu Wirken mitten unter ihnen ist. Ein unbekannter Mann aus der Menge bittet Jesus um Hilfe für seinen Sohn und er darf erleben, dass ihm geholfen wird. Dabei wird deutlich, wie sehr dieser Mensch Jesus auch Emotionen gezeigt hat, denn er half, wo seine Jünger doch versagt hatten. Trotz Jesu Ungeduld und trotz seinem Ärger über die Unfähigkeit der Jünger, der Sohn und sein Vater dürfen erleben, dass Gottes Herrschaft und Herrlichkeit größer ist als die Macht des Dämons. In ihm, in Jesus gibt es Hilfe und Trost.

Wie sehr muss es die Jünger verstört haben, gleich danach zu hören, dass der, der mächtiger war als die Dämonen, davon sprach, dass er in Menschenhand würde ausgeliefert werden. Der Text ist fein komponiert sowohl in seinen Bewegungen, wer geht wohin, als auch in seinem Gegenüber von Macht und Ohnmacht. Der Vater hier in der Geschichte bringt Jesus seinen Sohn, in der vorangegangenen Geschichte war es der Vater, der sich ebenfalls zu seinem Sohn, zu Jesus, bekannte. Dort führte dieses Bekenntnis zu Klarheit, diese Erzählung hier führt mit den Worten Jesu in die Verwirrung der Jünger: Ihre Irrungen und Wirrungen werden dargestellt, weil all das Geschehende nach menschlichem Ermessen tatsächlich nicht zu »begreifen« war. Genau deswegen ist der Schluss auch dieses Abschnitts: Schweigen. Noch ist die Zeit nicht reif.

STEFFEN BAUER

Du Gott als heilige Geistkraft, lass uns mit unseren Irrungen und Wirrungen nicht allein, sondern schenke uns Klarheit. Hilf uns durch die Worte anderer Menschen, stärke uns in der Gemeinschaft.

Ordnungs- oder Gottesliebe

Die Jünger traktieren die zeitlos unvermeidliche Frage, wer von ihnen in der Wichtigkeitsskala der Gemeinschaft wohl oben steht. Die allfällige Empörung ob solch kindischen oder – vielleicht – typisch männlichen Verhaltens ist wohlfeil. Jeder Sozialverband bildet schließlich informelle Ordnungen aus und treibt graue Eminenzen oder Meinungsführer unterhalb der Pole-Position hervor. Da geben sich Jünger, Kegelschwestern oder ein Armeeverband nichts. Es ist schließlich stets wichtig zu wissen, auf wen man wann in seinem Club hören sollte. Gegebenenfalls ist man irgendwann einmal auf solches Wissen angewiesen. Als Jesus diese etwas peinliche Ranking-Debatte mitbekommt, greift er zu einer paradoxen Intervention, wie man heute sagen würde. Ein dabeistehendes Kind dient ihm zur Veranschaulichung der Gottesgegenwart: Wer solch ein Kind aufnimmt und sich ihm zuwendet, der hat es mit niemandem Geringeres als mit Gott selbst zu tun. Will sagen: Gott versteckt sich in den Hilfsbedürftigen, den Machtlosen, nicht den »großen Hansen«. Das ist kein ethisch-moralischer Impuls, sondern eine Aussage über Gott, dessen öffentliche Performance man schon immer gern überschätzt hat. Er erscheint weniger als allzeit bereiter und anklagender Hüter der Ordnungen unter uns, denn in Menschen und Situationen, die unsere Liebe und Barmherzigkeit in Bewegung bringen. Wie kein anderer macht der Evangelist Lukas diesen Sachverhalt stark. Wenn aber Gott sich nach dieser Einschätzung Jesu so verhält, dann ist es für Jesu Leute nicht besonders naheliegend, mit Geltungsansprüchen oder Großtuerei aufzulaufen. Und dann ist es auch nicht angebracht, andere Leute mit großer Geste zur Ordnung zu rufen, nur weil man die eigene Position in Frage gestellt sieht.

HELMUT ASSMANN

Herr Jesus Christus, gib uns Augen und Verstand, dich und unseren Gott in denen zu erkennen, die unsere Hilfe brauchen. Lass uns nicht sparsam sein mit der Liebe, die du in unser Herz gelegt hast.

Rauflust

Die Szene spielt an einer außerordentlich sensiblen Stelle des Evangeliums: Jesus beschließt nach Jerusalem zu gehen, wissend oder wenigstens ahnend, dass ihn dort nichts Gutes erwartet. Es kommen auch prompt die ersten Widrigkeiten. Auf dem Weg durch Samarien ist er als jüdischer Wallfahrer nicht wohlgelitten und bekommt mit seinen Leuten die Tür gewiesen: Juden bekommen hier kein Quartier. Ein zeitloses Elend ... Da erwacht in den beiden »Donnersöhnen« (so ihr Spitzname nach Mk 3,17) Jakobus und Johannes so etwas wie eine spirituelle Rauflust. Voller Überzeugung, dass man solch eine niedrige Gesinnung angesichts des göttlichen Gastes, der sich hier die Ehre gibt, abzustrafen hat, plädieren sie für eine altehrwürdige Strafmaßnahme Gottes: Feuer vom Himmel, wie weiland bei Sodom und Gomorrha oder zu den Zeiten des großen Elia! Das hat auch damals schon die Leute zur Räson gebracht. In dieser Zuspitzung muss das schon damals lächerlich geklungen haben. So als würde man wie zu Kinderzeiten den großen Bruder als Drohkulisse aufbauen, der es den bösen Jungs aber ordentlich zeigen wird. Jesus weist die Jünger entsprechend rigoros zurück. Freilich, dass man seinen Widersachern gelegentlich die Pest an den Hals und den Blitz auf den Pelz wünscht, in einer verständlichen Mischung aus Rachsucht und Genugtuungsbedarf, ist weder unmenschlich noch wirklich verurteilenswert, sofern man nicht selbst nachhilft. Es geht ja nicht um schiere Bosheit. Und Gott hört auf solche Spontanverfluchungen üblicherweise nicht. In die falsche Richtung geht es aber, wenn jemand sich Gottes Macht als Mittel zur eigenen Bestätigung bedient und das Ganze als geistliches Werk zur höheren Ehre Gottes etikettiert. Da zeigen denn auch die Himmlischen gelegentliche Anzeichen von Rauflust.

HELMUT ASSMANN

Ewiger Gott, wie gut, dass am Ende du das Sagen und Handeln hast. Das bewahrt uns vor unheiligem Eifer und falschen Gebeten. Bewahre deine Kirche und alle Gläubigen vor Missbrauch und Anmaßung in allem, was uns anvertraut ist.

Gewinnaussichten

Die Verse bieten das klassische Nachfolgeprogramm: ein Leben ohne irdische Ziele, keine Ehre in der Geschichte, abseits einer Pflege der Erinnerung. Nur der Blick nach vorn, die Ewigkeit vor Augen und die Freiheit von den Bindungen dieses »normalen« Lebens. Für wen ist so etwas attraktiv? Wir erziehen unsere Kinder doch nicht, um sie am Ende in solch ein Leben abdriften zu sehen ... Der Hauptstrang zivilgesellschaftlicher Energie zielt auf Autonomie, Positionierung, Selbstwirksamkeit und Geltungsanspruch. Und kaum jemand, der diese Andachten liest, hat sich entschlossen, einer solchen Lebensform zu folgen. Diejenigen, die mit dieser Radikalität ernst gemacht haben, sind entweder in einen Stand abstrakter Heiligkeit erhoben worden oder vor der Zeit ausgeschieden, weil sie es nicht ausgehalten haben. Kurzum: Welchen Gewinn wirft die Nachfolge ab, wenn man einmal in Rechnung stellt, dass es sich nicht einfach um eine göttliche Gehorsamsverpflichtung handelt, angesichts derer ohnehin alles Nachfragen unstatthaft ist? Zugegeben: Man kann die Sache im Grunde nicht positiv formulieren. Wenn man es versuchte, käme so etwas wie eine simple Belohnung für Wohlverhalten heraus. Derlei gehört aber entwicklungspsychologisch in eine andere Abteilung. Jesus sagt folglich in dieser Hinsicht auch gar nichts Substantielles, sondern erteilt lediglich markige Abweisungen von vertrauten Ansprüchen. Aber sprachlos bleiben müssen wir dennoch nicht. Denn jede Bindung, die wir eingehen, legt einen Teil unserer Seele fest. Je mehr Ansprüchen wir uns beugen wollen, müssen oder lassen, umso weniger ist das von Gott geschenkte Leben frei. Für den Anderen, für Gott, für die Welt. Verpflichtung und Freiheit sind die Pole, zwischen denen diese Verse unser Leben einordnen. Das ist kein Schicksal, sondern immer auch eine Wahl. Nur zu, mehr Freiheit!

HELMUT ASSMANN

Herr Jesus Christus, frei zu sein für andere Menschen, für dich und deine Kirche, fällt uns nicht leicht. Wir hätten es gerne einfacher, bequemer. Halte du uns auf Spannung, gib uns Kraft, heb unseren Blick.

Handreichung

Das nenne ich mal ein großes Selbstvertrauen: »meine Gerechtigkeit«, die »Reinheit meiner Hände«. Wer das sagt, der muss doch recht überzeugt sein von sich selbst und der eigenen weißen Weste. Mir – in protestantischer Bescheidenheit und nötigenfalls auch Zerknirschung geübt – geht das nicht so leicht von den Lippen. Und die offensive Bitte um Kriegsglück und die Erfüllung imperialer Gelüste (»Ein Volk, das ich nicht kannte, dient mir«) sind mir gänzlich fremd – zumal in kriegerischen Zeiten. Damals, als der Psalm gedichtet und gesungen wurde, mag es dafür Gründe gegeben haben. Aber heute?

Lese ich die Zeilen noch einmal und lasse ich es nicht beim ersten Blick bewenden (Was beim Lesen biblischer Worte immer zu empfehlen ist!), dann entdecke ich noch eine andere, eine feine Spur. Der sich da in die Brust wirft, der so überzeugte Töne von sich gibt, der weiß wohl, woher er all seine Kraft, seinen Trotz, seine Zuversicht hat. Die kommen nicht aus ihm selbst: »Mit meinem Gott kann ich über Mauern springen!« »Mit Gott« – also von Gott her kommt, was ihm die Hände stärkt, was den Blick klärt, was sein Herz fest macht und die Brust breit. »Gott rüstet mich mit Kraft; er stellt mich auf meine Höhen.« Mit Gott – auf der Höhe der Zeit, der eigenen Geschichte, der eigenen Kraft!

Dieses Selbstbewusstsein ist geborgt, es versteht sich von Gott her, von Gott selbst her. Darum die großen Worte, diese kaum zu erschütternde Zuversicht, dieses ungebrochene Vertrauen in eine strahlende Zukunft. Ich finde es immer noch nicht ganz leicht, sich darauf einzulassen, denn dieses Große und Großspurige müsste sich im Klein-Klein des Alltags bewähren, auf den verwirrenden Menschenwegen. Doch dass mir etwas von dieser Glaubenszuversicht zuteilwerde, danach sehne ich mich.

THOMAS WEISS

Gott, ich halte dir meine Hände hin, die nicht rein sind, die Wunden und Falten tragen, die zittern. Leg deine Kraft hinein, dass ich mittun kann an der Zukunft, die du baust.

Bezeugen muss nicht überzeugen bedeuten

Die Aussendung von 72 Anhängern findet sich nur bei Lukas und ähnelt stark der Aussendung der zwölf Jünger (Kap. 9). Zu glaubwürdigen Wandermissionaren gehört in beiden Fällen Besitzlosigkeit, die Botschaft vom Reich Gottes, Krankenheilung sowie Dämonenaustreibung und ein gelassener Umgang mit Ablehnung. Gegenüber Lk 9,1–6 fällt auf: Zweimal (V. 7f.) betont Lukas, dass keinerlei Speisevorschriften beim Essen beachtet werden müssen. Möglicherweise ein Hinweis darauf, dass es Lukas hier schon um die spätere Heidenmission geht. Außerdem lässt Jesus seiner Aufforderung an die 72, bei Ablehnung friedlich weiterzuziehen, eine gleich dreifache harte Gerichtsdrohung folgen. Er zählt drei galiläische Orte auf, an denen er gewirkt hatte und in denen er offenbar auf keine Akzeptanz gestoßen war – was besonders bei Kapernaum sehr verwundert. Den Einwohnern wirft er vor, dass sie sich nicht einmal von den »Taten, die dort geschehen waren«, überzeugen ließen. Offenbar gibt es auch eine Verweigerung von Vertrauen, die Jesus für nicht entschuldbar hält! Doch das Urteil über den »Glauben« oder »Unglauben« eines Menschen steht allein ihm zu, nicht uns. Dass es sich in V. 13–15 um originale Jesusworte handeln könnte, legt sich durch die Wahl der Städte nahe, die Jesus den galiläischen Orten gegenüberstellt: Sodom und Gomorra galten als Inbegriff für böse Gesinnung, Tyrus und Sidon waren durch und durch heidnische Städte. Die Versicherung Jesu, sich mit seinen Nachfolgern restlos zu identifizieren (V. 16, vgl. Mt 25,40.45), ist ungemein stärkend, denn sie gibt diesen in Freud und Leid eine unzerstörbare Würde. Menschliche Ablehnung, ja Feindschaft kann brüskieren und tief verletzen, doch wer in der Wertschätzung Jesu Halt und innere Sicherheit gefunden hat, bleibt im Innersten heil und muss nicht Böses mit Bösem vergelten. Dies wird im Folgenden entfaltet.

BEATE WEINGARDT

Vater, lass uns nicht bitter werden, wenn wir mit der Botschaft von deiner hilfreichen Führung in unserem Leben auf Unglauben oder Geringschätzung stoßen. Ob jemand nicht glauben kann oder nicht glauben will, weißt allein du. Lass uns dankbar sein, dass wir dir vertrauen können.

Verbundenheit zählt mehr als Macht

Die Erfahrung der 72 gipfelt darin, dass ihnen sogar die Gabe verliehen war, Dämonen auszutreiben. Unter diesen »bösen Geistern« verstand man zur Zeit Jesu die »Untergebenen« Satans, welchen man sich als bösen »Widersacher« gegen Gott vorstellte. Jesus sieht in Satan offenbar eine Macht, die er durch sein Kommen, das den Anbruch der umfassenden Regentschaft Gottes signalisiert, gebrochen hat. Ja, er erhebt den Anspruch, dass sich in seinem persönlichen Wirken diese Gottesherrschaft zu verwirklichen beginnt. Wie er sich diese Manifestation der Macht Gottes über seinen eigenen Tod hinaus konkret vorstellte, ist unklar. Die Prophezeiung, dass weder tierisches Gift (V. 19) noch sonstige zerstörerische Mächte den Nachfolgern Jesu schaden würden, wird von der Geschichte klar widerlegt; sie kann deshalb nicht wörtlich gemeint sein. Sehr nachvollziehbar ist hingegen die Reaktion Jesu in V. 20: Nicht über ihre »geistlichen Erfolge« sollen sich die Jünger freuen, sondern darüber, dass sie – davon vollkommen unabhängig – von Gott angenommen sind! Damit erteilt Jesus allen Versuchen, den eigenen Wert – wie in der Welt üblich – über Leistung und Macht zu definieren, eine klare Absage. Um dem Nachdruck zu verleihen, fügt Lukas den Ausspruch V. 21f. an. Er betont, dass die Verbundenheit mit Gott nicht notwendig auf mentalen Hochleistungen basiert und dass niemand glauben möge, er oder sie wisse genau, wer »der Sohn« bzw. »der Vater« sei. Christen sollten sich deshalb nicht gegenseitig mit Glaubens»dogmen« bevormunden, schon gar nicht unter Berufung auf »die Schrift« oder gar persönliche Offenbarungen. Wie zur Bestätigung hängt Lukas die bei Matthäus ebenfalls an anderer Stelle platzierte Feststellung an, dass von uns Nachgeborenen keiner ein Augenzeuge Jesu war (die Evangelisten sowie Paulus im Übrigen auch nicht)!

BEATE WEINGARDT

Jesus, wir übersehen leicht, welche Vielfalt an Meinungen über dich du akzeptiert hast. Niemandem hast du vorgeschrieben, was er von dir denken soll – was zählte, war allein die Bereitschaft, dir und deinem Vater zu vertrauen. Lass uns nie vergessen, dass es darauf ankommt.

Einen Menschen lieben heißt Zeit für ihn haben

Als Einleitung des einzigartigen Gleichnisses, das nur Lukas kennt, dient eine Erzählung, in der Jesus nach dem wichtigsten Gebot gefragt wird. Die Antwort besteht in der Verbindung von Gottesliebe mit der Nächstenliebe. Auch das »ewige Leben« wird von Jesus mit keiner Silbe mit dem Vertrauen in oder gar Glauben an ihn selbst verknüpft. Unzufrieden mit Jesu Auskunft wird ihm die höchst kluge Frage gestellt, wie der »Nächste« eigentlich zu definieren sei. Für die meisten Menschen ist die Antwort eindeutig: Familie und Sippe sind die Nächsten, eventuell noch einige nahestehende Freunde. Für alle andern gilt, was der junge Hölderlin im Jahr 1801 aus der Schweiz einem Freund schrieb, dass nämlich die meisten Menschen »gerade so viel Anteil nehmen an Fremdem, als es ihr Herz nicht schwächt« – und es sei hinzugefügt: als es sie in ihren Zielen nicht beeinträchtigt: Sowohl Priester als auch Levit hätten sich kultisch verunreinigt und ihrem Dienst am Tempel nicht mehr nachgehen können, wenn sie einem verletzten, gar blutenden Mann geholfen hätten. Doch auch der Samaritaner hätte allen Grund gehabt, einem Juden nicht zu helfen. Erstaunlich ist, dass Jesus einen solchen Landsmann nun als leuchtendes Beispiel für Hilfsbereitschaft anführt. Kundig malt Jesus aus, wie umfassend, wohldurchdacht und zeitraubend die Unterstützung ist, die der Reisende dem hilflosen Raubopfer angedeihen ließ. Die Zuhörer müssen aus der Be- und Verwunderung nicht herausgekommen sein, erst recht bei Jesu verblüffender Abschlussfrage (V. 36): »Wer wurde dem Hilfsbedürftigen zum Nächsten?« Damit erteilt Jesus jeder theoretischen Eingrenzung, wer zu den »Nächsten« gehört und wer nicht, eine klare Absage. Wir selbst sind es, die entscheiden, für welchen Menschen, ob fremd oder vertraut, wir uns in welchem Maß verantwortlich fühlen wollen – diese Entscheidung kann uns kein biblisches oder weltliches Gesetz abnehmen, auch heute nicht.

BEATE WEINGARDT

Wie arm wären wir ohne diese Erzählung, Jesus! Wie unmissverständlich formulierst du mit ihr die Frage, die auch unser Leben durchzieht und mit der wir nie fertig werden: nämlich wem wir unsere Zeit, unsere verfügbaren Mittel und unsere Liebe schenken sollen. Wir brauchen deinen Geist, um den Menschen und dir gerecht zu werden.

Die Kunst des guten Zuhörens

»Der Glaube kommt vom Hören«, sagt der Volksmund. Die zweieine Bibel bestätigt das. Ob kollektiv im Buch Dtn 6,4 »Höre, Israel! Der Herr, unser Gott, der Herr ist einzig« oder individuell wie bei Maria im vorliegenden Evangelium. Gerade das Bild der hörenden, ja lauschenden Maria zu Füßen Jesu lässt die Frage nach der Kunst des guten Zuhörens auftauchen. Welche Aspekte dieser Lebenskunst lassen sich skizzieren?

Zunächst gibt es das passive Zuhören, das schon vorgeburtlich nachweisbar ist und auch im Sterbeprozess vorliegen kann. Es ist dann eine seelsorgliche Kunst zu wissen, inwieweit man in einer solchen Situation jemanden noch direkt ansprechen sollte und inwieweit man über ihn sprechen darf.

Zum aktiven Zuhören gehört eine gewollte oder auch antrainierte Aufmerksamkeit. Wer spricht was auf welche Weise wann und wo mit welcher Absicht zu mir? Differenziert zuhören will gelernt sein, gerade in Zeiten, wo viele Menschen nur mit »halbem Ohr« zuhören. Neben diesem funktionalen Zuhören gibt es auch den Hörgenuss. Zweckfreies und entspannendes Hören eines Musikstücks oder eines Hörbuchs gehören dazu. Dagegen kann das Zuhören bei jemanden, der nicht »auf den Punkt kommt«, zur Geduldsprobe werden. Und sollte sich jemand zusätzlich einer »verwaschenen« Artikulation bedienen, verbunden mit einer gegen jede Satzmelodie verstoßenden tonalen Schludrigkeit, dann wird Zuhören zum Stressfaktor. Zur Kunst des guten Zuhörens gehört auch das Erkennen von indirekter Sprache wie zum Beispiel Ironie. Manchmal haben ausgesprochene Wörter nicht nur einen schönen, gepflegten Vorgarten, sondern auch einen »dunklen Hinterhof«. Wer dies nicht rechtzeitig erkennt, kann kommunikativ an dem süßen Gift schöner Wörter zugrunde gehen.

Da es zwischen Menschen keine Nicht-Kommunikation gibt, kann selbst das Schweigen beredt sein. Auch das Schweigen bedarf also des rechten Zuhörens, damit es richtig eingeordnet wird. Wie auch immer: »Maria hat das gute Teil erwählt.«

FRANZ JOSEF BACKHAUS

Gott, gib mir ein hörendes Herz, damit ich in meinem Leben die richtigen Entscheidungen treffe.

Bin ich meiner Freiheit gewachsen?

»Und führe uns nicht in Versuchung!« Dieser Satz, der philologisch die richtige Übersetzung des griechischen Originals darstellt, erscheint in der Auslegung immer wieder problematisch. Kann Gott wirklich zum Versucher werden? Müsste man nicht »Und lass uns nicht in Versuchung geraten« übersetzen? Zwei Anmerkungen möchten ein wenig Licht ins Dunkel bringen.

Einerseits: Das griechische Wort für »Versuchung« hat auch die Bedeutung »Prüfung«. Dieses Prüfen will den Menschen aber nicht in eine moralische Zerreißprobe zwischen Gut und Böse bringen, sondern in die Entscheidung führen, ob er Gott wirklich mit ganzem Herzen, mit ganzer Seele und mit ganzer Kraft liebt, wie ihn Gott liebt (vgl. Dtn 6,5). Und das geschieht vor dem Hintergrund, dass dieser Gott als Schöpfer dem Menschen die Freiheit als Bedingung einer echten Entscheidung gegeben hat. Es geht hier also um eine in Freiheit gründende Beziehung zwischen Gott und Mensch. Wer das Wort »Versuchung« moralisch versteht, verstellt sich den Blick für die existenzielle Tiefe des Begriffs »Prüfung«, die er für den Menschen hat. Indem Gott den Menschen durch die Prüfung in die Entscheidung führt, gibt er ihm Gelegenheit, sich seiner Freiheit nicht nur bewusst zu werden, sondern sie auch für oder gegen ihn einzusetzen. Erst in abgeleiteter Weise ergibt sich daraus eine Entscheidung für das Gute oder das Böse.

Andererseits: Die Erzählungen aus dem Buch Exodus, wo das befreite Israel aufgrund seiner eigenen Schwäche die gewonnene Freiheit immer wieder aufs Spiel setzt, zeigen deutlich, dass der Mensch oft seiner eigenen Freiheit nicht gewachsen ist und an ihr scheitern kann. Vor diesem Scheitern soll die Barmherzigkeit Gottes bewahren. So könnte man die 6. Bitte des Vaterunsers paraphrasierend wie folgt wiedergeben: Und bringe uns nicht in Situationen, in denen wir unsere Freiheit zur Entscheidung gegen dich und deinen Willen gebrauchen.

FRANZ JOSEF BACKHAUS

Gott, unser Vater, schenke uns deinen Geist der Unterscheidung, damit wir uns für das Gute entscheiden.

Über die Freundschaft

»Freunde sind Menschen, die dich mögen, obwohl sie dich kennen!« Dieses Bonmot des medial bekannten Arztes Eckart von Hirschhausen bringt wichtige Aspekte der Freundschaft auf den Punkt, die auch Thema des vorliegenden Evangeliums ist. Freundschaft ist zunächst vom wechselseitigen Mögen bestimmt. Dieses Mögen rührt her von einem »Wohlgefallen aneinander«. Zwei Menschen erkennen aneinander Ähnlichkeiten, sei es im Bereich der Talente, der Interessen oder der bisher gemachten Lebenserfahrungen. Unter dem Motto »Gleich und gleich gesellt sich gern« entwickeln beide füreinander ein großes Wohlwollen, das auch Belastungen standhält.

Freunde kennen auch einander. Doch dieses gegenseitige Kennen kann unterschiedlich tief gehen. Der griechische Philosoph Aristoteles unterscheidet drei Arten von Freundschaft. Da gibt es zunächst die Lustfreundschaft. Mit solchen Freundinnen und Freunden, man könnte sie auch »Kumpel« nennen, geht man »auf die Piste«, hat Spaß miteinander und erlebt tolle und verrückte Sachen. Der Spaßfaktor ist für diese Freundschaft völlig ausreichend.

Dann gibt es die Nutzenfreundschaft. Man profitiert von dieser Freundschaft, nicht zuletzt auch wegen der eigenen Karriere. Geschäfts- und Parteifreunde gehören zu dieser Kategorie Freundschaft.

Die dritte Art der Freundschaft nennt Aristoteles die wahre Freundschaft. Die Wahrheit besteht darin, dass diese Art von Freundschaft um ihrer selbst willen eingegangen und gepflegt wird und nicht zum Zweck von irgendetwas oder irgendjemand. Hier ist auch das »obwohl« des Bonmot von Eckart von Hirschhausen anzusiedeln. Denn ein wahrer Freund kann mich kritisieren, weil er mich sehr gut kennt. Und er darf mich kritisieren, weil diese Kritik nicht nur aufrichtig ist, sondern weil sie im Rahmen des gegenseitigen Wohlgefallens formuliert wird. Der wahre Freund möchte mir mit seiner Kritik helfen und mich nicht bloßstellen. Also: suchen und anklopfen! Das gilt auch für unsere Gottesbeziehung.

FRANZ JOSEF BACKHAUS

Gott, gib mir Kraft, bestehende Freundschaften zu pflegen und den Geist der Unterscheidung, um neue Freundschaften einzugehen.

Bedingungen für ein Leben in Gottes Nähe: eine kleine Sozialethik

Im Rahmen einer Liturgie vor den »Toren der Gerechtigkeit« (Ps 118,19f.) werden die sich zum Gottesdienst Versammelnden zur Selbstprüfung angehalten. Ob denn ihr Lebenswandel übereinstimme mit ihrem vollmundigen Gotteslob, das sie gleich anstimmen werden? Die Liturgie schließt mit einer Verheißung für denjenigen ab, der entsprechend den von einem Priester vorgetragenen Kriterien handelt.

Mit einem mehrfachen »Er so nicht« konkretisiert der Liturg, welche Verhaltensweisen bei einem der Gerechtigkeit verpflichteten Israeliten tabu sein müssen. Dazu gehören: Fake News, andere Menschen verleumden, sie übers Ohr hauen, Bestechungsgelder, Wucher im Geschäftsleben und überhaupt alles Böse, was man Nachbarn antut, wenn es um den eigenen Vorteil geht. Verhaltensweisen also, die auch, wenn sie in beträchtlichem Umfang in der großen Welt praktiziert werden, eine Gesellschaft vergiften. Positiv zeichnet den Gerechten aus, dass er unbeirrbar bei der Wahrheit bleibt, auch wenn es eine zu seinem Nachteil ist. Seine Wertschätzung bekommen jene Menschen, die Ehrfurcht vor Gott haben und denen genau darum der Schutz jedes Menschenlebens über alles geht (Ex 1,16ff.; 1. Kön 18,3f u.a.). Es ist eben für den Schalom eines Volkes nicht gleichgültig, ob es bei vielen Menschen eine solche Ehrfurcht vor dem Schöpfer gibt oder ob weit und breit bestenfalls eine halt-lose Humanität angemahnt wird.

Jesus lässt, wo er Bedingungen für den »Einlass« ins Reich Gottes formuliert, das Sprachmuster der Einlass-Tora von Psalm 15 anklingen. Doch bezieht er es in seiner Predigt nicht auf die Schwelle zu einem irdischen Heiligtum, sondern auf die Tür zu einem ewigen Leben, in dem Gott alles in allem sein wird (Mt 5,20; 7,13f.; 21,31; Mk 9,47; 10,15.25).

WERNER GRIMM

Ewiger, ach stärke meinen Willen täglich, dass ich nicht stur den eigenen Vorteil suche, sondern die Bedürfnisse der Mitmenschen achtsam und fair berücksichtige.

Passen böse Geister nicht mehr in die heutige Zeit?

»Er trieb einen bösen Geist aus, der war stumm«, das Wort kophos im Ursprungtext bedeutet stumm und zugleich taub. Dieser Satz wirkt befremdlich und es liegt nahe zu sagen: Stummheit ist heute ein gesundheitliches oder psychisches Problem und dafür haben wir Mediziner/innen oder Psychologen/Psychologinnen. Gibt es heute keine bösen Geister mehr? Schauen wir uns um, vielleicht auch uns selbst an und suchen nach Stummheit/Taubheit im weitesten Sinne. Kennen wir Menschen, die einfach verstummt sind oder nicht mehr hören wollen oder können? Menschen, die keine Nachrichten mehr hören, weil sie der schlechten Nachrichten überdrüssig sind, sie nicht mehr ertragen können oder weil sie den Informationen nicht mehr vertrauen können? Auch gibt es Menschen, die stumm geworden sind, weil sie einsam sind und keine Ansprache haben. Oder schauen wir in die Geschichte: die Kriegsgenerationen, von denen viele in den Jahren danach stumm waren.

Diese Stumm- oder Taubheit gab es schon immer, sie gibt es heute noch und wir können so etwas wie einen bösen Geist erahnen. Lukas berichtet, dass Jesus dem Verstummten wieder eine Stimme gab. Jesus führt sein Wirken auf Gott zurück (V. 29): »Wenn ich aber durch Gottes Finger die bösen Geister austreibe, so ist das Reich Gottes zu euch gekommen.« Das ist der zentrale Satz in unserem Text heute. Dieser Vers bezieht sich auf Psalm 8,4: »Wenn ich sehe die Himmel, deiner Finger Werk« und damit auf einen Psalm, in dem der Beter überwältigt ist von der Pracht und Weite des Sternenhimmels und ihm bewusst wird, wie groß Gott und seine Güte sind. Diese Güte haben wir mit Jesus nochmals in ganz besonderer Weise erfahren. Besinnen wir uns auf die Größe und die Güte Gottes, wenn wir selbst das Gefühl haben, nicht mehr hören oder sprechen zu können. Oder wenn andere Menschen verstummt oder taub sind: Führen wir ihnen die Größe und die Liebe Gottes vor Augen. Es wird uns und den anderen Menschen Mut machen und Kraft geben, wieder hören und sprechen zu lernen.

ELKE LUISE BARNSTEDT

Vater unser, lass mich täglich deine Größe und Güte schauen.

Auch wir müssen uns auf das Hören verlassen

Es ist ein zauberhaftes Kompliment, das die »Frau aus der Menge« zur Huldigung und Ehrerbietung der Person Jesu und seines Wirkens macht, in dem sie Maria, die Mutter Jesu, preist. Diese kleine Passage könnte heute für uns Anlass sein, rückblickend auf das Leben unserer Eltern zu blicken und ihnen zu danken. Das Besondere aber ist dann die Reaktion Jesu: Wieder lenkt er von seiner Person ab und verweist auf Gottes Wirken und damit auf die Heilsgeschichte.

Heute geht es um das »Hören«: »Selig sind, die Gottes Wort hören und bewahren.« Der Satz ist uns aus der Gottesdienstliturgie bekannt. Jetzt aber mit Kontext gelesen, bekommt er einen besonderen Sinn. Im Text von gestern (V. 16) wird von den Zuhörenden ein Zeichen von Jesus gefordert, im Vers 29 im heutigen Text geht Jesus auf diese Forderung ein und lehnt sie schlicht und einfach mit Verweis auf die bereits bekannten Zeichen, etwa das des Jona, ab. Diese schroffe und klare Zurückweisung des Wunsches nach einem Zeichen ist eine Zumutung. So ein kleines Zeichen müsste gerade bei dem großen Anspruch von Jesus doch wohl möglich sein! Vor allem: Selbst in einem gerichtlichen Verfahren ist der Augenzeuge in der Regel ein besserer Beweis als der Zeuge »vom Hörensagen«. Ist also der Hinweis Jesu auf schon bekannte Jahrhunderte alte Zeichen (Jona) eine Zumutung oder ist der Satz zukunftsweisend und hat sich in der Geschichte bewährt? Es war damals vor allem Jesus klar, dass sein unmittelbares Wirken zeitlich begrenzt ist. Wenn aber Jesus wirklich Gottes Sohn und der Erlöser der Welt ist, dann stand damals schon fest, dass zukünftig der Glaube ein wichtiges Fundament im gesprochenen oder geschriebenen Wort haben würde. Auch wir kennen das Wirken Jesu nur vom Hören/Sagen/Lesen. Nur durch das tradierte Wort konnte aus dem Wirken Jesu eine weltumfassende Religion werden. Wir stehen in dieser wunderbaren Tradition und sind aufgerufen, das Wort Gottes zu hören und zu bewahren. Das nennt man schlicht und einfach Glaube.

ELKE LUISE BARNSTEDT

Vater unser, öffne du meine Ohren und lass dein Wort in mir wirken.

Über das Wunder, aber auch die Gefährlichkeit unserer Sinnesorgane

Von den Ohren geht es heute zu den Augen. Insgesamt betonen die Texte der letzten Tage die Bedeutung unserer Sinnesorgane. Es ist ein Wunder, dass es sie überhaupt gibt. Jeder/jede, der/die schon einmal an den Augen oder Ohren erkrankt war und – vielleicht auch altersbedingt – schlecht oder gar nicht hören oder sehen kann, weiß, wie sehr dies die Lebensqualität schmälert. Deshalb sollten wir, bevor wir uns dem heutigen Text widmen, uns ins Bewusstsein rufen, welch großes Geschenk und welch Wunder unsere Sinnesorgane, insbesondere die Ohren und Augen, sind. Eine Symphonie wäre ohne Ohren vergeblich, ebenso ein Sonnenuntergang und ein Lächeln des Gegenübers, wenn sie nicht gesehen werden.

Das Auge ist sozusagen das Tor für Äußeres in unser Inneres. Und alles, was unser Inneres erreicht, verändert uns und unsere Seele. Aber der Text geht noch weiter: »Wenn dein Auge lauter ist, so ist dein ganzer Leib licht, wenn es aber böse ist, so ist dein Leib finster.« Das Auge ist danach nicht nur das Tor, durch das Sichtbares uns erreicht. Sondern das Auge kann licht oder auch böse sein und so den schauenden Menschen verändern. Eine auf den ersten Blick erstaunliche Aussage, die aber durch Folgendes zu erklären ist: Unsere Augen sind gekoppelt mit unseren Gedanken und Erfahrungen und diese Verbindung wirkt wie eine innere Brille, die aber nicht nur vergrößert oder verkleinert, sondern inhaltlich verändert und bewertet. Sehen wir etwas, mit dem wir gute Erfahrungen verbinden, so wird das Wiedersehen auch positive Gefühle in uns erwecken. Waren es schlechte Erfahrungen, so werden zumindest Vorbehalte beim Wiedersehen entstehen. Jesus sagte sein Gleichnis von den Augen zu Menschen, die ihm gegenüber Vorbehalte hatten. Aber nichtsdestotrotz sind auch wir gemeint und sollten uns angesprochen fühlen. Auch wir haben unsere innere Brille. Deshalb gilt auch für uns, dass wir wachsam sein und uns prüfen müssen, ob wir offen sind für das Gesehene oder ob uns Vorbehalte bestimmen.

ELKE LUISE BARNSTEDT

Vater unser, gib mir einen wachen Geist, damit ich mit lichten Augen dir begegne und durchs Leben gehe.

Innen und Außen

Texte wie diese haben eine düstere, antijudaistische Wirkungsgeschichte. Helmut Gollwitzer hat schon 1940 in seiner Auslegung des Lukasevangeliums klargemacht: Hier sind wir als Kirche gemeint.

In unseren Tagen sieht sich die Kirche massiver Kritik ausgesetzt. Eine der schwersten Krisen ihrer Glaubwürdigkeit wurde durch die Erkenntnisse über sexualisierte Gewalt und den Umgang mit betroffenen Menschen ausgelöst. Doch auch in anderen Zusammenhängen wird innerkirchlich immer wieder die Frage laut: »Wie kommt das in der Öffentlichkeit an?«, z.B. wenn es um Stellungnahmen zu kontroversen Themen geht. Manche werfen der Kirche vor, sie maße sich Urteile an, die ihr nicht zustehen, andere kritisieren ihre zögerliche Haltung. Jesus wirft den Pharisäern vor: Ihr haltet euch mit Äußerlichkeiten auf, aber »am Recht und an der Liebe Gottes geht ihr vorbei«. Was dies heute bedeutet, dazu finden wir in der Bibel keine Rezepte. Doch eins sagt dieser Text deutlich: Die Frage, wie es »ankommt«, was wir sagen und tun, ist nicht der Maßstab, sondern: das Recht und die Liebe Gottes. Beides gehört für Jesus zusammen. Ebenso wenig soll unser Reden nach innen und nach außen auseinanderfallen. Nur so können wir glaubwürdig sein, auch wenn wir nicht immer Applaus bekommen. Vielleicht würde es helfen, wenn wir den Unterschied zwischen »wir in der Kirche« und »die Welt da draußen« nicht so groß denken. Wir sind in der Welt; da, wo wir sind, sollen wir erkennbar sein durch unser Handeln und damit die Menschenliebe Gottes bezeugen.

BEATE STRÄTER

Gnädiger Gott, wir leben in verwirrenden und beunruhigenden Zeiten. Oft ist es schwer, zu wissen, was jetzt das Richtige ist, was es bedeutet, nach deinem Recht zu handeln, deine Liebe in der Welt groß zu machen. Oft spüren wir, was jetzt richtig wäre, aber wir handeln nicht danach, weil wir den Widerspruch fürchten. Hilf uns dabei, Klarheit zu finden und trotzdem mit Liebe zu reden und zu handeln.

Alle sind kostbar

Erstaunlich ist der Beginn dieses Abschnittes: Eine große Menschenmenge hatte sich versammelt, so viele, dass sie sich fast niedertraten. So viele wollten Jesus hören – doch die Masse hat auch etwas Ambivalentes, ja fast Gewalttätiges. Die Begeisterung kann umschlagen. Massen sind leicht zu manipulieren, können eine zerstörerische Dynamik entwickeln, bei der der einzelne Mensch nicht mehr zählt.

Wir leben in Zeiten, in denen Hass und Gewalt auch in der Sprache sich immer unverstellter die Bahn brechen. Ein Gespräch heute Morgen im Kiosk: »Da kann man hingehen, da ist kein Gesindel und kein Pack.« Das wiederholte der Kunde neben mir immer wieder, es ging vermutlich um ein Restaurant. Gesindel und Pack, wen meint er damit wohl? Ich habe mich eingemischt, die Antwort war wie zu erwarten nicht freundlich. Ich bin nicht besonders schlagfertig in solchen Situationen, aber das ist vielleicht auch ganz gut so. Ich nehme mir vor, freundlich zu sein im Alltag und klar, wenn es um Abwertung und Verachtung gegenüber Menschen geht. Ich möchte nicht, dass mein Inneres vergiftet wird durch Aggression und Ablehnung. Die christliche Gemeinde damals riskierte viel mehr. Ihnen sagte Jesus, dass sie kostbar sind und Gott auf jeden Menschen achtgibt. Ich glaube, das gilt allen Menschen, dass sie kostbar sind vor Gott. Wenn es alle spüren könnten, wären viele nicht so voller Hass.

Streit an sich ist nicht schlecht: Jesus selbst sieht es anscheinend als nicht so dramatisch an, wenn jemand etwas gegen ihn sagt. Schwerer wiegt dabei das Lästern gegen den heiligen Geist: sich bewusst und mit voller Absicht dem entgegenzustellen, was Gott an Gutem und Lebendigem schafft, was er uns schenkt und was der Heilige Geist in der Welt bewirkt. Das ist wirklich böse.

BEATE STRÄTER

Lebendiger Gott, oft brauche ich Mut, dagegen zu halten, wenn andere Böses reden. Manchmal bin ich müde und gleichgültig und scheue den Konflikt. Hilf mir dabei, klar und deutlich zu sein, wenn es nötig ist, und offen zu bleiben für mein Gegenüber.

Schätze sammeln

Wir alle kennen Beispiele dafür, wie Familien am Streit um das Erbe zerbrechen. Solch ein Konflikt ist Anlass für die Geschichte vom reichen Kornbauer, die Jesus erzählt. Eigentlich weiß jeder, dass selbst ein großer Besitz uns nicht vor dem Tod bewahren kann, unsere Seele nicht rettet und das berühmte letzte Hemd keine Taschen hat. Trotzdem handeln so viele Menschen ganz anders. Dazu kommt: Sich um seinen Reichtum zu kümmern, kostet viel Energie. Die Angst vor Verlust macht Sorge und treibt um. Wie sieht gute Seel-Sorge, also Sorge um die Seele aus? In unserem Leben müssen wir immer wieder mit Verlusten zurechtkommen. Der Verlust geliebter Menschen, der Verlust an Gesundheit und an Möglichkeiten. Schmerz und die Trauer, die damit verbunden sind, kann auch Geld nicht verhindern. In Beziehung zu sein, zu anderen Menschen, zu uns selbst und zu Gott, Dankbarkeit empfinden zu können für unser Leben, das sorgt für unsere Seele und kann auch in schwerem Leid tragfähig sein. Wenn wir die Illusion der Kontrolle und Sicherheit aufgeben, schaffen wir Raum für »Schätze im Himmel«. Vor einiger Zeit ging eine Meldung durch die Nachrichten: Eine Millionenerbin gab 25 Millionen, 90 Prozent ihres Vermögens für gemeinnützige Projekte. Sie gab auch die Entscheidung darüber, was mit dem Geld gefördert werden soll, aus der Hand. Nun haben ja die wenigsten von uns solche spektakulären Möglichkeiten. Doch die Haltung, die dahintersteht, zeigt eine größere Wahrheit. Die junge Frau hat Raum für wahre Schätze geschaffen, indem sie nicht nur Besitz, sondern auch Kontrolle abgegeben hat. Sie hat für ihre Seele gesorgt und wahrscheinlich auch noch für viele andere Menschen. Oder um im Bild zu bleiben: Eine Scheune wäre zu bauen für all die Erfahrungen von Liebe und Zuwendung, Zusammenhalt, Freundschaft und Verbundenheit, Großzügigkeit und Dankbarkeit, auch als Vorrat für schlechte Zeiten.

BEATE STRÄTER

Guter Gott, mach uns stark und gelassen im Umgang mit Geld und Gut. Lass uns in unserem Leben nach dem suchen, was wirklich trägt, und im Vertrauen auf deine Sorge für uns leben.

Beim Wort genommen

Zu meinen, dass der Beter dieses Psalms bedrückt sei, ist eine heillose Untertreibung. Er fühlt sich gezüchtigt, zerschlagen, schwach bis zum Tode. Seine Furcht, seine Verzweiflung sind ihm in die Knochen gefahren – und er hält es schier nicht mehr aus: »Ach du, wie lange?« Das ist eine sehr zermürbende Frage, zumal sie ohne Antwort bleibt. Ich bin sicher: Viele von uns kennen solch eine Mut- und Ratlosigkeit. Immer wieder sprechen die Psalmen aus, was uns bewegt und bedrängt; sie sind im Menschlichen zuhause und kennen sich aus, wenn es um Weinen, Flehen, Tränen geht.

Darum höre ich auch so gerne hin, wenn sie die Perspektiven etwas verschieben. Denn hier spricht nicht nur die Verzweiflung, hier hat nicht einfach die Resignation das letzte Wort. Da setzt auch etwas Trotz die Ellenbogen ein und macht sich Bahn.

Wunderbar trotzig und frech diese Frage: »Wer wird dir bei den Toten danken?« Übersetzt: »Mal ehrlich, Gott, was hast du denn davon, wenn du mich jetzt fallen lässt, wenn du mich nicht hältst und ich zu den Schatten fahre? Damit ist dem Gott des Lebens und der Lebendigen doch nicht gedient!« Was für ein herrlicher, trefflicher Einwand!

Wer so betet, hat noch nicht aufgegeben. Die und der nimmt den Gott beim Wort, der alles Leben geschaffen hat und versprochen hat, es zu bewahren. Der da betet, spricht Gott an: »Du!« Und erinnert ihn daran, dass es ihm ums Leben zu tun sein muss und nicht um Tod und Betrübnis. Das lässt sich von den Psalmen immer wieder lernen: Ich kann Gott duzen, Gott ist ansprechbar und ich kann ihn beim Wort nehmen, auch gegen den Augenschein und gegen die Verhältnisse. Die oft genug nicht sind, wie ich sie gerne hätte – und die doch nicht so bleiben müssen. Denn er, zu dem ich »Du!« sage, der »hört mein Weinen«.

THOMAS WEISS

Ja, mein Gott, höre mich, wenn ich weine, wenn ich flehe mit von Tränen erstickter Stimme, wenn ich verstumme. Höre mich – und lass dich daran erinnern, dass du dich mir zur Seite gestellt hast. Darum leih mir deine Hand. Ich brauche dich, jetzt!

Leben ohne Sorge, geht das?

Wir leben in aufwühlenden und unruhigen Zeiten. Millionen von Menschen sind auf der Flucht: Klimawandel, Kriege und wirtschaftliche Ausbeutung entziehen ihnen die Lebensgrundlage. Tausende demonstrieren für mehr Gerechtigkeit, für respektvollen Umgang miteinander und für den Erhalt menschenwürdiger Lebensgrundlagen. Die Welt ist in Aufruhr und löst belastende Gefühle aus, die die biblische Weisheit so umschreibt: »Sorge im Herzen bedrückt den Menschen.« (Spr 12,22)

Diesem Gefühl kann sich kaum jemand entziehen. So überrascht Jesu Mahnung: »Sorgt euch nicht um das, was ihr essen und trinken sollt und womit ihr euch kleidet!« Essen und Trinken braucht der Mensch. Auch schützende Kleidung und ein Dach über dem Kopf gehören zu den menschlichen Grundbedürfnissen.

Lukas, der »Evangelist der Armen«, betont, wie sehr sich Jesus um diese menschlichen Grundbedürfnisse kümmert. Er ist gesandt zu den Armen (1,46–55), um ihnen Gottes frohe Botschaft zu verkünden (4,18) und das Reich Gottes zu versprechen (6,20).

Leben ohne Nahrung gibt es nicht, auch nicht ein Leben ohne Sorge. Und zugleich ist Leben mehr als Nahrungssuche und Sorge. Die Sorge um die täglichen Grundbedürfnisse soll uns nicht auffressen und lähmen. Jesus fordert Vertrauen und Gelassenheit: »Macht euch keine Unruhe! Sucht nach dem Reich Gottes, dann wird Gott euch geben, was ihr braucht.« Zugleich fordert er von seinen Jüngerinnen und Freunden, dass sie denen beistehen, die auf Barmherzigkeit, Hilfe und Solidarität angewiesen sind.

Es kommt auf das rechte Maß an zwischen Tun und Lassen und darauf, dass sich die Sorgen nicht bei uns einnisten. Mit Martin Luther gesagt: »Ihr könnt es nicht verhindern, dass die Vögel der Sorgen über euren Köpfen fliegen, aber ihr könnt dafür sorgen, dass sie keine Nester darauf bauen.«

CHRISTIAN ROSE

Barmherziger Gott, wir bitten dich: Nimm von uns die Sorge, die uns fesselt und lähmt. Schenk uns inmitten aller Mühen Gelassenheit, den langen Atem der Liebe, das Vertrauen auf deine Fürsorge und die Kraft, füreinander einzustehen.

Sorgfältig Gottes Spuren folgen

Im Gleichklang der Tage sitzen wir am Frühstückstisch und fragen uns: Was ist heute alles zu erledigen? Die Gedanken schwirren. Und irgendwann erinnert eine an gestern: Lasst eure Sorgen! Trachtet zuerst nach dem Reich Gottes, dann werdet ihr mit eurem Alltag schon zurechtkommen! Wow, das sitzt! Wenn's nur so einfach wäre. Und was ist das überhaupt, Reich Gottes? Plötzlich, – man mag's kaum glauben – mitten hinein in unsere alltäglichen Familien- und Haushaltsangelegenheiten entsteht eine lebhafte Diskussion über Gott und die Welt.

Nach dem Reich Gottes trachten, wie funktioniert das? Was will Jesus von seinen Freunden und Jüngerinnen? Was will er von uns? Also ehrlich, mit dem Reich Gottes, das schon so lange ausbleibt und irgendwann in fernen Zeiten kommen soll, da tu ich mich zunehmend schwer. Ich will jetzt was davon sehen und es erleben. Hat Jesus nicht auch mal gesagt, dass das Reich Gottes mitten unter euch ist? Ja, stimmt (Lk 17,21). Es gibt Spuren davon, wenn wir genau hinsehen. Mit Zivilcourage packt ein Migrant zu, kümmert sich um den verletzten Mann, der am Wegesrand liegt (Lk 10,27ff). Ausgerechnet der, den manche aus dem Land jagen wollen. Wie gut, dass in unserem Land immer mehr Menschen dagegen aufstehen und sich wehren. Sie gleichen treuen und klugen Verwaltern (griechisch = Ökonomen), die sich sorgfältig um diejenigen kümmern, die ihnen anvertraut sind (12,42).

Freilich, es gibt auch unverschämte Knechte und Mägde, die ihre Macht missbrauchen und alles in die eigene Tasche wirtschaften (12,45f). Oder faule Zeitgenossen, die sich um nichts und niemand kümmern (12,47).

Was nun? Mit Jesu Satz im Gedächtnis gehen wir nachdenklich ans Tageswerk (12,48b): Wem viel gegeben ist, bei dem wird man viel suchen; und wem viel anvertraut ist, von dem wird man umso mehr fordern.

CHRISTIAN ROSE

Gütiger Gott, wir sehnen uns danach, dass dein Reich mitten unter uns sichtbar wird. Schenk uns Kraft und Weisheit, seine Spuren zu entdecken und mit Sorgfalt andere auf ihrem Weg zu dir zu begleiten.

Klärung hilft

In manchen Familien und Freundeskreisen gibt es die Übereinkunft: »Wir reden nicht über Politik und über Religion.« Es soll nicht zu Streit und Verwerfungen kommen, wenn die Meinungen (zu) weit auseinander liegen. Ich erinnere mich an Auseinandersetzungen im Familienkreis. Wenn ein Streitgespräch zu eskalieren drohte, beruhigte unsere Mutter die Gemüter: »Ich bitte euch um des lieben Friedens willen: Haltet ein!« Manchmal half diese Bitte, manchmal nicht. Wenn Probleme unter den Teppich gekehrt werden, rumort es darunter weiter. Der Scheinfriede hält nicht lange. Es braucht ehrliche Klärung, Toleranz und Verständnis füreinander.

Darum geht es Jesus. Es gibt eine kritische Seite seiner Mission. Jesus ist ein Freund der klaren Worte. Und er verwendet starke Bilder: Feuer verbrennt und läutert. Was wie ein Inferno klingt, ist eine Feuerprobe für Gottes Friedensreich. Die Spreu verbrennt, die Frucht der Liebe bleibt. Auch Wasser ist bedrohlich und zugleich Lebenselixier. Es ersäuft und spendet Leben. In der Taufe taucht ein Mensch ein ins Wasser der Liebe Gottes und er taucht auf in die Auferstehung zu neuem, ewigem Leben.

Jesus tritt ein für Ehrlichkeit und Wahrhaftigkeit: Familien ermutigt er, offen über Glauben zu reden und Beziehungen ehrlich zu leben (Lk 8,19–21). Dabei scheut er keine Konflikte. Aber er streitet nicht um des Streites willen, frei nach dem Motto: Hauptsache dagegen. Er streitet für den Frieden, um Hass zu überwinden und die Barmherzigkeit Gottes als Lebensmaßstab einzuführen (Lk 6,27–36).

Auch die Apostel Petrus und Paulus ringen um Klarheit. Sie klären ihre Einstellungen und verabreden, dass jeder den je eigenen Weg geht, um die Freiheits- und Liebesbotschaft Gottes unter die Menschen zu bringen (Gal 2,1–10). Vielleicht müssen so lebenswichtige Fragen in Familien und Freundeskreise nicht länger ausgesperrt bleiben.

CHRISTIAN ROSE

Gott der Liebe und der Wahrheit, wir bitten dich um die Weisheit deines Geistes, die uns lehrt, ehrlich in der Sache und barmherzig im Ton miteinander umzugehen.

Selbstverschuldete Unmündigkeit

Es geht um die viel zitierten kleinen Leute. Sie sollen die Zeichen der Zeit deuten. Jesus spricht sie auf ihre Kompetenzen an. Mit dem Wetter kennen sie sich aus. Sie beobachten Wolkenformationen und Winde. Sie berechnen, wann Regen ihren Acker befeuchtet. Sie setzen ihren Verstand ein, um eine gute Ernte zu ermöglichen und in der Welt zu überleben. Warum setzen sie ihren Verstand nicht auch ein, um Jesus nachzufolgen? Um zu erkennen, dass sein Wirken der Anbruch des Reiches Gottes ist?

Wir leben in einer mündigen Welt. Zumindest ist das unser Anspruch. Jeder Mensch muss seinen Verstand einsetzen, um die richtigen Entscheidungen zu treffen und sich im Leben zu orientieren. Davon sind die Fragen des Glaubens nicht ausgenommen. 2024 ist vielfach an den 300. Geburtstag des Philosophen Immanuel Kant erinnert worden. Seine Passion war der »Ausgang des Menschen aus seiner selbst verschuldeten Unmündigkeit«. Die Unmündigkeit ist kein Schicksal. Gewiss, die Zeichen der Zeit sind heute andere als die, die der Evangelist Lukas vor Augen hatte. Die Erde scheint sich im permanenten Krisenmodus zu bewegen. Entscheidungen, auch verantwortliche, sind oft ein Wagnis. Aber wenn in der Gemeinde Christi nicht Verantwortung übernommen wird für den Lauf der Welt, werden andere entscheiden. Andere, die nicht den gekreuzigten und auferweckten Christus vor Augen haben, sondern ihren eigenen Vorteil und die Macht über ihre Mitmenschen. Die Unmündigen sind für sie leichte Beute.

KLAUS EBERL

Gott, ich lebe im Schatten deines Wortes. Du sprichst zu mir – noch immer. Ich höre dich – noch immer. Bei dir erscheint alles neu und unverbraucht, die Worte des Vertrauens, die Taten der Liebe und die Hoffnung auf Frieden in unserer kalten Welt. Ich bitte dich: Führe mich auf den Weg der Versöhnung. Schicke meinen Verstand in die Schule deines Evangeliums, öffne meine Augen und lass sie erkennen: die Zeichen der Zeit, das Leid des Bruders, die Angst der Schwester, die Armut des Nächsten.

Gnadenfrist und Sinneswandel

Wer hat Schuld? In welcher Biografie finden sich dunkle Flecken? Ist ein Unglück Strafe Gottes? Es ist leicht, über die Schuldverstrickung anderer nachzudenken. Aber Schicksalsschläge sind nicht die Folge von Unglauben oder persönlicher Schuld. Katastrophen gehören zu unserem Alltag. Und die Opfer brauchen Hilfe und Solidarität – aber keine zusätzliche Beschämung.

Jesus hört von dem Massaker des Pilatus am Tempel in Jerusalem. Gerüchte und Spekulationen werden unter der Volksmenge verbreitet. Wer ist schuldig? So fragt man sich. Was haben die Opfer getan, dass ihnen ein so schlimmes Ende bereitet wird? Ein weiteres Unglück ist der Einsturz eines Turms am Schiloachteich. Achtzehn Menschen kamen zu Tode! Eine göttliche Strafe? Jeder bekommt, was er verdient? Nein, ruft Jesus seinen Zuhörern zu: Macht euch vor niemandem besser als ihr seid! Ihr alle braucht Umkehr zu Gott. Ihr alle habt nicht mehr als eine Gnadenfrist.

Zur Erläuterung erzählt Jesus seinen Zuhörern das Gleichnis vom Feigenbaum, der keine Früchte bringt. Der Besitzer des Weinbergs fordert, was eigentlich selbstverständlich ist: Feigen! Ein Baum, der nichts bringt, wird abgesägt. Der Gärtner hält dagegen: Der Baum braucht eine Chance. Gib ihm noch ein Jahr! Der Gärtner will in diesem Jahr graben und düngen. Er hat die Hoffnung noch nicht verloren. Er will alles tun, damit doch noch Früchte wachsen, damit die Gnadenfrist zur Umkehr, zum Sinneswandel genutzt wird.

Hoffentlich ist es nicht zu spät. Denn: Das Ende ist offen.

KLAUS EBERL

Vater im Himmel, ich frage mich, wer bin ich. Bin ich Feigenbaum oder Gärtner? Besitze ich einen Weinberg oder nur eine Hand voll Dünger? Ich weiß nur, ich bin dein Geschöpf. Du weißt allein, wieviel Zeit ich habe, bis alles gut wird. Herr Jesus Christus, du kennst mich. Du kennst Gelingen und Versagen, du bist der Helfer an meiner Seite. Mein Blick reicht nicht bis zum Horizont, geschweige denn darüber hinaus. Gott Heiliger Geist, du machst alles neu, auch mich. Dafür danke ich dir.

Die Kunst des Zusammenlebens

Jesus begegnet einer Frau, die 18 Jahre lang eine Behinderung hat. Tief ist sie gesunken. Bis sie keine Kraft mehr hatte, sich wiederaufzurichten. Es ist nicht nur die Krankheit, die sie quält. Die soziale Ausgrenzung kommt hinzu. Dass ein Dämon sie niederdrückt, ist für die Vorstellungen der Antike nichts Besonderes. Besonders ist, wie Jesus der Frau begegnet.

Jesus sieht sie. Hat er mehr gesehen als andere? Noch bis 1970 wurden auch in Deutschland Menschen mit Behinderungen aus Scham versteckt. Oder sie wurden in große Komplexeinrichtungen abgeschoben. Damit verschwanden Menschen mit Behinderungen weitgehend aus dem Alltag. Das Sehen Jesu ist der erste Schritt der Integration.

Jesus spricht die Frau an. Er ruft sie herbei, um ihr ganz nahe zu sein. Offenbar hat er Worte, die mehr sagen, als die Frau sich selbst sagen kann. Er sagt: Sei frei von deiner Krankheit! Das Wort wirkt. Frei sein ist die Bestimmung des Menschen. Der aufrechte Gang ist Zeichen seiner Würde. Unter einer Behinderung zu leiden ist das eine. Die Würde zu verlieren ist das andere.

Jesus berührt sie. Er scheut nicht die Nähe. Wenn wir jemanden berühren, erreichen wir die Tiefendimensionen seiner Persönlichkeit. Da geschieht das Wunder! Die Frau richtet sich auf. Erinnert sie sich an ihre von Gott geschenkte Würde?

Der Vorwurf, Jesus habe die Sabbatregelungen missachtet, klingt nur in unseren modernen Ohren absurd. Heute sind es andere – ebenso absurde – Regeln und Haltungen, die überwunden werden müssen. Denn barrierefrei sind wir noch lange nicht. Die von Jesus geheilte »verkrümmte« Frau wird ihre neue Freiheit einbringen in die »Kunst des Zusammenlebens sehr verschiedener Menschen« – so lautet eine Definition der Inklusion. Denn gute Künstler sind wir noch lange nicht.

KLAUS EBERL

Gott, wir sind verschieden und leben doch miteinander, Frauen und Männer, Junge und Alte, Reiche und Arme, Menschen mit und ohne Behinderungen. Sei uns nahe und sprich zu uns. Mache aus Einzelnen eine Gemeinschaft und aus Niedergedrückten freie Menschen.

Ferne und Nähe

Geht Ihnen das auch so? Was ich nur aus der Ferne sehe, erkenne ich meist nicht ganz gut. Ist das der Martin, der da die Straße herunterkommt, oder doch die Moni? Ist das ein Pferd auf der Wiese am Ende des Tals oder ein Hirsch (der sich geschickt als Gaul tarnt)? Ist das jetzt der Mont Blanc oder das Matterhorn, diese graue Silhouette weit da vorne am Horizont? Ist das nun ein Gott dort in der Ferne oder bloß ein unliebsames Schicksal?

Wenn Gott in der Ferne ist, spür ich das – jedenfalls wenn es nach dem Psalm geht – aber sofort: Ist Gott fern, dann ist das Unglück nahe: »Frevler« treiben »Übermut«, »Elende leiden«, »Lug und Trug«, »Mühsal und Unheil« brüsten sich. Nicht schön, wenn Gott fern ist! Da haben wir unsere unwillkommenen Erfahrungen. Ist er das? Fern?

Aus zwei Gründen glaube ich es – zusammen mit den Psalmbetern – nicht. Zuerst: »Der Frevler meint in seinem Stolz!« Aha! Das meint er bloß. Ich verstehe es so: Wenn es sich so anfühlt, als sei Gott fern, dann heißt das noch lange nicht, dass er es auch ist. Könnte sein, ich meine es bloß (und täusche mich darin ganz gewaltig); in Wahrheit ist er so nah, dass ich den Wald vor lauter Bäumen, dass ich Gott vor lauter Liebe nicht sehe. In seiner Liebe ist er so nahe, dass er leicht zu übersehen ist! Und: Gott lässt sich etwas sagen: »Die Armen befehlen es dir, du bist der Helfer!« Was für ein Satz! Gott etwas befehlen! Das ist ein starkes Stück! Oder besser: Das ist eine so starke Liebe, die Liebe Gottes, dass er darauf hört, wenn nach ihm gerufen wird. Da kann er nicht fernbleiben. Wenn er es denn überhaupt je ist! Wie gesagt: Vielleicht fühlt es sich bloß so an. In Wirklichkeit aber ist er ganz Ohr, ganz aufmerksam! Und zum Aufmerken (wie es im Psalm im 17. Vers heißt) musst du nah dran sein, nicht weit fort! Gott ist das.

THOMAS WEISS

Mein Gott, du hörst mich? Ich glaube das gerne, dass du nicht fern bist, sondern hier und jetzt da, genau dort, wo ich auf dich hoffe. Eine Bitte nur: Lass es mich spüren ab und zu, das hilft und stärkt meine Hoffnung.

Er beruft mich

»Vayikra« – Und »Er rief«: So beginnt das zentrale Buch des Pentateuch. »Vayikra« ist auch der Name des Buches, das wir als Buch »Levitikus« kennen oder sehr prosaisch als »3. Buch Mose«. In der rabbinischen Tradition hieß dieses Buch zuerst »Torat Kohanim« »Die Weisung für die Priester«. Und die folgenden Anweisungen für das Brandopfer sind ein Beispiel dafür. Aber das wurde bald fallen gelassen, denn die Priester spielen nur am Anfang eine (sehr) große Rolle. Später werden alle Israeliten »heilig« gesprochen, denn ER, der rief, der eine Gott, ist heilig, also sind alle heilig (frei nach Lev 19,2). Das ist schon ein Hinweis auf den Weg, den das Buch nimmt: hin zu einer Demokratisierung der Heiligkeit.

Im ersten Wort des Buches schon ist dieser Gedanke angelegt: Mose wird gerufen, berufen, die Weisung Gottes weiterzugeben; und das ist es auch, was er sein soll: ein Berufener, ein Gerufener. Und die das Wort annehmen werden immer mehr. Immer mehr werden heilig. Im Christentum sind nach 1. Petr 2,9 alle Gläubigen Priester. Das bestimmt mein Leben. Berufen bin ich für diesen Tag und für alle, die vor mir liegen.

Das Buch Levitikus beginnt mit drei unterschiedlichen Worten für »Sprechen«: Der Herr ruft Mose und spricht mit ihm und gibt ihm den Auftrag: Rede mit dem Volk …

So spricht sein Wort zu mir: Er beruft mich und er spricht mit mir und er beauftragt mich. Die Andacht über der Bibel ist bedeutsam. Das Wort will sprechen, mich ansprechen und mir Kraft geben für das, was kommt. Vielleicht kann ich ein Licht sein an diesem Tag?

Darum bitte ich Gott. Und manchmal ist »Licht sein« einfach nur für eine andere Person da sein, zuhören, was sie spricht.

MICHAEL SCHÄFER

Gnädiger Gott, danke für die Stille am Tag, danke für dein Wort. Danke, dass du mir deutlich machst, dass ich brauchbar bin. Lass mich Licht sein, gib mir die Ruhe zuzuhören und zu verstehen.

Lebendige Liebe zur Ordnung

Das hört sich alles so fern, so befremdlich an für einen Protestanten wie mich: die peinlich genau geordnete Weihe zum Priester. Vielleicht geht es katholischen oder orthodoxen Christenmenschen da anders. Und das mag daran liegen, dass die jüdische Idee der Priesterschaft sehr klar ist: Es geht um Ordnung, um Sicherung der alten Schätze und Worte, die uns Gott nahe kommen lassen. Ein Priester (sie sind im traditionellen Judentum immer männlich) weiß: Alles hat Grenzen und will unterschieden werden. Das eine ist rein, das andere unrein. Gott hatte schon sehr priesterlich die Welt gemacht: ER hat unterschieden, getrennt, hat so Leben geschaffen. Ordnung bedeutet Leben, Chaos ist in dieser Geschichte schlecht und nicht nachhaltig.

Da, wo der Priester dient, ist Gottesdienst, da ist Gott.

Ich frage mich, ob es dieses Priesterliche nicht auch bei mir geben sollte: Ordnungsliebe und die Freude an den guten alten Worten, an der Unterscheidung, die ich auch Verständnis nennen möchte. Aber in mir lehnt sich etwas Altes auf, der Widerstand gegen Sätze wie »Ordnung ist das halbe Leben« oder »Wer Ordnung hält, ist nur zu faul zum Suchen«. Mittlerweile weiß ich, dass Ordnung Sicherheit gibt und dass sie eine Schönheit offenbart, die leicht verloren geht. Aber Ordnung darf nicht einzwängen, sie darf Leben nicht behindern und deshalb gibt es das Prophetische, den Widerstand, den Protest und die Improvisation und Spontaneität, deshalb gibt es die heilige Geistkraft. Beides ergänzt sich, bedingt sich.

Für heute wünsche ich mir lebendige Liebe zur Ordnung, die den Menschen dient, spontanen Widerstand gegen Engstirnigkeit und die Gabe, Menschen die Angst zu nehmen, wenn Grenzen verschwimmen und sich etwas zum Guten verändert.

MICHAEL SCHÄFER

Barmherzige und Ewige, bewahre mir heute den klaren Blick für die wunderbare Ordnung in deiner Schöpfung, lehre mich zu unterscheiden, damit Leben möglich bleibt, lehre mich verstehen und gib mir die Gabe, für andere da zu sein.

Gebet und Opfer

In unserer Bibellese ist das »Opfer« schon wieder da! Hier im Zentrum der fünf Bücher Mose ist es sehr wichtig. Alle möglichen Opfer werden beschrieben, auch die Struktur des Gottesdienstes: Opfer, Segen und dann die Annahme des Opfers durch Gott selbst in ganzer Herrlichkeit. Geht uns das Opfer hier etwas an?

Wenn ich beim Judentum bleibe, dann lässt sich klar erkennen, dass es diese blutigen Opfer nicht mehr gibt. Der Text der Bibel ist in Kraft, aber der Tempel, in dem geopfert wurde, ist zerstört. Wie kann aber das, was geboten wird, weiterhin gelten, obwohl es nicht mehr eins zu eins umgesetzt werden kann? Diese Frage hat die Rabbinen nach der Vernichtung des Heiligtums sehr beschäftigt und sie haben einen glaubwürdigen Weg gefunden, wie das Opfer weitergeführt werden kann: Die Gebete der Synagoge nehmen den Dienst im Tempel wieder auf. Gebete werden zu unblutigen Opfern zu den richtigen Zeiten. Die Struktur bleibt, das Blut verschwindet. Der innere Akt des Opferns, bei dem sich Herz und Verstand verbinden und sich an Gott ausrichten, ihm alles geben, bleibt, der äußere Akt verschwindet.

Kann ich mir nicht hier ein Beispiel nehmen und mein Gebet in diese Richtung lenken? Ich glaube, das geht. Meine Andacht am Morgen – oder wann immer ich die Zeit dafür einräumen kann – ist wichtig. Sie regelmäßig halten zu können, verlangt Struktur. Die Andacht ist wichtig, ernstgemeint, wertvoll und bedeutungsvoll wie ein Opfer im Tempel. Sie ist segensreich.

Gut, dass wir die Zeit dafür finden, dass sich auch bei uns in der Stille Herz und Verstand verbinden können und wir uns so öffnen für einen weiteren Tag mit Gott.

MICHAEL SCHÄFER

Barmherziger, schenke mir jeden Tag die ernsthafte und tröstliche Auszeit mit dir. Ich gebe dir mein Gebet als Opfer und bitte dich von Herzen: Begleite mich und segne alle, die ich liebe.

In die Wüste geschickt

Das Buch Levitikus ist das Zentrum der Tora, und das Kapitel 16 das Zentrum des Buches Levitikus. Hier geht es um das Entscheidende für das Volk Israel: Wie kann man in der heiligen Gegenwart Gottes leben, wenn eben dieses Leben doch durch Sünden und Schuld verunreinigt ist? Auf Dauer staut sich hier so viel an, dass die Sünden buchstäblich zum Himmel schreien – irgendetwas muss passieren. Und es passiert etwas. Klar ist, dass die Sünden nicht durch die Israeliten selbst »entsorgt« werden können – dafür braucht es JHWH. Er schenkt ein Ritual – den großen Versöhnungstag, den Jom Kippur. An diesem Tag, einmal im Jahr, tritt der Hohepriester in das Allerheiligste des Tempels und erwirkt nach einem detailliert vorgeschriebenen Ritual Versöhnung für sich selbst, sein Haus und das ganze Volk Israel.

Das Ritual ist zweigeteilt: Durch das Blutritual im Tempel wird das gesamte Heiligtum, die Priesterschaft und das Volk Israel entsühnt. Um die Sünden zu »entsorgen«, gibt es den »Sündenbock«. Hierbei stützt der Hohepriester seine Hände auf einen lebenden Ziegenbock. So werden die Sünden »auf den Kopf des Bockes geladen«, der daraufhin »in die Wüste« geschickt wird und »alle Sünden mit sich in die Einöde« trägt. Ein wunderbares Ritual – kraftvoll, kaum erklärungsbedürftig. Es verwundert nicht, dass der Sündenbock »Karriere« gemacht hat. Es ist bisweilen von Vorteil jemanden zu haben, dem man alle Fehler und Sünden aufladen und »in die Wüste schicken« kann. Am Ende des Rituals sind alle Sünden gesühnt und von Gott vergeben. Die durch die Sünde gestörte Ordnung ist wiederhergestellt, das Leben erneuert. Wir erleben jeden Tag, dass auch wir Hilfe brauchen, um aus den von uns selbst verschuldeten Fallstricken zu entkommen. Wir brauchen Gottes Hilfe. Diese hat einen Namen und ein Gesicht. Und so beschreibt der neutestamentliche Hebräerbrief vor dem Hintergrund des Jom Kippur Jesus als denjenigen, der »ein für alle Mal« Versöhnung stiftet.

MARKUS-LIBORIUS HERMANN.

Herr, du hast unsere Krankheit getragen und unsere Schmerzen auf dich geladen. Erbarme dich unser.

Ich bin der Herr

Die Bestimmungen zu Ehe, Geschlechtsverkehr und Blutschande sind gerahmt durch Selbstvorstellungen JHWHs, die ihnen das notwendige Gewicht verleihen. Wer Gottes Vorschriften einhält, wird das menschliche Zusammenleben stützen. Manche der Rechtssätze zum Thema »Sexualkontakte« wirken auf moderne Zeitgenossen vermutlich befremdlich. Sie wollen die Unterschiede zwischen Mann und Frau sowie zwischen Mensch und Tier verdeutlichen und die Familie als unverletzliches Tabu absichern.

Insgesamt soll sich das Leben der Israeliten unterscheiden, sie sollen »nicht tun, was man in Ägypten tut, wo ihr gewohnt habt«, sie sollen »nicht tun, was man in Kanaan tut, wohin ich euch führe«. Hier stellt sich die Frage nach dem Unterscheidenden im Gottesverständnis und den Konsequenzen für das Leben. Zentral ist das erste Gebot: »Du sollst dich nicht vor anderen Göttern niederwerfen und ihnen nicht dienen. Denn ich bin der Herr, dein Gott, ein eifersüchtiger Gott« (Ex 20,5). Diese Exklusivität richtete sich weniger gegen andere Völker und Religionen, sondern gegen das Eindringen anderer Kulte. Gott verlangt Treue, aber auch Selbstreinigung. Da die eigenen Anstrengungen der Israeliten jedoch nicht ausreichen, schenkt er Israel den großen Versöhnungstag. Dass JHWH auch der Gott der anderen Völker und auch für ihr Wohl verantwortlich ist, kam erst mit der Erfahrung des Babylonischen Exils in den Blick.

Aber die Frage bleibt: Was unterscheidet unseren Gott? Aus welchem Grund sollten wir »exklusiv« ihm die Treue halten und so leben, wie er es verlangt? Wie sieht ein solches an Gott orientiertes Leben aus? Auch im Neuen Testament stellt sich die Frage der Exklusivität: Im Johannesevangelium ist von einer Spaltung der Jünger Jesu die Rede, viele zogen sich zurück. Und so fragt Jesus die Zwölf: »Wollt auch ihr weggehen? Simon Petrus antwortete ihm: Herr, zu wem sollen wir gehen? Du hast Worte des ewigen Lebens.« (Joh 6,68)

MARKUS-LIBORIUS HERMANN

Herr, zu wem sollen wir gehen? Du hast Worte des ewigen Lebens.

Seid heilig

Die Nähe zu Gott hat Folgen: »Seid heilig, denn ich, der HERR, euer Gott, bin heilig.« Israel soll leben, wie es Gott entspricht. Eben dafür hat JHWH das Volk aus Ägypten herausgeführt. Israel wurde erwählt zu einem heiligen Leben mit dem heiligen Gott: unverstellte Nähe zu ihm und Gemeinschaft mit ihm. Das Volk Israel hört so JHWHs Aufforderung, sich ganz und gar auf ihn hin auszurichten.

Heiligkeit ist ein großes Wort, es erscheint oftmals zu groß. Aber Heiligkeit ist nichts, das wenigen Auserwählten vorbehalten ist, kein religiöser Hochleistungssport. Papst Benedikt XVI. hat einmal formuliert: »In Wirklichkeit ist die Heiligkeit die gemeinsame Bestimmung aller Menschen, die dazu berufen sind, Kinder Gottes zu sein … Die Heiligkeit ist ein Angebot, das an alle gerichtet ist.« Es geht darum, mit Gott in Verbindung zu bleiben, nicht außerordentliche Taten zu vollbringen. Wir sollen »seine Geheimnisse … leben, uns seine Einstellungen, seine Gedanken, sein Verhalten zu eigen machen«. Mit Jesaja sind wir zur Gottsuche aufgerufen: »Sucht den Herrn, er lässt sich finden, ruft ihn an, er ist nah!« (Jes 55,6). Heiligkeit ist also eine Aufgabe für jeden Menschen.

Klar ist aber auch: »Ein heiliges Leben ist nicht in erster Linie Frucht unserer Anstrengungen, unseres Handelns, denn es ist Gott – der dreimal heilige Gott (vgl. Jes 6,3) – , der uns heilig macht.« (Papst Benedikt) Aber dabei »überfährt« er uns nicht, er achtet vielmehr unsere Freiheit und auch unsere Schwachheit. Denn das Geschenk der Heiligkeit bringt Anforderungen mit sich. Wie diese aussehen können, zeigt sich im Leben der Heiligen, die nach Hans Urs von Balthasar der wichtigste Kommentar zum Evangelium seien, die Verwirklichung des Evangeliums im Alltag. Eine solche Verwirklichung, durch »alltägliche« und »normale« Heilige – dies ist unser Weg. Und diesen Weg gehen wir nicht allein, sondern Gott selbst kommt uns entgegen, um mit uns zu gehen.

MARKUS-LIBORIUS HERMANN

Sucht den Herrn, er lässt sich finden, ruft ihn an, er ist nah!

Ängste haben mein Herz gesprengt!

Wie treffend bringt dieser Vers (Ps 25, 17) eine Grunderfahrung unseres Lebens ins Wort. Psalm 25 lädt ein zu Umkehr und Verwandlung – existentiell, nicht (nur) moralisch. Wir machen uns meist nur unter Leidensdruck auf den Weg der Verwandlung. Der Schritt in die Tiefe, auch in meine eigenen Abgründe kann nicht vermieden werden. Ich muss ihn geschehen lassen, ihn erleiden.

Ich möchte dazu einladen, diesen Psalm zu lesen mit dem Bild vom Weizenkorn, das in die Erde fällt und stirbt, das »gesprengt« wird, damit neues Leben hervorbrechen kann. Dann ist es dunkel und eng, während langsam meine harte Schale immer weicher wird – das Sprengen der Schale, des Herzens, beginnt. Ein zarter, aber starker Keimling bricht durch: neues Leben, endlich. Dieses neue Leben wächst zunächst weiter nach unten ins Dunkle. Zartes Wurzelwerk breitet sich aus, verzweigt sich. Haarfein geht es in jede Lücke – verletzlich und doch stark. Was sind die Wurzeln meines Glaubens? Das Berührtsein vom Wort Gottes im Lesen der Heiligen Schrift? Die Liebe zur Liturgie? Die Erfahrung der Anbetung? Die Erfahrung der Nähe Gottes und seiner heilenden Kraft in einem Menschen? Dranbleiben, aushalten, auch wenn alles vergeblich scheint.

Schließlich kommt der Moment, wo der Keimling ans Licht kommt. Entweder bricht an derselben Stelle wie der Wurzelkeimling etwas Neues hervor. Oder aber – und dieses Bild gefällt mir noch besser – der Same hebt sich aus der Erde wieder ans Licht. Erst dann wird endgültig gesprengt und zwei Keimblätter zeigen sich, die zu wachsen beginnen.

Es gibt in unserem Leben nichts, was überflüssig ist oder vergeblich. Alles kann verwandelt werden. Aus allem kann neues Leben hervorgehen.

SR. EMMANUELA KOHLHAAS OSB

Gott, unser Vater, wir bringen vor dich unsere Dunkelheiten, Grenzen und Ängste, die, um die wir wissen, und jene, die wir noch nicht zu sehen wagen. Wir bekennen vor dir und voreinander unsere Ohnmacht angesichts der Wunden, die wir erlitten und die wir geschlagen haben. Wir kommen zu dir mit unserer Sehnsucht nach Befreiung und Heil.

Weisungen zum Leben

»Statt sich darüber aufzuregen, dass Flüchtlinge die Wartezimmer der Ärzte füllen, sollte man Deutsche über 70 einfach töten. Wenn die Alten weg wären, gäbe es genügend Behandlungstermine für die anderen.« Mit solchen Überlegungen sorgte ein geschmackloser Kabarettbeitrag im Fernsehen vor über einem Jahr für Aufsehen.

Wie weit kann Satire gehen und wo werden Gefühle von Menschen verletzt? Was ist bei solchen Aussagen die Menschenwürde, die unser Grundgesetz hochhält, noch wert? Welche Phantasien werden damit bedient? Und besteht nicht die Gefahr, dass sich solche Phantasien verselbständigen und am Ende nur noch die scheinbar Lebenstüchtigen für lebenswert erachtet werden?

Wie ganz anders klingen da die Mahnungen der Tora, die Alten zu ehren und die Fremdlinge nicht zu bedrücken, das Recht hochzuhalten, auch im Alltag, im Bereich von Geschäftstätigkeit und Handel, auf der Seite des Rechts zu bleiben und nicht auf betrügerische Weise dem eigenen Vorteil zu frönen. Bei diesen Mahnungen geht es um den Zusammenhalt in einer Gesellschaft, um den Kitt, der dafür sorgt, dass auch die eine Lebenschance haben und respektiert werden, die leicht missachtet werden oder auf der Strecke bleiben.

Das alles findet seine Begründung nicht in humanistischen Idealen, sondern in zutiefst theologischen Erkenntnissen. Der Gott, der Israel einst aus Ägypten befreit hat, will menschliche Lebensbezüge. Er will nicht Bedrückung, Ungerechtigkeit und Menschenverachtung. Das Volk Israel ist das beste Beispiel dafür, hat es doch erfahren, was es bedeutet, Bedrückung und Unrecht hinter sich zu lassen. Das Volk Israel weiß, wem es die Rettung verdankt. Deshalb steht am Anfang auch die Mahnung, sich vor Geisterbeschwörung und Fremdgötterei zu hüten, tauscht man doch sonst den Gott des Lebens mit unberechenbaren und lebensfeindlichen Größen, die in die Irre führen.

PETER RIEDE

Du, Gott, bist der Gott des Lebens. Lass uns dafür sorgen, dass Menschen in Frieden und Gerechtigkeit, in Würde und geachtet leben können.

Ruhezeiten für das Land

Früher, als es noch keinen Kunstdünger gab, der den Ackerböden einen ungeheuren Ertragsschub beschert, zugleich aber die Gefahr der Überdüngung mit sich bringt, war die Landwirtschaft von der Dreifelder-Wirtschaft geprägt. Auf einem Feld wurde Wintergetreide gesät, auf dem zweiten Sommergetreide und das dritte Feld blieb ungenutzt. Die Anbauformen wechselten jedes Jahr, so dass sich eine Ackerfläche alle drei Jahre erholen konnte, sie konnte sich regenerieren.

Solch eine Zeit der Erholung steht auch Levitikus 25 vor Augen, gleichsam ein Ruhejahr für den Acker alle sieben Jahre ähnlich wie der Sabbat/Sonntag als Ruhetag für Menschen und Arbeitstiere jede Woche. Das Land sollte sich ausruhen können, nicht immer unter dem Vorbehalt des wirtschaftlichen Nutzens stehen, nicht ausgebeutet werden, um am Ende ausgezehrt dazuliegen. So wie der Mensch am Sabbat zur Ruhe kommt, so auch das Land im siebten Jahr. Durch diese Sabbatbrache ehrte man Gott, den Schöpfer und Besitzer allen Landes, und gab es ihm gleichsam zurück.

Nicht Gewinnmaximierung steht so im Vordergrund, sondern Verzicht. Ist es naiv oder schon wieder progressiv, an diese Erkenntnisse der Bibel zu erinnern? Welche Folgen für unsere Situation heute ergeben sich daraus? Es braucht heute mehr denn je einen sorgsamen Umgang mit dem Land, mit dem Boden, ist er doch die Grundlage für menschliches Leben und für menschliche Ernährung.

Ähnlich wie das Sabbatjahr für den Boden ist das Jobeljahr (Luther: Erlassjahr) für die Menschen, ist es doch mit Freiheit und Befreiung verbunden, mit Rückgabe von Besitz, Schuldenerlass und der Rückkehr von Menschen, die ihr Zuhause verlassen mussten, um ihre Schulden abzuarbeiten. Der Begriff »Jobel« hat übrigens nichts mit Jubel zu tun, sondern kommt vom Signal des Widderhorns (Jobel bedeutet »Widder«), mit dem das Jobeljahr eingeleitet wurde (vgl. V. 9).

PETER RIEDE

Gott, hab Dank für die Äcker und die Natur, die du uns anvertraut hast. Lass uns sorgsam damit umgehen. Und gib deinen Segen auf das Land, dass es uns nährt und schützt.

Solidarität mit den Notleidenden

Der Text von heute spiegelt wirtschaftliche Nöte. Menschen können verarmen, ihren Lebensunterhalt nicht mehr aufbringen, unverschuldet in wirtschaftliche Zwangslagen kommen. Naturkatastrophen wie Dürren in der Sahelzone oder in Ostafrika oder Starkregen oder Überschwemmungen wie im Ahrtal, aber auch Kriege, in denen Nahrungsmittel und Felder zerstört werden wie in vielen Regionen der Welt, sind oft der Ausgangspunkt für solche Nöte, die die Menschen allein nicht bewältigen können. Die internationale Gemeinschaft ist aufgerufen, ihren Beitrag zu leisten, um solidarisch an der Seite der Betroffenen zu stehen.

Solche Solidarität mit den Notleidenden fordert das Buch Levitikus, Mitgefühl, nicht von oben herab. Das Zinsverbot ist Ausdruck dieser Solidarität, liefen die Menschen damals doch Gefahr, im Falle der Zahlungsunfähigkeit sich selbst in die Sklaverei verkaufen zu müssen und dann der Willkür der Mächtigen ausgeliefert zu sein. Eine Missernte reichte, um wirtschaftlich am Ende zu sein. Wenn die Betroffenen dann Schulden aufnahmen, dann geschah dies nicht, um einen Vermögenswert wie ein Haus oder ein Auto anzuschaffen, das man gegebenenfalls wieder veräußern kann. Die Schuldenaufnahme hatte vielmehr zum Ziel, das zum Überleben Notwendige wie Nahrungsmittel oder Saatgut zu erwerben.

Der ganze Aufruf wird begründet durch den Hinweis auf die Not, die das geknechtete Israel in Ägypten einst erfahren hat. Der menschenliebende Gott hat eingegriffen, hat sich beeindrucken lassen von der Not und die Menschen in die Freiheit geführt.

Zum Menschsein gehört es, menschenwürdig zu leben, das heißt besonders, das Lebensnotwendige zur Verfügung zu haben und nicht von einer Zwangslage in die nächste zu kommen. Wie gut, dass es heute Institutionen und Fachkundige gibt, die Menschen beraten und helfen, aus der Schuldenfalle herauszufinden, hinein in ein selbstbestimmtes Leben.

PETER RIEDE

Gott, wie viel Not gibt es in der Welt, die Menschen in Existenzschwierigkeiten bringt. Gib uns offene Augen und weite Herzen, die Not zu sehen und zu helfen.

Schockstarre

Oft reagieren Menschen auf Nachrichten, die sie im Innersten erschüttern und ihr ganzes Lebensgefüge ins Wanken bringen, auf diese Weise: Verstand, Geist und Herz verschließen sich vor dem Bedrohlichen. Das Furchtbare wird verdrängt, die Realität ausgeblendet, Hoffnungszeichen werden nicht mehr wahrgenommen.

Ist es dieser Selbstschutzmechanismus, in den die Zwölf hier verfallen? Immerhin betont der Bibeltext dreifach, dass sie Jesus und seine Worte ganz und gar nicht verstehen. Und eine Reaktion ihrerseits bleibt völlig aus. Offensichtlich hat sie die Ankündigung Jesu ganz unvorbereitet und tief getroffen.

»Das Reich Gottes ist mitten unter euch«, hatte Jesus gesagt. Haben die Apostel falsche Erwartungen daran geknüpft? Hatten sie gedacht, dass hier und jetzt alles gut werde und Gott durch Jesus, den Messias, alles Böse und Gewalttätige im Nu, widerstandslos und endgültig aus der Welt wegfegen werde – die Römer aus dem Land und alles Böse aus den Herzen? Aber: Haben sie die subtilen Schatten in Jesu Verkündigung des Reiches Gottes nicht wahrgenommen? Haben sie nicht realisiert, wie Johannes der Täufer geendet ist?

Gottes Reich mitten in der Welt, seine Herrschaft der Liebe und des Erbarmens, ist verletzlich, armselig, unerkannt, angefochten, blutig ins Böse verwoben, von Gewalttat und Unmenschlichkeit niedergerungen. Doch, so ist es in unserer Welt, exemplifiziert an Jesus, dem Messias und Hoffnungsträger, und tausendfach an Menschenschicksalen. Die Augen davor zu verschließen, hilft nicht. Es hilft aber, Jesus zu bitten, uns zum Sehen zu befreien. Die Geschichte von der Heilung des Blinden macht dies deutlich. Es gilt, die Zwiefältigkeit der Geschichte und unserer privaten Lebensgeschichte zu akzeptieren und nach Kräften das zu leben, was im Sinne unseres Gottes ist. Es tröstet, dass Gott hier und heute mit uns geht. Es bleibt die Hoffnung auf sein endgültiges Kommen, die Hoffnung auf »einen neuen Himmel und eine neue Erde«.

JUTTA BRUTSCHECK

Herr, öffne unsere Herzen für einen nüchternen Realismus und die feste Hoffnung auf das endgültige Kommen deines Reiches!

Komm schnell herunter!

Eine kuriose Szene: Im Geäst eines Baumes, wo Gassenbuben sonst vielleicht mal einen Schabernack auf Vorübergehende planen mögen, sitzt ein erwachsener Mann. Und nicht irgendeiner, sondern ein reicher, wohlsituierter Mann. Er ist als oberster Zollpächter von Jericho unter der römischen Besatzung auf der Karriereleiter schon weit emporgestiegen, hat aber gerade deswegen bei seinen Landsleuten keine entsprechende Anerkennung zu erwarten.

Was leitet ihn bei seinem Ausflug ins Geäst eines Baumes? Er möchte Jesus sehen und kann dies im Gewühl einer Menschenmenge wegen seiner geringen Körpergröße nicht. Ich stelle mir Zachäus vor, wie er vergeblich versucht, durch die Menge hindurch einen Blick auf Jesus zu erhaschen, dann seine Schritte beschleunigt, ins Rennen kommt, die Massen überrundet und angesichts des Baumes am Wege den rettenden Einfall bekommt, sich einen Logenplatz zu ergattern, dem Gedränge entzogen. Er kann es nicht ahnen, dass sein Sehen-Wollen mit einem Gesehen-Werden endet, das ihn im Blattwerk des Baumes entdeckt und schließlich bis hin zu einer »Lebensbeichte« und Umkehr führen wird. Dass sein distanziertes Spähen hinter dem Blattwerk hervor zu einer beglückenden Begegnung mit Jesus wird, die ihn neuen Lebenssinn entdecken lässt.

Und ich denke mir: Wie gering ist die Intention des Zachäus, wie überbordend das, was daraus entsteht. Jesus sehen wollen – das hat gereicht, um den schlitzohrigen reichen Mann letztlich total umzukrempeln. Jesus sehen wollen – ein Traum, eine Sehnsucht, auch in uns, die wir Jesus bereits mehr oder weniger kennengelernt haben. Ihn sehen, mitten in der Gemengelage der Zeit. In den alltagsgrauen Tagen oder auch in dem, was aus dem Rahmen fällt, in dem, was anderen verrückt und verwegen erscheint. Ihn sehen und von unserer Blindheit geheilt, von unseren Irrwegen zurückgebracht werden. Ihn sehen und mit ihm Begegnung und Gemeinschaft feiern.

JUTTA BRUTSCHECK

Herr Jesus Christus, sieh und finde uns, wo auch immer wir uns verstecken und sehnsuchtsvoll nach dir Ausschau halten, damit wir geheilt werden und leben lernen.

Jetzt ist die Zeit, jetzt ist die Stunde

Zwei, die alles richtig gemacht haben, und einer, der es verbockt hat. Mit etwas Geld in der Hand zu wirtschaften und etwas zu erwirtschaften. Kann das denn so schwer sein? Was hat den einen gehindert, sich zu bewähren? Er sagt es selbst: Es ist seine Angst. Er hat sich ein düsteres Bild von seinem Herrn aufgebaut, vor dem er nur noch zittern kann: ein strenger Mann, der sieht, wo er bleibt und Geld einstreicht, wo immer es sich ihm anbietet. Dieses Bild lähmt den Knecht und hindert ihn zu handeln. Was ihm einzig eingefallen ist: das Geld seines Herrn zu sichern. Aber er hat keinerlei Mehrwert damit erzielt. Das ist sein Problem: die Angst, die allein vom Wortlaut her mit Enge zu tun hat, die Atemnot hervorruft und die Sicht versperrt, die den Geängstigten auf sich selbst zurückwirft und alle Aktivität lähmt. »Angst essen Seele auf«, heißt ein afrikanischer Sinnspruch, der zum Titel eines viel beachteten Films der siebziger Jahre geworden ist.

Angst ist die große Versuchung der Jünger Jesu in der Zeit zwischen seinem ersten und zweiten Kommen. Das sagt Jesus und das sagt Lukas im letzten Drittel des ersten Jahrhunderts seiner Christengemeinde. Sagt er es nicht auch uns, die wir allzu oft auch nicht wagen, aus dem Vertrauen auf Gott und seine Güte zu leben? Die wir uns stattdessen mit Phantasmen und Ängsten herumschlagen? Uns, die wir aus Angst zu versagen nicht handeln, wo gehandelt werden müsste, und das zurückhalten, was wir geben könnten? Die nicht selten einen grausamen, überstrengen alten Herrn auf dem Thron Gottes sitzen sehen anstatt unseren himmlischen Vater, der uns ermutigt zu leben, zu handeln, das einzusetzen, was uns geschenkt ist. Der uns liebt und uns zu lieben aufträgt. Sei mutig! Halte dich nicht zurück! Dieser Auftrag ist wie ein Vermächtnis Jesu und eine Mahnung am Übergang zur Stadt seiner Passion und Auferstehung.

JUTTA BRUTSCHECK

Herr Jesus Christus, schenke uns Energie zum Handeln und ein unbeirrbares Vertrauen in dich, denn in unserer Schwachheit willst du wirken.

Wer ist der Mensch, der das Leben liebt?

Da rutscht mir sofort die Antwort raus: »Ich!« Ich liebe das Leben! Und wenn in der Heiligen Schrift vom Leben, vom Weg zu (mehr) Leben, zu neuem Leben, ja vom Leben in Fülle die Rede ist, klingt dies stark in mir. Für mich liegt hier die eigentliche, zentrale Verheißung unseres Glaubens. Allzu oft bleiben wir beim Kreuz stehen, statt bis zur Botschaft von der Auferstehung weiterzugehen und diese zum Zentrum unserer Verkündigung zu machen…

Ich liebe diesen Psalm mit seiner Lebensbejahung, seiner Freude, seiner Verheißung. Noch mehr gefällt mir die Übersetzung: »Wer ist der Mensch, der Lust hat am Leben?« »Lust« ist ein Wort, dass in der Geschichte der christlichen Spiritualität nur selten mit positiver Bedeutung verwendet wird.

Psalm 34 ist ein Text, der im Leben einer Benediktinerin eine große Rolle spielt. Unser Ordensgründer, der heilige Benedikt von Nursia (ca. 480–554), zitiert und interpretiert ihn im Prolog seiner Regel, so etwas wie die Ouvertüre: Alles, was ihm wichtig ist, klingt darin bereits an. Die Lust am Leben, an mehr, an erfüllterem Leben und ein Verwandlungs- und Entwicklungsprozess hin zu einem weiten Herzen spielten darin eine Rolle. Ziel ist der Mensch, der den Weg der Gebote Gottes in unsagbarem Glück der Liebe läuft (vgl. Prolog 49).

SR. EMMANUELA KOHLHAAS OSB

Und der Herr sucht in der Volksmenge, der er dies zuruft, einen Arbeiter für sich und sagt wieder: »Wer ist der Mensch, der das Leben liebt und gute Tage zu sehen wünscht?« Wenn du das hörst und antwortest: »Ich«, dann sagt Gott zu dir: »Willst du wahres und unvergängliches Leben, bewahre deine Zunge vor Bösem und deine Lippen vor falscher Rede! Meide das Böse und tu das Gute; suche Frieden und jage ihm nach! Wenn ihr das tut, blicken meine Augen auf euch, und meine Ohren hören auf eure Gebete; und noch bevor ihr zu mir ruft, sage ich euch: Seht, ich bin da.« Liebe Brüder, was kann beglückender für uns sein als dieses Wort des Herrn, der uns einlädt? Seht, in seiner Güte zeigt uns der Herr den Weg des Lebens.

Der Herr braucht ihn!

Wollten Sie ein Esel sein? Wohl kaum. Denn Esel haben keinen guten Ruf, und wer lässt sich schon gerne funktionalisieren und nutzen wie ein Werkzeug. Selbst als Christen wären wir gerne frei in unseren Entscheidungen und angesehen. Esel können Nein sagen und sind störrisch. Ihr Kreuz trägt viel und sie kommen erstaunlich gut auf engen Bergpfaden zurecht. Jede orientalische Großfamilie zur Zeit Jesu brauchte mehrere. Meist liefen sie frei auf dem Feld herum. Doch oft nahmen Beamte und Soldaten sie weg, um Vorräte oder Ausrüstung zu transportieren. Wenn dagegen heilige Männer ihre Besitzer fragten, durften sie diese umsonst nutzen. Esel waren das Verkehrsmittel der Zeit Jesu. Anders als Pferde, die zur Ausstattung von machtvollen Herrschern und gewalttätigen Soldaten gehörten. Kam ein König zu Besuch, empfingen ihn die Ortsgrößen mit den Priestern vor den Toren mit einem schönen und kostbar aufgesattelten Pferd. Stark, aber gezähmt und zugeritten.

Jesus kam auf einem ausgeliehenen Esel nach Jerusalem. Nicht die Oberen jubelten, sondern seine Fans. Wir üben uns heute eher in vornehmer Zurückhaltung. Einige erinnerten sich an Prophetenworte: Der gerechte König kommt hilfreich auf einem Esel und nicht mit Waffen auf einem Pferd (Sach 9,9). Das klingt nach politischer Sprengkraft und messianische Hoffnung. Beides fehlt uns Christen im Augenblick leider.

Damals fürchtete die Geistlichkeit: Die Show bringe Ärger mit den Römern. Die Kritiker baten um Zurückhaltung: Lehrer, bring deine Jünger zur Vernunft. Heute hat die Welt scheinbar nichts mehr von uns zu erwarten, so still sind wir in Europa geworden. Aber selbst inaktive Kirchen erzählen Glaubensgeschichten. Mich tröstet Jesus: Wenn die Jünger schweigen, dann werden die Steine schreien. Das Leben wird blühen. Esel und Baustein können wir sein in seinem Namen.

HEINZ-GÜNTER BEUTLER-LOTZ

Gott, ich bitte dich: um deinen Geist, lass mich mitmachen, dass wir zusammenfinden und zusammenhalten und uns gemeinsam auf den Weg machen für Frieden, Gerechtigkeit und die Bewahrung deiner Schöpfung, mit allen Sinnen, kreativ und kommunikativ.

Wenn doch du doch erkannt hättest, was dir Frieden bringt!

Klagen Sie auch gerne über die Verhältnisse? Schrecklich kann ich mich aufregen und der schlimmen Geschichten sind viele. Doch was tue ich Gutes? Dass ich viel Glück hatte, verschweige ich oft und selten erzähle ich, wo das Leben gelungen ist. Eine Schräglage.

Jesus beklagte die Stadt. Jerusalem war nicht das, was es sein sollte. Damals wie heute. Heute ist es politischer Irrsinn, der spaltet und zerstört. Zeitgenossen wird die Menschlichkeit abgesprochen. Abgründe aus Gewalt tun sich auf, wo Frieden sein soll. Zur Zeit Jesu scharrten sich um den Tempel die politische wie religiöse Macht. Schätze häuften sich, in den Vorhallen war Betrieb. Gelehrte und Schüler versammelten sich, um die Thora zu verstehen, Schuldbeladene suchten Entlastung, Händler boten ihre Dienste an. Die Fülle verschob den Blick auf das Wesentliche. Das System erstarrte. Deshalb warf Jesus zornig die Tische der Händler um. Offensichtlich erwartete er andere Handlungen von seinen Glaubensgenossen. Keine Tauschgeschäfte und Berechnungen. Eher Liebesakte, gelebter Glaube, freiwilliger Einsatz für andere statt vieler Worte. Aus Dank an Gott geschieht Dienst für Menschen.

Wer mit offenen Augen durchs Land fährt, sieht Städte und Regionen, die das Fürchten lehren. Erst recht, wenn wir die globale Brille aufsetzen und hinter touristische Kulissen schauen: Megacitys und Slums, Verstädterung und Verwüstung, Ausbeutung und Zerstörung. Seit Generationen geht es so. Dem Kommerz ist nichts heilig. Das ist zum Heulen und ruft zum Handeln gegen Unglück und Unrecht. Ob Jesus den Tempeldienst abschaffen wollte, weiß ich nicht. Religion braucht Rituale. Doch seine Zeichenhandlung verbunden mit einer Drohung wirkt prophetisch. Ich frage mich: Was ist der Auftrag unserer Kirche? Was ist meine Aufgabe im Konzert des Lebens? Für Jesus blieb seine Aktion nicht ohne Folgen. Als Störenfried wurde er beseitigt. Wir aber leben in seinen Spuren.

HEINZ-GÜNTER BEUTLER-LOTZ

Gott, kläre meine Sinne auf, damit ich erkenne, was mir und anderen guttut. Mach mich und viele neugierig auf deine Nachricht und aufmerksam für das Leben aller in Jesu Namen.

Mit welchem Recht trittst du so auf?

Wie kommen Sie sich vor, wenn Ihre Fähigkeiten angezweifelt werden? Sie haben Ahnung und kommen mit Ihren Gedanken nicht durch, während andere Gehör finden. Ablehnung schmerzt.

Jesus war schon immer umstritten. Im eigenen Land und dann überall. Mit den Gläubigen wuchsen auch die Zweifler. Welche Qualifikation und Legitimation hatte dieser Mann aus Nazareth? Er besuchte keine Rabbinerschule, eine Approbation als Arzt fehlte ihm ebenso wie eine Erlaubnis der Römer oder eine Bevollmächtigung aus dem Tempel. Ohne Ausweis seiner Berechtigung trat er auf, half und handelte, hörte zu und redete, heilte und tat Wunder, integrierte Ausgeschlossene ins Leben und bewegte Menschen zur Liebe. Das war gefährlich und bei seinen Nachfolgerinnen ähnlich. Wenn es ums Ganze geht: um Gott und die Menschen, um Wahrheit und Wirklichkeit, werden bestehende Systeme in Frage gestellt.

Wie damals sind wir aufgerufen, uns mit Jesu Person und seinem Wirken zu beschäftigen und uns auf ihn einzulassen. Wer ist er für mich? Dieser Klärungsbedarf findet sich bei den Verfassern der neutestamentlichen Texte und zieht sich als roter Faden durch die Geschichte. Wer durch die Kunst wandert, entdeckt, wie jedes Jahrhundert sein eigenes Bild von Jesus entwickelte. Vom guten Hirten über den leidenden Bruder zum Helden und Mann mit Herz. Im 20. Jahrhundert zum Menschen in Begegnungen: als Mann, Revolutionär, Ratloser und Narr. Immer aber solidarisch. Bei vielen kann ich in die Lehre gehen.

Ich finde Jesus spannend, wie eine unerschöpfliche Quelle, stets frisch und neu, heilsam und aufwühlend. Ich bin mit ihm noch nicht fertig, weil er mit der Welt noch lange nicht fertig ist. Schön ist es, wenn zu meinem Nachdenken das Gespräch mit anderen kommt. Suchen und Fragen, Finden und Teilen. Jesus ist eine echte Frage an mich. Und auf Fragen zu ihm und zu gesellschaftlichen Ereignissen will ich Stellung beziehen. Denn ich will dem Liebhaber des Lebens folgen.

HEINZ-GÜNTER BEUTLER-LOTZ

Gott, beflügle mich, damit ich mich aufmache aus meiner Welt zu den anderen, und befähige mich und alle zum Gespräch miteinander und mit dir.

Sind die Winzer wirklich »böse«?

Dieses Gleichnis hat eine belastete Wirkungsgeschichte. Schnell wurden und werden die Winzer mit »den Juden« gleichgesetzt. Die anti-jüdische und theologisch längst überwundene These von der Schuld »der Juden« am Tod Jesu wiederholt sich. Das hat fatale Folgen …

Spätestens seit der Katastrophe der Schoa sind auch die christlichen Kirchen neu aufmerksam geworden. Die Frage, wie theologische Konzepte bis heute dazu beitragen, dass (nicht nur) jüdische Menschen diskriminiert und ermordet werden, muss gestellt werden! Wie konnte und kann das geschehen? Heute sind wissenschaftliche Theologie und kirchenamtliche Dokumente klarer: In welchen Kontexten und wozu wird in neutestamentlichen Texten pauschal von »den Juden« gesprochen? Wer ist konkret gemeint? Was motiviert (damals wie heute) zu antijüdischer Polemik, obwohl sich Jesus selbstverständlich als Teil einer innerjüdischen Erneuerungsbewegung verstanden hat?

Vermutlich spiegeln die anti-jüdischen Passagen Konflikte der frühen Christenheit: Gehören wir noch zur jüdischen Gemeinschaft? Wie positionieren wir uns in diesem Verhältnis neu? Wieso blüht das Bekenntnis zu Jesus als Messias, gerade in den »nichtjüdischen Gruppierungen« – es sind Fragen von Identität und Abgrenzung.

Eine Interpretation des Gleichnisses, die den »Mann« mit Gott, den »Sohn« mit Jesus und die »Winzer« mit dem jüdischen Volk gleichsetzt, muss oben genannte Fragen sehr gut im Blick haben!

Einen ganz anderen Weg schlägt die sozialgeschichtliche Deutung von Luise Schottroff ein: Wie lesen Sie das Gleichnis, wenn Sie den Besitzer nicht mit Gott identifizieren? Stellen Sie sich einen sehr reichen Großgrundbesitzer vor, der den maximalen Ertrag von Winzern erpresst, die kaum ihre Familien ernähren können? Mit wem sind Sie empathisch, wenn die Winzer einen Kampf ums Überleben kämpfen?

KATRIN BROCKMÖLLER

Gott, du hast allen Menschen die Erde als deinen Garten übergeben. Öffne uns Augen und Herz, für jede Art von destruktiver und abwertender Theologie und stärke unsere Widerstandskraft.

Vorsicht: selbstgerechte Fallstricke!

Das Gleichnis über die Winzer in Lukas 20,1-18 endet mit dem Hinweis darauf, dass die Schriftgelehrten und Hohenpriester gern sofort »Hand an ihn gelegt hätten, aber das Volk fürchten« (so die Einheitsübersetzung). Die nächste Etappe dieses großen Konfliktes im Streitgespräch über die kaiserliche Steuer ist daher von Heimlichkeit und Hinterlist geprägt. Erneut lässt das Lukasevangelium kein gutes Haar an den Gegnern Jesu. Die jüdischen Autoritäten werden Schritt für Schritt im Lauf des Evangeliums ihren Plan umsetzen und tragen später auch die Verantwortung für Jesu Tod – nicht die römische Justiz! Diese Entlastung der römischen Macht war historisch vermutlich ein Schutz der lukanischen Gemeinden. Insgesamt ist das Lukasevangelium von einer gewissen Ambivalenz geprägt, die Udo Schnelle in seiner Theologie des NT (2007, S. 444) so beschreibt: »Lukas verbindet den Widerstand gegen das Evangelium vornehmlich mit den Juden (und dem teilweise parallel agierenden Volk), bindet aber die Verheißung und Hoffnung exklusiv an Israel und macht zugleich deutlich, dass diese in der Kirche (aus christusgläubigen Heiden, Gottesfürchtigen und Juden) ihre Erfüllung gefunden haben.« Es ist wichtig, diese Gegnerschaft in ihren historischen Kontext sowie ihre literarische Funktion einzuordnen, um nicht antisemitische Positionen zu entwickeln.

Gleichzeitig zeigt uns der Abschnitt ein Lehrstück in geschickter Kommunikation. Jesus lässt sich nicht vorführen. Jesus erkennt die Absicht der Spitzel, kann klug antworten und macht sie mundtot. Als Leserin und Leser schmunzelt man und freut sich. Und hofft, dass einem selbst in der nächsten schwierigen Kommunikation gute Antworten einfallen.

Aber: Letztlich kann auch diese Zeichnung der Gegner schnell eine antisemitische Färbung erhalten: Die Spitzel lassen sich instrumentalisieren, sind geldgierig, hinterhältig, etc. – aber letztlich eben doch dumm und müssen schweigen.

KATRIN BROCKMÖLLER

Für heute, Gott, schenke mir die Gnade, dass meine Worte nicht verletzen, dass ich niemand hinters Licht führe und wahrhaftig sein kann.

(Wie) glaubst du an die Auferstehung?

In der Frage nach der kaiserlichen Steuer hat Jesus gewonnen. Mit dem praktischen Beispiel der Drachme konnte er die theologische Frage nach Gott oder Kaiser entschärfen. Kaum ist dieses Gespräch beendet, tritt nun eine weitere Gruppe hinzu. Die Sadduzäer sind vermutlich nach der Zerstörung des Tempels im Jahr 70 n. Chr. sehr viel weniger präsent, waren aber zur Zeit Jesu sehr aktiv. So kam aus ihren Reihen auch der Hohepriester Kajaphas (vgl. Lk 3,2).

Insgesamt versammelten sich in dieser Gruppe gut gebildete, finanziell starke, der Oberschicht zugehörige Familien. Theologisch akzeptierten die Sadduzäer nur die ersten fünf Bücher der Schrift, die Tora, als relevant – eine mündliche Tora lehnten sie ab. Im NT wird häufig betont, dass die Sadduzäer nicht an die Auferstehung glauben. Damit werden sie fast zwangsläufig als weitere theologische Gegner der Jesusbewegung stilisiert. Am Ende des Abschnitts hören wir erstmals von einigen Schriftgelehrten, die Jesus loben! Sind das diejenigen, die sich nach Ostern der Jesusbewegung anschließen werden?

Das Lukasevangelium zeigt uns Jesus eben nicht nur als erfolgreichen Heiler und Arzt, sondern auch als gut geschulten Redner und Philosophen. Genau in dieser Art seines Auftretens wird Jesus selbst attraktiv für die vielen, die Lukas mit seinem Evangelium erreichen will: die Leute aus den Völkern. Vermutlich war gerade die Frage nach der Auferstehung höchst umstritten. Im Christentum aber existenzieller Bestandteil der christlichen Erfahrung der Gemeinschaft.

Der Gesprächsverlauf zeigt auf, wie absurd die Leugnung der Auferstehung ist. Und zwar dann, wenn man zu weltlich denkt! Es geht in der Ewigkeit nicht um ein irgendwie »besseres JETZT« oder ein Abbild der Welt. Das ewige Leben ist anders zu denken (vgl. 1 Kor 13,42-44). Nur wie kann ich darüber sprechen?

KATRIN BROCKMÖLLER

Gott, am Beginn des Frühlings lass mich fühlen, glauben und sehen, dass in deinem Blick alles neu werden kann. Mein Leben, das Leben anderer, die Natur, mein Glaube...

Freude an Gottes Gegenwart in unseren Lebensräumen

Einen Wohnraum zu haben ist ein grundlegender Bedarf eines jeden Menschen. Ein Zuhause ist mehr als nur ein Wohnraum. Was macht ein Zuhause aus? Sicherlich gehören dazu Wände, Gegenstände, Geruch oder Farben. Doch Erlebnisse, Erinnerungen, Selbstwahrnehmung machen aus einem Raum für uns mehr. Ein Wohnraum kann ein Teil unseres Lebens(raumes) sein, in dem wir uns geborgen und sicher fühlen.

Ein sicheres Zuhause ist alles andere als Selbstverständlichkeit. Durch Krieg, Naturkatastrophen oder die familiäre Situation werden Menschen immer wieder dazu gezwungen, die vertrauten Räume zu verlassen. Viele machen die Erfahrung, dass ihr Lebensraum zerstört wird oder dass sie vertrieben werden. Es kann aber auch sein, dass der vertraute Raum zu einem finsteren Tal wird, wenn etwa Menschen ihrer Freiheit beraubt oder in ihrem freien Raum eingeschränkt werden. Wie ist es, wenn die Räume der Freiheit immer enger werden oder gar nicht mehr zugänglich sind? Wie ist es, wenn den Menschen als Lebensraum nur ein finsteres Tal übrig bleibt?

In dunklen Räumen des Lebens verliert man schnell die Orientierung. Die Worte des Psalms geben uns Hoffnung. In diesen finsteren Räumen des Lebens sucht der Betende die Quelle des Lichts in Gott. Jeder Raum, den man in Gottesnachfolge betritt, füllt sich mit Gott, wird zum Quellgrund. Es ist eine Hoffnung in dunklen Zeiten. In Gott findet man die Quelle der Kraft und Mut, durch die finsteren Räume zu gehen. Und so können auch dunkle Räume des Lebens zu den ersehnten Vorhöfen Gottes werden, in denen die Nähe Gottes besonders spürbar wird. Auch wenn sie uns vielleicht unsicher und wenig greifbar erscheint, so ist sie erfüllender als die Sicherheit ohne Gott. Freude an Gottes Gegenwart kann auch unsere Seele zum Haus Gottes machen und jeder Lebensraum kann zum Ort der Gottesbegegnung werden.

YAUHENIYA DANILOVICH

Himmlischer König, Tröster, du Geist der Wahrheit, überall Gegenwärtiger und alles Erfüllender, Hort der Güter und Spender des Lebens, komm und nimm Wohnung in uns, reinige uns von jedem Makel und errette, Guter, unsere Seelen.

Schein statt Sein?!

»Aufbrezeln« – so sagt man, wenn sich junge Leute chic machen, um auszugehen oder sich online zu präsentieren. Ob Make-up, Kleidung, Accessoires, Fotofilter … – es gibt vielfältige Möglichkeiten, sich selbst herauszuputzen. Das ist normal, gehört zum alltäglichen Leben dazu. Auch bei Bewerbungen ist dieses »Selbst-Styling« an der Tagesordnung: Ich betone meine Stärken, beleuchte meine Vorzüge, unterstreiche meine positiven Seiten. So weit, so gut.

Problematisch wird es, wenn ich meinen Lebenslauf so »aufhübsche«, dass er unwahr wird. Das fällt mir auf die Füße. Und auch beim Styling oder mit Fotofiltern kann ich gewissermaßen »betrügen«, sodass ich als Person, als ich selbst, am Ende gar nicht mehr zu erkennen bin. Dann gebe ich vor, jemand zu sein, der ich nicht bin. Ich spiele etwas vor, was durch die Wirklichkeit nicht gedeckt ist. Der Schritt zur Hochstapelei ist dann manchmal nur ein kleiner.

Um eine Art »religiöse Hochstapelei« geht es in unserem heutigen Text. Nur kurz sei erwähnt, dass die vernichtende Beurteilung der Schriftgelehrten (wie andernorts der Pharisäer) der historischen Wirklichkeit nicht gerecht wird, gerade in ihrer Pauschalität. Worauf Jesus hier aber pointiert aufmerksam macht: Fallt nicht auf den schönen Schein herein, sondern prüft das zugrundeliegende Sein genau. Lange Gewänder, ehrerbietiger Gruß, Ehrenplätze, lange Gebete – das ist alles nichts wert, wenn das Handeln dazu nicht passt. »Die Häuser der Witwen auffressen« – das riecht nach Ausbeutung, unsozialem Gebaren gepaart mit toxischer Scheinheiligkeit. Solchen »Möchtegerns« sollen wir nicht auf den Leim gehen – damals wie heute. Und zugleich mahnt Jesus auch uns: Auch wir selbst sollen uns nicht scheinheilig »aufbrezeln«. Das steht niemandem gut zu Gesicht.

HEINER WILMER

Guter Gott, du siehst mein Herz, nicht das, was vor Augen ist. Blick du mich an mit deinem liebenden Blick, damit ich alle Verstellung und Scheinheiligkeit abwerfen und ganz ich selbst sein kann – als dein geliebter Sohn/deine geliebte Tochter.

Großherzigkeit strahlt aus

Im heutigen Text beleuchtet Jesus eine auf den ersten Blick recht unscheinbare »Randgestalt«. Da ist von sehr unterschiedlichen Spendern die Rede: Neben den Reichen, die finanziell betrachtet viel geben, ist die arme Witwe mit ihrer geradezu lächerlich winzigen Gabe schnell übersehen. Ob der Mini-Groschen nun drin ist im Opferkasten oder nicht – das macht doch keinen Unterschied. Oder vielleicht doch?

Jesus rückt bewusst die Witwe in den Mittelpunkt und weist uns damit auf etwas Entscheidendes hin: Die objektive Höhe einer Spende ist zweitrangig, lehrt uns Jesus – entscheidend ist die Haltung, in der etwas gegeben wird. Jesus stellt uns die Witwe als Vorbild vor Augen – in Sachen Großherzigkeit. Die Witwe verhält sich unglaublich großzügig und freigiebig, ja sie handelt geradezu selbstlos. Darauf lenkt Jesus unseren Blick. Und diese Großzügigkeit ist eine »Währung«, die nicht nur zu Jesu Zeiten und nicht nur in finanzieller Hinsicht wertvoll ist: Neben Geld und anderen materiellen Ressourcen ist es gerade auch Zeit, die sich zum Wohle anderer einsetzen, ja »opfern« lässt.

Wenn wir mit diesem geweiteten Blick auf unsere Gesellschaft oder auch unsere Kirchen blicken, dann wird schnell klar: Nur der unermüdliche und großherzige Einsatz von unzähligen Menschen, die sich ehrenamtlich einbringen und für andere engagieren, hält den Laden am Laufen – ob es sich um Besuchsdienste, karitative Aktionen, Hilfe bei Überflutungen oder dergleichen mehr handelt. Dabei mag der Einsatz des Einzelnen manchmal auf einen ersten Blick unscheinbar wirken und schnell übersehen sein – zu Unrecht. Denn gerade diese »unscheinbaren« Menschen bringen die Welt zum Strahlen und lassen anfanghaft Wirklichkeit werden, was wir mit dem »Reich Gottes« ersehnen. Darauf macht uns Jesus aufmerksam, wenn er die opfernde Witwe ins Rampenlicht stellt, deren eigentliche »Währung« Großzügigkeit ist.

HEINER WILMER

Guter Gott, schenk du uns die Weite des Herzens – Tag für Tag. Öffne unsere Herzen und unsere Hände für alle, die unser bedürfen; lass uns großherzig und großzügig sein und so an deinem Reich mitbauen.

Hoffnung und Zuversicht

Diese Worte Christi stimmen mich traurig!

Während ich diese Zeilen schreibe, werden in christlich geprägten Gegenden Stimmen laut, die anderen Mitmenschen ein würdiges Leben aberkennen und gleichzeitig apokalyptische Zeiten prophezeien. Es wird vom Krieg in der Ukraine und in Gaza berichtet, von Bürgerkriegen und anderen gewalttätigen Auseinandersetzungen; die halbe Menschheit scheint auf Kriegsfuß zu stehen. Ich lese noch von bitterer Hungersnot, von großen und kleineren Naturkatastrophen, die auf menschliches Handeln zurückzuführen sind. Die Botschaft Christi scheint in der heutigen Welt eine immer kleinere Rolle zu spielen. Vielmehr wird sie pauschal für nicht zeitgemäß, manchmal reaktionär oder sogar menschenverachtend gehalten. Ihretwegen werden Christinnen und Christen belächelt, angeklagt und mancherorts regelrecht verfolgt.

Wenn diese Zeilen gelesen werden, sieht die Welt sicherlich nicht anders aus.

Doch ich bleibe nicht lange traurig. Nein!

In unserem zeitlich begrenzten Leben betrachten wir solche Ereignisse mit einer Ausschließlichkeit, die sie nicht besitzen und nicht verdienen. Ich habe früh gelernt, dass die Geschichte der Welt mit Feuer und Blut geschrieben wird. Man darf aus einzelnen Ereignissen – so groß und gewaltig sie sein mögen – keine Vorzeichen des Endes ablesen. Die Kirche denkt in Ewigkeitsverhältnissen, die Kurzfristigkeit des irdischen Lebens bestimmt zum Teil ihr Handeln, nicht ihre Lehre, schon gar nicht die Hoffnung auf Erlösung.

Christus stellt hier klar: Kein Haar von unserem Haupt geht verloren. Und woanders: Wir sollen uns nicht fürchten, denn die Haare auf unserem Haupt sind alle gezählt (Lk 12,7). Dem, der uns bis auf die letzte Haarspitze kennt, vertrauen wir. Er ist unsere Hoffnung und Zuversicht. Wichtig ist nicht, zu wissen, was in Zukunft passieren wird und wann. Nützlich ist, zu wissen, wie wir uns jeden Tag unseres Lebens bis dahin verhalten sollen. Christus verspricht: Wir sollen standhaft bleiben und werden so unser ewiges Leben gewinnen.

KONSTANTINOS VLIAGKOFTIS

Ehre sei dir, Gott, unsere Hoffnung, Ehre sei dir.

Alles neu!

Lasst uns ein vererbtes, altes Haus renovieren. Wir stellen uns vor die Frage, ob wir den vorhandenen Baubestand so belassen, wie er ist, und nur instand haltende Arbeiten machen oder die eine oder andere Veränderung im Grundriss vornehmen oder gar das Haus abreißen und ein neues bauen lassen. Die Antwort hängt sicherlich von mehreren Faktoren ab. Dabei stellt die dritte Lösung die praktikabelste Variante dar, auch wenn diese zeitlich und finanziell die kostspieligste ist.

Das Ende Jerusalems, der Heiligen Stadt, welches hier von Christus vorausgesagt wird, ist besonders für das Volk Gottes ein beklagenswertes, bestürzendes Ereignis. Die Belagerung und Zerstörung der Stadt durch die Römer 70 n. Chr. fand vor der Abfassung seines Evangeliums statt. Lukas, der Zeitgenosse, kennt den Nachklang der Geschehnisse allzu gut.

Doch steht »Jerusalem« hier für mehr als jene Stadt in Palästina. Am Ende der Offenbarung von Johannes (Offb 21), welche in der gleichen Zeit geschrieben wurde, sieht man das Neue Jerusalem von Gott aus dem Himmel herabkommen, nachdem der alte Himmel und die alte Erde vergangen sind. Dabei spricht eine große Stimme von dem Thron her: »Siehe da, die Hütte Gottes bei den Menschen! Und er wird bei ihnen wohnen, und sie werden seine Völker sein, und er selbst, Gott mit ihnen, wird ihr Gott sein; und Gott wird abwischen alle Tränen von ihren Augen, und der Tod wird nicht mehr sein, noch Leid noch Geschrei noch Schmerz wird mehr sein; denn das Erste ist vergangen.« (Offb 21,3-4)

In der orthodoxen Ikone seiner Himmelfahrt sehen wir Christus, wie er sich auf einer Wolke von seiner Herrlichkeit umhüllt in den Himmel emporhebt (vgl. Apg 1,9). So wird in diesem Text das Wiederkommen des Menschensohnes angekündigt »in einer Wolke mit großer Kraft und Herrlichkeit« (Lk 21,27). Er wird in Herrlichkeit wiederkommen und im Neuen Jerusalem unter uns wohnen.

Und der, der auf dem Thron saß, sprach: »Siehe, ich mache alles neu!« (Offb 21,5)

KONSTANTINOS VLIAGKOFTIS

Ich flehe dich an, Gott: Heilige meine Seele und meinen Verstand, mein Herz und mein Inneres, und erneuere mich ganz.

Die blühende Hoffnung

Es ist ein Bild der Hoffnung, was Gott uns jedes Jahr aufs Neue schenkt. Eine Hoffnung, die der Frühling für uns bereithält. Wenn es langsam wärmer wird, die Blumen sprießen und an allen Zweigen kleine grüne Knospen zu entdecken sind.

Eine Hoffnung, die im Frühling wahrnehmbar wird – mit all ihren Farben, Gerüchen und Geräuschen. Eine Hoffnung, die uns dann als solche greifbar nah scheint, obwohl sie uns doch eigentlich das ganze Jahr begleitet.

Im Herbst lassen die Bäume und Pflanzen alle Blätter fallen, es sieht kahl und trüb aus. Als würde die ganze Natur durch schwere Zeiten gehen. Und auch uns plagen manchmal stürmische Zeiten, Regen und Kälte, Herbst und Winter, Sorgen und Alltagslasten.

Die Bäume und Pflanzen aber sind beständig. Sie überstehen all das, sammeln Kraft über den Winter und erwachen stärker als zuvor. Herbst und Winter sind sogar notwendig für den Lebenszyklus der Natur. Und auch währenddessen fließen in den Pflanzen und Bäumen die Wasserströme. Lange bevor die ersten Knospen zu sehen sind, machen sie sich bereit für die Blüten des neuen Jahres. Die Hoffnung ruht also, schon lange bevor die neuen Triebe für uns zu sehen sind, in den Zweigen.

Wir dürfen auf Gott harren und hoffen – zu jeder Zeit. Im Frühling, wenn die Natur erwacht. Im Sommer, wenn die Pflanzen Früchte tragen. Im Herbst, wenn die Blätter fallen. Und auch im Winter, wenn die Natur ruht und in hoffnungsvoller Erwartung den Frühling vorbereitet.

Überlege, in welchem Bereich du eine Erinnerung an die immerwährende Hoffnung benötigst.

GABRIEL MICHAILIDIS

Himmlischer Vater, ich bitte darum, dass du mich stets an den Frühling erinnerst. An die Hoffnung, die in dir liegt und die zu jeder Jahreszeit besteht. Bereite mich vor auf das, was du heute für mich bereithältst, und begleite mich hindurch.

Die lauernde Gefahr

Mitten in dieser hoffnungsvollen Zeit der Vorbereitung des Pascha-Festes trübten sich die Herzen der Hohepriester, Schriftgelehrten und von Judas. Judas, einer der Jünger – einer derer, die ganz nah an Jesus dran waren und sich tagtäglich in seiner direkten Gegenwart befanden.

Und dennoch hatte der Satan – so steht es geschrieben – die Macht, in Judas einzufahren und sein Handeln zu lenken. Ist daraus wenig später Gutes entstanden, so ist es doch ein erschreckendes Beispiel für lauernde Gefahren, die unser Aufmerksam-Sein und unsere Ehrfurcht erfordern.

Wie oft werden wir versucht, verraten Gott und damit schlussendlich auch uns selbst? Wie oft lassen wir uns von Ängsten oder Sorgen leiten und öffnen dabei dem Bösen die Tür zu unserem Herzen? Gern würde ich behaupten, dass ich an Judas Stelle anders gehandelt hätte. Aber kann ich das mit Sicherheit sagen?

In solchen Situationen, in denen Sorgen und Ängste unser Denken bestimmen, in denen der Satan an unsere Herzenstüren klopft, da gilt es achtsam zu sein. Es gilt, aufmerksam zu sein und sich neu auszurichten. Manchmal ist es hilfreich, sich auf die Hoffnung zu berufen und sich zurückzuerinnern an all das, was Jesus schon in unseren Leben gewirkt hat. Was Er einmal getan hat, wird Er auch wieder tun.

Ähnlich wie der Rest des Volkes, welches sich damals auf das Pascha-Fest vorbereitete und sich damit zurückbesann an die Befreiung aus Ägypten. Überlege, aus welchen Erlebnissen mit Gott du in schwachen Momenten Kraft schöpfen kannst.

GABRIEL MICHAILIDIS

Allmächtiger Vater, du kennst mich ganz genau. Du kennst meine Sorgen und Ängste viel besser als ich selbst. Hilf mir, mich nicht von ihnen leiten zu lassen. Bewahre mich vor lauernder Gefahr, vor Anfechtungen und fülle mein Herz mit deiner himmlischen Hoffnung, Freude und Liebe.

Die Gefühle eines »Guten« im Leiden

Tatsächlich weiß ich nicht genau, wie ich mir das vorstellen soll, dass ein Mensch »ausgeschüttet wie Wasser« ist. Der Psalmbeter benutzt starke Bilder, die seine Gefühle beschreiben. Da ist ein Mensch, körperlich total am Ende, dabei angegriffen von anderen, die wohl keine echten »Stiere« oder »Büffel« sind, sich aber für den Beter so anfühlen. Und das ist seine große Frage: Warum um alles in der Welt hilft mir Gott nicht? Ich gehöre zu »den Guten«. Viele Male beschwört er das »Du«. Du, Gott, hast mich schon im Mutterleib gekannt und von Anfang an gehörte ich dir. Du hast vielen Leuten geholfen, wenn sie sich an dich wandten. Der Psalmbeter fühlt sich von Gott so sehr im Stich gelassen, dass er mit den berühmt gewordenen Worten beginnt: »Mein Gott, mein Gott, warum hast du mich verlassen?« Tiefe Verzweiflung hat sich breitgemacht.

Vielleicht werden es Menschen nie wirklich verstehen, warum Gott auch »die Guten« nicht vor allen Problemen der Welt verschont. Menschliches Denken stellt sich vor, dass es für alles eine Belohnung geben muss. Und wenn es diesen Vorteil des Glaubenden nicht gibt, wozu dann die Mühe, gut zu sein oder einen Gott zu verehren? Diese Fragen bringen manche sogar dazu, die Existenz eines Gottes überhaupt zu leugnen.

Freilich gibt es da auch noch diese andere Richtung, aus der wir auf diesen Psalm blicken können. Einer hat am Kreuz diesen Psalm zitiert. Er fand sich in den Gedankengängen wieder: im Gefühl der Verlassenheit durch Gott, im Wissen, dass »Stiere« und »Büffel« über ihn herfallen und seine Knochen brechen werden. Er sah zu, wie sie sein Gewand unter dem Kreuz untereinander teilten. Auch dieser Mann war »ein Guter« – und doch musste er leiden.

Vielleicht werden Menschen es mit dem Kopf nicht verstehen. Aber wir lesen, dass genau dieser Mensch Gottes Sohn war und dass er durch dieses Leiden den Durchbruch zu Gott erreicht hat: die Auferstehung. Und nicht nur für sich selbst, sondern für alle Menschen, die es schaffen, diesen Geschundenen als den Sohn Gottes zu sehen. Auch »Gute« leiden. Und Gott hält sie doch in seiner Hand. Denn Ostern kommt.

ANNE OBERKAMPF

Du, Herr, bist nicht ferne. Du hilfst mir.

Vergeben

Zu einer Feier im Kreis von engsten Vertrauten wird eingeladen. Und dann beim Zusammensein stellt sich heraus, dass einem der Anwesenden Unerträgliches bevorsteht und er sich danach sehnt, die Vertrauten noch einmal zu sehen. Die anderen Anwesenden möchten Begleitung und Unterstützung versprechen, sind aber gleichzeitig verunsichert und überfordert. Und genau in dieser Situation bricht auf, was an zerstörerischen Konflikten und Verrat schon lange unter ihnen gärt.

Hier hat Jesus Sehnsucht: mit seinen engsten Jüngern zusammen zu essen, sich nochmals in ihrem Kreis zu stärken, bevor er seinen schweren Leidensweg antritt. Sie essen das Brot, das Jesus ihnen bricht; und sie trinken aus dem Kelch, den Jesus ihnen gibt.

Verständlich wäre, dass Jesus es verschweigt, dass er um den kommenden Verrat durch einen aus den eigenen Reihen weiß. Dass er weiß, dass einer, der das Brot entgegennimmt, einer, der aus dem Kelch trinkt, initiieren wird, dass Jesus in Hände übergeben wird, die ihn töten werden. Jesus schweigt nicht, sondern sagt: »Die Hand dessen, der mich ausliefert, ist mit auf dem Tisch.« Und er zieht weder seine Hand zurück, noch scheut er die Berührung. Allen am Tisch gibt Jesus dasselbe. Und er verbindet es mit Worten, die seine Hingabe für alle deutlich macht.

Die Reaktion der Jünger, ihr gegenseitiges Fragen, wer denn gemeint sein könnte, macht deutlich, dass in jedem von den Jüngern, dass in jedem von uns Menschen die Möglichkeit des Verrats angelegt ist. Im Wissen um diese Möglichkeit aller Menschen geht Jesus den Weg der Vergebung. Sein Handeln gibt uns Hinweise, wie auch wir in weit weniger bedrohlichen Konflikten handeln können: Zerstörerisches ansprechen und trotzdem verbunden und zugewandt bleiben.

ANDREA BRUNNER-WYSS

Lebendiger Christus, danke, dass meine Hände immer wieder neu auf deinem Tisch sein dürfen. Zeig mir aber auch, was ich in deiner Nachfolge heute ansprechen soll. Hilf mir, verbunden zu bleiben.

Dienen

Da gab es jene Oberschwester. Sie hatte lange Erfahrung in der Pflege, liebte die Arbeit am Krankenbett und war kompetent in ihrem Tun. Sie hatte die Leitung über mehrere andere Krankenschwestern und begegnete allen freundlich, für die sie die Verantwortung hatte. Ein Berufsleben im Dienst für die Kranken mit anderen zusammen.

Doch immer, wenn es auf der Abteilung chaotisch wurde, wenn aus Krankheitsgründen zu wenig Personal da war, wenn es drunter und drüber lief, fand man sie im Stationszimmer. Sie sortierte Teebeutel. Hier Pfefferminze, da Hagebutten und dort Lindenblüten: Mikromanagement!

Zu werden wie jemand, der dient, wird manchmal damit verwechselt, symbolisch zu zeigen, dass sich jemand nicht zu schade ist für eine sogenannt »niedrige« Arbeit. Als Chef zu zeigen, dass man sich nicht zu schade ist, das zu tun, was auch das Hilfspersonal tun kann. Als Chefin sich auf etwas zu beschränken, obwohl von einem von der Funktion her viel mehr gefordert würde. Anders gesagt, man nimmt seine Verantwortung nicht mehr wahr zugunsten eines rein symbolischen Dienstes.

Hat jedoch Dienst, wie Jesus ihn selbst leistet und von seinen Nachfolgenden erwartet, nicht vielmehr damit zu tun, das im Moment wirklich Notwendige zu tun? Nämlich das, was andern hilft und in der Situation dient? Im Fall der Oberschwester wäre das: den anderen mit Führungsverantwortung dienen. Sie anleiten und im Chaos mit Übersicht anweisen. Diejenigen mit weniger Erfahrung stärken, damit sie ihre Arbeit tun können. Das kann dann bedeuten, dirigierend am Tisch zu sitzen, während andere von Zimmer zu Zimmer eilen. Das wäre in dieser Situation der adäquate Dienst einer Oberschwester.

Dienen hat oft weniger mit dem Ansehen der jeweiligen Arbeit oder dem ihr zugeschriebenen symbolischen Status zu tun, sondern Dienen im Sinn von Jesus ist das, was für die Lösungen der anstehenden Probleme zielführend ist und andere in ihrem Sein und Tun unterstützt.

ANDREA BRUNNER-WYSS

Jesus, hilf zu erkennen, wie ich heute mit meinen Fähigkeiten dienen kann und was heute von mir gefordert ist. Schenk die Kraft, das Notwendige zu tun.

Annehmen

Über Jesus wurde schon vor seiner Geburt Großes vorausgesagt. Ihm wurde eine helle Zukunft prophezeit, in welcher er anderen Licht und Zukunft schenken würde: Frieden würde er bringen, das Volk retten und zum Heiland werden. Sein Leben bestätigte und erfüllte auf den ersten Blick diese Erwartungen so: Er heilte und trieb Dämonen aus, sprach in Vollmacht und löste eine Bewegung aus, in welcher sich Menschen zu Nachfolgerinnen und Nachfolgern rufen ließen.

Doch dann kommt ein Tag, an dem Jesus eine bestimmte, alte Prophezeiung neu auf sich bezieht: »An mir muss sich erfüllen, was geschrieben steht: Er ist zu den Missetätern gerechnet worden.«

Jesus nimmt dieses Urteil für sich an. Er lässt sich zu den Missetätern rechnen. Jesus erkennt, dass er für seinen Auftrag, Frieden zu bringen, alles integrieren muss, nicht nur das Helle, Erlösende und Positive. Er nimmt auch das Negative, das Dunkle und das Zerstörerische an. Das wirkt sich aus. Bis hin zu seinem Tod, dem er nicht ausweicht.

Indem er nicht ausweicht und das Dunkle integriert, erfüllt er seinen Auftrag. Das wirkt sich auch auf uns aus. Er rettet uns immer wieder von Neuem davor, Sündenböcke zu produzieren. Schwarze Schafe als alleinige Missetäter zu identifizieren und sie zugunsten einer gesellschaftlichen Einigung auszusortieren, zu eliminieren und zu töten.

Jesus macht sich selbst zum Missetäter und stellt sich als Missetäter zur Verfügung. Andere Missetäter braucht es nicht mehr. Damit sind wir gerettet. Es braucht keine neuen Sündenböcke mehr.

Die Prophezeiungen über Jesus sind erfüllt: Er wird zum Heiland und er wird zu den Missetätern gerechnet. Frieden ist es dann für uns, wenn niemand mehr preisgegeben werden muss. Und so können auch wir sagen: Lass gut sein.

ANDREA BRUNNER-WYSS

Lebendiger Christus, hilf uns, unsere schwierigen und dunklen Seiten anzunehmen. Danke für deine Bereitschaft, unser missliches Tun auf dich zu nehmen. Stärke uns darin, es gut sein zu lassen durch deine Hingabe, als Missetäter zu sterben.

Anwesenheit

Ein Engel ist da. Still, ohne ein Wort zu verkünden, ist er am Ölberg erschienen. Er erhellt nicht das Dunkel und kein Halleluja ertönt, als er vom Himmel herabkommt. Niemand erschreckt sich vor seiner Anwesenheit. Nur diese schwere Bedrückung liegt in der nächtlichen Luft. Die Jünger schlafen »vor Traurigkeit«, und einen Steinwurf entfernt kämpft Jesus inständig betend mit seiner Angst. Der Engel rührt ihn nicht an. Er ist einfach nur da und bewirkt etwas. Ob es derselbe Engel ist, der einst Zacharias erschienen war, hernach auch Maria und den Hirten auf dem Feld, oder ein anderer, das erzählt Lukas uns nicht, und auch nicht, wodurch er den betenden Jesus »stärkt«. Steh auf und iss, denn du hast einen schweren Weg vor dir, hätte der Engel sagen können. So wie er einst zu Elia gesprochen hatte, als der sich den Tod herbei wünschte unterm Ginsterstrauch. Aber das ist hier ganz anders. Der da am Ölberg niederkniet, der wünscht sich den Tod nicht herbei, dem treibt die horrende Todesangst Schweiß ins Gesicht. Warum also greift dieser Engel nicht ein, als Jesus die Tropfen von der Stirn rinnen und blutrot zu Boden fallen? Warum lässt er das einfach geschehen? Warum, diese sinnloseste aller Fragen, immer dann, wenn sich uns Menschen ein Abgrund auftut und nichts mehr zu tun und zu sagen ist. Wenn wir vor Traurigkeit einschlafen, weil keine Hoffnung mehr aufkeimt und wir vom Weinen kraftlos werden. Wenn nichts näher liegt, als am Glauben zu zweifeln und »in Anfechtung« zu fallen, dann bleibt unser großes Warum ohne Antwort. Seht hin, da ist er, so weist Lukas, der Evangelist, in die Dunkelheit: der Engel, der ganz aus der Stille wirkt. Leise ist er erschienen, gegenwärtig in finsterster Nacht. Ein Engel ist da.

ANGELIKA LEONHARDI

Soll's uns hart ergehn, lass uns feste stehn und auch in den schwersten Tagen niemals über Lasten klagen; denn durch Trübsal hier geht der Weg zu dir.

Einspruch

Mitten in das Gespräch der Männer hinein platzt Judas, der Jünger Jesu, mit seiner Schar. Nah, ganz nah kommt er an seinen Meister heran. So nah wie noch nie. »Judas, verrätst du den Menschensohn mit einem Kuss?«, fragt Jesus ihn. Dunkel hängt jetzt diese Frage im Raum und bleischwer ist das, was sie hinter sich herzieht. Wie auf den Kopf gestellt wirkt das Zeichen von Freundschaft und Liebe unter der Absicht, die nicht zu ihm passt. Was kann unter so verkehrter Verwendung noch ausgesagt werden von dem, was es im Kern bedeutet? »Du hast mir keinen Kuss gegeben«, so hatte Jesus einst zu Simon Petrus gesagt und ihn dabei auf eine Frau verwiesen, die ihn herzte. Das klang, als hätte er diese Geste der Zuneigung vermisst. Hier aber, am Ölberg, entpuppt sich der Kuss seines Jüngers als äußerst verstörend. Wie ein Wolf im Schafspelz kommt er daher. »Herr, sollen wir mit dem Schwert dreinschlagen?«, tönt es aus der Menge der Umstehenden, und schon fällt ein Ohr. »Lasst ab! Nicht weiter!«, ruft Jesus und schaut zu dem Verletzten hin, der vom Schwert getroffen worden war. Und dann sehen wir, wie er sich dem verwundeten Knecht des Hohenpriesters zuwendet, sein Ohr anrührt und ihn heilt. »Ihr seid wie gegen einen Räuber mit Schwertern und mit Stangen ausgezogen?«, so fragt er schließlich auch ihn. Merkwürdig, diese Frage ähnelt der, die er eben erst an Judas gerichtet hatte. In beiden verweist Jesus auf das absurde Vorgehen gegen ihn, aber er verurteilt es nicht. Lukas hat die hitzigen Ereignisse so dicht zueinander gesetzt, dass aus ihrer Verknüpfung etwas hervortritt, was sie zum Stocken bringt: Die Schwerter sind gesenkt. Der Lärm schwillt ab, die Luft vibriert, die Zeit steht still und weist hinüber zu uns. Ein Heilungsgeschehen hellt die Nacht auf. Alle Augen und Ohren öffnen sich unter angehaltenem Atem. Nur eine kleine Weile, aber in ihr ist jede Finsternis ohne Macht.

ANGELIKA LEONHARDI

Rühret eigner Schmerz irgend unser Herz, kümmert uns ein fremdes Leiden, o so gib Geduld zu beiden; richte unsern Sinn auf das Ende hin.

Tränen

War der geheilte Knecht noch dabei, als sie Jesus abführten und »in das Haus des Hohenpriesters« brachten? Oder hatte er sich bei Jesus für seine Heilung bedankt und war dann in ein anderes Leben gegangen? Wahrscheinlich nicht. Der Knecht ist vermutlich im Haus des Hohenpriesters. Die Redlichkeit, mit der die biblischen Texte erzählen, beeindruckt mich immer aufs Neue. Da wird nichts beschönigt, geglättet und harmonisiert. Nichts Menschliches ist diesen Texten fremd. Sie zeichnen nicht weich. Judas, Petrus, Paulus, Abraham, Jakob, David und noch so viele andere stehen als Menschen im Spannungsfeld zwischen Vermögen und Scheitern. Wir erkennen uns wieder in ihnen. Dadurch entwickeln die Texte noch immer die Kraft, uns auf die langen, mäandernden Wege der Erkenntnis mitzunehmen. Ihre Vergangenheit vergeht nicht. So wie in dieser Geschichte, die uns ans angezündete Feuer holt, dahin, wo Petrus gerade sitzt. »Von Ferne« war er seinem Meister gefolgt. »Ich bin bereit, mit dir ins Gefängnis zu gehen und in den Tod«, hatte er ihm versichert. Aber die Flamme der Angst schlägt sehr viel höher, als ein verwegener Vorsatz voraussagen könnte. Lukas weiß das, aber wie schafft er es, dass wir die Angst des Petrus förmlich spüren können, obwohl dieses Wort nicht im Text erscheint? Meisterhaft, wie er den Wagemut des Jüngers ins Wanken bringt und seine Bedrängnis steigert, bis er den Hahnenschrei hört und ihn ein anderer wiedererkennt. Der wendet sich um, sieht ihn an. Nur Lukas erzählt von dieser Wendung Jesu zu Petrus. Tiefes Erschrecken löst das bei ihm aus, plötzlich wird er sich seiner Verfehlung gewahr. Da geht er hinaus unter Tränen. Aber nicht das Versagen des Petrus ist das, was bleibt, sagt uns Lukas, sondern sein Weinen. Was schon im Mut des Jüngers zu spüren gewesen war, ist auch in seinen Tränen enthalten: die tiefe Liebe zu Jesus. »Und Petrus ging hinaus und weinte bitterlich.«

ANGELIKA LEONHARDI

Ordne unsern Gang, Jesu, lebenslang. Führst du uns durch raue Wege, gib uns auch die nöt'ge Pflege; tu uns nach dem Lauf deine Türe auf.

Gott legt den Schalter um

Meine Tochter würde salopp sagen: »Hat der Drogen genommen?« So unterschiedlich ist diese zweite Hälfte des Psalms von der ersten. Der Psalmist hat sich aufgerappelt, den Schalter umgelegt. Er singt jetzt nach diesen vielen, langen, emotionalen, depressiven, sehr schweren Zeilen (»Mein Gott, mein Gott, warum hast du mich verlassen?«) ein Loblied auf die Größe Gottes, das einen umhaut.

Überschwänglich entsteht eine Vision davon, dass der Beter zum Zeugen für Gott geworden ist – für sich selbst, in der eigenen Familie, in der Gemeinde. Es entsteht ein Bild davon, dass alle Menschen Gott anbeten und ehren sollen, werden und wollen. Nicht nur die Juden, sondern auch die Heiden (V. 28). Nicht nur die Lebenden, sondern auch die Toten (V. 30). Nicht nur die Großeltern, sondern auch die Eltern und Kinder und alle Generationen, die erst noch geboren werden (V. 31–32).

»Denn er hat es getan!« – der letzte kurze Satz ist der Schlüsselsatz dieses zweiten Psalmteils. Im Hebräischen nur zwei kurze Wörter! Der Beter verrät nicht konkret, was Gott getan hat. Sein Schicksal gewendet? Die Bedrohung beseitigt? Ihn wieder aus dem Staub erhoben? Aber die Wucht, mit der er Gott lobt, verrät etwas über die Freude und emotionale Himmelfahrt, mit der er diese Tat Gottes erlebt hat und nun laut und öffentlich feiert.

Schön wäre es zu wissen, ob Jesus Christus, der den Psalm am Kreuz betete, ihn auch bis zu Ende gebetet hat. Wir werden es nicht erfahren. Aber wenn, wäre es großartig! Dann hätte er am Kreuz schon ein Loblied auf Gott angestimmt in der sicheren Gewissheit, dass diejenigen, die ihn ans Kreuz nageln, nicht das letzte, sondern nur das vorletzte Wort haben. Das ist mehr als Trost, das ist Triumph. Das eben, was wir heute über die Auferstehung, dieses erste Ostern, bekennen: Gott hat triumphiert! Und wir loben Gott viele Generationen nach dem Beter des Psalms 22.

ANNE OBERKAMPF

Überschwänglich, Gott, will ich dich loben. Denn du hast es getan.

Dummheit und Macht verbünden sich

Es ist der Mensch, der geschlagen, verhöhnt und nicht ernsthaft angehört wird. Jesus erleidet, was bis heute immer wieder Menschen erleiden. Da sind die Schergen, einfältige, schlichte Gestalten, die tun, was ihnen aufgetragen wird. Und die jede Chance nutzen, wenn sie sich an Schwächeren vergreifen und sie quälen können. Sind sie so gefühllos, wie es in unserem Abschnitt erscheint? Doch ich will die Hoffnung nicht aufgeben, dass sie noch angerührt werden können von einem wie ihm, der das alles erträgt, ohne sich dabei verbiegen zu lassen, aber genauso wenig die Liebe zu den Menschen zu verlieren.

Und da sind die Mächtigen, die ihr Urteil schon längst gefällt haben. Sind sie klüger als ihre Handlanger? Sie sind jedenfalls nicht bereit, sich mit diesem Menschen ernsthaft auseinanderzusetzen und die Wahrheit zu suchen. Vermutlich ist er ihnen zu selbstbestimmt. Er hat sich ihnen nicht angedient. Er ist vor ihrer Macht nicht zurückgeschreckt. Auch jetzt noch verweigert er sich, ihr Spiel mitzuspielen. Da lassen seine Ankläger erkennen, dass sie zumindest eine Ahnung haben, wer er ist. So wie Despoten und Diktatoren immer wieder zeigen, dass sie ihr Gespür für Gerechtigkeit und Wahrheit nicht gänzlich verloren haben und erkennen, wer auf ihrer Seite steht und eintritt. Sie sind und bleiben verantwortlich für ihr Tun. Doch auch da bleibt mein Gebet und meine Hoffnung, dass einer wie er ihnen die Augen öffnen und ihr Herz erweichen kann, damit sie von ihren grausamen Machtspielen ablassen und umkehren.

Es ist der Gottessohn, der zugleich der Messias Israels ist, der das alles erträgt. Der darin, in seinem Menschsein, das bleibende Hoffnungszeichen gesetzt hat, dass Dummheit und Macht nicht siegen werden. Und dass jeder Mensch ein anderer werden kann. Und dass das bei mir beginnt. Und dass es sich lohnt, von ihm zu lernen und zu versuchen, seinen Spuren zu folgen.

DIRK ZIMMER

Darum bitte ich, Jesus Christus, dass ich von dir lerne wider alle Gewalt, Dummheit und pure Machtgier menschenfreundlich zu leben und Liebe dagegenzusetzen.

Dummheit und Macht verbünden sich (2)

Es ist der Mensch, der hier wie so oft zum Spielball von Macht und Dummheit wird. Die Mächtigen sind sich dabei manchmal nicht zu schade, mit ihren Knechten gemeinsame Sache zu machen. Herodes hatte auf ein religiöses Feuerwerk gehofft, das ihm Spaß macht und zugleich seine Macht und Wichtigkeit unterstreicht. Als Jesus sich ihm schlichtweg komplett verweigert und kein Wort sagt, muss er diese Kränkung überdecken und ihn dafür verspotten. Doch das demaskiert ihn als einen Narzissten, wie es sie auch in unseren Tagen in politischen Ämtern gibt.

Jesus zeigt sich vor Herodes genauso souverän wie zuvor auch vor Pilatus. Jenem antwortet er gar nicht, diesem äußerst knapp und dadurch durchaus zweideutig auf die präzise zugespitzte Anklage, sich selbst als König aller Juden im römischen Reich zu sehen. Hat Pilatus Jesus richtig verstanden? War das der Grund, dass er merkwürdig verhalten auf die Anklagen der gesamten jüdischen Führungsriege reagiert, hatte er doch in anderen Situationen keinerlei Skrupel besessen, mögliche Aufstände mit brutalster Gewalt im Keim zu ersticken? Nach Lukas erinnert Jesus einmal an Galiläer, die er beim Opfern eiskalt hatte niedermetzeln lassen (Lk 13,1–2). Oder fürchtete Pilatus eine Falle der jüdischen Führer? Oder wollte er sie spüren lassen, dass sie letztlich keine Macht hatten, weil allein er als Vertreter des römischen Kaisers ein Todesurteil sprechen konnte?

Jesus gerät zwischen die Fronten. Doch er lässt sich nicht von seinem Kurs abbringen. Jesus äußerte niemals den Gedanken, sich zu einem weltlichen Herrscher aufschwingen zu wollen, schon gar nicht mit Waffengewalt. Er hat davon gesprochen, dass Gottes endzeitliche Herrschaft mit ihm nahegekommen ist, ja dass sie schon da mitten unter den Menschen beginnt, wo sie seiner Botschaft der Liebe Raum geben.

DIRK ZIMMER

Dein Reich komme, Vater. Hilf uns, es schon heute aufblitzen zu lassen, indem wir Jesu Botschaft der Liebe glauben und deinen Willen tun.

Die Schuldigen und der eine Unschuldige

Der Prozess spitzt sich zu – und der, um den es geht, ist nun völlig außen vor. Es reden und handeln nur noch andere. Mehr noch als bei den übrigen Evangelisten betont Lukas, dass Pilatus Jesus für absolut unschuldig hält. Insgesamt sagt er das in dem Prozess dreimal. Er verurteilt ihn am Ende nicht als Richter, sondern als Politiker, dem die Ruhe im Land wichtiger ist als die Gerechtigkeit. Er bezeugt damit, dass Jesus wahrhaft schuldlos war, und wird selbst eines Justizmordes schuldig.

Ein von einem späteren Abschreiber eingefügter Satz (V. 17) versucht zu erklären, warum die Ankläger inklusive der herbeigetrommelten Volksmassen mit Barabbas einen Aufrührer und Mörder ins böse Spiel bringen. Damit fordern sie die Freiheit eines wegen des gleichen Verbrechens wie Jesus Verurteilten. So klingt hier schon das Motiv des stellvertretenden Leidens und Sterbens Jesu an. Der, der den Tod verdient hätte, kommt frei, weil der Unschuldige an seiner Stelle stirbt.

Zugleich zeigt sich hier, wie verlogen die Anklage Jesu ist. Auch wenn der Hohe Rat Jesus nicht formell verurteilt hat, so ist er doch auch an diesem Justizmord schuldhaft beteiligt. Und mit ihm die umstehenden Menschen, die zugleich mit ihm gemeinsam seinen Tod fordern. Damit stehen alle beteiligten Personen als schuldig da und dem einen, der unschuldig ist, diametral gegenüber.

Doch Pilatus kann uns als Hinweis dienen, wie wir mit diesem unschuldig ans Kreuz gebrachten Gottessohn umgehen können. Der/die einzelne ist gefragt; sie/er kann Jesus als unschuldig bekennen und angesichts seines Todes die eigene Schuld er- und bekennen, wie es kurze Zeit später der eine mit Jesus Gekreuzigte tat (Lk 23,40–43). Hoffnung auf ein neues Leben in freier Verantwortung aus Liebe kann so aufkeimen.

DIRK ZIMMER

Jesus, darum möchte ich dich bitten: dass ich nicht mit den Wölfen heule, sondern meiner Überzeugung folge. Lass mich nicht den Glauben an dich und das Gute verlieren.

Gottes Weg ist nicht gescheitert

Jesus war durch die Folter so geschwächt, dass er den Kreuzbalken nicht mehr tragen konnte. Die römischen Soldaten zwingen Simon von Kyrene, den Balken zu tragen. Wir können beim Tragen unseres Kreuzes keinen Simon zur Hilfe zwingen. Aber wir erleben immer wieder, dass uns Hilfe geschenkt wird. Eine große Volksmenge, vor allem klagende Frauen, geben Jesus das Geleit zur Hinrichtungsstätte. Denen sagt Jesus: »Weint nicht über mich, sondern über euch und eure Kinder.« Dabei kehrt er den Lobpreis einer Frau um, die den Leib derer seligpries, die ihn geboren hat, und die Brüste, die ihn gesäugt haben (Lk 11,27). Am Ende wird die Stadt bestraft werden als Symbol des Fehlurteils. Nicht Jesus ist zu bedauern, sondern die Menschen in Jerusalem. Jesus ist unschuldig.

Diese Szene hat in der christlichen Auslegungsgeschichte immer wieder herhalten müssen, die Juden als Mörder Jesu zu kennzeichnen. Aber es sind Römer gewesen, die Jesus hingerichtet haben. Hier wird uns Lesenden die wahre Lage deutlich. Es sind letztlich wir Menschen, denen wegen unseres falschen Lebens und Handelns die Schuld am Tode Jesu zuzurechnen ist.

Gottes Weg in die Welt ist nicht gescheitert, es ist der Weg der Befreiung, der Erlösung. Gescheitert ist der menschliche Traum von eigener Erlösung. Lebendig ist die Kraft der Liebe, lebendig ist das Kreuz, das Jesu Nachfolger tragen. In der ganzen Welt gibt es die Zeichen dafür. Die Liebe kommt nach unten und mischt sich ein.

Jedes von Menschen verursachte Leid muss bekämpft werden. Soziales Unrecht, brutale Willkür, menschenunwürdige Lebensbedingungen gehören beseitigt. Jesu Kreuz ist zugleich Protest gegen das Leid. Wir Menschen sind auch Leiden ausgesetzt, die wir nicht vermeiden können: Abschied, Trennung, Sterben. Diese Leiden sind Bestandteile unseres Lebens. Sie zu verdrängen, bedeutet, das Leben verdrängen.

Wachsen und reifen, empfindsam werden für andere Menschen – das geht nur, wenn wir Ja sagen zu diesem Leiden und Ja sagen zu unserer eigenen Endlichkeit.

MANFRED KOCK

Erhöre mich, barmherziger Gott, denn deine Güte ist tröstlich; wende dich zu mir nach deiner großen Barmherzigkeit.

Jesus stirbt als ein Frommer

Die vier Evangelien schildern den Kreuzestod Jesu nicht als eine Hinrichtungsreportage oder als ein Gerichtprotokoll. Sie deuten vielmehr den Tod Jesu, je aus einem anderen Blickwinkel. Im Lukasevangelium stirbt Jesus als frommer und in sein Los ergebener Sohn: »Vater, in deine Hände befehle ich meinen Geist.« – Der schreckliche Schrei ist weggeblendet, es scheint, als habe Lukas die ganze Brutalität der Kreuzigung nicht ausgehalten. Aber auch Lukas lässt keinen Zweifel daran, dass das Kreuz ein Marterinstrument ist. Hier ereignet sich in der Gestalt eines archaischen Hinrichtungsgräuels die ganze Leidensgrausamkeit, zu der Menschen fähig sind. Die Verantwortlichen verspotten ihn. Die Henker teilen seine Kleider. Aber die Schilderung des Leidens selbst ist bei Lukas in den Hintergrund getreten. Im Zentrum steht Jesus aus Nazareth als die Mitte und der Gipfel der Zeiten. Es stirbt ein Frommer.

An drei Besonderheiten wird das besonders deutlich: Er bittet um Vergebung für die Handlanger des Bösen: »Vater vergib ihnen, denn sie wissen nicht, was sie tun.« Er bittet für sie ohne Vorbedingung. Sie müssen nicht bekennen und ihre Schuld bereuen. Bösartige Verblendung hält den Mann am Kreuz nicht davon ab, für die Täter zu bitten.

Zwei Verbrecher hängen neben ihm, den gleichen Todesqualen überantwortet. Einer von ihnen erlebt mit dem gekreuzigten Jesus eine Verwandlung. Er bekennt seine Schuld und bittet den Unschuldigen, an ihn zu denken. Und der verspricht ihm die Gemeinschaft mit Gott: »Heute noch wirst du mit mir im Paradiese sein.«

Dann stirbt Jesus nach der Erzählung des Lukas mit dem Wort: »Vater, in deine Hände befehle ich meinen Geist.« Jesus spricht einen Vers aus dem 31. Psalm. Dieser Psalm ist bis heute für fromme Juden das Nachtgebet. Jesus stirbt getrost und einverstanden mit seinem Weg. Die Sprache des Gebetes verwandelt die Erfahrungen des Leidens in einen Prozess der Reifung.

MANFRED KOCK

O Gott, wie entlastend ist es, den Gekreuzigten zum Fürsprecher zu haben. Er befiehlt uns der Vergebung Gottes an, sodass wir uns in seine Arme fallen lassen dürfen.

Jesus wird ins Grab gelegt

Zwei Gestalten in der Passionserzählung des Lukas sind besonders beeindruckend: Einer war der Hauptmann unter dem Kreuz. Der hatte erkannt, wer Jesus war. Er pries Gott und sprach: »Fürwahr, dieser Mensch ist ein Gerechter gewesen.« Der andere war der jüdische Ratsherr Joseph von Arimathäa, der die Anklagen des Hohen Rates gegen den Nazarener nicht gebilligt hatte. Lukas nennt ihn einen Gerechten.

Joseph bat Pilatus um den Leichnam Jesu. Er darf ihn vom Kreuz nehmen. Er wickelte ihn in ein Leinentuch und legte ihn in ein Felsengrab, das vermutlich seiner eigenen Bestattung hätte dienen sollen. Ausdrücklich wird betont, dass in dem Grab noch niemand bestattet worden war. Dort lag der tote Jesus – wegen des beginnenden Sabbats –, ehe er am Tag danach die vorgeschriebenen Rituale erhalten sollte. Das bereiteten Frauen aus Galiläa vor, die Jesus nachgefolgt waren. Dabei halten auch die sich an die gebotene Sabbatruhe.

Ob Joseph sich durch die Beisetzung in Gefahr gebracht hat, ist nicht berichtet. In der Antike durften Hingerichtete oftmals nicht bestattet werden, wie die Tragödie der Antigone eindrücklich überliefert hat. Jedenfalls gehörte Mut und Haltung dazu, für das Begräbnis einzustehen.

Dieses Grab lag zur Zeit Jesu nahe bei der Kreuzigungsstätte außerhalb der Mauern um Jerusalem. Seit dem 4. Jahrhundert steht dort die Grabeskirche als ein Ort der Verehrung durch verschiedene christliche Konfessionen. Die hatten früher oft Streit um den richtigen historischen Platz für Erinnerung an das Grab und den Ort der Kreuzigung. Da haben die Behörden den Schlüssel der Kirche von zwei muslimischen Familien bewahren lassen. Inzwischen sind die Konfessionen sich nähergekommen. Die Streitigkeiten unter ihnen haben abgenommen.

MANFRED KOCK

Ewiger Gott, ich bitte um Frieden im Heiligen Land, dass alle, die in dieser Zeit die Orte besuchen, an denen Jesus gelitten hat und gestorben ist, in Sicherheit beten können. Lass immer wieder Kraft ausgehen vom Gedenken an den Lebendigen.

Mut steht am Anfang des Handelns

Schwierig war die Situation der Frauen, die sich in aller Frühe zum Grab Jesu begaben, um ihrem Lehrer einen letzten Dienst des Respekts und der Liebe zu erweisen. Trotz ihres Mutes war ihr Unterfangen nicht ohne Gefahr. Sie fanden ein leeres Grab vor. Der erste Schock wich der frohen Nachricht über die Auferstehung. Ihr Mut wurde belohnt! Sie wurden zu Zeuginnen der Auferstehung und erinnerten die Welt an das Versprechen vom ewigen Leben.

Sich an Gottes Worte zu erinnern, ist eine Herausforderung. Wenn extreme Lebenssituationen uns viel abverlangen, sträubt sich unser Geist, schwächelt unser Glaube. So manch gutes Wort wird dann als Geschwätz verworfen und unser Herz resigniert. Wie kommt man aus dieser Zwickmühle wieder heraus? Am Beispiel der mutigen Schülerinnen Jesu sehen wir, wie der Glaube den Geist beflügelt. Das Geschenk des ewigen Lebens ist ein guter Grund, um Mut und Hoffnung zu schöpfen. Die Auferstehung bleibt dabei keine theoretische Erfahrung. Die Beweisbarkeit ist auch für den modernen Menschen eine große Herausforderung, denn die Frage nach unserem Gottvertrauen stellt sich in jeder Sekunde unseres Daseins. Sich verlassen oder von Gott vergessen zu fühlen, ist für viele Menschen eine bittere Erfahrung. Umso mehr müssen wir einander in unserer Schwäche beistehen, einander in Gemeinschaft stärken. Diese Einheit im Glauben, die die Jüngerinnen und Jünger trotz aller schrecklichen Erfahrungen zusammenhielt, eint uns auch heute noch mit ihnen und untereinander. Sie ist die Quelle unseres Mutes zum Zeugnis im Glauben und zum Festhalten an der Hoffnung. Dieser Mut lässt uns auf wundersame Weise handeln, auch wenn wir Gottes Liebe manchmal vermissen. Wenn uns die Hoffnung nicht verlässt, werden wir mutig dem Herrn entgegensehen können!

EMMANUEL SFIATKOS

Die Auferstehung des Herrn haben wir gesehen und beten den Heiligen an, den Herrn Jesus, den einzigen ohne Sünde. Dein Kreuz, Christus, verehren wir und deine heilige Auferstehung besingen und rühmen wir, denn du bist unser Gott, außer dir kennen wir keinen, deinen Namen benennen wir.

Bleibe bei uns

Eine lange Reise liegt hinter den zwei Jüngern – geographisch und spirituell –, die immer noch von den Ereignissen in Jerusalem sprechen. Der vermeintliche Fremde, der sich hinzugesellt, öffnet ihnen im Laufe des Gesprächs die Augen und erfüllt sie mit neuem Lebensmut, denn sie sind ratlos und suchen nach Antworten: Ist die Kunde von der Auferstehung wahr oder nur ein Gerücht? Sie, die Suchenden, bitten ihn um seine Gemeinschaft: Bleibe bei uns. Dies tun sie nicht nur in Anbetracht der Gefahren einer nächtlichen Reise. In ihren Herzen brennen Fragen und der Fremde scheint die Antworten zu kennen.

Gott zu erkennen, fällt oft schwer. Dabei lehrt uns der Glaube – und auch so manche persönliche Erfahrung: Er ist gegenwärtig, man muss nur die Augen öffnen. Dieser Moment der Erkenntnis ist es, der Menschen in unserer angsterfüllten Zeit eine Perspektive gibt. In vielen persönlichen Gesprächen begegne ich Menschen, die von solchen Emmaus-Begegnungen berichten. Ihre Erfahrungen zeugen von einer besonderen Gottesnähe, einem »Brennen im Herzen«, das ihnen Kraft spendet. So vielfältig wie unsere Gesellschaft, so vielfältig und individuell ist auch die Präsenz Gottes in unserem Leben.

Natürlich werden solche Berichte immer auch kritisch hinterfragt. Glauben und Zweifel konkurrieren. Dabei ist die Botschaft Jesu Christi eine Botschaft der Versöhnung und des Friedens. Er lädt uns ein, Zeugen und Verkünder zu werden, trotz aller Zweifel. Wichtig ist, dass wir offen für neue Perspektiven sind und das Leben trotz aller Mühen akzeptieren. Jesus macht durch das Kreuz unser Leiden erträglicher, gibt ihm einen Sinn. Auch wir sollten bereit sein, Ihm zu folgen und Opfer zu bringen. Unser Weg nach Emmaus ist nicht sinn- und ziellos. Dass Gott bei uns ist, macht ihn leichter.

EMMANUEL SFIATKOS

Eilt herbei, alle Gläubige, lasset uns die heilige Auferstehung Christi verehren. Denn siehe, durch das Kreuz ist Freude in die ganze Welt gekommen. Über alles loben wir den Herrn und besingen seine Auferstehung. Er hat das Kreuz für uns erduldet und den Tod durch den Tod vernichtet.

Auf Perfektheit im Glauben kommt es nicht an

Die Jüngerinnen und Jünger hatten es gut. Sie hatten die Gelegenheit, den Auferstandenen selbst zu sehen. Sie waren furchtbar erschrocken, als sie ihn wahrnahmen. Sie haben ihn verständlicherweise erst einmal für einen Geist gehalten. Jesus hat ihre Zweifel ernstgenommen und sich ihnen als Menschensohn gezeigt und ihnen die Schrift ausgelegt. Er hat sich ihnen offenbart.

Damit unterscheidet sich Jesus von jeder Form von Mysterien- bzw. Geheimreligion, die damals in der Antike weit verbreitet waren. Jesus Christus ist derjenige, der sich zeigt, mit allem, was er ist – wahrer Mensch und Gottessohn. Trotzdem ist das Geschehen der Auferstehung für die Jüngerinnen und Jünger schwer zu begreifen. Damit unterscheiden sie sich nicht von uns Menschen heute. Sie waren nicht die Besseren im Glauben, ganz im Gegenteil. Ich finde das sympathisch. Das macht sie deutlich greifbarer.

Überhaupt kennt Jesus kaum Idealjünger. Viele, die ihm folgen, sind Menschen am Rande der Gesellschaft oder haben immer wieder Brüche in ihrem Glauben. Dieses Bild ist mir viel lieber als Geschichten von Heiligen oder zentralen Figuren der Kirchengeschichte, die angeblich ohne Makel waren. Jeder von uns hat Ecken und Kanten. Vielleicht ist der Glaube sogar viel reifer, wenn er Zweifel kennt und Nachfragen zulässt. Jede Form von angeblicher Perfektheit im Glauben hat die Gefahr, zur Ideologie zu werden, und ist anfällig für Machtmissbrauch.

Es ist umso beeindruckender, dass Jesus gerade diejenigen, die noch Zweifel haben, zu seinen Zeugen macht. »Und ich werde die Gabe, die mein Vater verheißen hat, zu euch herabsenden. Bleibt in der Stadt, bis ihr mit der Kraft aus der Höhe erfüllt werdet.« (LK 24,49) Gott gibt uns alles, um seine Zeuginnen und Zeugen zu sein. Darauf dürfen wir vertrauen!

ULRIKE KOSTKA

Guter Gott, wenn uns Zweifel in unserem Glauben kommen, lass uns dein Angesicht spüren. Sende uns aus mit deiner Kraft und deinem Geist!

Der Segen ist für alle da

Welch ein schönes Ende der Auferstehungsgeschichte von Jesus! Er erschien den Jüngerinnen und Jüngern, legte ihnen die Schrift aus und zum Schluss ging er mit ihnen nach Bethanien und segnete sie. Dann stieg er in den Himmel auf. Ein wahrhaft schönes Bild – fast bilderbuchmäßig vom biblischen Text inszeniert. Das Bild ist fast zu schön, um wahr zu sein. Es könnte so im Museum hängen. Ist es reine Nostalgie?

Für mich nicht. Denn ich bleibe an dem Segen hängen. Wenige Zeilen vorher war noch von den Jüngerinnen und Jüngern, die ihn viel erlebt haben, Zeugen der Auferstehung waren und trotzdem Zweifel hatten, die Rede. Die, die der Auferstandene segnet, sind normale Leute und keine theologisch-charismatischen Superhelden oder kirchenrechtlich perfekte Glaubensvertreter.

Dieses wunderschöne Bild, dass der Auferstandene die Menschen segnet, ist für mich ein sehr tröstliches Bild. Und gleichzeitig eins, was mich auch nachdenklich und wütend macht. Wie viel wurde und wird an Menschen an äußeren Dingen festgemacht oder am Geschlecht oder an anderen Kriterien, damit sie als würdig, richtig oder weihefähig gelten.

Jesus kennt diese Kategorien nicht. Es geht ihm um die innere Haltung, um die Bereitschaft, sich auf ihn einzulassen und Zeuge zu sein. Das bedeutet aber auch, dass Glaube und Zeugenschaft nicht nur etwas für Privilegierte sind. Zum Glauben ist jeder fähig.

Aber auch der Segen ist nicht etwas, was die Menschen in Kategorien einteilt. Segen ist ein Geschenk und ein Zeichen der Liebe Gottes. Deshalb ist es gut, wenn der Segen für alle da ist – auch für jeden von uns und für Menschen in den unterschiedlichen Lebensformen. Ich wünsche Ihnen Gottes Segen!

ULRIKE KOSTKA

Guter Gott, du nimmst uns so, wie wir sind – mit allen Stärken und Schwächen. Du kennst keinen Menschen-TÜV. Wir bitten dich um deinen Segen und die Erfahrung deiner Nähe.

Einführung zum Kolosserbrief Seite 404ff.

Der Dank für Glaube, Liebe und Hoffnung der Gemeinde

Mit dem Aposteltitel erinnert Paulus an seine Berufung durch Gott. Er wendet sich an die Gemeinde in Kolossä. Deren Gründer war Epaphras, der aus Kolossä stammte, nicht Paulus, der mit den Adressaten nur indirekt Kontakt hatte. Der Brief spricht die Gemeindeglieder als Heilige an, das heißt als »Geheiligte in Christus Jesus«, die sich nicht durch moralische Vorzüge auszeichnen, sondern in der Taufe den Heiligen Geist empfangen haben. Der Brief beginnt mit dem Dank für die Gemeinde, deren Glaube, Liebe und Hoffnung er würdigt. Der Glaube eröffnet einen Beziehungsraum in Christus, in dem die Glaubenden mit Gott und untereinander verbunden sind. Aus diesem Glauben erwächst die Liebe zu allen Heiligen. Sie ist eine Auswirkung der Liebe Gottes, an der die Einzelnen im Glauben Anteil haben. Umschreiben Glaube und Liebe die persönliche Einstellung, so wird die Hoffnung als objektiv vorgegebenes Hoffnungsgut gekennzeichnet, das den Gläubigen als künftiges Erbe verheißen ist und für sie im Himmel »verborgen mit Christus in Gott« schon bereit liegt (1,12; 3,3f.). Im Himmel ist bereits gegenwärtig, was sich auf Erden erst noch realisieren wird. Das Evangelium ist das Wort der Wahrheit, in dem diese Hoffnung schon im Voraus erklingt, hier auf Erden gegenwärtig wird, Raum und Gestalt gewinnt. Aus dem Hören entsteht ein geistiger Erkenntnisprozess, der als Fruchtbringen und Wachsen beschrieben wird. Die Wahrheit des Evangeliums zu erkennen, ist als Wachstumsprozess bei allem menschlichen Mühen nicht der Erfolg eigener Anstrengung, sondern letztlich ein Geschenk, eine Frucht des Geistes, ein Wirken Gottes im Menschen, eine Erfahrung göttlicher Gnade. Dieses Wachstum geschieht auf zwei Ebenen, zum einen in der weltweiten Ausbreitung des Evangeliums, zum anderen in der persönlichen Erkenntnis der einzelnen Gläubigen.

ULRICH HECKEL

Mach in mir deinem Geiste Raum, dass ich dir werd ein guter Baum, und lass mich Wurzel treiben. Verleihe, dass zu deinem Ruhm ich deines Gartens schöne Blum und Pflanze möge bleiben, und Pflanze möge bleiben.

Die Fürbitte für die Gemeinde

Auf den Dank folgt die Fürbitte des Apostels für die Gemeinde, in der wiederum die wechselseitige Verbundenheit zum Ausdruck kommt. Er bittet für die Kolosser, dass sie vom Heiligen Geist mit der Erkenntnis des göttlichen Willens erfüllt werden in aller Weisheit und geistgewirkten Einsicht. Damit sollen sie einen Lebenswandel führen, wie er des Herrn würdig ist, ihm entspricht und sein Wohlgefallen findet. Dies geschieht, indem sie 1. Frucht bringen in jedem guten Werk, 2. wachsen in der Gotteserkenntnis, 3. in aller Kraft gestärkt werden zu aller Geduld und Ausdauer sowie 4. mit Freuden Dank sagen. War es im Dankgebet das Wort des Evangeliums, das in aller Welt Frucht bringt und wächst (1,6), so sind es jetzt die Kolosser, die Frucht bringen in jedem guten Werk und wachsen in der Erkenntnis Gottes (1,10). Beim dritten Begriffspaar meint Geduld stärker das passive Dulden, Erleiden, Aushalten (wörtl. Darunterbleiben), die Ausdauer eher das aktive Durchhaltevermögen, die Beharrlichkeit. Schon Jesus sprach vom Baum und den Früchten als Bild für das Tun des göttlichen Willens (Mt 7,16–13). Als »Frucht des Geistes« gilt an erster Stelle die Liebe (Gal 5,22; 1Kor 13,13), aber auch Gerechtigkeit und Friede (Röm 14,17), Güte und Gerechtigkeit und Wahrheit (Eph 5,9). Mit Freuden Dank zu sagen, ist eine Aufforderung, die den ganzen Kolosserbrief durchzieht. Dass der Vater die Gläubigen tüchtig gemacht hat zum Erbteil der Heiligen im Licht (1,12), erinnert an das Hoffnungsgut aus dem Eingangsdank, das im Himmel schon für sie bereit liegt (1,5). Weil die Gläubigen schon am Licht als Sphäre Gottes und des Heils Anteil haben, sind sie befreit aus der Finsternis als dem Machtbereich des Bösen und haben Zugang zum Reich Gottes, das Jesus verkündigt hat. Das ist die Erlösung, die Christus bewirkt hat und nun in einem Hymnus ausführlicher besungen wird.

ULRICH HECKEL

Jesus Christus herrscht als König, alles wird ihm untertänig, alles legt ihm Gott zu Fuß. Aller Zunge soll bekennen, Jesus sei der Herr zu nennen, dem man Ehre geben muss.

Der Hymnus auf Christus

Einer der stärksten Schöpfungstexte der Bibel ist der Christushymnus aus dem Kolosserbrief. Er lobt Christus als »Erstgeborenen vor aller Schöpfung«, »in dem«, »durch den« und »auf den hin« die ganze Welt erschaffen wurde. Und er preist ihn als »Erstgeborenen von den Toten«, der das All versöhnt und Frieden gestiftet hat durch seinen Tod am Kreuz. Solch steile Formulierungen sind keine spätere Erfindung, sondern haben alte Wurzeln im urchristlichen Lobpreis »mit Psalmen, Hymnen und geistlichen Liedern« (Kol 3,16). Damit antwortet der Kolosserbrief auf eine neue »Philosophie« von den »Elementen der Welt« (2,8.20), die diese als göttliche Engelwesen oder (Schicksals-)Mächte (wie in heutigen Horoskopen) verehren will (2,15.18). Dass Christus der »Erstgeborene vor aller Schöpfung« ist, besagt nicht, dass Christus das erste Geschöpf war, sondern schon »vor allem« (1,17) existierte, das heißt vor allen Dingen, bereits vor der Erschaffung der Welt, von Ewigkeit her. Christus gehört auf die Seite Gottes, von dem, in dem, durch den, zu dem und auf den hin alle Dinge sind: »… alles hat in ihm Bestand.« (1,17) Daher darf das Verständnis der Schöpfung nicht auf die Weltentstehung reduziert werden, sondern es schließt deren Fortbestehen, Bewahrung und Erhaltung ein. Ist Christus nicht nur der »Erstgeborene vor aller Schöpfung«, sondern auch der »Erstgeborene von den Toten«, dann wird die Erlösung als neuerlicher Schöpfungsakt besungen. Der Schöpfungsglaube ist nicht rückwärtsgewandt auf Weltentstehungstheorien fixiert, sondern auf die Zukunft ausgerichtet. Er weiß um die Bedrohung der Schöpfung und das Seufzen der Kreatur (Röm 8,18–25), setzt aber seine Hoffnung auf die Vollendung der Versöhnung und des Friedens im Reich Christi (Kol 1,13.20.22f.). Nicht die allgemeinmenschliche Erfahrung, sondern der Gottesdienst ist der Ort, der die Herrschaft Christi erfahrbar werden lässt.

ULRICH HECKEL

So merket nun das Zeichen recht: die Krippe, Windelein so schlecht, da findet ihr das Kind gelegt, das alle Welt erhält und trägt.

Selbstbestimmung des Menschen und ein hörender Gott

Das Streben nach einem selbstbestimmten Leben prägt Menschen. Menschen wollen ein selbstbestimmtes Leben führen. Und doch bleibt das Leben fragmentarisch. Es sind nicht nur Erlebnisse und Erfahrungen der eigenen Selbstbestimmtheit, die wir machen, sondern unser Leben ist geprägt von den Erfahrungen der eigenen Begrenztheit, der eigenen Brüchigkeit, manchmal auch der eigenen Hilflosigkeit. Wir sind und bleiben verletzlich.

Der Betende bringt im Psalm eine Grunderfahrung, die Erfahrung der Begrenztheit des eigenen Lebens, zum Ausdruck. Gefangen in den »Stricken des Todes« macht der Psalmist die Erfahrung der existenziellen Hilflosigkeit. Der Betende ist in einer existenziellen Situation, die grundsätzlich jeden Menschen betrifft – das dem Tode Ausgeliefertsein, einer Situation, aus der man sich aus eigener Kraft nicht mehr retten kann. Der Mensch macht die Erfahrung, dass auch seine Selbstbestimmtheit über das eigene Leben, wie sich diese auch immer ausdrücken mag, unüberschreitbare Grenzen aufweist.

In dieser Situation der existenziellen Hilflosigkeit wendet sich der Psalmist in seinem Gebet an Gott. Warum eigentlich? Die Gewissheit dessen, dass sein Gebet von Gott erhört wird, macht den Psalmisten überhaupt fähig, zu beten. Die Gewissheit dessen, dass Gott barmherzig ist und Gutes tut, macht den Psalmisten fähig, zu beten. Gott ist gütig und barmherzig. Deswegen ruft der Mensch ihn an. Und Gott erhört das Gebet.

Und Gott erhört nicht nur das Gebet. Gott hilft nicht nur. Gott tut nicht nur das Gute. Er tut das Unmögliche – er rettet vom Tode. Gerettet sein. Er rettet.

In einer konkreten Erfahrung des Gerettet-Seins des Psalmisten strahlt für uns in der nachösterlichen Perspektive die eschatologische Hoffnung des existenziellen Vom-Tode-Gerettetseins.

YAUHENIYA DANILOVICH

Nachdem du mich Verirrten zuerst durch viele Wunder und Zeichen erzogen hattest, hast du dich als Mitleidvoller in den letzten Zeiten selbst entäußert und mich gesucht, hast mich gefunden und errettet.

Auch euch ...

»Nur für Mitglieder«, liest man oft am Eingang zu exklusiven Klubs. »Nur für Einheimische«, heißt es oft, wenn es um die Verteilung begehrter Bauplätze geht. Und viele meinen, »nur für Fromme«, nur für solche, die ein untadeliges Leben gelebt haben, sei der Weg zu Gott offen. Das sieht der Kolosserbrief anders. Nachdem er eindrücklich geschildert hat, welche Bedeutung Gottes Wirken in der Person Jesu Christi und durch sein Leben und Sterben für ein neues und erfülltes Leben hat, macht er unmissverständlich deutlich: Das gilt nicht nur für eine kleine Zahl auserwählter Frommer. »Auch euch«, so wird den Christen in Kolossä versichert, »auch euch, die ihr von Gott entfremdet wart und seinen Willen missachtet habt, hat Gott durch Christus mit sich versöhnt.« Was Christus gelebt und getan hat, was er durch seinen Tod bewirkt hat, das gilt auch für euch! Nicht eure Herkunft ist entscheidend, nicht eure Lebensleistung, nicht, ob euch bisher Gott sehr fern zu sein schien, euch egal war oder ihr ihn sogar bekämpft habt, sondern allein, dass dieser Gott in Jesus Christus allen mit seiner Liebe nahe gekommen ist. Das ist ja die Pointe der Aussage von der Heilsbedeutung des Todes Jesu, die heute vielen Mühe macht: Gottes Liebe reicht hinein bis in die letzte Not der Menschen, sie gilt voraussetzungslos.

Keine Vorbedingung also dafür, von Gott angenommen zu werden! Und doch nennt unser Text eine Bedingung: »Wenn ihr nur bleibt im Glauben … und nicht weicht von der Hoffnung des Evangeliums.« Keine Zwangsmitgliedschaft also, der freie Eintritt ist kein Lockvogelangebot ohne Ausstiegsklausel. Aber auch keine nachträgliche Forderung von Eigenleistungen, sondern schlicht der Hinweis: Es gilt – wenn ihr dabei bleibt und an dieser Hoffnung festhaltet. Eigentlich selbstverständlich!

WALTER KLAIBER

Lass mich dein sein und bleiben, du treuer Gott und Herr, von dir lass mich nichts treiben, halt mich bei deiner Lehr. Herr, lass mich nur nicht wanken, gib mir Beständigkeit; dafür will ich dir danken in alle Ewigkeit.

Was fehlt noch?

Es gibt Sätze in der Bibel, die mir ein Rätsel sind, seit ich sie zum ersten Mal gelesen habe. Einer dieser Sätze ist der erste Vers unseres Abschnittes, in dem Paulus schreibt: »Nun freue ich mich in den Leiden, die ich für euch leide, und erfülle durch mein Fleisch, was an den Leiden Christi noch fehlt, für seinen Leib, das ist die Gemeinde.« Oder etwas genauer übersetzt: »Ich ergänze in meinem irdischen Leben, was an den Bedrängnissen Christi noch fehlt an seinem Leib, der die Kirche ist.« (Einheitsübersetzung) Was kann am Leiden Christi noch fehlen? Gehört es nicht zu den Grundaussagen paulinischer Theologie, dass das, was Gott durch Jesu Sterben am Kreuz getan hat, ein für alle Mal genügt? Was müsste da noch ergänzt werden?

Nein, es fehlt nichts an den »Leiden Christi«, an dem, was er für uns gelitten hat. Aber die »Bedrängnisse Christi«, also der Widerstand gegen die Botschaft der Liebe, den er ausgehalten hat, sind damit noch nicht zu Ende. Wer zu Christus gehört und sich für diese Liebe einsetzt, seine Gemeinde, die »Verkörperung« dieser Liebe, ist in die Gemeinschaft mit ihm und seinem Leiden hineingenommen (vgl. Phil 3,10). Darum lautet das große Geheimnis des Heils, das Paulus verkündet, nicht nur »Christus für euch«, es ist »Christus in euch« beziehungsweise »Christus unter euch«, die Wirklichkeit der Mensch gewordenen Liebe Gottes, die das Leben der Einzelnen und der Gemeinde erfüllt. Diese Liebe mit Christus zu leben, wird immer wieder zu Widerstand und Leiden führen, aber sie ist zugleich Grund für die Hoffnung auf eine Vollendung, in der Hass und Leid überwunden sind.

WALTER KLAIBER

Mein schönste Zier und Kleinod bist auf Erden du, Herr Jesu Christ; dich will ich lassen walten und allezeit in Lieb und Leid in meinem Herzen halten. Dein Lieb und Treu vor allem geht, kein Ding auf Erd so fest besteht; das muss ich frei bekennen. Drum soll nicht Tod, nicht Angst, nicht Not von deiner Lieb mich trennen.

Die Gottes-Formel

Die »Gottes-Formel«, die »Theorie von allem« oder die »Große vereinheitlichte Theorie«, sie gilt als der »Heilige Gral der Physik«, nach dem seit Albert Einstein gesucht wird. Sie soll – vereinfacht gesagt – alle Grundkräfte der Natur einschließlich der Gravitation und damit auch Quantenmechanik und Relativitätstheorie zu einer vollständigen einheitlichen Theorie zusammenfassen. Wenn uns das gelänge, würden wir – nach Stephen W. Hawking – »Gottes Plan [the mind of God] kennen«. Wir würden »wissen, warum es uns und das Universum gibt« (Eine kurze Geschichte der Zeit, S. 218).

Da scheint es fast ein Kontrastprogramm zu sein, wenn wir in Kol 2,2f. lesen, dass Christus das »Geheimnis Gottes« ist. Denn »in ihm liegen verborgen alle Schätze der Weisheit und der Erkenntnis«. Ist Christus die »Gottes-Formel«, die uns alle Geheimnisse dieser Welt enthüllt? Sicher nicht in dem Sinn, dass wir damit die alles umfassende Theorie in Händen hätten, mit der wir alles, von den winzigsten Quantenprozessen bis zu den unvorstellbar großen kosmologischen Abläufen im Universum berechnen könnten. Aber der Kolosserbrief fasst damit die grundsätzliche Antwort zusammen, die die Bibel auf die Frage gibt, warum überhaupt etwas ist und nicht vielmehr nichts. »Am Anfang war das Wort«, der göttliche Logos, die Dimension des Wesens Gottes, die ein Gegenüber sucht. Sie schuf das All, das Leben und uns Menschen. Dieses Wort, dieser Logos wurde in Jesus »Fleisch«, das heißt, ganz menschlich. An ihm zeigt sich, was das Wesen Gottes ist: Gott ist Liebe (1Joh 4,8.16). Diese Liebe ist »das Geheimnis der Welt«, sie verrät uns, warum es sie und uns gibt, in ihr ist alle Weisheit und Schönheit dieser Welt zusammengefasst.

WALTER KLAIBER

Schönster Herr Jesu, Herrscher aller Enden, Gottes und Marien Sohn! Dich will ich lieben, dich will ich ehren, du meiner Seele Freud und Kron! Alle die Schönheit Himmels und der Erden ist verfasst in dir allein. Nichts soll mir werden lieber auf Erden als du, der schönste Jesus mein.

Achtung Philosophie!

Die Philosophie hilft mir klarer zu denken. Das hilft im Alltag und auch im Glaubensleben. Denn wo ich die Dinge und Zusammenhänge besser erfasse, kann ich sie bewusster einbeziehen. Was aber, wenn mich ihre Kategorien ganz in die Linie der überlieferten Schemata und Grundprinzipien stellen? Drohe ich dann in einer gefilterten Blase festzusitzen? Zur Zeit, als dieser Brief geschrieben wurde, waren Spekulationen über Engel und überirdische Mächte attraktiv (V. 18). Auch Vorschriften zu bestimmten Tagen und Phasen und zu Speisen (V. 16). Das Denken hat Auswirkungen auf das Leben.

Paulus warnt, dass uns jemand einfange durch Philosophie und leeren Trug, die der Überlieferung der Menschen und den Elementen der Welt folgen und nicht Christus. Der ist das Ebenbild des unsichtbaren Gottes und der Erstgeborene vor aller Schöpfung (Kap. 1,15). In ihm liegen verborgen alle Schätze der Weisheit und der Erkenntnis (Kap. 2,3). Ja, in ihm wohnt die ganze Fülle der Gottheit leibhaftig (V. 9). Die Offenbarung, die er bringt, öffnet neue Horizonte.

Der Bedeutung Jesu Christi ist es angemessen, dass wir unser Leben in ihm gründen. Da er über allen Mächten und Gewalten steht, befreit er vor leerem Trug. Diese Freiheit des Geistes und des Lebens wurzelt in der Beziehung zu ihm. Diese Beziehung begann mit der Botschaft des Evangeliums. Sie besteht weiter, indem wir dieser Heilsbotschaft vertrauen und sie dankbar annehmen. Dann erfüllt der Herr unser Denken und Leben.

ROLAND SCHARFENBERG

Herr Jesus Christus, ich bete dich an in deiner Fülle von Gnade und Wahrheit. Ich danke dir, dass du mich angenommen hast und ich mit dir leben darf. Erfülle mich heute neu mit deiner Liebe. Sie lehrt mich, starre Wege der Gedanken und Traditionen zu überwinden und mich in deinem Namen der Welt und den Menschen zuzuwenden.

Triumphale Veränderung!

Es ist die Beziehung zu Jesus Christus, die das Leben eines Christen gründet und prägt. Nicht die gestern erwähnte Philosophie, nicht die morgen genannten Lebensvorschriften. Die Verbindung mit ihm bringt Veränderung. Und weil er über die Mächte und Gewalten gesiegt hat, ist es eine triumphale Veränderung. Im Zentrum der Veränderung, die Christus bringt, steht sein Kreuz. Was Jesus dort für uns tat, schredderte den Schuldbrief. Die Schuld ist getilgt. Aus ihr resultierende Forderungen sind nichtig. Christi Werk bildet den tragfähigen Unterbau für ein Leben als Christ. Paulus umschreibt das mit damals bekannten Bildern: Durch Christus besteht ein neuer Bund. Dessen Zeichen ist nicht die Beschneidung des früheren Bundes. Der neue Bund reicht weiter. Es ist wie ein Ausziehen dessen, was uns bisher prägte. Es ist ein Sterben und Begraben-Werden und neu Auferweckt-Werden. Es ist wie der krasse Unterschied zwischen tot und lebendig sein.

Auch wem der Unterbau dieser Bilder nicht vertraut ist, liest hier eine fundamentale Veränderung. Diese Veränderung hat viel mit der Sünde zu tun. Zwar scheint der moderne Mensch sein Sündenbewusstsein gegenüber Gott weitgehend verloren zu haben, dennoch kennen auch heutige Menschen den Frust über eine Zielverfehlung: Zielverfehlung auf dem Weg hin zu einer menschlicheren, umweltverträglichen, friedlicheren Welt. Kopfschütteln über den Rückfall von Machthabern in imperialistische Strukturen. Auch Kopfsenken über das persönliche Versagen. Die Bibel stellt die Zielverfehlungen in Bezug zu Gott und nennt das Schlechte, was ein Mensch tut, oder das Gute, das er unterlässt, Sünde. Statt in diesem Zustand zu verbleiben, bietet uns Christus einen Neuanfang. Er vergibt alle Sünden. Er begleicht unsere Schuld. Er, den Gott auferweckt hat von den Toten, lässt diese Kraft Gottes auch an denen wirken, die ihm glauben. Welch triumphale Veränderung von innen heraus!

ROLAND SCHARFENBERG

Herr Jesus Christus, was du tust, ist gut für mich. Du befreist mich aus den alten Verstrickungen. Du erlöst mich. Du gibst die Dynamik göttlicher Kraft in einem neuen Leben mit dir. Ich danke dir. Ich lobe dich, der du triumphierst.

Der Schein der Wahrheit

Sie sind schon beeindruckend, die Superfrommen. Sie halten strenge Diäten ein. Sie fasten an vielen Tagen. Sie beachten bestimmte Kalendertage. Sie vermeiden und verbieten es, dies zu berühren und jenes zu kosten. Sie legen Demut an den Tag. Als »Insider« haben sie Visionen und verehren Engel. Bei ihnen schlägt einem die Frömmigkeit schon auf fünf Meter Abstand entgegen. Sie sind rigide in ihren Vorschriften, moralisch in ihrem Auftreten und hüllen sich in eine Aura des höheren Wissens. Manche bleiben freundliche Menschen dabei, manche werden unerträglich.

Paulus demontiert den Schein dieser Superfrommen. Die Brüder und Schwestern in Kolossä sollen sich kein schlechtes Gewissen machen lassen. Was jene Superfrommen hochhalten, ist nur ein Schatten des Zukünftigen, nur ein Schein von Weisheit. Es sind selbstgewählte Riten einer äußerlichen Religion, auch wenn sie in ihrer Blase meinen, auf diesem Weg ein schillerndes Mysterium zu betreten.

Lasst euch von solchen kein schlechtes Gewissen machen! Die wahre Substanz des Glaubens liegt in Christus. In ihm wohnt die ganze Fülle der Gottheit leibhaftig (V. 9). Wer mit ihm verbunden ist, der ist den Grundprinzipien der Welt gestorben. Wir sind mit dem Haupt verbunden. Aus der Verbindung mit ihm besteht das christliche Leben und das Leben des ganzen Leibes, der Gemeinde. Gott wirkt durch den auferstandenen Christus. Darum leben, bestehen und wachsen wir. Bei ihm und in seiner Gemeinde finde ich die Wirklichkeit, die wahrhaft trägt.

ROLAND SCHARFENBERG

Herr Jesus Christus, schillernd und fantasievoll mag der Schein sein. Auch der Schein einer Frömmigkeit der höheren Stufe. Du aber machst, dass alle Gnade unter uns reichlich ist, damit wir in allen Dingen allezeit volle Genüge haben und noch reich sind zu jedem guten Werk (2 Kor 9,8). Damit, also mit dir, will ich leben.

Auf das DU kommt es an

Der Besuch im Pflegeheim war manchmal eine Pflichtübung. Ich steh' dazu. Schweigsam saß meine Schwiegermutter im Zimmer. Keine Reaktion, die Erkennen oder Anteilnahme gezeigt hätte. Sogar Unwille oder Missmut wäre mir recht gewesen – nur irgendeine Reaktion eben. Einfach die Stille mit ihr auszuhalten, fiel mir schwer. Deshalb habe ich angefangen zu beten, wohl in erster Linie für mich.

»Der Herr ist mein Hirte ...«

Und dann das: Die vertrauten Worte des Hirtenpsalms öffneten die verschlossenen Lippen. Klar und verständlich habe ich ihre Stimme gehört, und mit mir gemeinsam hat sie den ganzen Psalm gesprochen – und später wieder geschwiegen. Doch die Atmosphäre im Raum hatte sich verändert. Ich war mir sicher: Gott hat sich zu uns gesellt und uns beide beseelt. Der gute Hirte hat sich uns beiden an die Seite gestellt und uns gut versorgt. Jede mit dem, was sie gerade gebraucht hat. Die Stille danach war viel besser auszuhalten.

Generationen von jüdischen und christlichen Betenden kennen den 23. Psalm, wissen um das Vertrauen, das David, dem der Psalm in den Mund gelegt wird, Gott entgegenbringt. Ein Bekenntnis zum treuen Hirten. Dieser kennt die Futterplätze und Wasserquellen, kann gegen Angriffe verteidigen und vor Feinden schützen. Was für die Schaf-Herde gilt, kann auch die Menschen-Herde gut gebrauchen. Alle Angst und Sorge können dem Hirten vor die Füße gelegt werden. Er findet den guten, den richtigen Weg, den ich brauche. Dabei können sich Kraftorte und Einbahnstraßen abwechseln.

Für beides gilt: Gott, das große DU, ist bei mir, an meiner Seite. Gott, das große DU, labt mir Körper, Geist und Seele. Er findet Wege, die ich noch gar nicht für mich selbst in Betracht ziehe. Und er zeigt mir meine Nächsten, wie ich sie noch nicht gesehen habe. Im DU sind wir geborgen und aufgehoben. Mit allem, was wir mitbringen. Sei es Reden, Beten oder Schweigen.

CHRISTINE WOLF

Immer wieder DU, du treuer Gott, der den Weg für mich findet. Immer wieder DU, du sorgender Gott, der mein Leben reich beschenkt. Danke, dass DU auf mich aufpasst.

Was für ein Fest

Ich feiere so gerne Taufen. Die unserer Kinder haben wir immer mit vielen Menschen gefeiert. Ich habe es jedes Mal genossen, weil es so ein besonderes Fest und ein besonderer Ritus ist. Das Wasser als das Symbol für Leben und Tod. Ohne Wasser geht es nicht, aber zu viel oder unerwartet kann es tödlich sein. Wenn bei der Taufe den Menschen Wasser über den Kopf gegossen wird, heißt das: Das Menschenkind oder der Mensch – je nachdem – wird neu. Früher in den urchristlichen Gemeinden, sind erwachsene Personen getauft worden. Dabei sind sie mit dem ganzen Körper untergetaucht. Dadurch wird noch deutlicher, dass symbolisch der alte Mensch stirbt und der neue Christenmensch aufsteht. Das hört sich dramatisch an, meint aber etwas Wunderbares. Menschen vertrauen sich ganz Gott an. Und wenn sie noch klein sind, tun andere das stellvertretend für sie.

Dass sie damit auch in eine große Gemeinschaft aufgenommen werden, ist besonders bemerkenswert. Wenn auch nicht immer leicht, zeigt es, dass es auf der Erde auch nicht alleine geht. Menschen brauchen die Verbindung zu Gott und untereinander. Ein Leben ganz ohne Gegenüber ist leer.

Der Verfasser des Kolosserbriefes benutzt »oben« und »unten« für die Zeit vor und nach der Taufe. Das waren damals gängige Vorstellungen, die irdische Welt als unten und das Gottesreich als oben zu bezeichnen. Jedenfalls macht der Kolosserbrief in diesen wenigen Zeilen richtig Werbung für den entschiedenen Weg mit Gott und der Gemeinde. »Richtet euren Sinn auf das, was oben ist.« Und er stellt glaubenden Menschen die Herrlichkeit in Aussicht.

Ich glaube, so einfach ist es nicht im Leben. Taufe und schwupps, schon wird alles gut. Aber ich glaube fest daran, dass es mit Gott in meinem Leben leichter ist. Weil ich nicht alleine bin und mich Gott anvertrauen kann und im besten Fall auch den Menschen um mich herum. Genau das wünschen wir uns für unsere Kinder auch: Gottvertrauen und die richtigen Menschen an ihrer Seite.

JOHANNA VERING

Gott, wir Menschen sind deine Geschöpfe. Deshalb sind wir mit dir verbunden und untereinander. Erhalte und stärke unsere Verbindungen!

Augenhöhe

»Lieber Verfasser des Kolosserbriefes, leichter gesagt als getan. Ich bin nun mal ein Menschenkind und komme oft nicht aus meiner Haut. Ich sehe ein, dass wütend sein, schlecht über andere reden, alles haben wollen nicht gut sind. Aber ich schaffe es im Alltag nicht ganz, mich davon frei zu machen.«

Der Bibeltext kommt mir näher, wenn ich mir Paulus genauer anschaue. Paulus ist nach Forschungslage vermutlich nicht der Autor des Kolosserbriefes, aber einer seiner Schüler. So oder so geht es darum, die paulinische Theologie an die Gemeinde weiterzugeben.

Paulus war ein entschiedener Gegner der »neuen Bewegung«, die an den auferstandenen Christus glaubte. Er hat die Christen mit allen Mitteln bekämpft. Bis er selbst verstanden hat, dass die Sache mit Jesus gar nicht so schlecht ist. Jesus hat sich anderen radikal zugewendet, hat keine Unterschiede gemacht und von Gottes Liebe erzählt. Das bedeutet allerdings auch, dass man sein Leben ebenso radikal umkrempelt. Besitz, Beziehungen, bisherige Ansichten, all das zählt nicht mehr, wenn man sich entschieden hat, als Christ*in zu leben. Mit dem Glauben an Christus ist alles anders. Paulus spricht über die Taufe als Geburt des neuen Menschen.

Paulus hat sein Leben komplett auf den Kopf gestellt. Vom Kämpfer gegen die Christen wurde er zum großen Missionar, hat Gemeinden gegründet und schreibt seine Briefe als Ermutigung, am Ball zu bleiben. So gesehen, kann ich den Bibeltext heute besser nehmen. Jesus war wirklich ein Meister darin, Menschen auf Augenhöhe zu begegnen und gesellschaftliche Augenhöhe wiederherzustellen. Das alles mit dem Ziel, gut und aufrichtig zusammenzuleben auf der Erde. Als Vorgeschmack auf das ewige Reich Gottes.

Es ist klar: Ohne Zorn, Lästereien und Lügen ist das Leben einfacher. Dann ist echte Augenhöhe möglich. Und dann gibt es keine Unterschiede mehr zwischen Menschen. Dann sind endlich alle gleichwertig – auch auf der Erde. Ein hehres Ziel, ich weiß. Aber warum nicht das versuchen, was uns den Himmel näherbringt?

JOHANNA VERING

Gott, als deine Ebenbilder sind wir gleichwertig. Wir brauchen Kraft und Willen, das jeden Tag umzusetzen. Ermutige uns, Gott.

Freundlich sein

»Leute, die Zeiten sind schon schwer genug. Seid wenigstens nett zueinander.« Diesen Spruch hat eine Freundin von mir während der Coronazeit auf kleinen Kärtchen überall hinterlassen. Auf öffentlichen Toiletten, auf Windschutzscheiben, an der Kasse. Ich fand das stark und eindrücklich. Es hat ja so gebrodelt in der Gesellschaft. Jede*r hatte einen eigenen Standpunkt, Familien waren sich nicht einig und dann hat es geknallt. »Seid wenigstens nett zueinander« war für mich der Aufruf, den Respekt nicht zu verlieren, egal was die andere Person denkt.

Das gilt für mich nicht nur für die Coronazeit, sondern immer. Es fällt mir schon auf, dass viel weniger Kontakt zwischen Leuten entsteht. Ich fahre viel Zug und kann das beobachten. Viele arbeiten schon oder sind am Telefon, da gibt es manchmal nicht mal Blickkontakt zu anderen. Ich schließe mich da ein. Anschauen und lächeln, das gehört für mich zum Nett-Sein dazu. Ich finde »nett« übrigens eine sehr wichtige Eigenschaft und keineswegs belanglos. Wenn ich nett bin, bin ich zunächst mal respektvoll der anderen Person gegenüber. Ich bin offen, und dann sehen wir, wie sich unser Verhältnis oder die Unterhaltung entwickelt.

So verstehe ich auch die Aufforderung aus dem Kolosserbrief. Die Situation war natürlich ganz anders. Eine Gemeinde entsteht erst. Da muss man herausfinden, wie alles funktioniert, wer was kann und will. Und wie man Konflikte managt, die selbstverständlich auch entstehen. Der Verfasser ermutigt die Menschen, das alles in Liebe zu tun. Weil genau das Jesus auch getan hat. Er hat die Menschen in Liebe angeschaut und dann gehandelt. Und wer jetzt durch die Taufe zur christlichen Gemeinde gehört, soll sich daran erinnern und das umsetzen.

»Seid wenigstens nett zueinander.« Das ist natürlich kein biblisches Wort, würde aber passen. Denn ich bin fest davon überzeugt, dass es dann leichter miteinander ist. Auch, nicht einer Meinung zu sein.

JOHANNA VERING

Freundlich sein / Respektvoll leben / Offen sein / Vielfältig leben: Ermutige uns, Gott.

Sklavenmoral?

Ohne jede Überleitung beginnt ein neuer Abschnitt. Plötzlich spricht der Verfasser des Briefes einzelne Gruppen direkt an: »ihr Frauen«, »ihr Männer«, »ihr Kinder«, »ihr Eltern«, »ihr Sklaven«. Vor Augen hat er die Vielfalt einer Gemeinde, wie sie sich im Haus einer christlichen Familie in Kolossä oder Laodizea zum Gottesdienst versammelt – mit Menschen aus sehr unterschiedlichen Lebensverhältnissen. Alle spricht er an, auch jene, die des Schreibens und Lesens nicht mächtig sind; nicht nur die männliche Elite mit Zeit und Muße dafür. Alle werden hören, was er schreibt. Knapp fasst er sich, prägnant, mit Botschaften, die leicht zu merken sind.

Leicht zu merken, aber doch nicht neu: Die in der patriarchalisch-antiken Gesellschaft gültige Über- und Unterordnung von Menschen stellt er hier als Willen Christi dar und schaukelt sie hoch, statt sie aufzulösen. Dabei wird den Sklaven ausdrücklich Gehorsam verordnet und behauptet, dass ihnen nicht irdisches Entgelt zusteht, sondern erst Vergeltung vom himmlischen Herrn – als müsste der Verfasser schnell wieder eingrenzen, was er kurz zuvor freimütig angekündigt hatte: »Es gibt nicht mehr Sklaven oder Freie, sondern Christus ist alles in allem.« (V. 11) Dabei stuft er die Liebe (agape) herab, die er in Vers 14 noch das »Band« genannt hat, die »alles« in der Gemeinde »zusammenhält« und »vollkommen macht«, zu einer lediglich die Härte der Herrschaftsverhältnisse mildernden Kraft.

Mit dieser »Haustafel« – wie Luther solche Pflichtenkataloge für die häuslichen Personengruppen später genannt hat – mögen die frühen Christengemeinden in ihrem hellenistisch-römischen Kulturkreis gepunktet und Anerkennung gefunden haben, im Kontext christlicher Verkündigung aber bleibt sie ein Fremdkörper – wie schon im Rahmen des Kolosserbriefes.

Jesus kündigte das kommende Gottesreich an – mit seiner die Strukturen dieser Welt schon hier und jetzt verändernden Kraft. Davon ist in dieser »Haustafel« nichts mehr zu spüren.

ALFRED BUSS

Herr, ich glaube, hilf meinem Unglauben. Dein Reich komme. Dein Wille geschehe, wie im Himmel, so auch auf Erden.

Mit Salz gewürzt

Der Bauer kniete unter dem Apfelbaum nieder, legte die kräftigen Hände zusammen und sprach: »Herrgott, du weißt, ich bete sonst nicht. Aber jetzt habe ich große Angst, dass meine Frau stirbt. Mach, dass sie wieder gesund wird. Dann belästige ich dich so bald nicht mehr. Amen.« »Gehe nicht zu deinem Fürsten, wenn du nicht gerufen wirst« – sagt eine alte Bauernweisheit. Wie der Bauer, so scheinen es heute viele Zeitgenossen mit dem Beten zu halten, sie »belästigen« Gott kaum damit.

Wie anders betete Jesus. Er war »beharrlich im Gebet« und betete »wachsam« mit Danksagung, wie es der Apostel auch den Gemeinden in Kolossä und Laodizea ans Herz legt (V. 2). Nicht zu einem Fürsten betete Jesus, sondern zu Gott, den er »Vater« nannte, ja – in kindlicher Anrede – sogar »Abba«. Oft zog er sich an stille Orte zurück. Und horchte in die Stille hinein, um darin Gottes Stimme zu hören. Indem er niederkniete, floss Jesus Kraft zu für den aufrechten Gang. Es war das Gebet Christi, des später gekreuzigten und auferstandenen Herrn. »Geheimnis Gottes« nennt der Apostel ihn.

Um von diesem Geheimnis wieder öffentlich reden zu können, bittet der im Gefängnis festsitzende Apostel die Gemeinden um Fürbitte zu Gott, dass sich »eine Tür auftue für das Wort«, »auf dass ich es so offenbar mache, wie ich es soll«. (V. 3) Ein Geheimnis ist kein Rätsel, das gelöst wäre, wenn es geknackt ist. Ein Geheimnis bleibt ein Geheimnis. Darum ist Glauben nicht abfragbares Wissen, sondern Teilhabe am gekreuzigten und auferstandenen Christus, dem Geheimnis Gottes. »In ihm liegen verborgen alle Schätze der Weisheit und der Erkenntnis.« (Kol 2,2f.)

Von diesem Geheimnis Christi lässt sich nur freundlich reden, nahbar, geistesgegenwärtig, voller Empathie. »Eure Rede sei wohlklingend und mit Salz gewürzt.« Also nicht fade, als wärt ihr im Standby-Zustand. »Kauft die Zeit aus!« Nutzt die Zeit, auch denen fundiert und klug zu begegnen, die draußen sind mit den Lehren eurer Zeit.

ALFRED BUSS

»Ihr seid das Salz der Erde«, hast du, Christus, uns zugesagt. So bitten wir dich – lass uns Salz sein für die Erde, mit geistesgegenwärtiger Rede und mit Salz gewürzt.

Trost steht zur Seite

Ganz viele Namen lesen wir am Ende des Briefes – von Menschen, die – geborgen im Vertrauen auf den gekreuzigten und auferstandenen Herrn – danach trachten, dem Leben zu dienen in Liebe und Gerechtigkeit. »Mitarbeiter am Reich Gottes« – schreibt der Apostel – »sie sind mir zum Trost geworden.« Es grüßen Aristarch und Markus, Mitgefangene des Apostels in Rom. Markus ist ein Vetter von Barnabas, des ersten Mitarbeiters von Paulus überhaupt. Beschnittene sind sie, Judenchristen also, wie auch Jesus, mit dem Beinamen Justus. Außerdem ist Epaphras, Gründer der Gemeinden in Kolossä und Laodizea, an Paulus' Seite. Auch Lukas, Arzt und Verfasser des Evangeliums, schickt Grüße, dazu Demas. Überbringer des Briefes werden Tychikus sein und Onesimus – vielleicht der aus dem Philemonbrief bekannte Sklave. Mündige Kuriere, selber des Wortes mächtig, verbreiteten in der Frühzeit der Christenheit das Evangelium. Die eigenhändige Unterschrift des Apostels wie auch der Gruß des Epaphras stellten die Verlässlichkeit und Glaubwürdigkeit der Boten sicher. Grüße nehmen die Kuriere auch mit für die Brüder und Schwestern in Laodizea sowie für Nympha mit ihrer Hausgemeinde. Und den leichten Rippenstoß für Archippus, sein Amt bitte auch auszufüllen.

»Mitarbeiter am Reich Gottes sind mir zum Trost geworden.« Das gilt auch noch heute – weltweit. Zum Beispiel »Onkel Willie«, dunkelhäutig, seit 30 Jahren vor Ort und Presbyter der Gemeinde. Kaum waren wir in Kapstadt angekommen, fuhr er mit uns in ein Township. »Bleibt nah hinter mir«, hatte er gesagt. Von jetzt auf gleich könne die nackte Gewalt regieren. Frauen-Empowerment hieß das Programm. Frauen werden gestärkt, soziale und kulturelle Schranken zu durchbrechen, damit Leben möglich wird – für sie und ihre Kinder. Wir erlebten Trommeln, Bewegung, afrikanische Tänze. Kinder, voller Freude, dass wir zuschauten. Jedes Kind hier hat Schläge, Hunger, Drogen, auch Vergewaltigung hinter sich, sagte »Onkel Willie«. Jetzt strahlten sie Würde aus.

ALFRED BUSS

Mitarbeiter am Reich Gottes sind wir. Keine und keiner ist darin allein. Wir stehen einander zur Seite. Das tröstet unsere Herzen.

Ein »himmlischer« Bräutigam

Im Alten Testament findet sich ein Buch, das der weniger Bibelkundige dort wohl kaum vermuten würde, das Hohelied der Liebe, ein wunderbarer Dialog zwischen Braut und Bräutigam, ein nicht enden wollendes Anhimmeln zweier Verliebter in herrlich metaphorischem Vokabular. Allerdings lässt das Hohelied jeden direkten Gottesbezug zunächst vermissen. Ja, der Name Gottes taugt nirgends in diesem Buch auf, und doch ist es, wie kaum ein anderes Buch, Gottes voll. Im Laufe ihrer Geschichte hat die Exegese das Buch ganz unterschiedlich gedeutet: mal wörtlich, mal Braut und Bräutigam in Bezug auf Christus und die Kirche gesetzt, aber auch sehr individuell im Verhältnis Christus zum einzelnen Leser und Betrachter.

Daran erinnert Psalm 45. Mit unglaublich schönen Worten huldigt in diesem Psalm die Braut ihrem künftigen Bräutigam, dem König. Er sei der schönste aller Menschen, voll Anmut, von Gott gesegnet, einer, der das Recht liebt und Unrecht verabscheut. Wer würde für den gut gekleideten, von Myrrhe, Aloe und Kassia duftenden König nicht schwärmen, welche Frau wäre von solch stattlicher Gestalt und guter Partie nicht völlig vereinnahmt? Da kann man schon mal über den Schatten springen, seine (einfache) Herkunft vergessen und dem König alles »opfern«, ja, für uns heute unverständlich, sich gar vor ihm niederwerfen.

Mag man die Sprache und Ausdrucksweise des Psalms 45 wie jene des Hohenliedes belächeln, für nicht mehr zeitgemäß erklären (was ist eigentlich zeitgemäß und wer befindet darüber?), man kann sich aber auch als Leser und Leserin ganz einfach in die Rolle der Braut versetzen und im Bräutigam Christus erkennen. Ob der irdische Jesus schön und stattlich war? Darüber zu spekulieren ist müßig. Auf alle Fälle muss er eine unglaubliche Aura gehabt haben, die viele Menschen in Bann zog. Wenn wir uns ihm wie die Braut aussetzen, wenn wir uns in seine Gegenwart hineinversetzen, dann mag auch uns eine jesuanische Faszination ergreifen, die uns nicht wieder loslässt, die nicht einfach für ein »Phantom« schwärmt, sondern unsere Jesusbeziehung vertieft.

BERNHARD KIRCHGESSNER

Du bist da, Herr, für mich da. Lass mich in deiner Gegenwart leben.

Einführung zum Buch Joël auf S. 387ff.

Verdorrte Freude

Was für eine nie dagewesene Katastrophe! Wie ein feindliches Heer hatten Heuschrecken in mehreren Angriffswellen die Felder Israels überfallen und kahlgefressen. Mit messerscharfen Zähnen hatten sie sogar die Rinde von den Bäumen geschält. Was übrig blieb, waren ein verwüstetes Land und verzweifelte Menschen. Sie standen vor dem Nichts, aller Segen war dahin. Und alle Freude ebenfalls, sie war verdorrt wie die kahlen Zweige der Bäume.

Schlimme Bilder beunruhigen uns auch in unseren Tagen. Nur ein Beispiel ist der Amazonaswald, einst üppig grün und voller Leben, jetzt in weiten Flächen abgeholzt, niedergewalzt. Sein Anblick wirkt wie eine schreckliche Wunde.

Unser Text rüttelt auf: Ja, schaut hin, seht, was ist! Es betrifft nicht nur uns, sondern unsere Kinder und Enkel! Lasst euch davon erschüttern, es ist nur der Beginn der Zerstörung! Wie ist die Reaktion der Leute? Viele kneifen die Augen zu, wollen nichts sehen und hören. So machten es die Trinker in unserem Text, nach dem Motto: »Was soll's, noch fließt der Wein.« Aber es ist der vom vorigen Jahr. Es wird der letzte sein.

Alles andere als gleichgültig reagiert die junge, wache Generation heute. Sie kämpft mit aller Gewalt gegen die heraufziehende Katastrophe an. Sie versucht, die verschlafene Menschheit aufzurütteln. Haben wir die Kraft, uns dem Verhängnis entgegenzustemmen? Können wir uns nur selbst helfen? Unser Bibeltext sagt: Wir sind nicht allein auf weiter Flur. Da ist ein Gott, dessen Gericht droht. Der uns warnt, der aber auch alles wenden kann.

Im Text ruft der Prophet zu einem gemeinsamen Buß- und Bettag auf, an dem die ganze Bevölkerung trauert und den Allmächtigen um sein Erbarmen anfleht.

In einer Gesellschaft, in der es einen »Tag der Jogginghose« gibt, wäre ein regelmäßiger, gemeinsamer Trauertag um unsere geschundene Welt, auch im Namen aller brüllenden Haus- und Wildtiere, wahrhaftig nicht zu viel verlangt.

ANNEGRET AHRENS

Weck die tote Christenheit aus dem Schlaf der Sicherheit. Brich in unsrer Kirche an, dass die Welt es sehen kann, erbarm dich, Herr.

Katastrophenwarnung

An der neu gestalteten Fassade des Gemeindehauses wird das Logo der Kirche montiert. Der kleine Michael fragt: »Was steht da, Papa?« – Und sofort fällt ihm die Antwort ein: »Vorsicht: Gott!«

Was wir heute lesen, ist alles andere als ein witziger Spruch aus Kindermund. Mit tiefem Ernst warnt der Prophet vor dem Kommen Gottes, vor dem »Tag des Herrn«. Laut dröhnt das Schofar-Horn. Sein durchdringender Ton lässt das Volk Israel aufschrecken. Stellen wir uns heute vor: Alle Alarmglocken, Sirenen und Nina Warn-Apps schrillen! Ist es erneut ein Heuschreckenschwarm? Die Schilderung lässt wieder an den Einfall der gefräßigen Insekten denken. Unheilvoll rückt ein großes Heer heran. Gegenwehr oder Flucht sind unmöglich. Aber was da kommt, ist schlimmer als die Heuschrecken. Die Bilder sind ins Monströse gesteigert. Joël beschreibt den »Tag des Herrn« mit Visionen vorangegangener Propheten, Jesaja 13, Zephanja 1, Amos 5.

Nicht nur Menschen erzittern, nein, die ganze Welt kommt ins Wanken. Es scheint, dass die Schöpfung rückgängig gemacht wird: Aus Eden wird wieder die Wüste des Anfangs. Am Ende steht fest, wer den Zerstörungsfeldzug in Marsch gesetzt hat: Gott selbst hat den Befehl gegeben. Diese Botschaft ist es, die uns am meisten schockiert.

Was auch immer wir uns unter dem »Tag des Herrn« vorstellten: Hier ist es nicht der lichte Tag der Befreiung, der helle Tag einer Neuschöpfung. Es ist der finstere Tag der Vernichtung. Was wir hier lesen, ist eine Warnung. Eine Warnung vor wem? Vor Gott! Unsere schönen Vorstellungen vom lieben Gott zerfallen an dieser Stelle zu Staub. Seinem Gericht wird niemand entfliehen. Fliehen kann man nur noch auf ihn zu.

Der Text endet mit dem Aufschrei: »Wer kann ihn ertragen, den Tag des Herrn, groß und voller Schrecken?« Ist das das letzte Wort? Gut, dass wir morgen weiterlesen werden!

ANNEGRET AHRENS

Allmächtiger Gott, verzehrendes Feuer! Wie können wir Menschen vor dir bestehen? Zu unserem Glück ist das nicht dein letztes Wort. Wohin sollten wir fliehen, wenn nicht zu dir!

Kehrt Gott um?

»Ja, der Tag des Herrn ist groß und voller Schrecken, wer kann ihn ertragen?« Mit diesem verzweifelten Schrei endete die gestrige Bibellese. »Doch auch jetzt noch …«, beginnt der heutige Abschnitt. Sollte da doch noch ein Ausweg sein? Es ist eine gründliche Umkehr nötig. Eine Kehrtwende »von ganzem Herzen«. Das Volk soll Gott wieder von ganzem Herzen lieben, so wie sie es sich in ihrem »Höre Israel« – jeden Tag bestätigen.

Das Herz ist für hebräisch denkende Menschen das Organ des Denkens und Wollens. Von dort aus wird die Richtung des Lebens gesteuert. Herzzerreißend soll ihr Weinen sein. Aus tiefstem Herzensgrund sollen sie rufen: »Ja, wir wollen von nun an ganz auf dich hören, Herr. Das ist unser fester Entschluss.«

»Kehrt um zum Herrn, eurem Gott!«, ermutigt der Prophet. Denn er ist ihr Gott, der einen Bund mit ihnen geschlossen hat. Seit seiner Erscheinung am Sinai bekennt Israel es immer wieder neu, singt es in den Psalmen: »Er ist gnädig, barmherzig, geduldig und von großer Güte!« So war er, ihr Gott; wird er es auch jetzt und in Zukunft sein? »Wer weiß« – fragt der Prophet vorsichtig. Vielleicht kehrt er um. Vielleicht reut ihn seine Strenge.

Ist es nicht ein verwegener Gedanke, dass hier ein Gott ist, der umkehrt? Der mit seinem Verhalten dem Verhalten der reuigen Menschen entspricht? Wohl bleibt er frei, zum Zorn und zur Gnade. Kein Mensch kann ihn zwingen. Aber sein eigentliches Wesen ist Liebe. Darum ertönt erneut das Horn. Diesmal nicht als Alarmruf, sondern als Hoffnungssignal. Es ruft alle zusammen. Alle, vom Säugling bis zum Greis, aus der Arbeit und vom Ort des Glücks, vereinigen sich im Gebet vor Gott. Nichts ist jetzt wichtiger, alles andere muss warten.

Immer wieder ist Gott umgekehrt, hat sich abgekehrt von seinem ursprünglichen Entschluss zum Gericht. Am klarsten erkennen wir seine Gnade und Barmherzigkeit, seine Geduld und Güte im Leben und Sterben seines Sohnes Jesus Christus. Darauf hoffen auch wir.

ANNEGRET AHRENS

Ob bei uns ist der Sünden viel, bei Gott ist viel mehr Gnade; sein Hand zu helfen hat kein Ziel, wie groß auch sei der Schade.

Wenn Gott antwortet

Ist der Gott des Alten Testamentes vor allem zornig und strafend? Joel 1 scheint ein solches Vorurteil zu bestätigen. Dort wird ja ein Gericht am Tag JHWHs geschildert, das jegliche Lebensgrundlage seines Volkes vernichtet. Im Duktus des Zwölfprophetenbuches schließt sich dies an die dramatische Beschreibung der Hoseaschrift an, in der schwerste Sünden und Vergehen Israels geschildert werden. Zu ihnen gehört vor allem der Abfall von seinem Gott hin zu Baal, von dem man sich Wohlstand und Sättigung erwartet. Dass es sich dabei um ein durchaus gerechtfertigtes Gericht handelt, wird denn auch im vorausgehenden Aufruf zur Buße in Vers 12–17 bestätigt. Weil sich Israel nun Gott zuwendet, hofft es aufgrund der Gnadenformel in Vers 13b, die in Ex 34,6f. an zentraler Stelle das Wesen Gottes beschreibt, auch auf eine erneute Zuwendung Gottes. Und tatsächlich knüpft die Antwort Gottes in Vers 18 genau daran an. Zentral sind dabei die Aussagen »da erwachte die Leidenschaft« (EÜ) und »er hatte Erbarmen« (EÜ). »Leidenschaft« – wörtlich eigentlich »für jemanden eifern« – nimmt auf das Bild der ehelichen Verbindung JHWHs mit seinem Volk in Hos 2,18 Bezug, der sich sein Volk nicht nehmen lässt, selbst wenn er ihm zeitweise zürnt. »Erbarmen« wiederum ist Ausdruck der innersten Zuwendung, die jeden gerechten Zorn überwindet (vgl. Hos 11,8). Und aus all dem resultiert eine völlige Umkehrung der Folgen des Gerichtes in Vers 19–26. Nicht Gericht und Untergang haben damit das letzte Wort, sondern jene Liebe Gottes, die das alles hinter sich lässt. Die dabei angekündigte Sättigung geht wohl über die leibliche hinaus, insofern sie in Vers 26f. mit der Gegenwart Gottes in Israel verbunden wird. Nur Gott selbst und seine Liebe kann letztlich den tiefsten menschlichen Hunger stillen, nicht ein Baal. Was hier für Israel gesagt ist, darf jeder auf sich persönlich beziehen, mag auch manches im eigenen Leben schieflaufen und wir bisweilen auf die falschen Götter setzen. Keine Hinwendung zum wahren Gott bleibt ohne eine solche heilvolle Antwort!

BURKARD M. ZAPFF

Richte uns wieder auf, Gott, unser Heil!

Pfingsten im Alten Testament

In Formulierungen wie »hier herrschte ein Ungeist«, »das ist geistloses Gerede« oder in der Rede vom »Zeitgeist« spiegelt sich das Bewusstsein, dass das Handeln des Menschen von Mächten bestimmt wird, denen er sich öffnen oder verschließen kann. Das Alte Testament weiß von Anfang an, dass in der Schöpfung (Gen 1,2) wie in menschlichem Handeln Gottes Geist wirken muss, damit daraus Kosmos (Gen 1,2 – der Geist fließt in das Schöpfungswort Gottes) und Heil für Israel entsteht (vgl. Ri 11,29 – ein Mensch wird zum Befreier des bedrängten Israel). Besonders deutlich wird dies in Num 11,25. Dort wird erzählt, dass der Geist Gottes auf 70 Älteste herabkam, die Mose bei der Führung des Volkes entlasten sollten. Dies mündet in Vers 29 in den Wunsch des Moses ein, Gott möge seinen Geist doch auf das ganze Volk legen, damit es zu Propheten würde. »Prophet« aber bedeutet, mittels der damals als Medium Gottes angesehenen »Träume« und »Visionen« Einblick in die Gegenwart und den Willen Gottes zu haben, um daraus Orientierung und Wegweisung zu gewinnen. In Joel 3 wird entsprechend der Verheißung des Propheten jener Wunsch des Moses in der endgültigen Heilszeit Wirklichkeit, und zwar nicht nur für die Vollmitglieder des Gottesvolkes (»eure Söhne und Töchter«), sondern für alle (»Knechte und Mägde«), so dass eine neue Gleichheit im Gottesvolk entsteht, bei der jeder einen direkten Zugang zu Gottes Wirklichkeit hat. Entsprechend Apg 2,1–13 erfüllt sich diese Verheißung im Pfingstgeschehen. Paulus ruft denn auch seine Gemeinde dazu auf, sich vom Geist leiten zu lassen (Gal 5,25), und nennt zugleich die Kriterien, woran das Wirken des Geistes erkannt werden kann (vgl. Gal 5,22). Dementsprechend aufmerksamer zu werden für die Eingebungen des Geistes zum Guten, wäre ein wichtiges Desiderat künftigen Christseins.

BURKARD M. ZAPFF

Komm, Heiliger Geist, erfülle die Herzen deiner Gläubigen und entzünde in ihnen das Feuer deiner Liebe.

Ein richtender Gott – heute noch aktuell?

Texte wie diese sind es, die dem Alten Testament den Ruf eingebracht haben, ein blutrünstiges Buch zu sein und keinen liebenden Gott zu verkünden. In jedem Fall wird Gott hier als ein Gott charakterisiert, der nicht achtlos und teilnahmslos an Unrecht vorbei geht. Die Geschichte des Gottesvolkes Israel kennt ja bis in die Gegenwart viele Zeiten, in denen es unter der Gewalt und Unterdrückung zu leiden hatte, die bisweilen sogar seine Existenz in Frage stellten. Hier sind es insbesondere die Phönizier (V. 4), geschäftstüchtige Kaufleute, und die Philister, die beide offensichtlich einen einträglichen Sklavenhandel auf Kosten der Judäer betrieben und deren Söhne und Töchter an die Jawaniter, wahrscheinlich Griechen, verkauften. Dies aber degradierte die Angehörigen des Gottesvolkes nicht nur zur Menschenware, sondern stellte auch einen massiven Übergriff in den göttlichen Eigentumsbereich dar, darf sich doch Israel als Volk JHWHs und sein unveräußerlicher Erbbesitz (V. 2) verstehen. Es geht hier also um eine ungeheure Anmaßung, der sich diese Völker schuldig machen, und damit letztlich auch eine Verachtung des Gottes Israels. Die Ankündigung des Gerichtes JHWHs über die Völker in einem Jerusalem benachbarten Tal ist demnach Verheißung dafür, dass Gott seinem unterdrückten Volk Recht schafft und Unrecht nicht einfach hinzunehmen bereit ist. Es geht hier also nicht darum, sich in Gewaltexzesse hinein zu fantasieren, sondern um das Eintreten Gottes für Recht und Gerechtigkeit. Dabei klingt als zweiter Aspekt an, dass Angehörige des Gottesvolkes ihr gerechtes Anliegen getrost Gott überlassen können, der sich des Unterdrückten annimmt. Die Botschaft für unsere Zeit: Wer sich auf die Seite der ungerecht Unterdrückten stellt, steht auf der Seite Gottes und ihm ist es zu überlassen, dass er schließlich Recht schafft. Dies erfordert zwar einerseits Glaubensmut, ist andererseits aber auch Trost für alle, die diesem Gott vertrauen.

BURKARD M. ZAPFF

Herr, beende Gewalt und Unterdrückung, dass alle erkennen: Es gibt einen Gott, der Recht schafft.

Dem Patient von »Zimmer« 30 kann geholfen werden

Ein Patient, dem der Arzt die Diagnose einer unheilbaren, Tod bringenden Erkrankung überbringen muss, wird nach jedem noch so kleinen und dünnen Strohhalm greifen, um sein vermeintlich unabwendbares Schicksal doch noch zu wenden. Er wird alles dransetzen, um doch noch Heilung zu erfahren und nicht vorzeitig in die Grube des Grabes hinabsteigen zu müssen.

Genau das hat der Beter von Psalm 30 erfahren. Über seine konkrete Krankheit wissen wir nichts Näheres, doch muss sie mit starken physischen wie psychischen Schmerzen einhergegangen sein, so dass der Patient von »Zimmer« (Psalm) 30 unter Schmerzen schrie und den Einzigen anrief, der ihm in solch auswegloser Lage wohl noch helfen konnte: Gott. Und siehe da, sein Schreien und Beten war nicht vergeblich. Gott hat ihn gehört, hat ihn erhört und dem Feind aller Feinde, dem Tod, entrissen. Das vergisst man zeitlebens nie! Das bewegt zu unendlicher Dankbarkeit gegenüber Adonai.

Wie hat der Beter im Rückblick sein Schicksal empfunden, wie seine Krankheit, ja sein Schicksal eingeordnet? Er hatte offensichtlich das Gefühl, Gott habe sein Angesicht von ihm abgewendet (V. 8). Für den frommen Juden kam das vom Menschen abgewandte Antlitz Gottes einer Strafe par excellence gleich. Wen Gott nicht mehr anschaut, der ist zu ewiger Verdammnis verurteilt, davon zeugen zahlreiche Psalmen, so auch Psalm 27, in dem der gläubige Jude gesteht, er sei auf der Suche nach dem Antlitz Adonais, und ihn darum bittet, doch niemals sein Angesicht von ihm abzuwenden, ihm nie seine Gunst zu entziehen.

Die »Suche nach dem Angesicht des Herrn« ist nichts anderes als die Suche – und damit verbunden die Hoffnung auf das Finden – des wahren Antlitzes Gottes. Das bezeugt auch Papst Benedikt Joseph Ratzinger, wenn er in Band 1 seines Jesusbuches bekennt, das Werk sei schlichtweg Ausdruck seines persönlichen Suchens nach dem Angesicht des Herrn.

Noch liegt über dem Antlitz Gottes für uns Menschen ein Schleier. Wenn dieser aber im Tod fällt, wird der Blick frei für die visio beatifica, die beseligende Schau Gottes.

BERNHARD KIRCHGESSNER

Dein Angesicht, Herr, will ich suchen, verbirg nicht dein Gesicht vor mir.

Einführung in die Apostelgeschichte auf Seite 401ff.

Über den Wolken

In der letzten Zeit wird häufiger über Weltraummissionen berichtet. Staaten, aber auch Privatpersonen, schicken bemannte Flüge ins Weltall. Die Unternehmungen erweitern das Wissen über unser Sonnensystem, faszinieren aber auch durch das Eindringen in eine lange Zeit verschlossene Welt. Nicht zuletzt stellen sie traditionelle Vorstellungen von dem, was da oben ist, in Frage. Was verstehen wir etwa darunter, wenn wir vom Himmel als der Wohnung Gottes sprechen, wo auch die Gläubigen Bürgerrecht besitzen (Phil 3,20)?

Unser Lesetext beschreibt, was in Jerusalem unmittelbar nach dem Tod Jesu bis zur Nachwahl des Apostels Matthias (ab V. 15) geschehen ist. Als »eine heilsgeschichtlich orientierte Missionschronik, die den allmählichen Ablösungsprozeß der Urkirche von Israel dokumentiert« (F. Mussner) betont die Apg zunächst ihre Verbindung zu Lk (V. 1: »erstes Buch«). Nachdem über Belehrungen des Auferstandenen (V. 4–8, etwa zum Unterschied von Johannes- und Geisttaufe: V. 5) berichtet wurde, wird die Himmelfahrt Jesu (V. 9–11) als »ein Entrückungsvorgang ... wie ihn Judentum und Heidentum kennen« (ebd.) beschrieben. All dies geschieht »vor ihren Augen« (V. 9) mit der Verheißung der Wiederkunft des Herrn (V. 11). Im Anschluss versammelt sich der innere Kern der Jesusglaubensbewegung zum ständigen Gebet in einem Obergemach in Jerusalem (V. 13 mit namentlicher Nennung der Apostel als »Traditionsträger« [ebd.]).

Bis heute besuchen zahlreiche Touristen die Himmelfahrtskapelle auf dem Ölberg in Jerusalem, wo ein Fußabdruck Jesu gezeigt wird. Jenseits von Lokalisierung und Historizität führt die Schilderung der Himmelfahrt in das Zentrum des christlichen Glaubens. Jesus ist beim Vater, von dem er ausgegangen ist, und gleichzeitig bei jenen, für die er sein Leben hingegeben hat.

JOSEF RIST

Unsere Heimat aber ist im Himmel. Von dorther erwarten wir auch Jesus Christus, den Herrn, als Retter, der unseren armseligen Leib verwandeln wird in die Gestalt seines verherrlichten Leibes, in der Kraft, mit der er sich alles unterwerfen kann.

Wahl und Berufung

Neben anderen Verfahren zur Bischofsbestellung ist in der Alten Kirche in Einzelfällen auch die sogenannte Wahl per acclamationem (durch Zuruf) überliefert. So bekunden im Jahr 374 die versammelten Gläubigen und der Klerus in Mailand öffentlich ihren gemeinsamen Willen, den hohen Reichsbeamten Ambrosius zum Bischof der Stadt zu bestellen. Im Hintergrund dieses Vorgehens steht die Überzeugung, dass es letztlich der Heilige Geist selbst ist, der allen Beteiligten die für die Gemeinde richtige Entscheidung eingibt.

Um eine Wahl, genauer Ergänzung eines bestehenden Gremiums, geht es auch in unserem Lesetext. Mit Blick auf das folgende Pfingstereignis fordert Petrus, dessen besondere Rolle hier betont wird, die versammelte Gemeinschaft – unser Text spricht von 120 Personen als »Kreis der Brüder« (V. 12) – auf, einen Ersatz für den Verräter Judas zu suchen und so den Zwölferkreis, die symbolische Repräsentation des Volkes Israel, wieder zu vervollständigen. Die Exegese vermutet, dass unser Text aus zwei ursprünglich getrennten Überlieferungen, »eine legendarisch ausgestaltete ... Judas- ... und eine Wahlüberlieferung« (F. Mussner), zusammengefügt wurde (V. 16–20a bzw. 20b–26). Verbindendes Element ist dabei die Notwendigkeit der Ergänzung des Zwölferkreises. Zwei Personen, Josef mit Beinamen Justus und Matthias, die beide Jesus von Anfang an nachgefolgt waren, stehen zur Wahl (V. 23). Nach Gebet wird durch das Los Matthias bestimmt, »Zeuge seiner Auferstehung« (V. 22) zu sein. Der Zwölferkreis, der die Kontinuität zum Bundesvolk des AT herstellt, ist damit wieder vollständig (vgl. ebd. 20).

Beruf und Berufung sind im Raum der Kirchen stets aufeinander verwiesen. Jede Tätigkeit sollte mehr sein als lediglich ein Beruf, der ein gesichertes regelmäßiges Einkommen bietet. Leidenschaft und Engagement sind gefordert, aber auch das Bewusstsein, dass letztlich Gott es ist, der mit mir an dieser Stelle zum Nutzen für sein Volk wirkt.

JOSEF RIST

Im Bausch des Gewandes schüttelt man das Los, doch jede Entscheidung kommt vom Herrn.

Viele Sprachen, aber ein Glaube

Durch die Globalisierung, aber nicht zuletzt auch verbesserte Möglichkeiten der Kommunikation und des Reisens haben sich die Kirchen im besten Sinne des Wortes heute zu weltumspannenden Institutionen entwickelt. In ihnen begegnen sich verschiedene Sprachen, Kulturen und Mentalitäten, was auch immer wieder zu Spannungen führt und die Frage stellt, wieviel Einheit nötig und wieviel Verschiedenheit möglich ist.

Die Schilderung des Pfingstereignisses lässt sich in zwei Teile untergliedern. Zunächst wird – nachdem V. 1als Datum das Pfingstfest, d.h. das jüdische Wochenfest, nennt – das Ereignis selbst in den V. 2–4 geschildert. Die Herabkunft des Heiligen Geistes auf die Anwesenden wird dabei »in den Farben atl Theophanien mit ihren Begleiterscheinungen« beschrieben (F. Mussner). Alle reden in einer fremden Sprache (V. 4), werden aber von den Umstehenden als in deren Muttersprache Sprechende wahrgenommen (V. 6. 8. 11), was der Text später als Zungenrede (Glossolalie) deutet (V. 12f., vgl. Mussner). In den V. 5–13 wird erzählt, wie die Anwesenden auf das erstaunliche Geschehen reagieren. Die imposante Länderliste (V. 9–11) verdeutlicht, dass das gesamte Judentum ab jetzt Ziel der Verkündigung der Jesusbotschaft durch die »Galiläer« (V. 7) ist. Damit bietet die Apostelgeschichte bereits eine »Zukunftsschau« (Mussner) im Sinne einer weltweiten Ausbreitung der frohen Botschaft.

Das Pfingstereignis ist eine stete Erinnerung daran, dass die Botschaft Jesu allen Menschen gilt. Dies relativiert eine lange Zeit allzu stark auf Europa bezogene Sicht. Christen überall auf der Erde wollen, können und sollen ihre Sicht der frohen Botschaft einbringen. Im Austausch können alle nur gewinnen.

JOSEF RIST

Darum geht und macht alle Völker zu meinen Jüngern; tauft sie auf den Namen des Vaters und des Sohnes und des Heiligen Geistes und lehrt sie, alles zu befolgen, was ich euch geboten habe. Und siehe, ich bin mit euch alle Tage bis zum Ende der Welt.

Geklärte Fragezeichen

Fragezeichen bleiben bei den Umstehenden zurück. Bei den Umstehenden, die das Pfingstereignis hautnah, aber in einer gewissen Distanz miterlebten. Petrus bemerkt die Unsicherheiten, die das Pfingstgeschehen verursacht hat. Er erhebt seine Stimme zu seiner ersten großen Rede, seiner ersten Predigt. Er, den Lukas in der Apostelgeschichte als Sprecher des Zwölferkreises herausarbeitet; er, der sich durch Glaubensstärke, Mut, Entschlossenheit, aber auch durch Versagen und Umkehr auszeichnet, erklärt den Menschen, was sie soeben gehört und gesehen haben. Den Vorwurf der Trunkenheit widerlegt er sofort und macht damit deutlich, wie sehr die junge Gemeinde mit ihrer jüdischen Tradition verbunden ist, denn Nüchternheit vor dem Morgengebet ist kultische Vorschrift. Petrus führt zur Deutung des Pfingstereignisses den Propheten Joel an. Auch das zeigt die enge Verflechtung des Judentums mit der christlichen Gemeinde. Neu ist die Ausgießung des Geistes Gottes nicht. Auch der Prophet verkündet sie in seiner bildgewaltigen Sprache. Gottes Geistkraft berührt die Menschen zu jeder Zeit: junge Frauen und Männer und auch alte, Knechte und Mägde. Nur eines ändert sich durch die Predigt des Petrus: Der Name des Herrn ist nicht mehr der unaussprechliche Name Gottes, sondern Jesus Christus. Die Beziehung auf Gott bleibt dabei unwiderruflich bestehen, weitet sich aber auf den erhöhten Christus aus. Jesus der Christus, der das beginnende Reich Gottes, der uns Vater und Mutter ist, den Menschen auf Erden verkündet durch seine Worte und sein Wirken an den Menschen. Petrus ist tief erfüllt von der Gewissheit, dass die Geistkraft Gottes ihn befähigt, die frohe Botschaft Jesu vom angebrochenen Gottesreich den Menschen zu verkünden, um im Glauben an ihn Leben in Fülle zu erhalten.

ALEXANDER WISCHNIEWSKI

Ewiger Gott, deine Geistkraft wirkt in dieser Welt und in unseren Herzen. Entzünde in uns das Verlangen nach Friede und Gerechtigkeit, nach Liebe und Zuwendung, nach Heil und Leben in Fülle. Lass uns aufbrechen, um deine frohe Botschaft den Menschen weiterzusagen. Die Botschaft von deinem Reich, das durch Jesus Christus mitten unter uns begonnen hat.

Jesus lebt!

Petrus hat ziemlich viel Mut! Mit einer erneuten Anrede setzt er seine Predigt fort und verbindet das von ihm zitierte Wort des Propheten Joel nun mit dem Leben und Wirken, mit Tod und Auferweckung des Jesus aus Nazareth. Er weiß genau, wen er vor sich hat, wer die Zuhörenden sind. Die, die er anredet, sind Leute, die Jesus wahrscheinlich begegnet sind, ihn gesehen, seinen Worten gelauscht und ihn erlebt haben oder zumindest von ihm gehört haben. Sie kennen das Schicksal dieses Mannes. Sie kennen das Handeln Gottes durch ihn und sie kennen auch die Abgründe, zu denen Menschen Jesus gegenüber in der Lage waren. Petrus zitiert erneut die heiligen Schriften seiner Glaubenstradition und weist seine Zuhörenden auf den Patriarchen David hin. Er stößt sie mit der Nase darauf: Jesus Christus steht in der Reihe des Königsgeschlechtes Davids und noch weit darüber hinaus. Im Gegensatz zu David, der den Weg alles Irdischen gegangen ist, hat Jesus Christus durch das Wirken Gottes den Tod überwunden und den Menschen ewiges Leben geschenkt: Das ist die Grundbotschaft, die frohe Botschaft christlichen Glaubens und Lebens. Gott ist der, der wirkt und handelt, an Jesus und an uns Menschen. Er gießt seine Geistkraft aus über die Welt und tief in die Herzen der Menschen. Jesus ist in besonderer Weise erfüllt von dieser Gotteskraft, die er die Menschen, für die er gekommen ist, die bedürftig sind nach Heil, spüren lässt. Der erhöhte Christus, der lebte und starb, der auferweckt wurde und zu seinem Vater zurückgekehrt ist, ist Garant des gelingenden Weges Gottes mit seinen Menschenkindern. Petrus legt seinen Zuhörenden diese neue Botschaft des Lebens ans Herz, nicht um sie zu missionieren, sondern um Zeugnis abzulegen von dem, was ihn erfüllt: die Botschaft des Jesus aus Nazareth vom angebrochenen Heil und Leben. Dazu gehört immens viel Mut!

ALEXANDER WISCHNIEWSKI

Jesus Christus, unser Bruder, Herr und Freund, erfülle uns mit Kraft und Mut, deine frohe Botschaft vom Leben zu den Menschen zu bringen. Hilf uns, die Menschen, die uns anvertraut sind, spüren zu lassen, dass Gott mit seiner Liebe nahe ist in den Höhen und Tiefen des Lebens.

Das »Ja« des Glaubens

Das Ergebnis kann sich sehen lassen! Etwa dreitausend Menschen sind der neuen, der frohen Botschaft gefolgt. Petrus hat ganze Arbeit geleistet mit seiner Predigt. Er hat mit seinen Worten ins Schwarze getroffen, »mitten ins Herz«, wie es uns die Apostelgeschichte sagt. Die Israeliten, die sich nach dem Pfingstgeschehen noch lustig über die Gefolgschaft Jesu gemacht haben und nun die Worte des Petrus hörten, sind tief berührt und betroffen. Die vorgeworfene Trunkenheit (vgl. Apg 2,15) ist tatsächlich eine andere, keine weltliche wie nach einer ausgelassenen Feier, sondern ein Betrunkensein, ein Berauschtsein von Heiligem Geist. Diese Kraft Gottes erfüllt Petrus und die Freundinnen und Freunde Jesu. Diese Kraft macht es möglich, dass Petrus solche Worte spricht und die Menschen fesselt. Tief bewegt fragen sie, was sie tun sollen. Petrus fordert sie auf, sich taufen zu lassen, um dann Heiligen Geist empfangen zu können. Das erinnert uns an die Worte Johannes des Täufers: »Ich habe euch mit Wasser getauft, er aber wird euch mit dem Heiligen Geist taufen.« (Mk 1,8) Damit ist ein neuer Weg angebrochen. Ein Weg, der über die bisherigen Grenzen hinaus geht. Die Botschaft der Geistsendung ist zuerst den Leuten verheißen, die Petrus und seiner Predigt zuhören. Dann aber allen anderen Menschen, Juden und Nichtjuden überall auf der Welt. Die Botschaft Jesu ist eine universale Botschaft, die all den Menschen gilt, die sie in aller Freiheit annehmen möchten. Es ist das »Ja« des Glaubens nötig, um der Botschaft Jesu zu folgen. Dieses »Ja« muss immer wieder neu gesprochen werden. Damals genauso wie heute in meinem eigenen Glaubensleben. Denn der Glaube verändert sich, ist einmal schwach und wieder stark, von tiefem Zweifel erfüllt und wieder standfest. Doch bleibt die Zusage Gottes: Durch die Taufe mit Wasser und Heilger Geistkraft ist unser Name in Gottes Hand eingeschrieben.

ALEXANDER WISCHNIEWSKI

Hilf uns, ewiger Gott, den Glauben an deinen auferweckten Sohn in dieser Welt zu bekennen. Lass uns zu Christinnen und Christen werden, die deine Menschenfreundlichkeit spürbar werden lassen unter unseren Mitmenschen durch Worte und Taten. Dazu erfülle uns mit deiner Geistkraft!

Als Gesegnete leben

Es ist nicht mehr selbstverständlich, dass gewusst wird, was segnen meint. Da hören meine Schülerinnen und Schüler von Abraham, der von Gott gesegnet wird und ein Segen sein soll. Da ringen Jakob und Esau um den Vater-Segen. Und heute erhalten Menschen einen kirchlichen Segen anlässlich der Hochzeit oder der Einführung in einen Dienst. Was meint Segen, was heißt es, gesegnet zu sein?

Der populäre Theologe Jörg Zink hat einmal einen eindrücklichen Vergleich gefunden. Saat ist ausgestreut auf einen Acker, doch der Boden ist trocken, es fehlt der Regen. Erst mit dem Wasser von oben beginnen Wachstum und Gedeihen. Der Regen bringt Segen!

Was für den trockenen Boden gilt, der vom Regen befeuchtet wird und ins Leben blüht, das gilt auch für den Menschen, der unter Gottes Segen steht. Gottes Segen öffnet den Menschen für die Beziehung mit Gott und sich selbst; Gottes Segen verbindet Menschen untereinander und mit der Welt. Gottes Segen steht für mannigfaltige gute Möglichkeiten und sinnerfülltes Leben. Wo Gottes Segen gespürt werden kann, entstehen Zuversicht und Hoffnung und die Kraft zum Dennoch, wenn Lebensperspektiven klein gehalten oder Gerechtigkeit mit Füßen getreten werden. Gottes Segen ist Lebenselixier!

Der Psalm besingt diesen Gottessegen in wundervollen Worten. Sehr schade, dass wir die Melodie des Liedes nicht kennen. Doch das hindert nicht, unsere eigene Weise zu finden, um die Psalmverse zu unterlegen. Singen wir uns Gottes Segen vielstimmig und fröhlich und frei und dissonant und queer und bunt zu. Machen wir aus diesem Geschenk, Gesegnete Gottes zu sein, ein großes Fest. Sagen wir das Gute weiter und laden wir alle ein, Gottes Segensgeschenk zu kosten. Und vielleicht finden sich dann mehr und mehr, die mit Gottes Segen wachsen wollen, dem Leben und der Liebe entgegen.

CHRISTINE WOLF

Ich danke dir, du segensreicher Gott, dass du deinen Segen mit mir teilst, dass du mir damit schenkst, selbst Segensgeschenk zu werden und zu sein. Ich danke dir, dass alle eingeladen sind, deinen guten Segen zu empfangen.

Früher war alles besser?

Mag es an dem zunehmenden Alter liegen, der verklärende Blick stellt sich häufiger und intensiver ein. Ach, früher – war alles besser, schöner, friedlicher, entspannter, stabiler … und überhaupt. Und genau diese Stimmung trifft die Apostelgeschichte. Neidvoll schaut man auf die Vorzeigegemeinde des Anfangs und möchte tauschen – sollte so nicht auch eine Gemeinde in unseren Tagen sein? Einmütig beieinander? Alle Dinge gemeinsam teilen? Und täglich kommen Menschen dazu? Schön wäre es! Die Realität sieht anders aus und deutlich weniger attraktiv. Ach, der Alltag ist oft grau und so gar nicht zum Vorzeigen geeignet.

Doch ändert es etwas, den Vergleich anzustellen und garantiert den Kürzeren zu ziehen? Hilft das Abarbeiten an Idealvorstellungen und Traumbildern? Oder sollten die Gedanken in eine andere Richtung wandern? Der sehnsuchtsvolle Blick in die Vergangenheit erschwert oder verwehrt den Blick in die Gegenwart und lähmt. So führt er in eine unproduktive Sackgasse.

Vielleicht wird so etwas daraus? Sich zu vergegenwärtigen, dass Gott die Mitte der Gemeinde und Impulsgeber ist. Sein Handeln lässt sich nicht an Zahlen, Statistiken und Erfolgsmeldungen ablesen. Doch da, wo er ist, ist Leben. Das starre Fixieren auf Ideale und Attraktionen übersieht das Entscheidende: Gott. Er handelt genauso im Kleinen, Grauen, Unscheinbaren und auch im Unvollkommenen. Sein Handeln bildet den klaren Maßstab. Natürlich macht Erfolg Freude. Natürlich ist es schön, wenn Gottesdienste Zuspruch erfahren. Aber: Der springende Punkt der Orientierung ist und bleibt Gott. Ohne ihn ist alles Tun hohl und eigenartig fade. Herausfordernde und doch hoffnungsvolle Botschaft!

CHRISTIAN BUTT

Gott, lass uns nicht ängstlich fragen: Was wird und was kann noch kommen? Sondern sagen und beten: Ich bin gespannt, was du noch mit uns vorhast.

Sieh mich an

»Sieh mich an.« Bemerkenswertes Wort des Petrus. Er – und wohl auch Johannes – sieht den namenlosen Mann am Straßenrand, erkennt sein Elend und fordert ihn auf, Blickkontakt aufzunehmen. Mehr passiert nicht. Es gibt keine Berührung. Auch keine Untersuchung. Und keine genauere Erforschung von Hintergrund und Leidensweg. Einzig ein Blick. Fast möchte man formulieren: Petrus sieht den Mann an, wie er ist, und ermutigt ihn, auch seinerseits ihn anzusehen. Petrus sieht den Mann, wie er ist, und dann geschieht Heilung. Der Mann kann gehen.

Jenseits der Diskussionen um Heilungen aller Art steckt in der Erzählung eine starke Botschaft: Gott ist es, der uns ansieht, wie wir sind. Verkrümmungen, Lähmungen und andere Unzulänglichkeiten, all das spielt bei ihm keine Rolle. Er sieht, wie wir sind, er sieht unser Herz an. Und aus dem »so gesehen werden, wie wir sind«, dem Blick hinter unsere Verletzungen und Entstellungen, hinter unsere Fassade, daraus kann Veränderung entstehen. Es entsteht Heilung, Heilwerden, Ganzwerden. Leben in seiner wohltuenden Fülle.

Mag dies nicht die bekannteste biblische Episode sein, bringt sie diesen wertvollen Gedanken der Botschaft prägnant zum Ausdruck: dass Gott uns – gleich Petrus – ansieht und erkennt, nicht prüfend, sondern unvoreingenommen, liebevoll und immer wieder ermunternd. Gott will, dass wir leben, dass wir die Fülle und Weite entdecken und uns trauen, neue, andere und beherzte Schritte zu gehen. Das Leben erobern. Er weiß um uns, sieht uns an, wie wir sind, und erkennt, was uns hindert und hemmt. Er möchte uns immer wieder zur Lebensfülle verhelfen und ermuntern. Es scheint, als ob er die Möglichkeiten, die in unserem Leben schlummern, wecken will. Welch großartiges Hoffnungswort!

CHRISTIAN BUTT

Gott, du siehst uns, erforschst uns und kennst uns, du verstehst unsere Gedanken von ferne und hältst deine Hand über uns – darauf vertrauen und hoffen wir.

Gottespower

Man muss es wahrscheinlich nicht so langatmig ausführen wie mit dieser Predigt, die die halbe Heilsgeschichte zitiert. Aber es wird deutlich: Aus eigener Frömmigkeit und Kraft handeln Petrus und Johannes nicht. Daran lassen sie keinen Zweifel. Sie sehen sich in ihrem Tun von Gott getragen. Er wirkt durch sie, wie sie ihn an den Stationen, die sie aufzählen, immer wieder deutlich machen können. Man kann die beiden um diesen Blick beneiden. Ohne Scheu sehen sie Gott in ihrer Zeit und an sich handeln und wirken. Ist das nicht naiv?

Wir sind da oft eher zurückhaltend. Öffentlich wird zwar durchaus die Klage oder die spitze Frage geäußert, wo Gott bei bestimmten Unglücken, bei Krankheitsfällen oder anderen offensichtlichen Ungerechtigkeiten gewesen sei, doch umgekehrt wird der Gedanke nicht ausgeführt. Gott bei schönen und gelungenen gesellschaftlichen Ereignissen anzuführen, dass scheint nicht opportun. Warum nicht? Nehmen wir uns da nicht etwas?

Gott, so die Apostelgeschichte, wirkt in den gelungenen und schönen Momenten in der Geschichte und im persönlichen Leben. Warum fällt es oft schwer zu formulieren, dass Gott Kraft zum Handeln schenkt? Indem wir das benennen, machen wir einerseits die Grenzen unseres eigenen Handelns deutlich. Das eröffnet ein realistisches Bild unserer menschlichen Möglichkeiten. Andererseits schenkt dies aber auch eine neue Perspektive für beherztes Eingreifen und Tun. Wir sind nicht allein in dem, was wir tun. Gott steht an unserer Seite. Dies kann Mut schenken, auch unbequeme Wege zu gehen oder für Dinge einzustehen, die uns schwerfallen. Gott kann so eine Kraftmaschine in unserem Leben sein, der uns zu neuen, besseren Gedanken und Schritten beflügelt. Gottespower!

CHRISTIAN BUTT

Gott, du hast uns so viele Gaben und Talente anvertraut, unser Leben zu leben. Lass uns diese Kraft spüren und darauf vertrauen, um mutig unseren Weg zu gehen.

Endlich der Richtige!

Unter den Völkern des Mittelmeerraumes ist es ein kleines gewesen, das Volk Israel. Immer wieder herausgefordert durch Bedrohung und Anfeindung der Nachbarstaaten, immer wieder in Sorge ums Überleben. Und immer wieder oder gerade deshalb zuversichtlich und vertrauensvoll, dass ihr Gott, der Gott Abrahams, Isaaks und Jakobs, ihnen beisteht, sie schützt und bewahrt. Wie es eben ein guter König tun sollte. Nicht Schreckensherrschaft zeichnet diesen Gott-König aus, sondern Schutzmantelfürsorge ist sein Regierungskonzept. Diese ist so wichtig, so lebenswichtig, dass sie allen anderen Völkern auch zukommen soll und zukommen wird, wenn Gott denn einst auf dem Zion seinen ewigen Thron bezieht. (V. 9) Das ist die feste Überzeugung des Lieddichters. Und deshalb lädt er ein, froh zu klatschen, fröhlich zu singen, kräftig zu jubeln. Gott ist ein König, wie ihn die Welt noch nicht gesehen hat. Endlich der Richtige!

Weltliche Machthaber können sich eine Scheibe abschneiden, sollen sich, bildlich, unter sein Schild stellen und ihn als den Herrscher der Welt bekennen. Selbst dürfen sie, ja sollen sie, in ihrem eigenen Machtbereich für Recht und Ordnung sorgen. Sie sollen für ihre Menschen da sein, ihnen Schutzraum und Lebensmöglichkeit eröffnen. Sie haben diese wichtige Aufgabe im Staatenverbund. Leider, leider – oftmals steckt nicht mehr als der fromme Wunsch dahinter. Die Geschichte und gerade auch unsere Zeiten kennen nach wie vor die anderen Mächtigen, denen das Wohl ihrer Nation und der Weltgemeinschaft nicht am Herzen liegt, wohl aber die eigene wahnwitzige Machttrunkenheit. Deshalb gilt es auch wachsam zu sein, wenn diese mächtige Selbstverliebtheit ausartet in Unterdrückung und Hass. Dann heißt es aufzustehen und einzuschreiten und laut »Nein« zu rufen. Im Namen des Einen, der Leben in Fülle und Vielfalt bejaht und erhält.

CHRISTINE WOLF

In dir, Gott, verbinden sich Himmel und Erde, Hohes und Tiefes, Frohes und Schweres zu einem Ganzen, das dem Leben dient. Danke, wenn ich auch den Lebensdienst aufnehmen kann und mich aufmache zu den Menschen.

Wen stören wir eigentlich, und warum?

Es ist manchmal schon erstaunlich, wie sehr das Wort Gottes die Stereotypen bestimmter Gruppen anprangert, ohne dies eigentlich zu wollen. Die vom Evangelium scheinbar Bedrängten können jede noch so friedvolle Handlung als Gefahr wahrnehmen, wie uns die Verhaftung und das Verhör von Petrus und Johannes zeigen, weil sie einen Gelähmten im Tempel heilten.

Bereits Christus sah sich mit dieser ungewöhnlichen Tatsache konfrontiert. Im Volk schien er mit seinen Predigten und Wundertaten neben Angst und Verunsicherung insbesondere Bewunderung hervorgerufen zu haben. Sein Wirken missfiel einer ziemlich kleinen, aber eben einflussreichen Gruppe: den Priestern, Tempelhauptmännern und Schriftgelehrten. Kurz gesagt, die religiöse Elite nahm ihn als Störfaktor und akute Gefahr wahr.

Soweit zur Frage, wen wir stören. Nicht nur die Pharisäer und Schriftgelehrten an sich sind es, sondern all jene, die sich aus welchen Gründen auch immer von der Frohen Botschaft bedrängt fühlen. Es können auch Christen sein, die sich zwar auf die Schrift als Autorität stützen, jedoch ihre authentische Botschaft missverstehen.

Aber warum? Es ist unmöglich eine absolute Antwort zu geben, zu vielschichtig sind die Gründe dafür. Doch eines sticht heraus. Das Gesetz der Liebe ist völlig paradox. Es ruft uns zur bedingungslosen Liebe, zum Friedenstiften, zur Standhaftigkeit im Ertragen von Leid, ja zur Einfachheit im Leben auf, zugleich ruft sie einen Aufstand in der Welt aus.

Weil wir trotz der Angewiesenheit auf die Welt, in der wir unseren Glauben an Gott durch Taten bezeugen, stets unsere grundsätzliche Ausrichtung auf das Ewige in den Vordergrund stellen, was mit dem Vergänglichen nicht in Einklang zu bringen ist. Jene, deren Ambitionen ausschließlich im Vergänglichen ruhen, haben daher durchaus ein Problem mit uns. Nicht selten können wir uns selbst dabei ertappen.

DEJAN RISTIC

Herr, ich bitte dich, schenke mir Kraft, deinen Namen bis ans Ende meiner Tage zu bekennen, und erlöse mich von aller Bedrängnis, Zorn, Gefahr und Not.

Was sollen wir mit diesen Leuten anfangen?

Hier nun ein weiteres Problem. Die feindselige Haltung gegen das Wort Gottes erscheint jedem halbwegs vernünftigen Menschen, ja auch den Feindseligen selbst, völlig absurd und wahnwitzig. Der Wahrheitsanspruch des Wortes äußert sich meist durch die Taten der Christen. Das macht die Sache mit uns nun noch komplizierter. Unter der Voraussetzung, dass wir authentisch das Wort Gottes bezeugen und gemäß dem Gebot der Liebe handeln, fällt es schwer, uns etwas Böswilliges zu unterstellen. Stattdessen wird die Herrlichkeit Gottes verkündet. Deshalb stellen sich jene, die uns als Störfaktor wahrnehmen, die Frage: Was sollen wir mit diesen Leuten anfangen? Tatsächlich, je mehr wir in Bedrängnis, Not und Leid geraten und unter diesen Umständen standhaft bleiben, desto offensichtlicher zeigt sich Gottes Macht. Hier also noch ein Paradox des christlichen Glaubens. Unser allmächtiger und herrlicher Gott äußert sich gerade in Zeiten der Not, des Leides und der Schwäche. Anstatt dass wir inmitten dieser kläglichen Umstände den Kampfgeist und jegliche Hoffnung verlieren, schöpfen wir gerade dann jegliche Kraft und Glauben. Das Ertragen von Leid und Not ist ein unausweichlicher Umstand im Leben eines Christen. Im Aufruf, ihm nachzufolgen, macht der Herr das unzweideutig klar: Wer sein Leben retten will, wird es verlieren; wer aber sein Leben um meinetwillen verliert, der wird es retten (Lk 9,24).

Obwohl unsere Heimat im Himmel ist, sind wir aus der Welt nicht wegzudenken. Wir werden bedrängt, verfolgt und verachtet, das bekräftigt uns aber nur in der Christusnachfolge. Ein ironischer, aber ernstzunehmender Tipp. Möchten die Böswilligen die Eintracht der Christen und dessen Glauben erschüttern, sollten sie vielleicht den entgegengesetzten Weg in Betracht ziehen. Bei Wohlstand, Privilegierung und Freiheit treten schnell die menschlichen Schwächen in den Vordergrund, dann machen wir uns schon selbst das Leben unnötig schwer.

DEJAN RISTIC

Herr, lasse mich in Zeiten der Schwäche deine Macht erkennen und dir auch in diesen Zeiten bedingungslos folgen.

Vor wem sollte ich mich fürchten

Als Kind mochte ich eingekochte Birnen mit Schokoladensauce für mein Leben gern. Aber wenn meine Oma mich in den Keller schickte, um ein Glas zu holen, verging mir der Appetit. Der Keller war muffig und finster; ich hatte so eine Angst. Und wenn ich die schwache Glühbirne anschaltete, wurden die dunklen Ecken nur noch größer. Da nahm mich meine Oma bei der Hand und stieg mit mir die Treppe hinunter. »Fürchtest du dich nicht?«, habe ich gefragt. Sie hat gelacht: »Doch schon, besonders wenn du nicht da bist! Dann nehme ich lieber eine Taschenlampe mit!«

In den Krisen der letzten Jahre habe ich manchmal an meine Oma gedacht. Zwei Kriege hat sie durchlitten – und schrecklich unsichere Zeiten. Wäre ich dem gewachsen gewesen? Woher nahm sie ihr Vertrauen? Was gab ihr die Freiheit, sich nicht von der Angst beherrschen zu lassen? Sie war eine realistische und zupackende Frau. Da kann eine Taschenlampe schon helfen. Sie wusste, dass die Angst wächst, wenn wir ihr ausweichen; aber auch dass sie kleiner wird, wenn wir ihr – Hand in Hand – gemeinsam entgegengehen.

Vor allem war sie eine fromme Frau: Sonntags brachte sie ihre Sorgen und Ängste mit in die Kirche und übergab sie dort Gott. Im Tausch nahm sie aus den schönen Gottesdiensten neues Vertrauen mit nach Hause. Sie spürte beim gemeinsamen Beten und Singen, dass sie mit ihrer Not nicht allein war. Da waren andere, die ihre Sorgen, aber auch ihre Hoffnungen und ihr Vertrauen auf Gott teilten. Da waren die Geschichten der Bibel, die sie in ihrem Glauben stärkten, »dass ich sehen werde die Güte des Herrn im Lande der Lebendigen«. Da war die Predigt, die ihr zurief: »Fürchte dich nicht!« So konnte sie über die dunklen Kellerecken lächeln.

JOCHEN CORNELIUS-BUNDSCHUH

Gott, du kennst meine Angst. Du weißt, wie unsicher und bedroht mein Leben ist. Sei da, wenn ich nicht weiterweiß. Stärke mein Vertrauen in dich. Sende mir Menschen, mit denen ich Hand in Hand durch unsichere Zeiten gehen kann. Mach mich frei, mutig für andere da zu sein.

Frei heraus

»Freimut«, dieses Wort aus der heutigen Bibellese spricht mich an. Im Duden lese ich, es bedeute Offenheit und Aufrichtigkeit. Freimütig reden heißt wohl, kein Blatt vor den Mund zu nehmen, niemandem zu Gefallen zu reden und offen für die eigenen Überzeugungen einzustehen, auch wenn dies Widerstand hervorrufen oder Nachteile bringen sollte. Petrus und Johannes waren gerade unter der Auflage aus dem Gefängnis entlassen worden, nicht mehr öffentlich von Jesus zu reden. Zuvor hatten sie schon klar gesagt, dass das für sie keine Option war. Ihr Herz war voll, ihr Mund ging über. Dazuhin wussten sie sich Gott verpflichtet, das zählte mehr als die Loyalität zu staatlichen und religiösen Instanzen. Die Gemeinde in Jerusalem unterstützte die Apostel in ihrer Haltung. Während sich Mächtige gegen Jesus wandten, erbaten sie von Gott Mut, freien Mut, um weiterhin Gottes Wort verkündigen zu können. Dazuhin sollte Gott ihr Zeugnis bekräftigen, indem Menschen heil würden. Trotz drohender Verfolgung bat die junge Christenheit nicht um ein ruhiges Leben, sondern darum, in Einklang mit dem Willen Gottes Jesus bekannt machen zu können. Viel zu selten reihe ich mich ein in die Schar freimütiger Menschen. Wieso sage ich nicht, was mir aufgrund meines Glaubens an Christus geboten scheint, wenn menschenverachtende Haltungen salonfähig werden oder wir die Schöpfung plündern, koste es, was es wolle? Ich muss keine Verfolgung befürchten, wenn ich offen für meine Überzeugungen eintrete. Angesichts der Lage von Glaubensgeschwistern in vielen Ländern der Erde ist dies nicht selbstverständlich. Ich will Gott um mehr Freimut bitten, um vom Heiligen Geist bewegt offen und aufrichtig das zu sagen, was heilsam für uns Menschen und die Welt ist.

ROSEMARIE WENNER

Geist des Glaubens, mache mich wach und aufmerksam, wenn das, was »man« sagt und tut, Leben behindert oder Unrecht zudeckt. Lass mich für das eintreten, was heilsam ist. Schenke Freimut und wirke kräftig unter denen, die Jesus nachfolgen wollen, damit wir glaubwürdig unseren Glauben leben.

Teilen macht reich

Ein Traum von christlicher Gemeinschaft! Oder: zu schön, um wahr zu sein! Zwischen diesen Polen wandern meine Gedanken hin und her, wenn ich über die heutige Bibellese nachdenke. Zum zweiten Mal nach Apostelgeschichte 2,42–47 fasst Lukas zusammen, was den Urtyp einer christlichen Gemeinde kennzeichnete. Man teilte nicht nur Gebetsanliegen, Einsichten beim Bibellesen und Glaubenserfahrungen, sondern auch Geld und Besitz. Wer nichts hatte, bekam das, was er oder sie brauchte. Niemand litt Mangel. Alle hatten genug. Es war wie damals während der Wüstenwanderung mit dem Manna, das Gott schenkte. Doch diesmal gaben die Wohlhabenden von ihrem Besitz ab, damit alle ihr Auskommen hatten. »Ein Herz und eine Seele« bedeutete mehr als einen erhebenden Gemütszustand. Eine war für die anderen da, das Wir zählte mehr als das Ich. Ging das gut? Schließlich waren Menschen zusammen, und Menschen neigen zur Habgier. Auch in der Jerusalemer Gemeinde wurde das Ideal nicht vollkommen in die Tat umgesetzt, das erfahren wir schon im nächsten Kapitel in der Apostelgeschichte. Dennoch braucht es den Traum von einer Gemeinschaft, die in Jesu Spur bis ins Materielle hinein füreinander da ist. Denn diese Vision lockt auf einen Pfad des Miteinanders. John Wesley, der Gründer der methodistischen Bewegung, lebte bescheiden und teilte das, was er nicht selbst brauchte, mit bedürftigen Menschen. Mit folgenden Worten ermutigte er 1746 seine Leute: »Gib, wozu Gott dich fähig macht! Wenn du nicht unter bedrückendem Mangel leidest, so gib etwas, und du wirst deshalb nicht ärmer sein. Tu es nicht widerwillig! Hab keine Angst, dass du zu kurz kommst. Leihe dem Herrn, und er wird es dir vergelten.« Teilen, was Gott uns anvertraute, muss kein Traum bleiben. Wenn es allen gut geht, geht es auch mir persönlich gut. So blüht Segen auf.

ROSEMARIE WENNER

Gott, Quelle des Lebens, danke für den Reichtum, den du mir anvertraust. Ich lebe im Überfluss. Lehre mich, dass ich reicher werde, wenn ich teile, was du mir gibst. Ich möchte mitwirken an einer Welt, in der alle genug haben.

Lieber Freund,

auftragsgemäß bin ich eben in der neuen Gemeinschaft in Jerusalem, die Jesus für den Messias hält. Du hattest mich ja gebeten, mir das mal anzusehen. Du weißt, dass ich mit der Vorstellung eines Schöpfers, der wirklich Interesse an unserem Leben hat und sogar persönlich eingreift, so meine Schwierigkeiten habe. Aber das bleibt bitte unter uns.

Du weißt ja, dass die Nächstenliebe einen sehr hohen Stellenwert für diese Gemeinschaft hat. Sie praktizieren sogar eine Art Gütergemeinschaft, so nach dem Motto: Alles gehört allen. Sie würden wahrscheinlich sagen: Alles gehört IHM. Und das leben sie auch sehr praktisch – was natürlich zu der hohen Anziehung wesentlich beiträgt! Heute war es also brechend voll, als sich Folgendes ereignete: Vor den Leiter, er heißt Petrus, trat ein Mann mit einem gut gefüllten Geldbeutel und übergab ihn mit den Worten, er habe auch (ein anderes Gemeindeglied hatte das auch so gemacht) seinen Acker verkauft, und er spende das Geld jetzt der Gemeinde. Der Gemeindeleiter nahm zwar den Beutel in Empfang, sieht aber plötzlich ganz traurig aus. Und dann spricht er mit dem Spender, spricht ihm auf den Kopf zu, dass das nicht das ganze Geld gewesen sei und dass er damit Gott selbst betrüge. Und der Mann fällt doch tatsächlich tot um! In diesem Moment, wo ich dir berichte, wird er beerdigt.

Ich bin einigermaßen erschüttert und verwirrt. Kann es sein, dass ER doch direkt eingreift? Und dass ER diese Gemeinschaft persönlich schützt vor Heuchelei, diesem Gift, was wir ja nur zu gut kennen?

Noch ist die Versammlung in vollem Gange. Ich sehe auch in den Gesichtern der anderen, wie erschrocken sie über diesen Vorfall sind. Sie sagen ja, dieser Jesus habe gesagt, ER sei die Wahrheit. Diese Gemeinschaft nimmt das, was dieser Jesus lehrte, sehr ernst – oder kann es sein, dass ER selbst es so ernst meint? Wenn das tatsächlich stimmt? Auch ich bin nun nicht mehr emotional unbeteiligt, das nimmt mich ganz schön mit! Was passiert wohl dort als Nächstes? Die Versammlung ist ja noch nicht zu Ende. Ich werde weiter berichten.

GABRIELE HILGENSTOCK

Herr, hast du tatsächlich ein solches Interesse an uns!?! Wie ernst das ist – und wie tröstlich!

Noch einmal: Lieber Freund,

die Veranstaltung ist eben beendet worden. Es gab doch tatsächlich noch einen Toten! Was passiert da eigentlich? Jedenfalls gehe ich da nicht mehr hin, zumindest nicht als Zuschauer – entweder ich gehöre dazu, oder ich halte mich fern!

Aber der Reihe nach: Die Frau des eben Verstorbenen kam zur Versammlung und wusste offensichtlich noch nichts vom plötzlichen Tod ihres Mannes. Dieser Petrus fragte sie nach dem Geld für den Acker – und auch sie log offensichtlich, wie ihr Mann drei Stunden zuvor. Petrus sagte ihr jetzt auf den Kopf zu, dass auch sie sterben werde deshalb – und was soll ich dir sagen? So geschah es! Sie wird gerade neben ihrem Mann beigesetzt. Nein, nein, keine Fremdeinwirkung – sie fiel einfach um. Zufall? Glaube ich nicht! Hier weht ein Geist, den ich mehr als ernst zu nehmen genötigt bin. Dieser Geist richtet! Aber er heilt auch! Erzählte ich dir, dass vor allem von diesem Petrus eine heilende Kraft ausgeht, sodass die Leute hier schon ihre Kranken an die Straße legen, an der er vorbeigeht? Ähnliches wird von diesem Jesus ja auch berichtet. Also kein Dämon! Dagegen spricht auch die Atmosphäre dieser Gemeinschaft. Keiner muss dort hungern, Witwen und Waisen werden selbstverständlich mitversorgt, als gehörten alle zu einer Familie. Das ist schon sehr attraktiv!

Über die beiden Verstorbenen wird, soweit ich das verfolgen kann, kein schlechtes Wort verloren. Sie waren wohl gut integriert und sind immer noch wertgeschätzt. Ich habe einen Mann gefragt, der auch dazugehört und beide näher kannte. Er glaubt, dass beide jetzt im Himmel sind bei Jesus, denn dieser sei ja wegen unser aller Schuld gestorben. Jetzt habe ich morgen einen Termin mit einem Mitglied der Gemeinschaft, der Jesus persönlich kannte. Ich bin gespannt!

GABRIELE HILGENSTOCK

Herr, du warst Mensch und bist auf dieser Erde immer noch erfahrbar – mach uns bitte Augen, Ohren und Herzen dafür auf! Danke!

Mundtot – oder ganz tot?

Die Beziehung zwischen Religion und Macht ist heikel. Das zeigt unser Text. Denn Religion zielt auf die Herzen der Menschen und auf ihren Kopf. Glaube hat bestimmte Erfahrungen zur Folge, Glaube und Denken beeinflussen sich gegenseitig. Keine Religion ist einheitlich. Sie wird konkret gelebt. Über sie wird nachgedacht. Es gibt unterschiedliche Ausprägungen einer Religion. Religiösen Autoritäten ist nicht gleichgültig, was gedacht und gelehrt wird. Missliebiges wird deshalb oft mundtot gemacht: durch Verweis und Ermahnung. Oder durch Wegsperren. Erfahrungen lassen sich aber nicht verbieten, Lehren nicht zum Schweigen bringen. Von ihrem Glauben durchdrungene Menschen handeln und lehren auch gegen Verbote. Denn sie sind davon überzeugt, dass Gott durch ihr Handeln zum Beispiel Menschen heilt, dass Gott selbst durch ihr Lehren das Wort ergreift. Das kann problematisch sein, wenn Menschen damit ihre Autorität unangreifbar erscheinen lassen wollen. Wenn Kirchen solche Ansprüche erheben, kann das zu Inquisition und Scheiterhaufen führen. Wenn Religionsführer als staatliche Autoritäten so auftreten, hat das Terror, Folter und (Justiz-)Mord zur Folge. Wir lesen heute aber von Befreiungserfahrungen Einzelner. Und solche Erfahrungen haben zur Folge, dass Menschen eine innere Standfestigkeit ausstrahlen, an der andere sich orientieren können. Wie an Janusz Korczak, der seinen Tod im KZ auf sich nahm. Wir lesen von innerer Stärke, die Menschen mutig und unerschrocken auftreten lässt. Wir hören ihre klare Botschaft vor machtvollen Autoritäten. Diese Autoritäten aber lassen sich von der Erfahrung, dass ihre Macht Grenzen hat, nicht irritieren. Sie machen einfach weiter: verhaften, verhören und töten. Worte des Lebens reden ist risikoreich!

NIKOLAUS SCHNEIDER

Du, unser Gott, schenke uns Freimut in allen Lebenslagen.

Guter Rat rettet Leben

Gamaliel ist ein lebenskluger Mensch, der die Dynamik von Verhören und Verhandlungen gut kennt. Genau zum richtigen Zeitpunkt greift er ein. Er steht auf und lässt die Angeklagten hinausbringen. Bevor er etwas sagt, sorgt er für verschlossene Türen. Er agiert also gesichtswahrend. Dann verweist er auf Beispiele gescheiterter religiöser Anführer und der Zerstreuung ihrer Bewegungen. Er warnt so vor Überreaktion. Und er erinnert an den entscheidenden Unterschied zwischen Gott und Mensch, den auch die Hohepriester kennen und akzeptieren. Schließlich appelliert er mit Blick auf das Volk an die religionspolitische Klugheit der Autoritäten. Wir erfahren nicht, wie Gamaliel zur Predigt und Lehre der Apostel steht. Inhaltlich ergreift er nicht Partei. Und doch ermöglicht er durch seinen klugen Rat das weitere Predigen und Lehren der Apostel – und rettet dadurch auch ihr Leben. Außerdem fördert er indirekt das Leben der Gemeinde in Jerusalem, der akuter Verfolgungsdruck genommen wird. Das folgende Machtgehabe der Hohenpriester wirkt im Vergleich dazu wie ein trotziges Demonstrieren ihrer Möglichkeiten – im Grunde hilflos. Ihre Machtdemonstrationen laufen ins Leere. Auch wenn sie die Apostel streng ermahnen und sie einzuschüchtern versuchen. Auch wenn sie ihnen durch ihre Schergen Schmerzen zufügen. Die Apostel sind nicht gebrochen. Sie haben sich nicht mundtot machen lassen. Ganz im Gegenteil: Sie ziehen fröhlich von dannen. Sie sind stolz, Zeugen Jesu Christi zu sein. Und vor allem machen sie weiter als Prediger und Lehrer des Evangeliums von Jesus Christus – dem Wort des Lebens. Der Rat eines lebensklugen Menschen rettet und befördert Leben.

NIKOLAUS SCHNEIDER

Du, unser Gott, schenke uns die Klugheit zum rechten Wort zur rechten Zeit, um dem Evangelium von Jesus Christus zu dienen.

Bienen stechen nicht?!

Bienen stechen nicht, heißt es, man darf sie nur nicht provozieren. Grundsätzlich bewegen sie sich eher friedlich emsig zwischen ihren Nektarsammelorten und ihrem Zuhause. Wird ihr Raum jedoch durchkreuzt und damit zu eng, so wird diese Beengung zur Bedrohung und sie sind durchaus in der Lage zu stechen. Schließlich werden viele Menschen von einer Biene gestochen, auch ohne sie vorsätzlich anzugreifen. Die Folgen des Bienengifts können bei Allergikern sogar zu einem anaphylaktischen Schock reichen, der sie in eine lebensbedrohliche Situation versetzt. Der Blutdruck fällt in den Keller, der Puls steigt in die Höhe, Atemnot tritt ein. Um diese Atemnot geht es, wenn der Psalmvers die Bienen ins Spiel bringt (Ps 118,12). Die Luft zum Atmen fehlt. Eine Ohnmacht, im wahrsten Sinne des Wortes. Machtlos gegen alles, was einen von allen Seiten bedrückt, wird einem ganz schwarz vor Augen.

So bringt der Psalmist Grenzerfahrungen zum Ausdruck, die für den Menschen extrem belastend sind und ihn zur Verzweiflung treiben können. Er belässt es aber nicht dabei. Vielmehr erzählt er von der Überwindung dieser Herausforderungen mit Gottes Hilfe. Insgesamt tritt hier eine tiefgreifende existenzielle Erfahrung zu Tage: Je herausfordernder die menschlichen Nöte erscheinen, desto stärker wirkt das Erbarmen und die rettende Hand des Herrn. Im Vergleich zur Dunkelheit der Ohnmacht wirkt der Kontrast zum strahlenden Licht der Hoffnung intensiver, dessen Helligkeit und Wärme auf diese Weise bewusster wahrgenommen werden. Entsprechend ist der Grundtenor des Psalms ein heller und warmer, weil er vom Vertrauen auf Gott geprägt ist, auf dessen Güte und Barmherzigkeit bedingungsloser Verlass ist. Dies gibt allen Grund zur Freude, zu Lob und Dank, und zwar jeden Tag, unbegrenzt bis in jene Ewigkeit, in die Gott selbst in seiner Güte hineinwirkt.

MARINA KIROUDI

Preist den Herrn, denn er ist gut, denn in Ewigkeit währt sein Erbarmen. Halleluja!

Nicht irgendein Tag

Heute ist nicht irgendein Tag. Nein, es ist ein besonderer Tag, an dem wir fröhlich sein können. Heute ist ein Fest, an dem wir uns freuen dürfen. Zu verdanken haben wir dieses Fest dem Gastgeber, der diesen Tag für uns vorbereitet und ins Leben gerufen hat. Im orthodoxen Liedgut wird dieser Tag näher beschrieben und als auserwählter und heiliger Tag bezeichnet, als königlicher Tag, als *der* Sabbath schlechthin. Gerade der Sabbath legt die Assoziation der Vollendung des Werkes, der gesamten Schöpfung, des Herrn nahe. Diese Vollendung gipfelt in seiner unendlichen Liebe und Hingabe. Deswegen ist es kein Zufall, dass dieser Psalmvers (118,24) in der orthodoxen Osternacht wiederholt gesungen wird, wie eine nicht endende Hommage an den Schöpfer und als Ausdruck der Freude über die Auferstehung Christi, in der das Heil an seinen Geschöpfen vollendet wird.

Der Schlüssel für dieses Verständnis liegt im Stein, den die Bauleute verworfen haben, der zum Eckstein geworden ist (Ps 118,22). Dieser Stein ist »Christus, der Sohn des lebendigen Gottes« (Mt 16,16). Aus dem Unrecht am Kreuz ist die Auferstehung Christi hervorgegangen, die dem Leben eine neue Qualität verleiht. Die Auferstehung ist kein exklusives Ereignis, das beim Sohn Gottes aufhört. Als Menschensohn ist Christus mit der gesamten Menschheit verbunden. Das Leid in der Welt und im persönlichen Leben, große und kleine Sorgen, finden ihr Pendant im Kreuz Christi, aus dem die Auferstehung hervorgegangen ist. In ihr wird das Leid geheilt und in diesem Heilungsprozess erscheint die ganze Schöpfung in neuem Licht, strahlend und froh, dankbar und jubelnd am Fest der Feste.

MARINA KIROUDI

Tag der Auferstehung! Lasst uns Licht werden, ihr Völker, denn vom Tod zum Leben und von der Erde zum Himmel hat Christus, unser Gott, uns hindurchgeführt, die wir das Siegeslied singen.

12 + 7 = 1

Von Anfang an gilt: Allein für sich ist kein Mensch schon Mensch (Gen 1,18). Mensch braucht ein Gegenüber, eine Hilfe – ähnlich wie er oder sie und doch eigenständig (19). Mensch gibt es erst zu zweit (Gen 1,27). »Ich« brauche »dich«. »Du« ergänzt »mich«.

Dass wir nur so Mensch sein können, lernt auch die Urgemeinde. »Die Zwölf« sehen sich als Kern der Gemeinde (Apg 6,2). Jesus hatte sie dazu gemacht (Lk 6,12–16). Sie stehen für das eine und ganze Gottesvolk und tragen deshalb als Namen eine Zahl der Vollständigkeit. Gewiss fühlten sie sich auch so. Doch nun lernen »die Zwölf«: Wir sind unvollständig. Wir brauchen weitere »Sieben« (Apg 6,3). Erst sie machen uns ganz. Sie ergänzen uns. 12 + 7 = 1.

Hat das die Zwölf gekränkt? Sie mussten Demut lernen. Gemeinde Jesu Christi gibt es erst, wenn ich mich von dir ergänzen lasse. Ich allein bin nicht der ganze Christenmensch. Ich brauche dich dazu: dich mit deiner Sicht, deinen Gaben und Ideen, deiner Glaubensgeschichte und Tatkraft. Du ergänzt mich. Du bist meine andere Seite, die mich ganz macht. Wir sind also aneinander gewiesen, geben einander und nehmen voneinander. Wir überlassen einander etwas und wirken zusammen.

Das prägt das Leben der Kirchengemeinden bis heute: Hauptamtliche brauchen Ehrenamtliche – und umgekehrt. Das prägt aber auch das Leben des einzelnen Christenmenschen: Hören braucht Handeln – und umgekehrt. Predigt braucht Diakonie, Beten das Tun. Mensch braucht Gott – und Gott will nur mit uns Gott sein!

So ergibt sich aus der Erfahrung der Urgemeinde: Lass dich ergänzen und ergänze andere! Würdige, was andere tun. Würdige aber auch, wofür du stehst und was du einbringst. Andere können das nicht so wie du. Entdecke auch sonst bei dir: Du tust Dinge im Gegensatz. Doch die Pole deines Lebens gleichen einander aus. Gott hat dich wie auch uns so gemacht. Und Christus hat es bestätigt: Wir sind Geschöpfe, Wesen, die sich ergänzen.

SEBASTIAN DEGKWITZ

Ich bin nicht ich ohne dich. Ich bin, weil du mich suchst. Mit dir werde ich lebendig. Geist des lebendigen Gottes, mach mich demütig und selbstbewusst.

Der Wiedergänger

Einer von den »Sieben« sticht heraus: Stephanus. Aus dem Bericht des Lukas spricht ein großes Staunen: In Stephanus begegnet uns Jesus! In Stephanus wird Jesu Geist aktuell: bezwingend und klar, vollmächtig und begeisternd, hilfreich und revolutionär. Wie Jesus (Lk 4,14) strahlt Stephanus eine Kraft aus, die nur er hat und die ein Geschenk ist (Apg 6,8a). Wunder tut er. Sie werden als Zeichen aufgenommen dafür, dass Gott helfend da ist (8b). Wie Jesus (z.B. Lk 20,20–26) kann Stephanus mit Gegnern streiten: Er antwortet klug; ihn führt niemand aufs Glatteis; er redet in göttlicher Vollmacht. Seine Rede bezwingt und auf sie kann niemand etwas erwidern (Apg 6,10). Wort und Tat sind bei Stephanus »typisch Jesus«!

Das hat für ihn auch ähnliche Folgen wie für Jesus: Er tritt zwar friedlich auf; setzt auf das Wort; lässt helfende Taten für sich sprechen – doch genau das bringt fromme Glaubensgenossen auf. Sie lassen Stephanus verhaften. Er muss vor dem Hohen Rat erscheinen. Zeugen sagen gegen ihn aus (13–14): »Der rüttelt am Fundament des Tempels! Der schubst die Autorität des Mose vom Sockel!« Wie Jesus schweigt Stephanus dazu. Denn nur was er gesagt und getan hat, lässt er für sich sprechen. Da kann er nichts hinzufügen oder abschwächen. So wie er es gesagt und getan hat, geschah es im Namen Jesu. Abwegig wäre es für Stephanus, nun auf sachwidrige Hilfe zu verfallen wie Geld, Waffen oder einflussreiche Helfer. Also schweigt er.

Genau so bewährt er sein Wort und seinen Einsatz. Er sagt zu den Anklagen nichts. Stephanus' Schweigen ist das »Amen« auf sein Wort und seine Tat. Er hat im Namen Jesu geredet und gehandelt. Im Namen Jesu sind seine Worte und Taten richtig und gesegnet. Deshalb kann der Prozess Stephanus auch nichts anhaben. Im Gegenteil. Durch sein heldenhaftes und gewaltfreies Schweigen wird deutlich, dass Gott ihn als seinen Boten ansieht: Sein Angesicht leuchtet wie das eines Engels (15).

SEBASTIAN DEGKWITZ

Jesus Christus, ich will sagen, was auf dein Wort baut. Ich will tun, was an dir Maß nimmt. So soll es gültig sein. So wirst du es segnen und ins Ziel bringen.

Hört zu!

Er kennt sich gut aus. Stephanus ist bibelfest. Er pariert die Anklagen vor dem Hohen Rat souverän und kompetent, mit einem facettenreichen Blick in die Geschichte des Volkes Israel. Die Anrede »Liebe Brüder und Väter, hört zu« zeugt von einem höflichen Selbstbewusstsein, das dem hohen Gegenüber Respekt erweist, aber gleichzeitig unmissverständlich deutlich macht, dass er etwas Wichtiges zu sagen hat. Zu Beginn seiner Rede verzichtet er auf direkte Verteidigungsrhetorik, sondern lässt die Geschichte für sich sprechen. Gott kennt die Zwiespältigkeit und Fehlerhaftigkeit des Menschen und hat sich trotzdem immer wieder treu zu seinem Volk gezeigt, sich nie ganz abgewandt, auch wenn das umgekehrt nicht immer der Fall war. Und diejenigen, die wirklich von ihm durchdrungen waren, haben auf ihre ganz eigene Weise glaubwürdig versucht, das zu leben, was sie glaubten und bekannten. Zum Beispiel Josef. Wer hätte ihm verdenken können, wenn er sich bei seinen Brüdern gerächt hätte für das unsagbare Leid, das ihm die eigenen Geschwister zugefügt hatten. Oder wenn er sie und ihre Not zumindest ignoriert hätte. Die Liebe zu den Brüdern war stärker, trotz allem, trotz der bitteren Enttäuschung über ihr Verhalten und der Versuchung, es ihnen auf irgendeine Weise heimzuzahlen. Ohne dass Stephanus ihn direkt nennt, erinnert das Beispiel des Josef an die deutliche Ansage Jesu nach der Frage des Petrus: »Herr, wie oft soll ich meinem Bruder, der gegen mich sündigt, vergeben. Siebenmal?« Jesus antwortet ihm: »…nicht siebenmal, sondern siebzigmal siebenmal.« Also immer. Auch eine direkte Kritik an der unbeweglichen und deswegen oft unbarmherzigen Gesetzesfrömmigkeit der Mitglieder des Hohen Rates. Das »Hört zu« war sehr ernst gemeint.

STEPHAN WAHL

Ewiger Gott, du kennst uns besser als wir uns selbst und hältst uns aus. Lass uns dies niemals vergessen und segne alle, die uns zugemutet werden, wie wir auch ihnen.

Mit Ecken und Kanten

Es sind keine fehlerlosen Idealgestalten, die uns die Bibel vorstellt. Mose wird als schön, klug, wortmächtig, tatkräftig, empfindsam beschrieben, aber er handelt auch – bei bester Absicht gegen offensichtliches Unrecht anzugehen – falsch. Kein Unrecht kann so groß sein, dass Töten gerechtfertigt ist. Erst recht nicht als Rache. Das Bild des weisen, führungsstarken Mose hat Risse. Und er verrechnet sich mit Blick auf die Anerkennung durch sein Volk. Vorerst. Man lehnt ihn ab. Er flieht. Zusätzliche und ungewollte Erfahrung, als Migrant in der Fremde leben zu müssen. Und doch wird gerade er seinem Volk später Orientierung geben, es durch die Wüste führen. Gott scheint es zu lieben, auf krummen Zeilen gerade zu schreiben. Jakob, der seinem Bruder das Erstgeburtsrecht klaut, David, der dafür sorgt, dass der Ehemann seiner Geliebten den Tod findet, bis hin zu Petrus, der große Töne der Treue spuckt und dann Jesus dreimal verleugnet. Menschen aus Fleisch und Blut, mit hellen und dunklen Seiten, mit Ecken und teilweise scharfen Kanten. Trotzdem lässt Gott sie nicht fallen. Der Ewige geht mit den Menschen barmherziger und versöhnlicher um als diese mit sich untereinander. Von Konrad Adenauer gibt es den launigen Rat, die Menschen so zu nehmen, wie sie halt sind, denn »andere gibt es nicht«. An diese weise Weite will Stephanus erinnern und die starre Härte seiner Richter aufweichen. Was ihm, wie die Apostelgeschichte weiß, dann doch nicht gelungen ist. Die Steine bleiben ihm nicht erspart, aber die Gewissheit, dass Gott barmherziger und gütiger ist als sein selbstgerechtes Bodenpersonal, tragen ihn bis zum letzten Atemzug. »Stephanus« heißt: den Himmel offen sehen, wenn die Steine fliegen.

STEPHAN WAHL

Ewiger Gott, du schreibst auf krummen Zeilen gerade und du bist nachsichtiger mit uns als wir Menschen untereinander. Halte uns weiter aus, mit unseren Ecken und Kanten.

Selbstbewusste Ehrfurcht

Wenn ich in meiner Trierer Zeit die Messe im Dom zu feiern hatte, fiel beim Einzug mein Blick auf die Sandalen, die ein Bildhauer in die Stufen vor der Altarinsel geformt hatte. Eine schöne und wichtige Mahnung. »Denke daran, was du jetzt tust. Es kommt nicht in erster Linie auf dich und deine gut vorbereitete Predigt an, sondern du betrittst jetzt einen Raum, der auf den Heiligen schlechthin verweist, auf den unfassbaren Ewigen, Geheimnis und Nähe zugleich.« Gott, der keine Furcht auslöst, dem aber die Ehrfurcht gebührt als dem einzigen, vor dem sich mein Knie gewaltlos beugt. Es hat mich bewegt, weil diese Stelle im Trierer Dom zum ältesten Teil gehört. Seit dem 4. Jahrhundert wird hier ununterbrochen das Evangelium gelesen, die Eucharistie gefeiert, durch die Jahrhunderte auf eine Wirklichkeit verwiesen, die unser menschliches Begreifen übersteigt. Von dem unvergessenen, verstorbenen Trierer Dompfarrer Nikolaus Föhr gibt es ein wunderbares Wort: »Vom Moment an, wenn die Sakristeiglocke ertönt, bis zum Ite missa est (Ende der Messe) steht die Zeit still. Dann ist Ewigkeit.« Ein berührendes Bild, das daran erinnert, dass sich etwas ereignet, wenn der Mensch mit Gott in Verbindung tritt, eine spirituelle Wirklichkeit, die sich durch kein noch so gutes Vorbereiten herstellen lässt, sondern die geschenkt wird. Wenn sich der Mensch in selbstbewusster Ehrfurcht vor seinen Gott stellt. So wie es im 2. Hochgebet heißt: »Du hast uns berufen, vor dir zu stehen und dir zu dienen.« Gott hat den Menschen mit Würde bepráchtigt und seine Ehrfurcht Gott gegenüber verlangt niemals das Niederwerfen in den Staub. Diese Würde fordert ihn aber zu unterscheiden und sich von allen falschen Göttern und Götzenangeboten fernzuhalten. Die gibt es immer auf neue, raffinierte Weise. Seit den Zeiten des Mose, seit den Zeiten des Stephanus, auch heute.

STEPHAN WAHL

Ewiger Gott. Du allein bist der Heilige, dir allein gebührt die Ehrfurcht. Hilf uns unterscheiden, was gut und wichtig ist. Dein Name sei gepriesen in alle Ewigkeit.

Aufwärts zum Gottvertrauen

Auf drei Beziehungsebenen wünschen wir uns, was die Hebräische Bibel Schalom nennt: Ich möchte mich, im Einklang mit mir selbst, wohlfühlen in meiner Haut, in Frieden mit den Mitmenschen leben und immer wieder so etwas wie Gottes Nähe spüren. Die Not unseres Beters ist eine tiefe Not, weil sie in alle drei Dimensionen reicht, weil so viel Düsteres zusammenkommt: Er leidet körperliche Schmerzen, Sorgen spürt er als Herzrhythmus-Störungen, Angst schnürt ihm die Kehle zu. Die Häme und Schadenfreude eines persönlichen Feindes kommt ihn bitter an. Er vermisst die erlebbare Zuwendung, das leuchtende Angesicht Gottes, das der Segensspruch des Priesters zum Ende jedes Gottesdienstes doch versprochen hat. Und das Leiden will und will einfach nicht aufhören. »Bis wann denn noch?« Manchen Langzeit-Kranken unter uns quält genau diese Frage.

Wie entkommt der Psalmist der tödlichen Gemengelage? Stufe um Stufe. Er lässt der Klage freien Lauf, sie verwandelt sich in einen Gebetsschrei, er begehrt leidenschaftlich, von Gott »angesprochen« und »angeschaut« zu werden. Wenn Gott endlich den »Flirt« mit ihm wieder aufnähme, würde ihn das dem Sog des Todes entreißen, ja, seine Augen, Spiegel der Seele, würden wieder strahlen. Nicht weil ihn jemand aufmuntert: »Bleiben Sie zuversichtlich«, sondern im Zuge seines inständigen Appellierens an Gottes Liebe stellt sich starkes Gottvertrauen wieder ein.

Jesus hat in der Not vieler Kranker, die ihm auf seinem Weg begegneten, das verzweifelte dreimalige »Bis wann denn noch« des dreizehnten Psalms »gesehen« (Mk 5,25–34; Joh 5,6ff.; Lk 13,11). Das Schicksal chronisch Leidender schreit nach Gottes Erbarmen und sollte auch gefühlsarme Funktionäre nicht kalt lassen (Lk 13,16).

WERNER GRIMM

Ewiger, auch heute Morgen kommt mir die Not meines Freundes in den Sinn. Seine schmerzensreiche Krankheit hat ihn schon viele Jahre im Griff – erbarme dich!

Baumeister des Himmels

Wir wissen, was gut für uns ist. Immer und immer wieder weist Gott uns den Weg des Lebens. Gott spricht damals wie heute durch seine Prophetinnen und Propheten. Schenkt uns ewige Worte immer wieder neu. Es ist ja auch nicht so, dass wir Gottes Botschaft nicht verstehen würden. Aber oft beherzigen wir sie nicht! Wir lassen nicht Gott groß sein, in dem wir der göttlichen Weisung folgen, sondern bauen uns viel lieber unsere eigenen Welten. Unsere ganz eigenen Hütten, Häuser und Paläste – immer nach unseren ganz eigenen Vorstellungen. Schlimmer noch: Wir zwingen Gott dann hinein in unsere Denkgebäude! Dann behaupten wir mit stolzer Stimme: Wir wissen doch am allerbesten, wie Gott es gerne hätte. Dabei folgen wir in der Regel aber nicht der Stimme unseres Herzens, sondern unseres Egos! Unseren Ideen und Interessen. Im Rheinland überhöht man das dann noch und schmunzelt: »Der liebe Gott ist doch gar nicht so!« Und schon haben wir Gott in unsere Welt hineingebogen, so wie es uns passt, wie es uns lieb und bequem ist.

Gott und seine Botschaft sind aber selten bequem und kuschelig. Ja, Gott will, dass es uns Menschen gut geht. Aber dazu ist es eben gerade notwendig, dass wir herauskommen aus unserer Ichbezogenheit. Aus unseren egoistischen Denkmustern. Dass wir nicht Gott so klein machen, dass Gott in unsere kleinen menschlichen Hütten und Häuser passt, sondern Gott groß sein lassen. Gott wird immer da zum lebendigen, liebenden Gott des Himmels und der Erde, wo wir SEINEN Geboten folgen, IHRE Liebe weitergeben.

PETRA DIERKES

Guter Gott, hilf mir, dass ich dich nicht klein mache. Dass ich dich in meinem Alltag nicht immer wieder so zurechtbiege, wie es mir passt. Hilf mir, dass ich meine Ichbezogenheit hinter mir lasse. Gib mir ein offenes Ohr, dass ich auf dich und deine Botschaft höre. Dass ich allein deine Worte beherzige. Gib mir jeden Tag neu deine Kraft, damit ich so schon hier und heute mitbaue an deinem Reich und dein Wille geschieht, im Himmel wie auf Erden.

Christinnen und Christen leben gefährlich

Damals wie heute werden Menschen wegen ihres Glaubens verfolgt. Vorsichtige Schätzungen gehen von über 350 Millionen Christinnen und Christen weltweit aus, denen wegen ihrer Glaubensüberzeugung bewusst Leid zugefügt wird. Sie sitzen im Gefängnis, werden gefoltert, im Alltag diskriminiert. Auch die Zahl der Christinnen und Christen, die wegen ihres Glaubens getötet werden, geht nicht zurück, das haben wir viel zu oft nicht in unserem Blick.

Nein, Christenverfolgung gibt es seit der Steinigung des Stephanus. Überall dort, wo der christliche Glaube als Bedrohung der eigenen Interessen angesehen wird. Ausbeutung und Unterdrückung haben da keinen Platz. Denn die Botschaft Jesu Christi ist eine Botschaft, die Menschen frei macht. Die Menschen herausholt aus Not und Leid – aus Elend und Unterdrückung. Christinnen und Christen werden auch heute noch immer dann gefährlich für die Machthaber, wenn sie ihren Glauben ernst nehmen. Wenn sie, wie Stephanus, den Himmel offen sehen und die Botschaft Gottes verkünden. In Wort und Tat. Wenn sie Not sehen und handeln. Wenn sie aufstehen gegen all die Ungerechtigkeiten dieser Welt. Christinnen und Christen, die die Botschaft Jesu beherzigen, glauben an einen neuen Himmel und eine neue Erde, in denen die Gerechtigkeit zuhause ist. Gerade in einer Welt, wo Krieg und Terror, Vertreibung und Verfolgung an der Tagesordnung sind, braucht es Christen, die mutig wie Stephanus aufstehen und sagen: Mit mir nicht!

PETRA DIERKES

Guter Gott, du Schöpfer des Himmels und der Erde. Lass auch mich deinen Himmel offen sehen. Lass mich, mutig wie Stephanus, dein Wort verkünden. Gib mir die nötige Kraft, damit ich deine frohe Botschaft nicht nur in schönen Worten verkünde, sondern auch in guten Taten lebe. Schenke mir den Mut, überall dort meine Stimme zu erheben, wo deine Botschaft des Lebens mit Füßen getreten wird. Schenke mir und allen Christinnen und Christen immer wieder neu deine Liebe, dann wird sich schon hier auf Erden der Himmel weit öffnen.

Zeichen und Wunder geschehen

Blinde, die sehen können, Lahme, die wieder gehen können. Menschen, die sich wegen dieser Heilungen reihenweise taufen lassen. Das klingt wie ein Märchen aus einer ganz anderen Welt. Zu schön, um wahr zu sein. Wir Menschen von heute glauben nicht mehr an Zeichen und Wunder. Wir wollen wissenschaftlich abgesicherte Fakten. Dabei ist die Welt voller Wunder. Wer ein offenes Herz hat, wer offene Ohren und Augen hat, kann die Zeichen Gottes in dieser Welt eigentlich gar nicht übersehen: vom hart arbeitenden Altenpfleger, der dem Sterbenden die Hand hält, obwohl seine Schicht längst vorbei ist – bis zur alleinerziehenden Mutter, die nicht nur ihre eigenen Kinder durchbringt, sondern noch ein Flüchtlingskind aufgenommen hat… Diese Beispiele selbstloser Liebe oder das Geschenk der wunderbaren Schöpfung Gottes: Es gibt so viele Zeichen und Wunder in dieser Welt, selbst wenn es diese nur selten in unsere Nachrichten schaffen.

Zudem zeigt uns das Verhalten des Simon aus Samarien sehr deutlich, dass sich der Geist Gottes nicht vermarkten, nicht einfach kaufen lässt. Der christliche Glaube ist niemals ein Geschäftsmodell. Die Frohe Botschaft Gottes ist ein Modell, das uns Menschen auf dieser Welt gut leben – gut zusammenleben lässt. Ein Lebensweg, den wir einschlagen können, wenn wir ein Leben in Fülle geschenkt bekommen wollen. Aufbrechen – losgehen, das müssen und dürfen wir selbst! Genauso wie die Jünger, die vor 2000 Jahren aufbrechen und Jesus nachfolgen. Wie die Apostel, die sich aus Jerusalem aufmachen, um den Geist Gottes nach Samarien und weit in die ganze Welt zu tragen.

PETRA DIERKES

Guter Gott, öffne mir Augen und Ohren, damit ich die Wunder deiner Liebe in dieser Welt erkenne. Öffne mein Herz, damit ich offen bin für die Sorgen und Nöte der anderen. Gib mir immer wieder neu deine Kraft, die mich mutig losgehen lässt. Die mich tatkräftig aufbrechen lässt, damit ich dir in meinem Leben immer näherkomme. Und am Ende meines Lebensweges werde ich dann in deinen offenen Armen angekommen und bei dir geborgen sein.

Wüste: Ort der Hoffnung

Ich schreibe diesen Text bereits zur Jahreswende 2023/24. Seit fast zwei Jahren tobt der russische Angriffskrieg gegen die Ukraine. Seit dem terroristischen Überfall der Hamas auf Israel vor drei Monaten herrschen in Gaza, wo der Terror seine vergifteten Wurzeln des Hasses tief in die Tunnelschächte der Erde und in die Herzen der Menschen eingegraben hat, Angst und Verzweiflung. Das Wüstenland Gaza ist in wenigen Monaten zum verwüsteten Land geworden. Vor diesem Hintergrund weckt eine sonst eher unbeachtete geografische Notiz im heutigen Text meine Aufmerksamkeit: »… zieh nach Süden auf die Straße von Jerusalem nach Gaza. Sie führt durch eine einsame Gegend.« (V. 26)

Einsame Gegend: Wüste – Ort widersprüchlicher Erfahrungen des Volkes Israel: Ort göttlicher Gegenwart und Abwesenheit. Ort geretteter Freiheit und wirrer Sehnsucht nach dem Sklavenhaus Ägypten. Ort tödlicher Bedrohung und lebenspendenden Wassers aus dem Felsen und himmlischen Mannas.

Im Wüstenort Gaza durchbricht ein Licht das Dunkel der Fragen des Fremden, des suchenden Frommen, so dass er sich taufen lässt (V. 36) und »voll Freude« (V. 39) weiterzieht. Dürfen wir in den gesellschaftlichen Krisen, politischen Konflikten und kriegerischen Auseinandersetzungen und angesichts der angstvollen Fragen, die uns bedrängen, also in den vielfältigen Wüsten unserer Tage, auf einen vergleichbaren lichten Moment hoffen, in dem gegen alle Erwägungen und Erwartungen nicht eine von Menschen herbeigebombte, sondern eine humane Zeitenwende geschieht?

Welche Wahl haben wir? Wenn wir vor dem scheinbar Unabwendbaren kapitulieren, überlassen wir die Geschundenen der Verzweiflung und erklären Gottes Verheißung für aussichtslos. Wir verraten das Menschenrecht auf Hoffnung!

Christinnen und Christen hoffen gegen alle Hoffnung, weil Gott ihre Wüstenwanderungen teilt, sie aber nicht in der Wüste lässt. Die »einsame Gegend« ist nicht unser letzter Bestimmungsort.

EDGAR UTSCH

Herr, erweise dich in den Dunkelheiten unserer Zeit als das verheißene Licht, als Vorzeichen des neuen Himmels und der neuen Erde.

Bestürzende Erfahrung

»Saulus wütete immer noch mit Drohung und Mord gegen die Jünger des Herrn.« (V. 1) Man möchte es nicht wahrhaben: Der Fanatismus des Saulus steht in bedrückender Nähe zum Terror, von dem in der gestrigen Auslegung die Rede war. Die Überzeugung, im Besitz der religiösen Wahrheit zu sein, ist der Nährboden seines Hasses, der zu hässlicher Gewalt führt. Wie soll aus diesem »Christenhasser« der Völkerapostel werden, der wohl wie kein anderer das Christentum prägen wird? Wie soll diesem blinden Fanatiker ein Licht aufgehen?

Doch dort, wo nach menschlichem Ermessen keine Veränderung zu erwarten ist, wo das verhärtete Herz des religiösen Fanatismus das Gesetz des Handelns bestimmt und sogar über Leichen geht, da geschieht das Unglaubliche. Saulus trifft es wie ein Blitz, nicht aus heiterem Himmel, sondern durch die dunklen Wolken von Hass und Engstirnigkeit. Das blendende Licht holt ihn aus seiner Verblendung, lässt ihn im Dunkel der Blindheit das wahre Licht, Christus, erkennen. Dieses neue Licht, das ihm aufgeht, die Ein-Sicht, die er gewinnt, sie sind offensichtlich nicht sein Werk, sie sind Geschenk des Auferstandenen.

Hand aufs Herz. Rechnen wir noch ernsthaft mit solchen umwerfenden Erfahrungen? Dass das Unmögliche möglich wird? Weil Gott in diese Welt eintritt, wenn nicht mit Blitz und Donner oder in Sturm und Feuer, so doch im leise-sanften Hauch wie beim Propheten Elija (1. Kön 19,12)? Weil wachsam-achtsame Menschen ihn wahrnehmen, sich vom hohen Ross ihrer festgefahrenen Pläne und Verhaltensweisen stürzen lassen, sich einlassen auf seine »Einflüsterungen« und sie befolgen?

Sicher wird es uns nicht leicht gemacht, mit dem Menschen-Unmöglichen zu rechnen. Aber dürfen wir bei unserer Lebensrechnung, bei unserem Hoffen und Handeln nur den Menschen in Rechnung stellen? Und dennoch – es scheint paradox: Das Unmögliche wird ohne den Menschen nicht möglich.

Der Sturz des Paulus ermutigt uns, für das Unmögliche aufzustehen.

EDGAR UTSCH

Herr, Jesus Christus, ermutige uns, auf das nur dir Mögliche zu vertrauen und das uns Mögliche mit Zuversicht zu tun.

Geerdeter Glaube

Das Entscheidende ist für Saulus geschehen: die Begegnung mit Christus. Doch seine Hinwendung zu ihm ist noch nicht abgeschlossen. Der wunderbare »Augen-Blick« muss verortet, geerdet werden im Alltag der Gemeinde in Damaskus

Das erinnert an die Jünger von Emmaus. Auch ihnen brannte das Herz, als sie das Wort des Auferstandenen hörten; auch ihnen gingen die Augen auf; auch sie führte die Begegnung mit Christus in die Gemeinschaft der jungen Kirche. Die Begegnung mit Christus, der Glaube an ihn führen in die Lebens- und Dialoggemeinschaft der Kirche. In ihr wird der Glaube des Einzelnen herausgeholt aus der Vereinzelung, davor bewahrt, sektiererisch oder gar fanatisch zu werden, und erfährt zugleich Vergewisserung und Ermutigung.

Darum wird Saulus später die Apostel und Ältesten in Jerusalem aufsuchen (Apg 15), um im sogenannten Apostelkonzil die Gemeinschaft mit ihnen zu wahren. Darum wird er in der Taufe in die Gemeinschaft der Kirche aufgenommen. Hananias muss dafür über seinen Schatten springen. Die Begegnung mit Saulus ist für ihn eine Zumutung. Doch sie wird zum heilsamen Zwang, der auch ihn zur Bekehrung führt, die seinen Glauben weitet und die Gemeinde öffnet.

Die Bedeutung der Kirche als Begegnungsort mit Christus zu betonen, ist heute alles andere als selbstverständlich. Angesichts der Welle fluchtartiger Kirchenaustritte scheint sie eher unnötig oder hinderlich für den Glauben, für die Begegnung mit Christus. Ja, nicht nur Einzelne, auch die Kirche selbst hat große Schuld auf sich geladen. Dennoch ist sie nicht nur der Ort, der »von allen guten Geistern verlassen« ist. Trotz allem bleibt sie Begegnungsort mit Christus, weil dort sein Wort verkündet, gehört und befolgt wird. Weil in den Sakramenten Begegnung mit ihm ermöglicht und vertieft wird und in ihr die Menschen des »neuen Weges« (Apg 9,2) gemeinsam unterwegs bleiben – gemeinsam mit dem, der »der Weg und die Wahrheit und das Leben« (Joh 14,6) ist.

EDGAR UTSCH

Herr Jesus Christus, du bist unser Weg. Leite unsere Schritte zu den Menschen und lass uns unterwegs bleiben mit allen, die auf dich hoffen.

Ein Fels, der hört und antwortet

Ein Mensch ist in Not. Er ruft zu Gott: »Du bist mein Fels, schweige nicht!« Ein Fels ist groß und stabil. Regen und Schnee gehen über ihn hin. Im Meer umspülen ihn die Wellen. Der Fels liegt da und bewegt sich nicht. Darauf kann ich mich verlassen. Darauf kann ich bauen. Wenn ich mich in seinen Schatten lege, finde ich Schutz. Wind und Sonne können mir nichts anhaben. So sicher und verlässlich ist Gott.

Aber wird der Fels reagieren, wenn ich rufe? In diesem Psalm betet ein Mensch, der verzweifelt ist. Wir wissen nicht, ob er krank ist oder auf der Flucht vor Krieg und Verfolgung. Aber er drängt und wartet auf eine Antwort Gottes. Damit es ihm nicht so geht wie »in der Grube«, im Tod: wenn rundherum nur noch Schweigen ist. Kann ein Fels hören? Kann er weich werden? Kann er auf mein Flehen antworten?

Keines unserer Bilder fängt Gott vollständig ein. Wenn ich bete: »Gott ist mein Fels«, vertraue ich darauf, dass Gott mächtig, stabil und verlässlich ist; dass ich im Schutz des Felsens geborgen bin. Aber Gott ist mehr als ein unbeweglicher Fels. Gott ist ansprechbar und lässt sich erweichen: Wenn Gott sich erbarmt, dann schmelzen »die Felsen wie Wachs« (Jdt 16); dann quillt Wasser aus Felsen, um den Durst der Befreiten zu stillen (2. Mose 17); dann können Menschen aus einem Felsen Honig saugen (5. Mose 32).

Gott ist ein Fels, stabil und verlässlich, und zugleich ist Gott beweglich und ansprechbar. Ein Fels, der mitten im Leben steht, der sich erweichen lässt. Gelobt sei Gott, mein Fels, der mein Flehen hört!

JOCHEN CORNELIUS-BUNDSCHUH

Höre meine Stimme, Gott. Sie ist leise und verzagt. Doch du kannst sie hören, selbst, wenn sie verstummt. Du hörst meine Not und antwortest mir: Fürchte dich nicht! Ich bin da.

Angst verhindert Gemeinschaft

Menschen ändern sich nicht. Das haben wir zu oft erfahren. Schnell sagen wir: »Mit dem haben wir so unsere Erfahrung gemacht. Den kennen wir doch. Mit dem lassen wir uns lieber nicht ein.« Ich verstehe die junge christliche Gemeinde in Jerusalem mit ihren Bedenken. Es war ja für die kleine Schar nicht leicht, ihren Glauben offen zu leben. Man musste vorsichtig sein, und die Leitenden hatten ja schließlich Verantwortung den übrigen Gemeindemitgliedern gegenüber. So ähnlich erging es Freunden von mir, die im Iran eine Begegnung mit dem lebendigen Christus hatten, die daraufhin in großer Konsequenz ihren muslimischen Glauben abgelegt haben und in Teheran nun als Christen unter Christen leben wollten. Keine christliche Gemeinde nahm sie auf. Nicht, weil man ihnen die Umkehr nicht glaubte. Eher, weil man Angst vor den Konsequenzen für die eigene Gemeinde hatte. Der Iran ist für Christen eines der gefährlichsten Länder der Welt. Und muslimische Konvertiten sind besonders in Gefahr. Meinen Freunden blieb schließlich nur die Flucht aus dem Land. Sie haben alles hinter sich gelassen. Erst in Deutschland konnten sie sich einer christlichen Gemeinde anschließen. Erst in Deutschland konnten sie sich im Namen des dreieinigen Gottes taufen lassen. Erst in Deutschland war es ihnen möglich, in großer Freiheit an den Gottesdiensten teilzunehmen ohne Angst vor dem Gefängnis und anderen Repressalien. Das heißt allerdings nicht, dass es nicht auch hier Misstrauen gab, denn: Vielleicht täuschen sie den Glauben nur vor? Können sich Menschen wirklich so ändern? Ist das zu fassen? Ich glaube, wir können es nicht. Christus kann es. Die Begegnung mit ihm krempelt unser Leben um, bewegt uns und macht uns zu Verkündern seiner Botschaft. Bei meinen iranischen Freunden ist das so. Seit rund zehn Jahren leben sie nun als Christen unter uns und mit uns und bringen sich segensreich in die Gesellschaft ein.

INGRID EBERT

Du krempelst unser Leben um, machst uns zu neuen Kreaturen, sendest uns in die Welt und gibst uns Kraft für unseren Weg und Weisheit für das, was wir sagen sollen. Und du krempelst das Leben anderer um. Lass uns Vertrauen haben.

Tabita wurde nicht gefragt

Eine Tote wird ins Leben zurückgeholt. Wie es Tabita damit erging, davon erzählt die Bibel nichts. Wollte sie das überhaupt, zurück ins Erdenleben? Weiterleben. Und irgendwann erneut sterben. Ein Junge, der seine Mutter nach langem Kampf gegen den Krebs verloren hatte, meinte zu mir: »Weißt du, was gut ist? Sie muss nicht noch einmal sterben.« Und wie oft hören wir an Gräbern den Satz: »Nun kann er in Frieden ruhen. Jetzt ist sie bei Gott. Heimgegangen.« Tabita wurde zurückgeholt. Offenbar hatte Gott mit ihr noch etwas vor. Doch warum hat er sie dann erst sterben lassen?

Ich habe so eine Totenerweckung noch nicht erlebt. Aber ich habe erlebt, dass viele gute Freunde und Vertraute von mir gestorben sind. Neben der Trauer sind Erinnerungen geblieben, an das, was sie Gutes getan haben, an ihre Liebe, an ihre Werke, an ihr vorbildliches Glaubensleben.

Tabita hat keiner gefragt, ob sie zurück ins Leben will. Und sie wurde hinterher auch nicht befragt. Ich glaube, es ging gar nicht um sie. Es ging einzig und alleine um die Kraft Jesu, um seine Macht. Die Christenheit stand ja ganz am Anfang. Da brauchte es kräftige Zeichen und Wunder. Könnten wir die heute nicht wieder gebrauchen?

Kürzlich ist ein, in meinen Augen, junger Mann gestorben. Ein guter Mensch. Ein Pfarrer, der mit seinen Worten und Liedern viele Menschen ermutigt hatte. Der vorbildlich gelebt hat, »nie geraucht, nie getrunken«, wie seine Eltern sagten. »Immer für andere da. Wir haben so gebetet, die ganze Gemeinde hat so gebetet. Und Gott hat ihn sterben lassen. Wozu dann überhaupt beten?« Das ist so eine ganz andere Geschichte. Völlig konträr. Oder vielleicht doch nicht. Die Lieder des Mannes bleiben und seine predigenden Worte, seine Liebe, die er geliebt hat. Bei der Beerdigung kamen hunderte Menschen zusammen. Sie trauerten, aber sie lobten auch Gott. In den Nachrufen war von der lebendigen Hoffnung die Rede und von der unerschütterlichen Zuversicht in ein Leben danach. Der Tod dieses Mannes war wie eine Predigt, vielleicht seine eindrücklichste.

INGRID EBERT

Im Leben und im Sterben sind wir in deiner Hand. Diese Gewissheit möchte ich nicht verlieren.

Aufbruch zu neuen Ufern

»Meine Mama sagt, man soll alles mal probieren«, erklärte uns unsere fünfjährige Enkeltochter im Urlaub, und schwuppdiwupp landete eine Muschel in ihrem Mund. Auch andere ihr bislang fremde Gerichte probierte sie tapfer. Nicht alles aß sie später ein zweites Mal. Bei Petrus geht es nicht um das Probieren. Darin sind wir ja recht gut. Bei ihm geht es vielmehr um das Sich-Einlassen auf ihm unbekanntes, bislang für Juden verbotenes Terrain. Um eine gefährliche Grenzüberwindung geht es. Schon einmal hatte er das gewagt, damals, als er im Alleingang aus dem sicheren Boot stieg und wie Jesus auf dem unsicheren Wasser gehen wollte. Eine ähnliche Situation. Diesmal soll Petrus die schützenden Mauern im Kopf zum Einstürzen bringen. Indem er erkennt, dass vor Gott alle Menschen gleich sind, dass Gott in seiner großen Liebe nicht zwischen Juden und Nichtjuden entscheidet, öffnet Petrus die Tür zu neuen Kontinenten, macht er sich auf den Weg zu neuen Ufern. Die Botschaft von der Liebe Gottes ist für alle da. Das hört sich heute selbstverständlich an, war es damals aber keinesfalls. Petrus muss erkennen: Eine christliche Gemeinde ist kein exklusiver Club. Wo sie entsteht, beginnt weltweites Christentum. Da begegnen sich Fremde. Da werden Schranken gesellschaftlicher Konversation durchbrochen. So ist das bis heute. Petrus probiert nicht etwas Neues aus, er lässt sich darauf ein. Das ist nicht leicht. Auch uns gilt: Wenn die frohe Botschaft für alle da ist, sind wir zur Gemeinschaft aufgerufen.

Wenn Gott Unterschiede überwindbar macht, sollten wir keine neuen Mauern aufrichten. So werden aus Fremden Freunde. Wo sind wir heute gefragt, Neuland zu betreten, neue Vorstellungen zuzulassen, auf Menschen zuzugehen, die wir aus welchen Gründen auch immer meiden? Wo ist es heute an uns, über unseren Schatten zu springen? Wenn es uns gelingt, neue Wege zu gehen, werden wir erfahren, dass Gott mitgeht.

INGRID EBERT

Zeige mir, Gott, wo ich deiner guten Botschaft im Wege stehe. Bring du mich immer wieder in Bewegung auf Menschen zu, die so ganz anders sind.

Eine Zeitenwende zeichnet sich ab

Das ist so anschaulich und spannend zu lesen, was damals an den beiden Orten Joppe und Cäsarea geschah! Welche schicksalhaften Begegnungen werden folgen zwischen Menschen, die bisher nichts miteinander zu tun hatten und einander völlig fremd waren? Später wird man diese Begegnung historisch nennen.

Hier zeichnet sich eine Zeitenwende ab, die diesen Namen wirklich verdient: Sie ist nicht von Menschen gefordert und herbeigerufen; vielmehr bereitet Gott selber seiner Gemeinde den Weg vor, der in die Weite, unter den Horizont seines weltweiten Heilswillens führt. Erstaunlich ist dabei, dass Gott seine Frommen für diese Weite gewinnen will; er will sie nicht überrumpeln. Vielmehr will er sie gewinnen für sein Reich, in dem alle nationalen und kultisch-religiösen Mauern und Grenzen aufgehoben sind.

Werden seine Leute seinen Weg mitgehen oder auf ihren Standpunkten beharren, ihre gewachsenen Traditionen verteidigen und sich hinter ihren Positionen allem Neuen verweigern?

Dass auch die neuen Ereignisse und erweiterten Erkenntnisse dem göttlichen Heilsplan entsprechen und von ihm gewollt und gestaltet sind, ist ein Lernprozess, den hier Petrus und später alle Generationen der Christengemeinde vor sich haben. Mit klopfendem Herzen und manchen Bedenken wird Petrus sich mit den beiden Abgesandten des Hauptmanns Kornelius auf den Weg gemacht haben. Schließlich war er durch die Vision am Tag zuvor und durch das deutliche Reden des Geistes Gottes vorbereitet. Die Begleitung durch einige Gemeindemitglieder gehört zur geistlichen Stärkung und Rückendeckung seitens der Gemeinde.

Es ist zum Staunen: Die Situation ist vorbereitet, die fremden Menschen mit ihren religiösen Prägungen sind offen und bereit zu hören. Petrus weiß, hier ist Gott am Werk. Ich gehe durch Türen, die er geöffnet hat. Ähnliche Erfahrungen gehören zur Missionsgeschichte – bis heute.

EDWIN BRANDT

Herr unser Gott, dass du uns für deine Ziele und deine Wege gewinnen kannst, erbitten wir von dir. Bewahre uns davor, unseren liebgewordenen Traditionen mehr zu folgen als deinem lebendigen, aktuellen Wirken durch dein Wort und deinen Geist.

Das Osterevangelium hat weitreichende Folgen

Erwartungsvoll und bereit, Gott zu begegnen – so erlebt Petrus die Hörer im Haus des Kornelius. Müsste diese Situation ihn nicht angesichts seiner jüdischen Tradition überfordern? Kann er diesen fremden Zuhörern gerecht werden?

Zu Beginn stellt er klar, was ihm selber neu klar geworden ist: Allen Menschen, unabhängig von Herkunft, Nation, Religion, Status, Geschlecht und Bildung gilt die liebevolle Zuwendung Gottes. Das hat Jesus in seiner Verkündigung wie in den vielen Zeichen seines Lebens anschaulich gezeigt bis zu seinem Tod am Kreuz. Mit der Auferweckung vom Tod hat Gott ihn als den Christus bestätigt, zum Erlöser und Herrn über alle Todesmächte erhöht und mit ihm die neue Zeit, die Heilszeit für alle Menschen begonnen. Petrus und die Apostel insgesamt sind Zeugen und berufen, dieses Evangelium allen Menschen zu verkündigen.

Das Christusevangelium sprengt alle menschlichen Vorstellungen von Gott mit den Bedingungen, Vorleistungen und Einschränkungen, die wir als Voraussetzungen meinen machen zu müssen. Als wollte der Herr selber diese »unerhörte« Botschaft autorisieren, bestätigt er sie mit der Gabe der Glossolalie an die versammelten Heiden. In der vom Geist Gottes gewirkten Zungenrede preisen die Zuhörer Gott – als würde sich das Wunder von Pfingsten wiederholen!

Das überwältigt die Frommen, die erwartet hatten, dass die Gabe der Zungenrede immer erst auf die Taufe folgen würde. Petrus aber folgert: Hier hat Gott selber gehandelt. Er hat die Heiden zum Glauben berufen und sie mit seinem Heil beschenkt, ohne ihnen die Forderungen des jüdischen Gesetzes aufzuerlegen.

Nun dürfen die Judenchristen nur staunend den Weg Gottes mitgehen und den Heiden die Tür zur Christus-Gemeinde weit öffnen. Die Heilszeit ist angebrochen. Die Folgen von Ostern sind mit Händen zu greifen und von uns Menschen nicht aufzuhalten. Gott sei Dank!

EDWIN BRANDT

Herr unser Gott, wie oft hast du uns Menschen in den Weg gestellt mit einer ganz eigenen, uns ungewohnten Glaubensgeschichte. Bitte vergib uns unsere Skepsis, wenn wir sie nach unseren Traditionen beurteilen wollten, anstatt uns mit ihnen über ihre Erfahrungen deiner Liebe und Treue zu freuen.

Der Glaube an Christus schafft Einheit

Das Problem ist noch nicht gelöst. Bei allem Respekt vor dem angesehenen Apostel darf Petrus doch keine Fakten schaffen, die die judenchristliche Gemeinde in Jerusalem mit ihren Ältesten nicht akzeptieren könnte. Der »Fall« bedarf einer Untersuchung; Petrus soll sich verantworten.

Wir mögen uns wundern, wie ausführlich dieses Ereignis im Haus des Kornelius berichtet und in allen Facetten dargestellt wird. Offensichtlich war das Miteinander von Judenchristen und Heidenchristen unter den frühen Christen eine starke Herausforderung, wie es auch andere Schriften des Neuen Testamentes zu erkennen geben. Es geht ja nicht nur um praktisch-organisatorische Fragen dabei, sondern auch um das theologische Verständnis der jüdisch geprägten Tradition vom »Volk Gottes« gegenüber der Christus-Gemeinde aus allen Heidenvölkern. Müssen die Heiden, die zum Glauben an Jesus Christus kommen, den Weg über das jüdische Gesetz gehen, wie es die Judenchristen halten? Die göttliche Erwählung des Volkes Israel kann doch nicht durch die Christus-Gemeinde aufgehoben sein!

Petrus berichtet ausführlich von dem bemerkenswerten Handeln Gottes, das ihn selber herausgefordert und den heidnischen Hauptmann vorbereitet hat. Damit wird deutlich: Hier hat nicht Petrus in eigenmächtiger Anmaßung eine Grenze überschritten, sondern Gott selber hat Zäune und Mauern niedergerissen, um seinen universalen Heilswillen im Evangelium von Jesus Christus den Heiden nahezubringen.

Sie hätten es sich damals leichter machen können: die Christus-Gemeinde neben der jüdischen Jesus-Gemeinde – jede für sich, ohne weitere Berührungspunkte, jeder mit eigener Mahlfeier und eigenen Ritualen – oder? Aber damit hätten sie das einzigartige Wunder des Leibes Jesu Christi, der Gemeinschaft im Heiligen Geist, erwählt aus allen Völkern, verraten! Was wäre aus uns Christen geworden, die wir in Einheit und Vielfalt zum gemeinsamen Dienst und Zeugnis berufen sind?

EDWIN BRANDT

Du Herr deiner weltweiten Gemeinde, das soll gelten unter uns: die Einheit deines Geistes durch das Band des Friedens zu bewahren, zu leben und zu feiern. Danke, dass du uns durch dein Wort daran erinnerst.

Alternative Fakten – nichts als Lügen

Sprache prägt unser Denken, unser Empfinden, unsere Werte. Wer redet, noch dazu in einem öffentlichen Amt, hat eine große Verantwortung. Denn Worte können verletzen, aber auch zu Herzen gehen, trösten, motivieren, ermutigen. Geradezu verantwortungslos ist es, wenn jemand lügt. Und noch schlimmer: wer damit prahlt, andere (bewusst) hinters Licht zu führen. Das genau erlebt der Psalmbeter. Eine Erfahrung, die auch heute viele Menschen machen.

Die vielleicht schamloseste Art der Manipulation versuchte eine Beraterin des US-amerikanischen Präsidenten Donald Trump. Sie sagte, bei seiner Amtseinführung 2017 seien deutlich mehr Menschen anwesend gewesen als bei der seines Vorgängers Barack Obama. Die Beraterin antwortete auf die Frage, warum sie etwas behaupte, was nachweislich falsch sei, mit dem Hinweis auf »alternative Fakten«. Dabei handelt es sich um nichts anderes als eine Lüge. Eine dreiste noch dazu.

Nicht immer ist die Lüge so offensichtlich. Wobei es viele Zeitgenossen gibt, die in immer mehr Fällen die Lüge glauben und ihr tatsächlich den Fakten-Status zubilligen. Das ist besonders gefährlich, da Worte mit Assoziationen und Gefühlen verknüpft sind. Flüchtlingswelle klingt angsteinflößend. Das Null-Wachstum täuscht darüber hinweg, dass die Wirtschaftskraft schwach ist. Und die Erderwärmung verharmlost die tatsächliche Lage. Von Erdüberhitzung sollte gesprochen werden.

Die Wahl der Worte entscheidet über die Deutung eines Ereignisses, einer Entwicklung. Etwa die Weg-Metapher, wenn von großen oder kleinen Schritten, von Aufbruch, Stillstand, Bewegung, Blockade, Fortschritt, Rückschritt, Hindernis, Station, Ziel, Irrweg oder Drittem Weg die Rede ist. Eine große Bandbreite an Interpretationsmöglichkeiten.

In die ganze Verunsicherung hinein hört der Psalmbeter, wie Gott die Sache sieht. Er will die Menschen, die bewusst getäuscht wurden, die Armen, die seufzen und klagen, alle, die vor lauter Bedrängnis keinen Ausweg sehen, retten. Gott sei Dank!

UDO HAHN

Gott, wer kann leben ohne Vertrauen? Wir bitten dich um Ehrlichkeit und Wahrheit in der Welt. Dass wir gefälschte Nachrichten erkennen und mit Hilfe der Wahrheit Krisen und Konflikte lösen.

Neues entsteht und stützt

Der Blick schwenkt zurück zum Tod des Stephanus und der danach einsetzenden Verfolgung der Jerusalemer Urgemeinde (Apg 7,54-8,4). Saulus/Paulus wird dort zum ersten Mal genannt: Er war mit Stephanus' Tod einverstanden und trachtete danach, die Kirche und ihre neue Botschaft zu vernichten, indem er Menschen verschleppen und in Gefängnisse werfen ließ.

Nun zeigt sich einige Kapitel später, dass diese Gewalt nicht zur Eindämmung, sondern zur Ausbreitung der christlichen Botschaft führte. Das Evangelium wird von vielen vielfältig unter Juden und Griechen in anderen Ländern verkündigt, eine große Gemeinde in Antiochia am Orontes entsteht, der drittgrößten hellenistisch-römischen Stadt der Antike und damaligen Hauptstadt der römischen Provinz Syrien. Wie ein Brückenbauer zwischen Alt und Neu wird Barnabas von Jerusalem nach Antiochia entsandt. Barnabas holt auch Saulus aus Tarsus als Mitarbeiter nach Antiochia. Ihn hatte er schon in der Jerusalemer Urgemeinde unter seine Fittiche genommen und schätzte wohl seine Art zu sprechen und mit hellenistisch geprägten Menschen zu diskutieren (9,27-29). Nun nutzt Barnabas seine Expertise für die neue Metropol-Gemeinde.

Refrainartig wird im Text wiederholt, wie stark die neue Gemeinschaft in Antiochia wächst (V. 21.24.26). Und ihre Mitglieder bekommen einen eigenen, neuen Namen: Sie werden zum ersten Mal als »Christen« bezeichnet. Die Gemeinden in Antiochia und Jerusalem sind ab jetzt zwei große Player mit unterschiedlichen Zusammensetzungen und Sensibilitäten, theologischen Überzeugungen und kirchenpolitischen Wegen, die miteinander ringen werden und dennoch zusammengehören. Erstmals wird die Urgemeinde in Jerusalem sogar von der neuen Gemeinschaft in Antiochia unterstützt.

BETTINA ELTROP

Gott, deine Wege führen ins Leben, in die Lebendigkeit. Mögen wir den Wegen trauen, die aus dem Alten ins Neue führen, und mögen wir dabei Brücken der Gemeinschaft bauen. Dazu beflügele uns dein Geist in Jesus Christus, dem wir folgen und um den wir uns versammeln.

Worte, die beflügeln

In Jerusalem gehen die Verhaftungen und Verfolgungen unter Herodes' Enkel Herodes Agrippa I., ebenfalls ein Vasallenkönig von Roms Gnaden, weiter. Sie richten sich nun gegen den Zwölferkreis: Jakobus wird getötet, Petrus kurz vor dem jüdischen Passahfest verhaftet. Schwer bewacht sitzt Petrus im Gefängnis, während die Gemeinde intensiv für ihn betet. Mitten in der Nacht – ein Bild für tiefe Hoffnungslosigkeit und Not und zugleich für den Beginn von etwas Neuem – betritt ein Engel Gottes, ein Bote, den Kerker. Licht strahlt in das Dunkel, Petrus' Ketten fallen ab.

Die Befreiung aus dem Gefängnis in tiefster Nacht ist eine Erzählung von der wirklichkeitsverändernden Macht Gottes. Der Bote tritt als Verkörperung des weltverändernden, lebensschaffenden Wortes Gottes in die Dunkelheit des Petrus hinein und spricht ihn an: Steh auf! Gürte dich und zieh deine Sandalen an! Folge mir! Diese Imperative oder Befehle klingen bekannt – nach Jesus, nach Erzählungen von der Auferweckung Jesu oder nach Moses Erfahrung am brennenden Dornbusch. Sie sind Worte mit Flügeln, die uns aus unserer Leblosigkeit herausschubsen wollen, um aus Situationen der Enge ins Leben zu gehen.

Der Gottesbote spricht und führt Petrus in die Freiheit – dann verlässt er ihn. Er hat einen begrenzten Auftrag, Petrus kann nun allein weiter gehen.

Petrus kommt zu sich und erkennt: Gott hat ihn aus den Fesseln der Finsternis »herausgerissen«, wie er schon die Väter und Mütter des Glaubens herausgerissen hatte (Apg 12,11; vgl. Ex 3,8). Das hatte bereits Stephanus vor dem Hohen Rat als Glaubenszeugnis bekannt (Apg 7,10.34), und nun setzt sich Gottes rettendes Eingreifen an ihm fort! Im Haus der Maria ist ein Teil der Gemeinde versammelt und ist gerufen, sich ebenfalls auf diese unglaubliche Botschaft einzulassen.

BETTINA ELTROP

Guter Gott, sieh auf alle Menschen in Not, Bedrängnis und Dunkelheit. Sieh auch auf das, was uns einengt und schenke Licht und beflügelnde Worte, die ins Leben führen.

Wem gebührt Ehre?

Am Schluss des Kapitels geht es um Herodes Agrippa I. und seine selbstherrlich-menschenfeindliche Herrschaft. Sein Versuch, durch die Hinrichtung des Jakobus oder die Gefangennahme des Petrus die Gunst der jüdischen Bevölkerung in Jerusalem zu erlangen (Apg 12,1-3), zeichnet ihn als negative Figur. Als nach Petrus' Befreiung die Wachen aus dem Gefängnis verhört und abgeführt werden, ahnt der Leser/ die Leserin schon, wohin – vermutlich zu ihrer Hinrichtung.

Nach Herodes' Rückkehr nach Cäsarea rückt der Konflikt mit den Einwohnern der freien Hafenstädte von Tyrus und Sidon ins Zentrum. Ein drohender Krieg wird gerade noch abgewehrt. Als Herodes sich danach auf einer Tribüne öffentlich als König präsentiert und eine Rede hält, preist ihn die überwiegend nichtjüdische Hörerschaft als die Stimme eines Gottes. Doch als jüdischer König hätte es Herodes besser wissen müssen. Im Gegensatz zu Petrus, Paulus und Barnabas, die in der Apostelgeschichte auch öfter von nichtjüdischen Menschen für Götter gehalten werden und das sofort zurückweisen (3,12.16; 10,25f.; 14,11-18), nimmt Herodes diese Zuschreibung an. Da er Gott »nicht die Ehre gegeben hat«, also die göttliche Verehrung seiner Person akzeptiert, wird seinem Leben von Gott her ein jähes Ende gesetzt: Herodes Agrippa I. stirbt durch einen Schlag: »Von Würmern zerfressen« zu sterben verstärkt den Eindruck eines schmählichen Endes (2 Makk 9,9, Jdt 16,17). Das Wort Gottes jedoch breitet sich weiter aus.

Dieser Schluss, der nach der wundersamen Befreiung des Petrus aus dem Gefängnis wie aus dem Märchen klingt, will uns Leserinnen und Lesern eine Frage mitgeben: Wie hältst du es mit deiner Ehre? Steht für dich dein Streben nach Anerkennung und Bestätigung so im Zentrum, dass du dabei die Ehre der anderen, ihre Lebensmöglichkeiten – und damit Gott – vergisst?

BETTINA ELTROP

Guter Gott, du bist heilig, alle Menschen sind dir heilig. Sie sind deine Geschöpfe und dein Geist will in ihnen wohnen. Lass uns transparent werden für dich und dein befreiendes Wort leben.

Berufen und beauftragt – im Auftrag des Herrn unterwegs

Saulus oder Paulus, so genau steht es noch nicht fest, und Barnabas sind ein gutes Team. Sie fasten zusammen, sie beten zusammen, sie werden von Gott beauftragt, das Evangelium zu verbreiten, und dann ziehen sie los. Und sie haben durchaus Erfolge mit ihren Predigten, sogar einen römischen Statthalter können sie bekehren. Das beeindruckt mich sehr. Sofort gehen meine Gedanken auf Reisen. Wie können heute Menschen begeistert werden für Jesus, für Gott, für den Heiligen Geist? Wie können einzelne, wie können Gemeinden Aufmerksamkeit erzeugen und vor allem überzeugen? Was könnte da eine gute Idee oder eine gute Aktion sein? Vieles fällt mir dazu ein. Taufen am See, Gebete in der Fußgängerzone, offene Kirchen mit Musik im Advent, so etwas gehört dazu. Aber haben denn Menschen in unseren Zeiten Interesse daran, etwas darüber zu hören, was sie trösten, retten und weiterführen würde? Haben sie die Möglichkeit zu sehen und zu hören, außerhalb dessen, was die Algorithmen ihnen auf den Smartphones vorschlagen? Der römische Statthalter, dem Paulus und Barnabas begegnen, hatte ein Interesse, er wollte etwas hören. Das erscheint mir wichtig. Er hat Platz in seinem Kopf und seinem Herzen für neue Gedanken, für eine neue Art zu denken und zu glauben. Der Zauberer, der ihn davon abhalten will, zum Glauben zu finden, weiß vielleicht, wie revolutionär die Botschaft ist, und will deshalb nicht, dass der Statthalter glaubt. Als ob man jemanden davon abhalten könnte zu glauben. Ich denke, Glaube ist wie ein Geschenk, dass für uns alle wie in einer Cloud bereit liegt. Aber es ist wichtig davon zu erfahren, dass dieses Geschenk da ist. Und ein anderer Mensch muss mich aufmerksam machen und mir den Zugangscode zur Cloud geben. Das will der Zauberer verhindern. Dann macht Paulus offensichtlich, dass der Zauberer blind ist für den Glauben an Jesus Christus, so wie Paulus selbst es auch war. Dieses Zeichen beeindruckt den Statthalter. Er findet zum Glauben.

KATHARINA TREPTOW-GARBEN

Gott, ich bitte dich darum, mir immer wieder Menschen zu schicken, die mir zeigen, was ich selbst nicht sehen kann, die mir helfen, Zugang zu finden zu dem, was ich nicht sehen kann.

Heute und hier, immer da, immer nah

Faszinierend finde ich an diesen Reiseberichten, dass immer wieder Einzelne aus der Gruppe der Apostel gehen oder dazukommen und dass dies ein ganz normaler Vorgang zu sein scheint. Das will ich mir merken. Auch Engagement für Glaube und Kirche heute muss keine lebenslange Verpflichtung sein, sondern ist genauso gut, wenn es für eine Saison ist, für einmal Musik machen, für eine kurze Wanderung oder für einmal Kaffee kochen. Engagement für den Glauben unterliegt keiner Längenwertung.

Und das zweite, was mich fasziniert, sind die freien erzählerischen Predigten von Paulus. Paulus kennt die biblischen Geschichten und Traditionen natürlich sehr gut, er kann aus dem Vollen schöpfen. Er malt einen großen Bogen von der Befreiungsgeschichte des Volkes Israel aus Ägypten, über die Wüstenzeit, zu den Richtern und Königen bis hin zum legendären König David. Und von diesem großen Idol, dem König David, stammt nun Jesus Christus ab und ist damit völlig legitimiert. Und ihm voraus ging Johannes, der auf Christus verweist. Paulus erzählt den Hörern und vielleicht auch den Hörerinnen zunächst etwas, das sie schon kennen. Das schafft Vertrauen und das ermöglicht den Zuhörenden, sich darauf einzulassen, was Paulus zu sagen hat. Aber er beginnt auch zu erzählen von etwas, was darüber hinaus geht, aber in der Logik des bereits Erzählten bleibt. Paulus bringt die Geschichte von Jesus Christus in den Kontext der Menschen hinein, die ihm gerade zuhören. Und das ist wichtig. Das ist gutes missionarisches Handeln. Die Menschen ernst nehmen, die mir begegnen, ihre Geschichte, ihre Tradition. Und dann etwas anbieten, was darüber hinausgeht. Aus dem Vertrauten heraus neue Ideen anbieten zur Deutung des Lebens und des Glaubens, das ist Paulus' Art und Weise zu missionieren.

KATHARINA TREPTOW-GARBEN

Gott, hilf mir wahrzunehmen, mit wem ich wann was rede, hilf mir, den anderen ernst zu nehmen und seine Perspektive, und offen hinzuhören, auf das, was ihn bewegt.

Der große Unterschied

In die offenen Ohren seiner Zuhörenden legt Paulus mit seiner Predigt eine echte Zumutung. Jesus Christus ist der erste, der auferweckt wurde von den Toten. Er hat die Verwesung nicht gesehen, schreibt Paulus. Das ist krass, sowohl damals wie auch heute. Denn eigentlich gilt doch in der menschlichen Weisheit zumindest die eine Wahrheit, dass der Tod alle gleich macht, egal ob erfolgreich oder immer nur so haarscharf überlebend. Das letzte Hemd hat keine Taschen, heißt es in einem Schlager, den Hans Albers mal gesungen hat. Dass er gestorben ist, stimmt ja auch für Jesus. Er ist gestorben und er konnte sich nicht vor dem Sterben bewahren lassen, wollte es vielleicht auch nicht. Aber dann wird er auferweckt von den Toten. Das unterscheidet ihn von allen Menschen vor ihm und das unterscheidet ihn sogar von dem großen König David, der bis dato das Non plus Ultra war. Und das ist das Neue, das Unerhörte, das Sagenhafte. Und für diese Auferstehung gibt es sogar Zeuginnen und Zeugen, denn er ist vielen Menschen erschienen. Ich stelle mir vor, dass es vielen wahnsinnig schwerfiel, das zu glauben. Auch die zweite Botschaft, die Rechtfertigung allein aus Glauben, muss ein Hammer gewesen sein für die Zuhörer und Zuhörerinnen. Und wenn ich sehe, wie sehr wir auch in der Pfarrerschaft heute darum ringen, diese Zusagen zu leben, dann wird das Wunder noch viel größer, dass es viele Menschen gab, die Paulus und Barnabas zugehört und sich dafür sehr interessiert haben. Es war ja etwas ganz anderes, als das, was sie gelernt hatten und bisher gehört hatten. Und auch ich glaube an die Auferstehung Jesu Christi und die Rechtfertigung aus Glauben, aber es fällt mir immer wieder schwer, das ins tägliche Leben zu übersetzen. Den Tod nicht zu fürchten, das habe ich bisher nur bei wenigen, tiefgläubigen Menschen erlebt in der Sterbebegleitung. Und zu leben und zu arbeiten, ohne sich über Leistung rechtfertigen zu wollen, das ist eine tägliche Lernaufgabe und Herausforderung.

KATHARINA TREPTOW-GARBEN

Gott, hilf mir, die Geheimnisse des Glaubens zu schätzen, mich faszinieren zu lassen auch von dem, was ich nicht verstehe, hilf mir, immer wieder Neues in mein Leben hineinzulassen.

Das Gute sehen

Der Psalm beginnt mit einer Aufforderung: »Lobe den Herrn, meine Seele!« Wer beim Lesen noch überlegt, was denn der Anlass für das Lob Gottes sein könnte, bekommt im Schnelldurchlauf Vers für Vers einen Grund nach dem anderen präsentiert. Und noch ehe die ganze Liste der Argumente zu Ende ist, ertönt bereits im zweiten Vers das Motiv des Psalmbeters: ein Plädoyer wider die Vergesslichkeit – und ein Aufruf, das Gute zu sehen!

Ein Politiker sagte einmal auf die Frage, warum er bei seiner Vereidigung nicht »ja, mit Gottes Hilfe« geantwortet habe: »In meinem Leben habe ich noch nie die Hilfe Gottes erfahren.« Aus der Perspektive des Psalms eigentlich eine unmögliche Antwort. Die Aufforderung zum dankbaren Erinnern kommt wohl nicht von ungefähr. Vielleicht, weil er das Gute für den Normalfall hält und er Gott dann nicht braucht? Oder weil sich das Negative stärker ins Gedächtnis prägt? Aber Anlässe, dankbar zu sein, gibt es viele. Zum Beispiel, dass ich morgens aufwache, sauberes Wasser habe und mich satt essen kann. Und im Vergleich zu vielen Menschen in anderen Teilen dieser Welt geht es uns gut.

Der Glaubende führt sein individuelles Wohlergehen auf Gott zurück. Der Psalmbeter verharrt jedoch nicht in dieser Perspektive. Er wählt den großen – auch historischen Zusammenhang. Die Heilsgeschichte kommt in den Blick: von Mose und der Befreiung des Volkes Israel aus der Gefangenschaft in Ägypten bis auf den heutigen Tag.

Übrigens hat auch die säkulare Welt die Bedeutung der Dankbarkeit längst entdeckt. Wer dankbar ist, erkennt an, dass er oder sie nicht alles allein tun kann. Wer glaubt, alles sei »selfmade«, ignoriert den Anteil, den wir auch anderen Menschen verdanken. Viele Studien belegen, dass dankbare Menschen glücklicher sind, weniger stressanfällig, weniger depressiv, ein größeres Selbstwertgefühl haben – und zufriedener sind mit ihrem Leben. So sehen es auch die vielen Danklieder im Evangelischen Gesangbuch oder im Gotteslob.

UDO HAHN

Bis hierher hat mich Gott gebracht durch seine große Güte, bis hierher hat er Tag und Nacht bewahrt Herz und Gemüte, bis hierher hat er mich geleit', bis hierher hat er mich erfreut, bis hierher mir geholfen.

Behalte es nicht für dich

»Da hast du doch einen Super-Tipp von einem Insider. Behalte das bloß für dich. Dann kannst du am meisten Kapital daraus schlagen.« Ein Rat, wie er an der Börse üblich sein mag. Wissen zu teilen bringt Nachteile. Also soll es im kleinen Kreis bleiben.

Manche Juden zur Zeit des Paulus haben bezüglich ihres Glaubens ganz ähnlich gedacht. Hauptsache, sie selbst gehörten zu den Auserwählten. Hauptsache, sie selbst kannten das Gesetz als den Weg zum Heil. Wozu dieses Wissen teilen? Dann wäre man ja nichts Besonderes mehr.

Paulus und Barnabas aber lassen das nach der Schilderung der Apostelgeschichte nicht mehr gelten. Zwar hätten aus ihrer Sicht die Juden als allererste verstehen müssen, dass sich mit der Auferweckung Jesu von den Toten die Verheißungen ihrer Propheten erfüllt hatten und Gott den Menschen aus Gnade das Heil schenkt. Aber diese frohe Botschaft richtet sich nun nicht mehr exklusiv an einen Kreis von Auserwählten. Alle Menschen sollen sie erfahren: Jesus ist das Licht für die Völker, er ist das Heil bis ans Ende der Erde. Dankbar nehmen Menschen diese Botschaft auf, die bisher den Glauben der Juden nicht teilten. Aber einige der Juden sehen sich ihrer Sonderstellung als Auserwählte beraubt und verjagen die Apostel.

Diese Schilderung fordert uns heraus. Sind wir zufrieden damit, selbst die frohe Botschaft zu kennen? Genügt es uns, für unser eigenes Leben einen guten Weg gefunden zu haben? Begnügen wir uns mit der Gemeinschaft der Gleichgesinnten? Oder sind wir bereit, selbstlos ein Zeugnis von unserem Glauben zu geben? Geben wir durch unsere Art des Umgangs mit anderen, durch unsere helfenden Hände und auch durch ein Bekenntnis unseres Glaubens die frohe Botschaft weiter? Einfach, weil sie für alle Menschen gedacht ist? Damit mögen wir genau wie Paulus und Barnabas längst nicht alle überzeugen. Aber wie sie dürfen wir uns freuen über alles, was letztlich Gott selbst an den Menschen wirkt.

MARTIN FAATZ

Lass dein Wort, guter Gott, in mein Herz und auf meine Hände geschrieben sein, und lass es mir, wo nötig, auch über die Lippen kommen für alle, zu denen du es durch mich sprechen willst.

Nicht alles um des lieben Friedens Willen

»Um des lieben Friedens Willen sage ich jetzt lieber einmal nichts.« Im Alltag mag das oft richtig sein. Nicht für alles lohnt sich eine Diskussion oder gar Streit.

Aber für Paulus und Barnabas ging es nach der Schilderung der Apostelgeschichte um mehr als ein paar Kleinigkeiten im Alltag. Es ging ums Ganze. Es ging um das Leben der Menschen und um die Zukunft der Welt. Es ging um den Glauben an Jesus Christus als die Erfüllung aller Verheißungen aus dem Alten Testament. Es ging um Jesus als den Auferstandenen, als den Sohn Gottes, als den Heilsbringer für alle Menschen auf Erden. Sie wussten, dass nicht alle das hören wollten. Aber sie konnten einfach nicht schweigen. Alle ihre Hörerinnen und Hörer sollten die Chance haben, zum Glauben an Jesus zu kommen und ein neues, besseres Leben anfangen zu können. Also predigen sie weiter. Sie vertrauen darauf, dass Gott selbst am Ende aus ihren Worten das machen werde, was gut ist.

Tatsächlich kommt es dann zum Streit. Am Ende bleibt den Aposteln nur noch die Flucht. Aber selbst diese begreifen sie noch als Chance. Sie predigen einfach an den Orten weiter, an die es sie verschlagen hatte.

So werden auch wir immer wieder einmal in einem Konflikt vor der Frage stehen: Worum geht es gerade? Irgendetwas Nebensächliches? Eine Kleinigkeit? Dann können wir um des lieben Friedens willen schweigen. Oder geht es um mehr: um Gerechtigkeit? Frieden? Menschenrechte? Um Menschen in Not, für die niemand sonst eintritt? Das Gemeinwohl? Oder um einen Streit, der endlich einmal ausgetragen werden muss, damit Versöhnung möglich wird? Dann dürfen auch wir nicht schweigen. Dann müssen wir es Gott überlassen, was unser Wort bewirkt. Dann müssen wir es unter Umständen auch aushalten, wenn andere sich von uns abwenden. Aber wir dürfen auch vertrauen, dass Gott selbst daraus noch Gutes wachsen lassen kann.

MARTIN FAATZ

Schenke mir die Weisheit, guter Gott, zu schweigen, wo mein Wort nicht nötig ist. Lass mich reden, wo dein Wort zur Wahrheit und zum Guten hilft.

Keine Superhelden

Eine Krise nach der anderen treibt uns um in unserer Welt. Kriege, der Klimawandel, Flüchtlingsströme, Krawalle auf den Straßen. Schnell sind Rufe zu hören nach dem starken Mann oder der starken Frau, der oder die das alles wieder in Ordnung bringt. Ein Superheld, der durchgreift, keine Rücksichten nimmt, für alles eine Lösung hat. Und schnell gibt es auch Menschen, die sich als solche Superhelden anbieten; die versprechen, alle Krisen in den Griff zu bekommen, wenn man sie nur an die Macht bringt.

Paulus und Barnabas tun nach Ausweis der Apostelgeschichte genau das Gegenteil. Dabei hätten sie die Chance gehabt, an die Macht zu kommen. Die Menge lag ihnen zu Füßen. Sie wurden als Götter geehrt. Hätten sie diese Chance nicht nutzen müssen? Wäre das nicht die Gelegenheit gewesen, zum Wohle aller zu herrschen?

Aus Sicht von Paulus und Barnabas ganz und gar nicht. Sie wussten um ihre Grenzen. Nichts anderes als Menschen unter Menschen wollten sie sein. Und sie wollten ihre frohe Botschaft nicht verraten: dass Jesus als der Sohn Gottes der einzige Retter der Welt ist, dass nur er die Welt wieder zum Guten führen kann, wenn Menschen sich in Demut zu ihm bekehren. Prompt schlägt die Stimmung um. Die Menge ist enttäuscht. Am Ende tut sie den Aposteln sogar Gewalt an.

Die Mahnung des Paulus und Barnabas bleibt. Niemand wird auf Erden jemals der Superheld sein, der alle Krisen in den Griff bekommt. Niemand darf sich dazu aufschwingen, und niemanden dürfen wir in diese Rolle bringen. Nur Gott allein kann die Welt wieder ins Lot bringen. Wir Menschen können es, wenn wir ihn als den Herrn der Welt anerkennen; wenn wir gemeinsam im Gebet um die richtigen Lösungen ringen; wenn wir gemeinsam handeln im Vertrauen auf den wahren Herrn der Welt. Wenn uns das gelingt, müssen uns auch ohne Superhelden die Krisen unserer Tage nicht lähmen.

MARTIN FAATZ

Allein auf dich, guter Gott, lass mich alle Karten setzen und zum Verweis auf dich allein den anderen die Karten legen, damit aus den Trümmern unserer selbstgebauten Kartenhäuser eine Welt nach deinen Plänen wächst.

Durchhaltevermögen

Paulus ist auf seiner ersten Missionsreise. Widerstand gegen Gottes Wort zieht sich durch diese Reise. Im Textabschnitt vor dem heutigen wird Paulus in Lystra sogar gesteinigt, weil er einen Mann geheilt und das Volk ihn daraufhin begeistert gefeiert hat. Ich stelle mir vor, dass er schwer verletzt gewesen sein muss, wenn er von seinen Peinigern für tot gehalten wurde.

Wie schafft es dieser Mann, gleich am nächsten Tag vermutlich zu Fuß mit Barnabas weiter nach Derbe zu ziehen und dort weiter zu predigen? Woher hat er die Kraft dazu genommen?

Im Anschluss an ihre Aktivität in Derbe kehren sie dann zurück nach Lystra (dem Ort der Steinigung), Ikonion und Antiochia. Wenn sie dort ihre Mitchristen ermahnt haben, im Glauben zu bleiben, weil sie alle durch viele Bedrängnisse gehen müssen (V. 22): Das haben ihnen die Leute sicher aufs Wort geglaubt, Paulus' Wunden dürften deutlich gesprochen haben.

Wenn ich eine Bedrängnis so leibhaftig vor Augen geführt bekomme: Wie stark muss eine Verbundenheit mit etwas oder jemandem sein, dass ich da nicht sofort schreiend die Flucht ergreife und mich im hintersten Winkel verstecke? Für wen oder was würde ich mich sehenden Auges in Todesgefahr begeben? In Deutschland sind wir seit fast 80 Jahren durchgängig Frieden und Freiheit gewöhnt. In anderen Teilen der Welt ist das anders – doch auch bei uns verändert sich die Situation. Ich schreibe diese Zeilen im Winter 2023. Es herrscht Krieg in der Ukraine und die politische Situation bei uns ist auch nicht gut. Extremisten, die die Meinungsfreiheit mit Füßen treten, heimsen bei Wahlen Zugewinne an Stimmen ein, die mir Angst machen.

Die Bibel ist realistisch: Christen müssen zu allen Zeiten Gottes Wort und ihren Glauben verteidigen. Ja, wir müssen mit Bedrängnissen rechnen. Trotzdem: Kaum irgendwo wächst Christi Kirche mehr als in Ländern, in denen Bedrängnis herrscht.

CLAUDIA KOLTER

Herr, mein Gott, ich habe Angst. Angst vor Krieg, vor Verfolgung, vor dem Klimawandel. Ich bin nicht stark. Aber ich vertraue auf deine Stärke. Du hast Paulus gestärkt, stärke auch mich in dieser heutigen Zeit.

Kleinliches Getue? Oder nötige Anpassung?

Nach den lebensbedrohlichen Erlebnissen auf Paulus' erster Missionsreise erscheint dieser Text wie ein Kontrastprogramm: kleinliches Streiten um Detailfragen. Oder sind es nötige Anpassungen in einer schwierigen Zeit?

Einerseits ziehen am Horizont Bedrohungen für Leib und Leben auf, andererseits zieht Gottes Wort immer größere Kreise und entwickelt Anziehungskraft für mehr Menschen jenseits jüdisch-christlicher Personen. Was also tun mit den Neuankömmlingen, die einerseits Glaubensgeschwister, andererseits fremder Herkunft sind? Es wundert mich nicht, dass die maßgeblichen Christen erbittert gestritten haben. Zu allen Zeiten haben Bewahrer des Alten und Verfechter des Neuen um den »richtigen« Weg gerungen. Vor allem dann, wenn man an einem Scheideweg stand und die Zukunft sehr ungewiss war. Hier in der Apostelversammlung ist das definitiv der Fall: bedrohlicher Druck von außen auf die junge Glaubensgemeinschaft, verschiedene kulturelle und religiöse Einflüsse von innen. Beides hatte Potenzial zur Sprengkraft. Wie also damit umgehen?

Einige Parallelen sehe ich zu heute: Die Welt als Ganzes ist bedroht von Klimawandel und von Neusortierung der Machtblöcke. Von Kriegen sowieso. Und von innen gibt es eine gefährliche Erosion, weil Missmanagement, Kampf um Machterhalt und veraltete »Zöpfe« Menschen in verantwortlichen Positionen von Kirchen und Gemeinden davon abhalten, die nötigen Anpassungen vorzunehmen. Frustrierte Gläubige gehen in die innere Kündigung oder verlassen ihre Kirche oder Gemeinde gleich ganz. Leider verlassen sie häufig auch Gott und schütten damit das Kind mit dem Bade aus.

Wie können wir, wie kann ich dazu beitragen, dass Gottes Wort weiter in die Welt geht und Menschen gestärkt werden?

CLAUDIA KOLTER

Herr, du großer Gott, lass nicht zu, dass Menschen an ihrer Macht kleben oder in ihrer Engstirnigkeit notwendige Veränderungen verhindern. Verändere unsere Herzen, dass wir uns neu auf dich besinnen und uns unserer Verantwortung bewusst werden. Und fang damit heute bei mir an.

Machtwort?

Der heutige Text erzählt uns, wie in der Urgemeinde zu dieser Frage (vorerst) eine Lösung gefunden wird: Nachdem man lange gestritten und gerungen hat, beschließen alle (!) gemeinsam, wie sie vorgehen wollen. Also nicht nur die Apostel oder die Ältesten oder die Gemeinde, sondern alle zusammen (Apostel und Älteste und die ganze (!) Gemeinde, also wohl auch die Frauen). Es spricht von daher niemand ein einsames Machtwort, es ist im Gegenteil jeder und jede einzelne an der Entscheidung beteiligt.

Das hat den Vorteil, dass möglichst viele (bestenfalls alle) im Findungsprozess mitgenommen werden, erhöht freilich auch die Verantwortung der einzelnen Personen. Freiheit und Verantwortung gehören zusammen. Vorteil ist auch, dass extreme Positionen in der einen oder anderen Richtung eher gemildert werden. So auch hier: Von der von einigen bekehrten Pharisäern geforderten Beschneidung der Heidenchristen ist im Brief an die Christen in Antiochia nur die Enthaltung von Ersticktem, Götzenopferfleisch, Blut und Unzucht übriggeblieben. Diese Verhaltensregeln hatten nach damaligem Verständnis auch Sinn und galten für alle Christen. Zudem erklärt der Brief an die antiochenische Gemeinde, wie dieser Beschluss zustande kam, und er enthält einen Zuspruch an die Geschwister.

So kann das Schreiben eine segensreiche Wirkung entfalten, zumal die Brüder, die es überbringen, in Kontakt mit der Gemeinde gehen und Zeit dort verbringen.

Die Kombination von dem allen scheint mir eine gute Maßnahme zu sein, wie auch heutige Kirchen Glauben und Leben gestalten können: im ständigen Austausch, Nachdenken, Ringen und manchmal auch Streiten um gute Lösungen; ohne Pochen auf Machterhalt oder Egoismus. Wenn es manchmal wie damals zu Missverständnissen kommt (s. Gal 2), gehört das zum Menschsein dazu. Das ändert jedoch nichts daran, dass wir als Christen zur Einigkeit aufgerufen sind. Denn Einigkeit macht stark gegen Anfechtung von innen und Angriffe von außen. Und von beidem gibt es in unserer Zeit genauso viele wie damals.

CLAUDIA KOLTER

Herr, lehre mich, die Geister zu unterscheiden. Dein Wille geschehe.

Unschuldig verfolgt

Wer andern eine Grube gräbt, fällt selbst hinein. So beschreibt die Volksweisheit eine Erfahrung, die einen glücklichen Ausgang dem beschert, der Unrecht erleiden musste. Und zwar die schlimmste und subtilste Form: die Verleumdung. Wie ein Sachverhalt plötzlich anders dargestellt wird. Wie womöglich wichtige Informationen zur Beurteilung eines Geschehens weggelassen werden – oder das Gegenteil behauptet wird.

Worum es genau geht, das wird im Psalm nicht weiter erläutert. Ist vielleicht auch nicht wichtig. Aber irgendetwas bleibt immer hängen. Auch das gehört zur Volksweisheit. Schließlich ist niemand völlig schuldlos, wenn ein Konflikt eskaliert. Und doch gibt es Situationen, in denen die völlige Vernichtung des Beschuldigten in Kauf genommen wird, gar beabsichtigt, mag er noch so sehr seine Unschuld beteuern.

Das Schlimmste: Es werden die verunsichert, die mit dem Beschuldigten freundschaftlich verbunden sind, die sich gar nicht vorstellen können, dass zutrifft, was ihm vorgeworfen wird.

Was ist Wahrheit? Im philosophischen Diskurs mag man fröhlich streiten. Aber es gibt Situationen, Umstände, in denen die Wahrheit das erste Opfer ist. Im Krieg etwa. Wenn sich etwas unabhängig nicht überprüfen lässt. Wenn Propaganda, Desinformation bewusst jene zu verunsichern versuchen, die der Wahrheit die Ehre geben und der Gerechtigkeit zur Durchsetzung verhelfen wollen. Wie soll das gehen?

Es braucht schon viel Gottvertrauen, um an das Gute zu glauben, dass sich am Ende die Wahrheit durchsetzen wird und die eigentlich Schuldigen verurteilt werden. Wie gut wäre es, wenn den Übeltäter seine Schuld einholen würde. Und noch besser wäre es, wenn er – beeindruckt von Gottes Handeln – gar nicht erst zum Unterdrücker und Verfolger würde. Dass ihn am Ende seine Untat einholt – das ist seit Menschengedenken die Hoffnung aller, denen übel mitgespielt wird. Eine Hoffnung, die in den Psalmen ein ums andere Mal beschworen wird …

UDO HAHN

Gott, es gibt so viele, die lügen und betrügen, die andere fertigmachen wollen. Gebiete ihnen Einhalt. Sei du der Anwalt der Schwachen und Eingeschüchterten – und hilf ihnen.

Respekt, Paulus!

Wenn ich mir die Reiseroute des Apostel Paulus ansehe, bekomme ich Respekt: Weite Strecken hat er zurückgelegt, Gebirge und Ebenen durchwandert, und das alles unter den Bedingungen des ersten Jahrhunderts nach Christus! Wochenlang hat er keinen eigenen Raum. Er mutet sich als Gast überall zu und muss dazu noch Sprach-, Kultur- und Religionsgrenzen überschreiten.

Wie wichtig, dass er jemanden an der Seite hat, dem er vertraut. Der mit ihm das gleiche Ziel verfolgt: die Gemeinden besuchen, schauen, wie es ihnen geht, wenn möglich, sie zu stärken. Diesen treuen Begleiter findet er in Silas. Dann aber auch in Timotheus. So sind sie nun ein stärkeres Team! Dass er Timotheus beschneiden lässt, ist kein Akt der Willkür oder gar des religiösen Zwangs. Immerhin hat er die Beschlüsse des Apostelkonzils »im Gepäck«. Für ihn ist so die Schwelle für Juden, Jüdinnen niedriger, sich dem Glauben an Jesus, den Christus, den Messias zu öffnen, ihn gar anzunehmen.

Paulus und seine Begleiter müssen Sprach-, Kultur- und Religionsgrenzen überschreiten. Das ist kein leichter Weg. Was hilft dabei? Paulus ist im Judentum verwurzelt und hat sich Jesus als dem Christus geöffnet. Er bleibt immer ein Wanderer zwischen Welten. Er lebt auf der Grenze. Er hat feine Antennen entwickelt, wie Menschen sich Fremdem öffnen können. Er hat ein Gespür dafür gewonnen, dass nicht nur Worte, sondern eine innere Haltung nötig sind, um Menschen im Herzen zu berühren. Er zeigt Respekt für die Menschen, denen er begegnet. Er hat Respekt für die Menschen, mit denen er unterwegs ist. Respekt, Paulus!

Den Respekt wünsche ich mir für unsere Gesellschaft, für unser Miteinander in Deutschland und Europa, mit Sprach-, Kultur- und Religionsgrenzen. Zudem: Es ist Sommer, viele von uns sind auf Reisen. Da begegnen wir anderen Sprachen, Kulturen, Religionen. Wie begegnen wir ihnen?

BÄRBEL SCHÄFER

Dass ich mich dem Fremden öffnen kann, das bitte ich, Gott. Dass ich mit Respekt auf das reagiere, was mir unverständlich, ja vielleicht irritierend vorkommt, das bitte ich. Durch Jesus Christus, den Wanderer zwischen den Welten, zu dem ich gehöre, zu dem wir gehören.

Nimm dich nicht so wichtig!

Jetzt überschreitet Paulus die Grenze zu Europa, aber nicht aus freien Stücken: Eine innere Stimme weist ihm den Weg, eine Erscheinung in der Nacht. Schon einmal hatte er seine Reise- und Lebensroute geändert: damals, in Damaskus. Es braucht Kraft und innere Freiheit, das loszulassen, was ich vorhatte zu tun. Da nicht hinzugehen, wo ich geplant hatte hinzugehen. Den inneren Kompass neu auszurichten.

Paulus scheint sich damit nicht allzu schwer zu tun. Nach Vorderasien jetzt also Europa, Makedonien. Als erstes die Stadt Philippi. Und auch hier überwindet er Sprach-, Kultur- und Religionsgrenzen: Er geht zu den Frauen am Fluss. Er geht dorthin, wo sie sich treffen, wo sie beten. Er scheint dort den richtigen Ton gefunden zu haben. Lydia lässt sich »mit ihrem ganzen Haus« taufen. Also zeigt er auch hier wieder ein gutes Gespür! Sie ist eine erfolgreiche Geschäftsfrau. Dass sie als erste Christin in Europa in die Kirchengeschichte eingehen wird, hat sie damals nicht interessiert. Vielmehr ist sie begierig, noch mehr zu erfahren. Sie sucht die Nähe zu diesem Mann, der ihr Herz bewegt und ihren Glauben neu ausgerichtet hat. Für einige Tage wird sie Gastgeberin für Paulus und seine Begleiter.

Taufen am Fluss! Tauffeste, bei denen viele, Groß und Klein, Alt und Jung, getauft werden, haben Einzug gehalten in unser kirchliches Leben. Das ist schön!

Paulus kann uns zum Coach werden, zum Coach von Tauffesten. Er kennt eine wichtige Haltung für uns heute, für Kasualagenturen und Segenstellen: »Seid neugierig! Interessiert euch! Interessiert euch wirklich, von Herzen, für die Menschen, die sich euch anvertrauen! Geht ein Stück Weg mit ihnen. Lasst euch auf sie ein. Sie haben euch etwas zu sagen! Sie sind wichtig!«

BÄRBEL SCHÄFER

Ich danke dir, Gott, für all die Menschen, die mir etwas zumuten auf meinem Lebens- und Glaubensweg. Ich danke dir für all die Menschen, die mich beherbergen in ihren Gedanken, Worten und Räumen. Danke für den Raum, den du für mich bereithältst, Geist durchflutet.

Ruhig mal die Nerven verlieren!

Immer unterwegs sein. Immer im Dienst. Nie sich zurückziehen können. Paulus verliert die Nerven! Eine seltsame Szene: Die Frau mit dem »Wahrsager-Geist« bestätigt auf ihre Weise die Wirkmacht Gottes, in dessen Dienst sich Paulus gestellt hat. Sie bezeichnet ihn als »Diener des höchsten Gottes«. Das ist nicht falsch! Aber sie gebärdet sich dabei seltsam, aufdringlich. Und Paulus, aufgewühlt, aufgebracht, »treibt ihren Geist aus«. Das hat Folgen!

Ich rätsle: Das Gebaren der tüchtigen Lydia lässt Paulus geschehen. Sie darf ihn »nötigen«. Hier, gegenüber der Magd bzw. ihrem üblen Geist, wehrt er sich. Was spürte er dabei? Was haben ihm seine Antennen hier nahegelegt? Dieses Mal geht er nicht aufmerksam auf diese Frau zu, sondern er spricht ein Machtwort gegenüber der Kraft, die sie beherrscht und ihn stört. Es beherrscht sie aber nicht nur ein Geist. Es beherrschen sie zudem Männer, die sie benutzen, die ihre psychische Befindlichkeit für sich nutzen. Diese Männer hat er mit seinem Wort nicht bezwungen. Im Gegenteil: Sie bezwingen ihn. Deren Geschäftsmodell ist nun zerstört, und das müssen er und sein Begleiter büßen.

Ein Geist wird ausgetrieben. Eine Heilungsgeschichte? Das kann eine Lesart sein. Aber was passiert nun mit der Frau, die für ihre Besitzer keinen Nutzen mehr hat? Nein. Es ist eine Machtgeschichte: Politische Strukturen, Machtstrukturen, sexistische Strukturen werden aufgedeckt. Nicht durch einen überlegten Diskurs, sondern weil Paulus die Nerven verliert. Das klärt – aber das hat seinen Preis. In alle Richtungen. Damals wie heute. Über Paulus und Silas wird bis heute nachgedacht. Wer denkt über diese Frau nach?

BÄRBEL SCHÄFER

Ich klage, Gott, wegen all der Menschen, die vergessen werden in Gefängnissen, in Geiselhaft, in psychiatrischen Anstalten. Sei du ihr Gedächtnis, schreibe ihre Namen in deine Hand: Schöpfer und Erhalter!

Auswege aus Ausweglosigkeiten

Dieser Abschnitt mit einer an Dramatik kaum zu überbietenden Geschichte macht Mut. Scheinbare Ausweglosigkeiten müssen nicht Sackgassen sein.

Paulus und Silas (Silvanus) sitzen im Gefängnis in der römischen Kolonialstadt Philippi. Ein Erdbeben, das in der Regel enorme Schäden anrichtet und viele Menschen als Tote oder Verletzte zurücklässt, verursacht hier die Freiheit der beiden. Der wegen seines beruflichen Versagens verzweifelte Gefängniswärter denkt an Selbstmord. Die Begegnung mit Paulus und Silas verhindert dies und verändert sein Leben. Er und seine Familie lassen sich voller Freude taufen. Das Gefängnis wird Keimzelle einer christlichen Gemeinde. Das Unrecht, nämlich dass Paulus und Silas als römische Staatsbürger ohne Verhör und ohne Gerichtsurteil ausgepeitscht und ins Gefängnis geworfen wurden, wird benannt und aufgeklärt zur Beschämung der Behörden.

Die Gefängnisse in unserem alltäglichen Leben sind in der Regel nicht aus Steinen gebaut, nichtsdestotrotz sind sie real und einschnürend. Da sind die Fesseln der Trauer, die Menschen nicht abstreifen können. Da gibt es Mauern der Schuld, die Menschen den Weg zueinander verbauen. Es entstehen Verliese der Angst, in denen die Hoffnung vermodert. Wir spüren Einzelzellen der Resignation, die den Lebenswillen zerbrechen. Schwer zu beschreibende Zweifel und wenig erforschte Krankheiten lassen uns darniederliegen.

Paulus und Silas singen gegen Depression, gegen Lähmung, gegen Mutlosigkeit, gegen Isolierung und gegen Vereinsamung. Sie vergewissern sich singend und betend ihres Vertrauens zu Gott. Singen und Beten ermutigt und stärkt. Mit Franz von Sales lässt sich zu unserem Abschnitt sagen: Begegne dem, was auf dich zukommt, nicht mit Angst, sondern mit Hoffnung.

STEFAN DURST

Gott, stärke unseren Glauben, wenn uns nichts gelingen will und wir enttäuscht sind. Lass uns spüren, dass du uns trägst und hältst in allen Situationen des Lebens.

Herzliche Verbundenheit

Der Abschnitt bildet den Anfang des Philipperbriefes, der wie jeder antike Brief beginnt: Namen des Absenders (Paulus und Timotheus), Namen der Adressaten (Philippi), Gruß. Bei den Adressaten werden neben den Heiligen (heute: Gemeindeglieder; »Heilige« in der Urchristenheit meint nicht bestimmte kanonisierte Christen) Diakone (Diener) und Bischöfe (Aufseher) erwähnt. Hier findet sich der früheste Hinweis auf Diakone und Bischöfe im christlichen Kontext. Doch waren sie damals noch nicht Ämter, wie wir sie heute kennen. Sie waren Gemeindebeauftragte, die bestimmte praktische Aufgaben wahrzunehmen hatten. 1.Tim und Tit sind Zeuge für eine Entwicklung zu Ämtern im heutigen Sinne.

Die christliche Gemeinde von Philippi war die erste paulinische Missionsgründung auf europäischem Boden (Makedonien) im Jahre 49. Mit den von ihm gegründeten Gemeinden blieb er mittels Briefen in Kontakt. Diesen Brief schrieb er aus der Gefangenschaft heraus. Philippi war gleichsam seine Lieblingsgemeinde. Der Brief zeigt das herzliche Vertrauensverhältnis zwischen ihm und den Philippern. Nur von dieser Gemeinde nahm er Unterstützung an.

Der Abschnitt ist ein überschwänglicher Dank für den Glauben aller Christen in Philippi (neunmal das Wort »alle«) und damit seelsorglich herausragend. Ein Hauptthema des Briefs klingt schon hier an: Freude (13-mal das Wort »Freude« im ganzen Brief). Die innige Verbundenheit des Apostels mit dieser Gemeinde ist beeindruckend und von keiner anderen Gemeinde zu überbieten (der Apostel trägt sie in seinem Herzen, er sehnt sich nach ihr, er betet für sie). Seelsorglich bedeutsam sind auch die tröstlichen Worte, Gott wird mögliche Defizite, Bruchstückhaftes, Unvollendetes, Zusammengebrochenes zur Vollendung führen.

STEFAN DURST

Gott, wir danken dir, dass du uns nicht aufgibst und uns erträgst und uns immer wieder Gutes erweist.

Unterscheidung zwischen Evangelium und seinen Boten

Menschen in Haft fangen an zu grübeln, andere entwickeln ein ausgeprägtes Misstrauen gegenüber allen Menschen. Einige werden von starken Ängsten bedrängt, andere spüren Minderwertigkeitsgefühle intensiver als sonst. Viele reagieren besonders gereizt.

Paulus hat die Erfahrung des Gefangenseins gemacht. Er schreibt an die Philipper aus einem Gefängnis. Er schreibt von Freude. Er ist nicht zerknirscht, er ist nicht wütend oder verärgert, er bereut nichts.

Paulus hat erfahren, dass es in Philippi, während er im Gefängnis sitzt, einige gibt, die aus hässlicher, neidischer, argwöhnischer Gesinnung, also aus unlauteren Motiven heraus, Christus verkündigen. Es ist überraschend, dass Paulus sie nicht scharf tadelt. Aus anderen Briefen wissen wir, wie scharf Paulus seine Gegner verurteilen kann, wenn sie sachlich etwas anderes verkündigen als er. Aber in Philippi geht es nicht um inhaltliche, sachliche Unterschiede in der Verkündigung. Zwischen Paulus und einigen in Philippi bestehen persönliche Differenzen. Deshalb kann Paulus großzügig und gelassen reagieren. Auch wenn andere aus unlauteren Motiven Christus verkündigen, wichtig ist, dass Christus verkündigt wird.

Was veranlasst Paulus, so großzügig zu sein? Er unterscheidet zwischen dem Evangelium und den Verkündern der frohen Botschaft. Er unterscheidet die Botschaft über Christus von den Botschaftern Christi. Er ist überzeugt: Die Glaubwürdigkeit des Evangeliums hängt am Inhalt des Evangeliums und nicht an denen, die es bezeugen. Paulus traut dem Wort Gottes zu, dass es seine Kraft, seine Ausstrahlung, seinen Schwung auch da entfaltet, wo die Boten fragwürdige Motive haben.

STEFAN DURST

Gott, schenke mir auch heute deinen heiligen Geist, damit ich beharrlich bin im Erbarmen und in der Aufmerksamkeit. Lass mich erkennen, was heute für mich möglich ist.

... wo deine Ehre wohnt

Die unschuldig Verfolgten, von denen der Psalm des Sonntags spricht, sind unter uns. Sie mussten vor Bombenhagel oder Folter davonlaufen. In ihrer Heimat herrschte Unrecht. Ihnen drohten drakonische Strafen, nur weil sie anders dachten oder aussahen als die, die gerade an der Macht waren. Psalm 26 gibt ihnen eine Stimme, wenn sie um Asyl bitten und ihr Recht auf Leben einklagen. Dabei steht Gottes Güte vor Augen. Als sie flohen, setzten sie alles auf eine Karte. Sie hofften: Erbarmen zählt, wo Gottes Ehre das Sagen hat und auf dem Spiel steht (V. 8 und V. 12).

Wenn Staaten es aufgeben, unschuldig Verfolgten Rettung und Schutz zu gewähren, sind daher in unserem Kulturkreis die Kirchen besonders herausgefordert einzuspringen. Das heißt auch: niemand auf seiner Flucht ertrinken zu lassen und Unterkunft zu gewähren, wenn abenteuerliche Fluchten gelingen konnten. Aus solchem Geist heraus entstand die Aktion »Wir schicken ein Schiff«. Ebenso gewähren Klöster und Gemeinden Kirchenasyl. – Und hoffentlich fühlen sich staatliche Stellen dazu herausgefordert, ihre populäre Positionen zu revidieren. Bei solchen Aktionen zeigt sich, wie sehr Gott präsent ist, wenn die Aufnahme von Schutzsuchenden gelingt. Sie bieten Anlass, für die Nähe Gottes im Alltag zu danken. Grundsätzlich gilt zwar, dass Gott unbegreiflich und unfassbar bleibt. Aber seine Gemeinde reagiert dankbar, wenn sie erleben darf, wie von den Orten ihrer Gottesdienste Gastfreundschaft ausgeht, die Bedrohten aus aller Welt spürbar entgegenkommt. Dabei zeigt sich, wie präsent der verborgene Gott werden kann. Denn sein Recht bringt Menschen sichtlich in Bewegung, damit Gerechtigkeit und Frieden sich küssen, und sei es auch nur mit Blick auf einen Einzigen oder eine Einzige, die als unschuldig Verfolgte im Kirchenasyl Beistand verdient.

HEINER SÜSELBECK

Gott stehe allen Menschen bei, die fliehen müssen, und segne die Bemühungen, sie zu retten und aufzunehmen.

Getrost und gelassen

Paulus trägt sein Herz auf der Zunge. Er hatte beschrieben, dass er in Gefangenschaft ist und auch um die Kritiker weiß, die seine Situation schamlos ausnutzen (Phil 1,12–17). Nun legt er seine Gefühle offen. Er leidet unter diesen Umständen sowie unter der Kampagne seiner Gegner. Aber letztlich weiß er sich selbst in einer solchen Lage von Christus getragen. Mit Anspielungen auf das Buch Ijob (vgl. Ijob 13,15f) und die Psalmen (vgl. Ps 25,3; 40,17) bekennt er, dass Gott auch aus dem Leiden errettet und selbst aus Bösem Gutes entstehen lassen kann (V. 19). So haben für Paulus selbst die Gefangenschaft und die Machenschaften der verirrten »Brüder« den einen Sinn, den er über sein ganzes Leben geschrieben sieht: Christus zu verherrlichen. Er ist die Mitte seines Lebens, auch diese Lebenssituation wird ihn nicht aus dessen Hand reißen. Aus dieser Gewissheit schöpft Paulus seine Kraft.

Ob »Leben« und »Tod« mehr auf seine derzeitige Situation oder tatsächlich als physisches Ende und Leben nach dem Tod gedeutet werden müssen, ist offen. Letztlich betont Paulus, dass seine Christusbeziehung sich niemals lösen wird und ihn durch alles tragen kann, selbst durch den Tod. Denn Christus ist das Leben in Fülle, an dieser Fülle hat er schon jetzt Anteil und wird sie auf ewig haben. Seine Leidenschaft für den Gemeindeaufbau und die Liebe zu der Gemeinde in Philippi drängen Paulus außerdem dazu, die Hoffnung auf eine Freilassung nicht aufzugeben (V. 26).

Glaube ist keine Todessehnsucht, wie man aus diesem Abschnitt auch herauslesen könnte, sondern meint eine tiefe Gewissheit, dass selbst scheinbar aussichtslose Situationen uns nicht aus der Hand Gottes reißen können. Solche Hoffnung macht getrost und gelassen. Sie kann neuen Lebensmut schenken.

MARC WITZENBACHER

Hilf fernerweit, mein treuster Hort, hilf mir zu allen Stunden. Hilf mir an all und jedem Ort, hilf mir durch Jesu Wunden. Damit sag ich bis in den Tod: durch Christi Blut hilft mir mein Gott; er hilft, wie er geholfen.

Einmütig und einträchtig

Paulus will seine Erfahrung teilen und weitergeben. Seine eigene Haltung sollte auch die der Gemeinde sein. Darin will er im zweiten Hauptteil des Briefes (1,27–2,18) die Gemeindeglieder in Philippi bestärken. In aller Bedrängnis kann die Beziehung zu Christus die Gemeinde einen. Sie können miteinander darauf vertrauen, dass sie auch die schwierige Phase überstehen werden. Was genau die Gemeinde so beschäftigt hat, lässt sich nicht sicher sagen, sicher aber soll sich die Gemeinde nicht durch die Widersacher des Paulus, die wohl gegen ihn Stimmung machen, auseinandertreiben lassen.

Paulus ermahnt zur Einmütigkeit, was keine Gleichmacherei ist, schon gar keine Uniformität. Einmütigkeit lebt vielmehr aus einer alle tragenden und verbindenden Haltung, die Christus selbst vorgelebt hat: Liebe, Achtung, Respekt sowie die Suche nach einer gemeinsamen Basis und einem verbindenden Ziel (2,1–2). Eintracht nährt sich aus Herz und Verstand, sie will gelebt, verstanden und »beherzigt« werden. Wenn sie erzwungen wird, entsteht schließlich Zwietracht und die Gemeinde wird von innen her zersetzt.

Wo man sich gegenseitig achtet, anhört und tröstet, barmherzig ist und nicht nur das Eigene im Blick hat, kann diese Einheit wachsen: »Seid nicht auf euren Vorteil aus, sondern auf den der anderen.« (2,4; Basisbibel) Für Paulus ist eine solche Haltung Basis einer lebendigen und fruchtbaren, einer einmütigen Gemeinde. In den vielen Herausforderungen und Veränderungen soll diese Basis bestehen und nicht wanken. Es tut uns sicher gut, unsere Gemeinschaft sowie das Miteinander der Kirchen immer wieder dem Test zu unterziehen, ob wir nach dieser Haltung leben.

MARC WITZENBACHER

Lass uns so vereinigt werden, wie du mit dem Vater bist, bis schon hier auf dieser Erden kein getrenntes Glied mehr ist, und allein von deinem Brennen nehme unser Licht den Schein; also wird die Welt erkennen, dass wir deine Jünger sein.

Demütig und dienend

Für die Gemeinde sowie jede und jeden Einzelnen ist Christus selbst der Maßstab. Anschaulich macht Paulus dies im sogenannten »Christus-Hymnus« (V. 6–11). Ob dies ein traditionelles Lied ist oder von Paulus selbst stammt, ist in der Forschung umstritten. Das Lied in gehobener Sprache bekennt Jesus Christus als den, der Gott selbst ist und Mensch wurde (V. 6–8). Er ist erhöht, ihn werden alle als »Herrn« bekennen (V. 9–11). Jesus Christus hielt an seinem göttlichen Sein aber nicht wie ein Dieb krampfhaft an seiner Beute fest (V. 6), sondern hat darauf verzichtet, seine Macht einzusetzen. Er hätte »zwölf Legionen von Engeln« zu Hilfe rufen können (vgl. Mt 26,53). Jesus Christus hat sich so erniedrigt, dass er sogar in den Tod gegangen ist. Der Hymnus entwirft damit das genaue Gegenbild zum römischen Kaiser, der sich als Gott verehren ließ. Jesus Christus zwingt niemanden in die Knie, sondern kniet selbst neben denen nieder, die am Boden liegen. Er erhöht die Niedrigen und lässt die Reichen leer ausgehen (vgl. Lk 1,52f.).

In seiner Verletzlichkeit und schließlich seinem Tod wird Jesus Christus als der wahre König und Herrscher offenbar. Es war ein Weg des Gehorsams gegenüber dem Willen des Vaters. Gerade durch seine Schwachheit hat er die Macht der Sünde und des Todes gebrochen (vgl. Röm 5,12–19). Keine noch so erniedrigende Tiefe, selbst der Tod ist Jesus Christus fremd. Darum kann ich ihm vertrauen. Darum kann ich vor ihm in die Knie gehen und seinem Beispiel folgen.

Darin knüpft Paulus an das an, was er zuvor schon angedeutet hat. Die Haltung Christi einzunehmen bedeutet für ihn, in seinem Sinne demütig und dienend zu sein, anderen den Vorzug zu geben, sich selbst nicht in den Vordergrund zu spielen. Eine solch radikale Demut ist kein Zeichen einer gebrochenen Existenz, sondern drückt vielmehr wahre Größe aus.

MARC WITZENBACHER

Lass mich an andern üben, was du an mir getan, und meinen Nächsten lieben, gern dienen jedermann ohn Eigennutz und Heuchelschein und, wie du mir erwiesen, aus reiner Lieb allein.

Unser Heil – Gottes Geschenk oder unser Verdienst?

Mit Furcht und Zittern sollen wir unser Heil wirken? Wirken und werken ist fast dasselbe! Gibt es am Ende doch ein gnadenloses Gericht über unser Lebenswerk? Kommt alles auf den Tisch, was wir Gott und dem Nächsten schuldig geblieben sind? Doch im nächsten Vers ist es Gott selbst, der in uns das Wollen und Vollbringen wirkt. Das Heil bleibt also Gottes Geschenk, aber es ist nicht selbstverständlich. Mit »Furcht und Zittern« empfangen wir es. Wenn Paulus diese Redewendung benutzt, dann geht es ihm um Respekt und Demut angesichts des geschenkten Heils. Das Heil ist nicht Gottes Verlegenheitsgeschenk, das wir möglichst schnell im Keller unseres Lebens verschwinden lassen. Es ist ein Geschenk, das wir täglich brauchen und das unser Leben prägen soll. Gnade und Heil sind unser tägliches Brot. Nur damit können wir den Gehorsam leben, den Paulus am Beispiel Jesu vorher beschrieben hat.

Die Wirkung des Heils wird dann im Gemeindeleben sichtbar. Das Notwendige soll ohne Murren und Bedenken getan werden ohne ständiges Kreisen um das eigene Ego und die eigene Meinung. Respekt und Demut sind also auch im Miteinander der Gemeinde unverzichtbar, nämlich so, dass wir von uns selbst absehen und den Mitmenschen ansehen, anhören und seine Bedürfnisse wahrnehmen.

Neben dem Tun ist das Sein wichtig. In einer zunehmend orientierungslosen Welt sollen die Philipper Licht und Lichtblick sein. Doch wenn gar von »Makellosigkeit« die Rede ist, stocken wir. Das ist verständlich. Wer ist schon makellos? Niemand! Genau deshalb steht das von Gott geschenkte Heil auch nicht nur am Anfang eines Lebens, das dann makellos zu sein hat, sondern es muss uns täglich neu geschenkt werden, tägliches Brot eben. Dass auch Paulus dessen bedarf, wird zwischen den Zeilen deutlich. Manchmal keimt in ihm die Angst auf, seine Arbeit könnte vergeblich sein. Das kennen wir alle. Wie gut, dass am Ende die Freude über die Gemeinschaft in Christus überwiegt.

HANS FRICKE-HEIN

Gnädiger Gott, lass dein Heil in uns wirken, jeden Tag.

Beziehungspflege

Textnachrichten rasen in Sekundenbruchteilen rund um die Erde. Wer ganz weit weg ist, erscheint auf einmal ganz nah auf dem Bildschirm des Smartphones. Wir können sehen oder zumindest ahnen, wie es ihm geht. Ganz anders war es zu der Zeit von Paulus. Briefe waren oft wochenlang unterwegs. Lebte der Absender überhaupt noch? Man konnte sich dessen nicht sicher sein. Begab sich jemand auf eine Reise, so war es auch längst nicht sicher, ob man sich je wiedersehen würde. Viele Gefahren lauerten unterwegs. Eine kleine Infektion konnte schon das Ende der Reise oder gar des Lebens bedeuten. Außerdem waren die Reisewege viel unsicherer als heute. Das erschwerte natürlich auch die Pflege der Beziehungen des Paulus zu den Gemeinden.

Beziehungspflege ist aber nötig. Fragen des Glaubens und Lebens stellten sich in den Gemeinden jeden Tag neu. Da war es gut, dass Paulus Mitarbeiter wie Timotheus hatte, denen er unbedingt vertraute. Er versteht den Dienst am Evangelium genauso wie Paulus selbst: nämlich als Arbeit eines Knechts Jesu Christi (Phil 1,1). Wenn Timotheus die Gemeinde besuchte, war es so, als ob Paulus selbst dort wäre. So sorgte er für seine Gemeinden. Beziehungspflege war auch keine Einbahnstraße. Paulus tat es gut, wenn er durch Timotheus erfährt, dass es der Gemeinde gut geht. Es erquickte ihn. Viele Seelsorgerinnen und Seelsorger sind von Hausbesuchen bereichert zurückgekehrt. Wer immer nur geben soll, der brennt aus.

Auch die Pflege der Mitarbeiterinnen und Mitarbeiter war so wichtig. So verzichtete Paulus auf die Unterstützung durch den Mitarbeiter Epaphroditus. Der war von der Gemeinde in Philippi ausgesandt worden, war dann aber lebensbedrohlich erkrankt. Die Gemeinde sorgte sich um ihn wie er sich um die Gemeinde. Erst wenn sie einander wiedersehen, würde die Sorge von ihnen ganz abfallen. Es geht eben doch nichts über die persönlichen Begegnungen, damals und heute.

HANS FRICKE-HEIN

Barmherziger Gott, wir danken dir für die Schwestern und Brüder in Christus, die du uns geschenkt hast. Lass uns achtsam miteinander umgehen.

Dialog statt Verdammung

Die Freude in Christus ist der Refrain im Philipperbrief. Die Strophen dazwischen können sehr ernst sein. Paulus warnt vor falscher Lehre. »Hunde« sind deren Vertreter. Schlimmer kann man Mitmenschen nicht beleidigen. Für mich bleibt das eine Entgleisung, auch wenn sie deutlich macht, dass es Paulus hier ums Ganze geht. Hintergrund ist eine Auseinandersetzung, die sich aus der Entstehungsgeschichte des christlichen Glaubens ergeben hat. Er ist im Judentum entstanden. Paulus selbst ist Jude. Er erhielt das Bundeszeichen der Beschneidung. Als Erwachsener lebt Paulus in vorbildlicher Gesetzestreue. Der christliche Glaube findet zunehmend Anhängerinnen und Anhänger unter den Nichtjuden. Sollten sie sich nun auch beschneiden lassen und die jüdischen Speise- und Reinheitsgebote einhalten? Der Apostel Paulus lehnt das ab. Er fürchtet, dass die Christinnen und Christen dann doch meinen, sie müssten sich ihr Heil bei Gott durch die Einhaltung solcher Regeln verdienen. Sie sollen nicht auf ihr Handeln, sondern auf Gottes Liebe vertrauen. Paulus verweist auf das eigene Beispiel. Seine nach dem Gesetz erworbenen Verdienste sind nichts wert, wenn es um Gottes Liebe geht. Sie können sogar zu einer Gefahr werden, weil man meint, sich dadurch bei Gott einen Heilsanspruch zu erwerben. Wichtig aber ist nur eins: die Gemeinschaft mit Jesus Christus. Vor ihm darf man mit leeren Händen stehen. Mit ihm gehen wir durch Höhen und Tiefen und hoffen, ihm auch in seiner Auferstehung gleich zu werden. Paulus fürchtet, dass die Menschen sich zu fanatischen Sklaven von Gesetzen machen, statt in Freiheit vor Gott zu leben. Das macht ihn radikal. Damals fand die Christenheit bezüglich des Lebens nach den jüdischen Gesetzen einen Kompromiss, mit dem alle, auch Paulus, leben konnten (Apg 15). Nicht die gegenseitige Verdammung, sondern der Dialog ist ein Zeichen des Vertrauens auf den Heiligen Geist.

HANS FRICKE-HEIN

Gott des Friedens, lass uns aufeinander hören und dabei deine bedingungslose Liebe nicht aus den Augen verlieren.

Jesus Christus herrscht als König

Im Kindergottesdienst hatte ich mitgesungen: »Jesus Christus herrscht als König.« Lese ich den Psalm des Sonntags heute, kann ich nicht anders, als ihn auf meinen König seit Kindertagen zu beziehen: Jesus Christus. Historisch mögen sich andere Bezüge nahelegen. Aber auch dann stellt sich die Frage: Wer ist, wer verdient den Namen eines Königs, so wie er in Psalm 21 verehrt und beschrieben wird? Ich kann das nur beantworten, wenn ich dabei an Jesus denke. Die Freude am Leben, die sich mit seinem Weg verband, stützt sich darauf, dass Gott seine Schutzmacht war und blieb (V. 2). Unter den Händen Jesu wurden Menschen geheilt und erfuhren Segen. Gott schenkte ihm Zeit, die er im Dienst an Kranken und Schwachen einsetzte, so dass sie nicht mehr vergessen waren (V. 5 und V. 7). Schaue ich auf Jesu Wirken, lässt es die Herrlichkeit der Güte Gottes als Liebhaber des Lebens durchscheinen. Damit wurde er zu einem entscheidenden Regenten auch für meinen Lebensweg. Dabei spricht unser Psalm auch realistisch von den Feinden dieses Königs. Es sind die Selbstgerechten und Hochmütigen, die Gewalt anwenden, um ihre eigenen Ziele zu erreichen. Immer wieder aber zeigte sich, wie in der Geschichte des Königs Jesu seine Feinde aufs Ganze gesehen den Kürzeren ziehen mussten und ein klägliches Ende fanden. Weil er mit der Güte und Huld des Höchsten verbunden bleibt, macht Jesus Christus »als König« Geschichte. »Als Gemeinde existierend« (Bonhoeffer) erfahre ich, wie seine Dynamik Menschen aktiviert. Auch heute. Das lässt mich nicht »wanken« (V. 8), weiter in seinem Namen auf Glaube, Hoffnung und Liebe zu setzen. Es fällt auf, wie die triumphal klingenden Worte unseres Psalms im letzten Vers ihr Lob in die Klammer eines Gebetsanliegens setzen. Gott muss sich demnach noch »erheben« bzw. gebeten werden, dass sein König sichtlich Herr aller Herren wird. Darum schließt diese Besinnung mit einem demütigen Bittvers (14).

HEINER SÜSELBECK

Gott lass uns mehr und mehr sehen, wie Jesus zum Herren aller Herren werden kann.

Ein Leben lang Staunen

Mir kommt zuerst in den Sinn, wie Martin Luther diesen Textabschnitt ausgelegt hat: »Das Leben ist nicht ein Frommsein, sondern ein Frommwerden, nicht eine Gesundheit, sondern ein Gesundwerden, nicht ein Sein, sondern ein Werden, nicht eine Ruhe, sondern eine Übung. Wir sind's noch nicht, wir werden's aber. Es ist noch nicht getan oder geschehen, es ist aber im Gang und in Schwang.«

Paulus sagt wörtlich »wir Vollkommenen«. Dass wir am Ziel schon sind, die Gottgewollten, die Heiligen, daran ist kein Zweifel. Und gleichzeitig wachsen wir. Gleichzeitig entdecken wir jeden Tag etwas Neues an diesem unbegreiflichen Gott. Und jeden Tag staunen wir aufs Neue darüber, dass wir heute in einem Unheil bewahrt oder vor etwas Bösem beschützt worden sind. Oder etwas Beglückendes erlebt haben. Auch ganz banal: Wie oft haben wir manche Geschichten, manche Worte in der Bibel gelesen und gehört – und nie ist es abgedroschen, immer wieder erkennen wir etwas Neues.

Das ist die Dialektik unserer Glaubensentdeckungen. Ich möchte sie beschreiben wie das Barfußgehen in einer Sommerwiese: Viele Male bin ich so gegangen, mir ist das Gefühl unter meinen Füßen sehr vertraut. Und dennoch entdecke ich unter den vertrauten Gewächsen jedes Mal eine Blume oder ein Gras neu, als hätte es sie das letzte Mal noch nicht geben. Staunen!

Glaube ist den wenigsten Menschen ein stabiler Besitz. Es ist wie mit der Donau: Irgendwo im Schwarzwald entspringt sie und wird zum kleinen Fluss. Und auf einmal ist sie verschwunden. Versickert. Und etliche Kilometer entfernt taucht das Wasser wieder auf und fließt zum Meer. Manchmal verschwindet auch unser Glaube oder wird ganz dünn; nach einer Weile aber taucht er wieder auf – ein Geschenk!

ALBRECHT SUDERMANN

Großer Vater, hab Dank für die Entdeckungen, die ich immer wieder mache; hab Dank, dass du mir immer wieder den Glauben schenkst.

Richtiges oder falsches Christsein – ganz leicht ist es nicht, beides zu unterscheiden

Für Paulus ist das klar, es gibt für Christen einen richtigen und einen falschen Lebensstil. Richtig ist ein Leben, so wie es Paulus selbst vorlebt: orientiert am Kreuz Christi. Also, Leiden auf sich zu nehmen und menschenfreundlich zu sein (Phil 4, 5), den niedrigen Weg zu gehen. Die auf dem falschen Weg sind, nennt Paulus »Feinde des Kreuzes Christi«. Die wollen mit dem Kreuz nichts zu tun haben, sie weichen dem Leiden aus, leben egoistisch, lustbetont, ihr Gott ist ihr Bauch.

Wir, die Guten – und die anderen sind die Falschen? Mir wird das auch zur Frage an meinen Lebensstil: Ist mein gutbürgerliches Leben wirklich kreuzeskonform? Mit meinem Sicherheitsbedürfnis, meinem relativen Wohlstand, auch meiner Freude am Genießen? Wäre der asketische, der aufopfernde Lebensstil der einzig christliche? Ich möchte aber kein schlechtes Gewissen haben, wenn ich mich, so wie ich lebe, als Christ empfinde.

Wir kommen wohl nicht umhin, festzustellen, dass das neutestamentliche Leitbild im Laufe der Jahrhunderte ziemlich zurechtgeschliffen wurde: Gutes tun, nicht allzu egoistisch sein, Verantwortung für das Gemeinwohl übernehmen und, wenn es drauf ankommt, auch einmal Nachteile für den Glauben in Kauf nehmen. Soweit unsere Ethik. Wir könnten Gott bitten um den Anstoß, auch einmal – wenn's darauf ankommt – mehr Risiken in Kauf zu nehmen, um zum Beispiel für Gerechtigkeit und Frieden aktiv einzutreten.

Paulus sagt noch: »Unsere Heimat ist im Himmel.« Das griechische Wort »politeuma« beschrieb damals eigenständige (jüdische) Bürgerschaften innerhalb größerer Staatsgebilde. Salopp gesagt: Wir Christen gehören zur himmlischen Bürgerschaft, wir haben sozusagen einen himmlischen Pass. Jetzt schon, nicht erst dermaleinst, auch wenn aus Paulus' Sicht uns, diesen Gottes-Bürgern, noch ein letzter Verwandlungsschritt bevorsteht.

ALBRECHT SUDERMANN

Großer Gott, bitte stärke in mir den Mut, zu bekennen, dass ich dir vertraue, und den Mut, unter allen Umständen nach deinem Willen zu handeln.

Freut euch, weil euer Leben einen Sinn hat

Wieder merken wir, dass die Gemeinde in Philippi Paulus recht vertraut war. »Ich sehne mich nach euch.« Dann gibt er ein paar Hinweise, auch zu einem besonderen Konflikt zwischen zwei Frauen.

Wie ein PR-Coach weist er seine Freunde auf einiges hin, was sie vorzuzeigen haben: Menschenfreundlichkeit, Grundvertrauen in Gottes Obhut, Wahrhaftigkeit, Gerechtigkeitssinn, Anstand, freundliche Umgangsformen, Ehrlichkeit.

In der Mitte des heutigen Textabschnitts wiederholt Paulus den besonderen Imperativ (siehe auch Phil 3,1) »Freut euch im Herrn!«; gleich zweimal sagt er es: »Freut euch!« Auf Griechisch heißt das »Chairete«; das war ein Gruß im damaligen Griechenland, so wie wir einem Freund über die Straße zurufen »Servus« oder »Grüß dich«. Paulus füllt diesen Gruß an mehreren Stellen im Philipperbrief: Wir Christen dürfen uns jederzeit (!) dessen freuen, dass wir im Schulterschluss mit Christus stehen. Weil er mit uns im Schulterschluss steht. Wir dürfen strahlen vor lauter Dank und Freude. Diese Freude ist essenziell, sie ist die Substanz der Christusbeziehung.

Aus dem Kerker schreibt Paulus dies. Und wir hören seinen Satz »Freut euch« vielleicht in einer argen Krisensituation. Dürfen wir in Krisensituationen so einfach von Freude sprechen? Manchmal ist es zynisch, wenn wir jemandem als Muntermacher kommen, dem es nicht gut geht. »Lach doch mal! – Sei glücklich!« Das hilft nicht, am wenigsten, wenn jemand wirklich in einer Krise steckt. Das Negative kann man nicht einfach wegreden.

Aber wir können darauf hinweisen, dass es Haltepunkte (so wie die Haltegriffe in der U-Bahn) in unserem Leben gibt. Zum Beispiel in Gestalt von verlässlichen, stützenden Beziehungen. Wir Christen erleben in solchen Beziehungen die Wirkkraft Jesu Christi, gewissermaßen ihn selbst. Darüber froh und dankbar zu sein: Das ist die Freude.

ALBRECHT SUDERMANN

Ich danke dem Herrn von ganzem Herzen. Ich freue mich und bin fröhlich in dir, du Allerhöchster.

Kein Mensch lebt nur für sich allein

Am Ende seines Briefes an die Gemeinde in Philippi dankt Paulus nochmals für die Unterstützung, die er erhalten hat. Er hat sich darüber gefreut. Nicht in erster Linie, weil er die Gaben dringend gebraucht hätte, sondern – und jetzt kommt's – weil Geben für die Gebenden ein Segen ist! So schreibt er: »Ich habe gelernt, mit Entbehrungen zurecht zu kommen (...). Es geht mir nicht um die Gabe, es geht mir um den Gewinn, der euch mit Zinsen gutgeschrieben wird.« Für Paulus steht nicht das eigene, sondern das Wohl der Philipper an erster Stelle.

Der englische Erweckungsprediger, John Wesley, hat schon in jungen Jahren entschieden, dass er nur das absolut Lebensnotwendige für sich behalten will. Alles andere setzte er ein, um Menschen mit dem Evangelium zu erreichen und ihre Bedürftigkeit zu lindern. Seine pointierte Aussage lautete: »Verdiene, soviel du kannst. Spare, soviel du kannst. Gib, soviel du kannst.« Eine solch radikale Lebensweise mit dem Verzicht auf jegliche Annehmlichkeit kann schnell zum asketischen Selbstfindungstrip verkommen. Für Paulus aber liegt der Wert im großzügigen Geben darin, dass der Blick auf die Nöte anderer uns zu besseren Menschen macht.

Warum der Blick weg vom Ego auf andere wertvoll ist, zeigt der bekannte Benediktinerpater Anselm Grün in seinem Buch »Warum wir einander brauchen« mit Bezug auf die heutige Gesellschaft auf. Er ist überzeugt, dass in uns Menschen eine tiefe Sehnsucht nach Identität, Zugehörigkeit und gelingendem Miteinander schlummert. Mit dem Wahrnehmen von Bedürfnissen unserer Mitmenschen und dem praktischen Anteilnehmen werden wir vor Einsamkeit, exzessivem Idealismus und Interessenegoismus bewahrt.

LEA HAFNER

Guter Gott und Vater aller Menschen, wir bekennen, dass wir oft nur die eigenen Interessen im Blick haben. Öffne uns die Augen für die Nöte in unserem Umfeld. Heile unsere Beziehungen und schenk uns die Bereitschaft, uns aktiv an der Gemeinschaft zu beteiligen.

Wir haben die Wahl

Paulus verkündet das Evangelium da, wo es ihn hinverschlägt. An jedem Ort besucht er die Synagoge und legt die Schrift aus. Das war in der damaligen Zeit nicht außergewöhnlich und das – manchmal auch sehr leidenschaftliche – Debattieren über das Schriftverständnis war beliebt und wurde als Lernprozess verstanden. Paulus deutet die alten Schriften mit einer neuen Botschaft: Jesus, den ich euch verkünde, ist der Christus.

Die Reaktionen darauf sind ganz unterschiedlich. Erstaunlich viele Juden glauben ihm. Viele Frauen aus der oberen Schicht und sogar Nichtjuden folgen ihm nach. Anderen ist Paulus ein Dorn im Auge. Sein großer Erfolg stört sie. Eifersucht kommt auf und steigert sich bis hin zu Wut und Hass. Sie gehen sogar soweit, dass sie zu unlauteren Mitteln greifen und einen Aufruhr anzetteln. Damit erreichen sie, dass Paulus die Stadt fluchtartig verlassen muss.

Die gleiche Botschaft – unterschiedliche Reaktionen. Das Evangelium löst Begeisterung und Nachfolge oder Ablehnung und Widerstand aus. Noch heute ist das nicht viel anders. Die gute Nachricht bietet auch in unserer Zeit Zündstoff. Und ebenso wie damals gibt es Menschen, die aufgrund des Glaubens gegeneinander hetzen und Krieg führen. Flüchtlinge aus Glaubensgründen leben auch unter uns. Gott sei Dank gibt es auch die Menschen, die sich vom Evangelium ansprechen und verändern lassen.

Gottes Werben um uns hat nie aufgehört. Die Botschaft von Jesus als Christus gilt heute noch. Annehmen oder verwerfen, sich rufen lassen oder sich gleichgültig abwenden – wir haben die Wahl.

LEA HAFNER

Danke, Herr, dass die frohe Botschaft noch heute Menschen erreicht. Segne alle, die sich dafür in deinen Dienst rufen lassen. Stärke sie durch deine Kraft und lass die frohe Botschaft ihre Wirkung auch in meinem Leben entfalten.

Der unbekannte Gott

Athen, eine offensichtlich liberale Stadt. Schmelztiegel der Kulturen, Religionen und Philosophien. Das erklärt die vielen Heiligtümer und Götzenbilder, denen Paulus begegnet. Diesmal diskutiert er nicht nur in der Synagoge. Er spricht auch auf dem Marktplatz und lässt sich zu einer großen Talkrunde einladen. Paulus erkennt die Chance, auch Nichtjuden und die Fremden aus allen möglichen Ländern mit dem Evangelium zu erreichen. Obwohl er beim »unbekannten Gott« anknüpft und damit die Aufmerksamkeit seiner Zuhörenden weckt, ist der Erfolg »gemischt«. Die einen spotten, andere hören zu, lassen sich aber nicht auf eine Diskussion ein. Viele sind nur auf interessante Neuigkeiten und vielleicht etwas Spektakel aus. Da, wo Umkehr gefragt wäre, passen sie. Doch es gibt einige wenige, die mehr wissen wollen und Paulus nachfolgen.

Obwohl ich weder Apostel noch Pfarrerin bin, frage ich mich oft: Wie bringe ich Gottes Botschaft unter die Leute? Selten erlebe ich den Glücksfall, dass mich jemand fragt und ich davon erzählen kann, was mir so wichtig ist. Das mit dem Predigen auf dem Marktplatz scheint mir auch nicht die passende Art zu sein, die Herzen der heutigen Menschen zu erreichen. Weil jedoch auch heute noch Menschen nach der Erfüllung ihrer Sehnsüchte suchen, bin ich herausgefordert, Alternativen zu finden.

Von Paulus lerne ich, den Glauben zu teilen und in der Kirchgemeinde auch die Gelegenheiten zu nutzen, die sich einfach so ergeben. Anstelle von moralischen Vorhaltungen möchte ich die Menschen annehmen als Suchende, sie abholen und ihnen auf Augenhöhe begegnen. Das ist schneller gesagt als getan, denn ich liebe meine gewohnte Art, den Glauben zu leben, und bleibe gerne in meiner Komfortzone. Wäre Paulus jedoch allein bei den Juden geblieben, hätten in Athen weder Dionysos noch Damaris den unbekannten Gott kennengelernt!

LEA HAFNER

Ich bitte dich, Gott, dass du mir den Mut schenkst, Menschen von dir zu erzählen. Danke, dass es auch heute noch geschehen darf, dass Menschen dich als den erkennen, der sie sieht und liebt.

Es gibt keinen Weg zum Frieden auf dem Weg der Sicherheit

Standhalten? Oder: fliehen, um sich in den Bergen sicher zu verstecken? Psalm 11 beantwortet diese Frage im Sinn von Jesaja 28,16: »Wer glaubt, der flieht nicht.« Schutz und Geborgenheit scheint es nicht mehr zu geben. Geschosse kommen aus dem Dunkel eines Hinterhalts. Alles ist ins Wanken geraten. Es lässt sich nichts tun, um übermächtiger Barbarei zu entkommen. In wenigen Sätzen wird skizziert, wie Israel lebt und überlebt. Das ging nicht ohne Selbstzweifel ab.

Es blieb nur das Vertrauen: Gott wird es sein, der unseren Weg begleitet. Das Ergebnis seiner Präsenz ist und war die Zusage: Ich akzeptiere dich in deiner Hilflosigkeit, und wer dir mit »Chamas« (Gewalt, Hass) begegnet, wird von mir fallen gelassen. Für die Seite der Wehrlosen, der Kinder, der weinenden Mütter und jammernden Witwen hat Gott Partei ergriffen. Bei Liturgie und Gottesdienst bekräftigt sich solcher Glaube. Er liefert die Grundlage, um nicht vor der Übermacht der Bösen und des Bösen wegzulaufen.

»Es gibt keinen Weg zum Frieden auf dem Weg der Sicherheit … Friede heißt, sich gänzlich ausliefern dem Gebot Gottes, keine Sicherung wollen … betend und wehrlos und darum gerade bewaffnet.« (D. Bonhoeffer, Fanö 1934) In dieser Radikalität überantwortet Psalm 11 eine verworrene und hilflose Lage den Händen Gottes. Nicht der »Chamas« gehört »alle Gewalt im Himmel und auf Erden«, sondern dem Friedefürsten Jesus Christus und seiner Bergpredigt. Realpolitik sieht anders aus: Aber deren »Glutwind« (V. 6) nimmt auf Dauer der Erde den Atem und es bleibt bei Jesaja 7,9: »Glaubt ihr nicht, so bleibt ihr nicht.«

HEINER SÜSELBECK

Gütiger Gott, wecke in allen, die Waffen tragen, den Geist der Verantwortung für ihre möglichen Opfer und sei bei denen, die ihre Vaterländer nicht mehr mit Waffen, sondern durch Retten und Bergen verteidigen möchten.

Von unserem Glauben sprechen

Eine Pastorin aus Tansania war bei mir einige Zeit zu Besuch. Am Ende ihres Aufenthaltes habe ich sie gefragt, wie sie die Christen in Deutschland erlebt hat und welche Eindrücke sie mit nach Hause nimmt. Ihre Antwort hat mich sehr nachdenklich gemacht. Sie sagte: »Christians in Germany are afraid to talk about their faith ...« (Die Christen in Deutschland fürchten sich, von ihrem Glauben zu erzählen.) Daran musste ich beim Lesen dieser Bibelverse denken. Auf seinen Missionsreisen wird Paulus von Gott ermutigt: Fürchte dich nicht! Rede nur, schweige nicht! Denn ich bin mit dir, niemand wird dir etwas antun. (V. 9f.)

Paulus, von dem wir wissen, dass ihm das Reden nicht so leichtgefallen ist, wird zum »Völkerapostel«. Wir begleiten Paulus ein Stück auf seiner zweiten Missionsreise, die ihn nach Korinth und Ephesus führt – Handels- und Bildungszentren der antiken Welt. Er verkündigt, bezeugt und lehrt das Evangelium überall da, wo er sich gerade aufhält. Ganz bewusst geht er auf unterschiedliche Menschen zu. Da sind Juden und Griechen, Getaufte und Interessierte, Unschlüssige und Zweifelnde. Alle diese unterschiedlichen Menschen hat Paulus im Blick, wenn er die frohe Botschaft von Jesus Christus verkündet. Aber er erlebt auch, dass Menschen ihn und seine Botschaft ablehnen, ihn beschuldigen und sogar vor Gericht bringen. Trotzdem lässt er sich nicht aufhalten. Gott hat ihn ermutigt, verspochen, an seiner Seite zu bleiben und ihn zu beschützen. Wie sieht das heute bei uns aus? Fürchten wir uns, von unserem Glauben zu sprechen? Oder sind wir »auskunftsfähige« Christen, die ihren Glauben im Alltag bezeugen? Lassen wir uns daran erinnern: Gottes Zusage gilt auch uns! Machen wir uns in unseren Kirchgemeinden einander Mut, unseren Glauben im Alltag zu bezeugen. Unsere Gesellschaft braucht »auskunftsfähige Christen«!

BEATE STÖCKIGT

Herr, lass uns auf die Zusage Gottes vertrauen, dass er an unserer Seite ist, wenn wir offen und klar von unserem Glauben sprechen.

Ein »auskunftsfähiger« Glaube

In Ephesus hören wir von Apollos, einem gelehrten Juden aus Alexandria. Er war redekundig und hatte die alttestamentlichen Schriften gründlich studiert. Die prophetischen Verheißungen vom Kommen des Messias waren ihm bekannt. Auch mit Johannes dem Täufer hatte er Berührung gehabt und von ihm die Taufe zur Umkehr empfangen. Davon wird er in der Synagoge in Ephesus sehr engagiert gesprochen haben. Er hat die alttestamentlichen Schriften ausgelegt, die Menschen im Blick auf den kommenden Messias zur Umkehr gerufen und gezeigt, dass sich alle Verheißungen in Jesus erfüllt haben. Aber etwas fehlte ihm noch. Aquila und Priscilla fiel das gleich auf. Vielleicht merkten sie, dass Apollos zwar ein ausgezeichneter Theologe war, aber ihm das persönliche Verhältnis zu Christus noch fehlte. Sie stellten ihn nicht öffentlich bloß, sondern luden ihn zu sich ein. Der gelehrte Apollos ließ sich von den einfachen Zeltmachern das Evangelium auslegen. Bei diesem Gespräch muss etwas Entscheidendes passiert sein, denn später hören wir, dass er den Christen in der Provinz Achaia »durch die Gnade« eine große Hilfe war (V. 27). Dort bezeugt er Jesus als den Christus.

Wissen und Glauben sind zwei Seiten einer Medaille. Glauben beginnt zwar nicht da, wo das Wissen aufhört, aber Wissen kann man sich aneignen und Glauben bekommt man geschenkt. Es ist das Vertrauen auf Gottes Liebe und Zuwendung durch Christus, das mein Leben in allen seinen Facetten bestimmt. Glauben ist die persönliche Beziehung zu Jesus Christus. Das sichtbare Zeichen dafür ist die Taufe. Vermutlich war es das, was dem Apollos noch gefehlt hat. Im Gespräch mit Priscilla und Aquila, die ihren Glauben bezeugt haben, empfängt Apollos dieses Geschenk. Wir hören zwar nichts von einer Taufe des Apollos, aber Gottes Geist wirkt, wie und wo er will …

BEATE STÖCKIGT

Herr, wir bitten dich, schenke uns einen »auskunftsfähigen« Glauben, der uns im Alltag zu Zeugen deiner Liebe macht, die du uns in Jesus Christus gezeigt hast.

Gott und Götter passen nicht zusammen

Auf seiner dritten Missionsreise hält Paulus sich fast zwei Jahre in Ephesus auf. In dieser Zeit entsteht und wächst die christliche Gemeinde. Wie bei jeder Gemeindegründung gibt es auch hier Menschen, die sich vom Evangelium nicht rufen lassen. Daneben gibt es »Trittbrettfahrer«, die das Evangelium für ihre Zwecke missbrauchen wollen. Aber es gibt eben auch kraftvolle Zeichen vom Wirken Gottes. Und es gibt Menschen, die bereit sind, alles Schädliche in ihrem Leben hinter sich zu lassen und den neuen Weg des Glaubens an Jesus Christus zu gehen. Ephesus war ein Zentrum des heidnischen Aberglaubens in der antiken Welt. Es gab sogenannte »Briefe von Ephesus« mit Bann- und Zaubersprüchen. Aus aller Welt kamen Menschen nach Ephesus, um diese angeblich zauberkräftigen Urkunden zu kaufen und als Amulette zu tragen. Diejenigen, die den Glauben an Jesus Christus angenommen hatten, machten reinen Tisch. Sie brauchten nun keine Zauberbücher mehr, weil sie ihr ganzes Vertrauen auf ihn setzten. »Woran du nun dein Herz hängst und worauf du dich verlässt, das ist eigentlich dein Gott«, schreibt Martin Luther im Großen Katechismus. Immer wieder müssen auch wir uns neu fragen, wie ernst uns damit wirklich ist. Woran hängen wir unser Herz? Worauf vertrauen wir in unserem Leben? Falsche Ratgeber oder Ideologen, die uns den Himmel auf Erden versprechen, gibt es auch heute zur Genüge. Inwieweit lassen wir uns von den Medien in unserem Denken und Handeln bestimmen? Vermeintliche Sicherheiten versperren uns oft den Zugang zu Gott. Wir sollten sie als solche erkennen und uns auch von ihnen trennen. Viele Menschen sind heute sehr besorgt, dass sie nichts Schädliches in der Nahrung zu sich nehmen. Ebenso wachsam sollten wir sein, wenn es um unsere »Seelennahrung« geht.

BEATE STÖCKIGT

Herr, lass uns erkennen, was uns von dir trennt, und schenke uns den Mut und die Kraft, diese Dinge hinter uns zu lassen und unser ganzes Vertrauen auf dich zu setzen.

Der Geist der Besonnenheit

Die Apostelgeschichte ist ein einziger Abenteuerroman. Spannende Erlebnisse wechseln mit außergewöhnlichen Begegnungen, ruhige Handlungsabläufe mit gefährlichen Situationen, öffentliche Ereignisse mit persönlichen Grenzerfahrungen. Karl May ist nichts dagegen. Gleichzeitig ist die Apostelgeschichte aber auch ein unübersehbares Zeugnis für das fortwährende Wirken des Heiligen Geistes seit Pfingsten. Für beides ist der Bericht über den Aufruhr in Ephesus ein eindrucksvolles Beispiel. Inwiefern?

Paulus gelangt auf einer seiner Missionsreisen auch in diese wichtige Hafenstadt auf dem Gebiet der heutigen westlichen Türkei. Ihre eigentliche Bedeutung verdankt Ephesus allerdings einem prächtigen Tempel, der der griechischen Göttin Artemis (Diana) geweiht ist, einem der berühmten sieben Weltwunder der Antike. In dessen Umfeld entwickelt der Silberschmied Demetrius mit der massenhaften Nachbildung des Tempels ein einträgliches Geschäft. Das kommt einem irgendwie bekannt vor. Allerdings sieht er dieses Geschäft durch die Predigt des Apostels gefährdet. Mit demagogischen Hetzreden gelingt es Demetrius, einen Aufruhr gegen Paulus und seine Freunde zu inszenieren. Eine brandgefährliche Situation.

Auch das kommt einem bekannt vor. Immer wieder lassen sich Menschen – auch in unserem Land – von populistischen Hassreden zu gefährlichen Übergriffen verleiten. Auch sind uns noch die erschreckenden Bilder von der Erstürmung des Kapitols in den USA deutlich vor Augen. Gut, wenn es in solchen Situationen Menschen gibt, die Ruhe und Vernunft bewahren, um Schlimmeres zu verhüten. In unserer Geschichte ist es ein einfacher Stadtschreiber. An ihm zeigt sich die andere Seite der Apostelgeschichte: das – manchmal vielleicht verborgene – Wirken des Heiligen Geistes. In diesem Fall ist es der »Geist der Besonnenheit«, wie ihn Paulus einmal nennt (2 Tim 1,7). Und ich denke: In unseren mitunter aufgeheizten Zeiten könnten wir gelegentlich mehr von diesem Wirken des Heiligen Geistes gebrauchen.

OKKO HERLYN

Heiliger Geist, schenke auch uns die Kraft, dem Hass und der Hetze mit Besonnenheit zu widerstehen.

Gewiss nicht ermüdend

Auch Abenteuerromane können sich mitunter in die Länge ziehen. Im heutigen Abschnitt der Apostelgeschichte sind es die etwas ermüdenden Aufzählungen von Ortsangaben: Mazedonien, Griechenland, Syrien, Beröa, Thessalonich, Derbe, Asien, Troas, Assos, Mitylene, Chios, Samos, Milet, Ephesus, Jerusalem – alles in schlappen 16 Versen. Wer will da noch aufmerksam bleiben?

Doch das eigentlich Ermüdende in diesem Abschnitt ist etwas Anderes. Man staune – eine Predigt des Paulus. Verwunderlich insofern, als an anderen Stellen ja immer wieder von seiner großen Redekraft berichtet wird. Man denke nur an die mitreißenden Predigten etwa in Philippi, Athen oder Ephesus. Auch seine vielen Gemeindegründungen beruhen gewiss nicht auf langatmigen Vorträgen. Nein, der Heilige Geist hatte offenbar an diesem Apostel seine besondere Wirkung getan: ein charismatischer Verkündiger des Evangeliums. So sehr viele gibt es ja nicht davon.

Doch nun geschieht etwas Überraschendes. Ein junger Mann schläft während der Predigt jenes begnadeten Predigers einfach ein. Eine Respektlosigkeit? Vielleicht. Doch irgendwie auch verständlich. Ich jedenfalls kann mich an manch eine längere Kanzelrede erinnern, bei der ich zwar nicht eingeschlafen, mit meinen Gedanken aber oft weit abgeschweift bin. Immerhin zieht Paulus seine Rede »bis Mitternacht hin«. Da können einem schon mal die Augen zufallen.

Doch hier hat die Ermüdung tödliche Folgen. Auch das kennen wir. Etwa aus dem Straßenverkehr. Schließlich wird noch von einer glücklichen Totenerweckung berichtet. Hat der junge Mann – sein Name Eutychus bedeutet immerhin »der Glückliche« – hier also einfach »Glück gehabt«? Oder hatte da der Heilige Geist, also Gott selbst, noch einmal auf ganz andere Weise seine Hand im Spiel?

Die Worte »Glück gehabt« oder »Pech gehabt« gehen uns ja manchmal etwas rasch über die Lippen. Vielleicht halten wir hier und da einfach einmal inne und denken ein wenig über das mögliche Wirken eines Anderen nach. Ermüdend wird das am Ende ganz gewiss nicht sein.

OKKO HERLYN

Heiliger Geist, erwecke auch unsere Lebensgeister jeden Tag neu. Auch heute.

Kein biblischer Kitsch

Was wäre ein ordentlicher Abenteuerroman ohne die eine oder andere herzzerreißende Szene? Schon bei Karl May ist das so. Man denke nur an den zu Tränen rührenden Abschied Old Shatterhands von seinem sterbenden Freund Winnetou. Eine Szene auf der Grenze zum Kitsch. Auch das im heutigen Abschnitt geschilderte Geschehen geht zu Herzen. Biblischer Kitsch? Da müssen wir doch etwas genauer hinsehen.

Paulus bittet die leitenden Gemeindeglieder aus Ephesus zu sich nach Milet, von wo aus er sich auf den endgültigen Weg nach Jerusalem machen will. Er weiß, auf diesem Weg wird es für ihn kein Zurück geben. Er weiß auch, dass dort in Jerusalem »Fesseln und Bedrängnisse« auf ihn warten. Einen solchen Weg sucht sich niemand freiwillig aus. Auch Paulus nicht. Er weiß sich vielmehr von Jesus Christus dazu beauftragt. Nachfolge richtet sich nicht nach unseren Wünschen.

In bewegenden Worten nimmt Paulus nun Abschied von den Menschen, die ihm zu Freunden geworden sind. Dabei hat er keine Hemmungen, auch einmal auf seine menschlichen Verdienste hinzuweisen. Auf sein unermüdliches Bemühen um eine glaubwürdige Verkündigung. Auch darauf, dass er finanziell immerhin keinem zur Last gefallen ist. Von daher kann er sich die Freiheit nehmen, ein paar ernsthafte Befürchtungen im Hinblick auf die Zukunft der Gemeinde zu äußern. Unter Gebet, Umarmungen und Tränen nimmt man schließlich Abschied voneinander. Ein »Fluss ohne Wiederkehr«, um es mit einem alten Filmtitel zu sagen.

Situationen ohne Wiederkehr werden auch uns immer wieder zugemutet. Eine unwiederbringlich zerbrochene Beziehung. Eine vertane berufliche Chance. Das endgültige Loslassenmüssen am Ende eines Lebens. Die Erfahrung, dass man eines anderen Menschen »Angesicht nicht mehr sehen wird«, gehört zu unserem Leben. Paulus hat diese Zumutung um Christi Willen tapfer angenommen.

Wenn es in solchen Grenzsituationen zu herzzerreißenden Szenen kommt, hat das nichts mit Kitsch, viel aber mit Ehrlichkeit zu tun. Niemand muss sich hier seiner Tränen schämen. Auch im Glauben nicht.

OKKO HERLYN

Herr, was auch immer du mit mir vorhast, lass mich dir folgen.

Bleibende Wahrheiten in harten Aussagen

Härter kann ein Urteil nicht ausfallen, wie das Getroffene in den Versen des heutigen Psalms: »... alle zusammen sind verdorben, da ist keiner, der Gutes tut, auch nicht ein Einziger.«

Es ist schwierig, solche harten biblischen Aussagen in das Hier und Jetzt zu übertragen. Pauschalurteile empfinden wir heutzutage ebenso problematisch wie eine Schwarzweißmalerei, die nur wenig mit der erfahrbaren Wirklichkeit zu tun hat.

Die im Psalm benannten »Übeltäter« gab es und wird es immer geben. Das ist unstrittig. Ob es überhaupt keine »Verständigen« mehr gibt, die Gott suchen, darf aber bezweifelt werden. Ebenso gibt es zweifellos Menschen, die Gutes tun. So gesehen trifft das harte Urteil des Psalms nur bedingt (auf die heutige Zeit) zu. Und dennoch beinhalten seine Worte unzweifelhaft bleibende Wahrheiten, die hilfreich und tröstlich sein können.

Hierzu zählt aus ethischer Sicht sicherlich die wichtige (An-)Klage gegenüber gesellschaftlichen Missständen. Das »Fressen« – also Verfolgen und Vernichten – von Völkern, Ethnien und Religionen gehört zu den großen Verbrechen der Menschheitsgeschichte. »Verderbtes« und »abscheuliches« menschliches Handeln ist ohne Frage von trauriger, zeitloser Aktualität. Auch hapert es heutzutage beim Thema »Einsicht« immer noch bei vielen, die unvermindert Raubbau mit ihresgleichen und der Welt betreiben. Vor diesem Hintergrund ist schließlich religiös, theologisch betrachtet, Gottes Zusage der Rettung seines Volkes sicherlich von entscheidender Bedeutung.

Wie geht es Ihnen mit den harten Aussagen des Psalms 14? Sind sie für Sie ein Ausrufezeichen gegen die Schattenseiten des Menschen oder ein Hoffnungszeichen für »sein Volk« und die eigene Seele? Welche bleibende Wahrheit entdecken Sie darin für sich?

THOMAS STEPHAN

Herr, unser Gott, hilf uns, deine bleibenden Wahrheiten zu erkennen und nach deinem Willen zu handeln, dort, wo wir gebraucht werden.

Herzensschwere

Auch wenn alle zur Vorsicht mahnen und auf die drohenden Gefahren hinweisen: Paulus will dem nicht ausweichen, was vor ihm liegt. Er lässt den Jüngerinnen und Jüngern Zeit, seinen Weg hinzunehmen. Davon abbringen lässt er sich nicht. Für die einen mag es aussehen, als liefe er geradewegs in sein Unglück hinein. Die anderen sehen, dass er sich nicht fürchtet, sondern um die möglichen Konsequenzen seiner Entscheidung weiß. Paulus bleibt seinem Glauben treu und er bleibt sich treu.

Lange Reisen, Menschen aufsuchen, Gemeinschaft erfahren und dann Abschied nehmen prägen diesen Wegabschnitt. Es sind alltägliche Erfahrungen, die zu kostbaren Momenten werden. Leichtigkeit geht verloren, Herzensschwere macht sich breit, weil keiner unter ihnen blauäugig unterwegs ist. Gleichzeitig fällt jede Alternative weg. Zweideutigkeiten gehen nicht mehr. Paulus hat sich für Jesu Weg entschieden; nicht wissend, wie er sich gestalten wird, doch kompromisslos in der Entschiedenheit. Die Menschen um ihn herum verstehen das allmählich. Gottes Geist begleitet diesen Weg durch Menschen, die von diesem Geist erfüllt sind. Es ist eine eigene Kraft, der sie nicht ausweichen, nicht ausweichen möchten und nicht ausweichen können. Heiliger Geist zeigt und spricht aus, was sein wird. Der Glaubensweg, der Gottes Willen folgt, kann lebensgefährlich werden.

Es ist nicht leicht, jemanden den eigenen Weg gehen zu lassen, wenn man sieht, wohin er führt. Es ist nicht einfach, Abschied zu nehmen, obwohl man noch viel Zeit miteinander verbringen möchte. Es macht das Herz schwer, jemanden weiterziehen zu lassen, den man festhalten möchte. Doch: Der Wille des Herrn geschehe! Ein Ringen, ein Nachgeben, ein Zulassen, das den Abschied annimmt.

BARBARA JANZ-SPAETH

Dein Wille geschehe, Gott. Ich möchte mit Leib und Seele glauben, mich dir mit meinem Leben hingeben. Ich will dir folgen auf dem Weg, der im Gehen zu meinem wird.

Guter Rat ist teuer

Vor Ort. Im Zentrum der Religionsgemeinschaft. Was gut überlegt war, hat sich in der Realität in viel größere Dimensionen entwickelt, als man sich vorstellen konnte. Zu klein, zu eng gedacht. Sie hatten, von Gottes Geist geführt, den Beschluss beim Apostelkonzil gefasst und er scheint noch immer tragfähig zu sein. Doch inzwischen entscheiden die Frommen selbst, ob sie sich den Christusgläubigen anschließen. Sie entscheiden selbst, welche Weisungen der Tradition sie beachten, welche sie leben und ihren Nachkommen weitergeben. Sie entwickeln neue Glaubenstraditionen, die heute und jetzt vermittelbar sind.

Transformation der Tradition bringt die Glaubenshüter in Erklärungsnot. Was, wenn deutlich wird, dass Glaube auch in anderer Weise, in anderen Formen und Ritualen richtig und recht gelebt werden kann? Was, wenn die Zeichen der Zugehörigkeit nicht mehr diese Bedeutung haben, die ihnen einmal zukam, sondern neuer Zeichen bedarf? Gelingt es, gemeinsam in dem neu Entstandenen Gottes Geist zu entdecken? Wäre es vorstellbar, dort an alten Traditionsformen festzuhalten, wo sich der Sinn erschließt, und gleichzeitig andere Möglichkeiten zuzulassen, die zu neuen Traditionen werden? Glaubenstraditionen, die von Angst und Ausgrenzung geprägt sind, sind wenig zukunfts- und kaum gemeinschaftsfähig. Letztlich erzählen sie unsere Angst, unsere Enge, unser Bedürfnis nach Sicherheit. Gott aber schuf von Anfang an Vielfalt. Gott führte in allen Zeiten sein Volk auf neuen Wegen. Veränderung gehört zur DNA seines Volkes.

Die Ältesten versuchen, die Wogen zu glätten, setzen auf das Befolgen alter Rituale. Ihr Rat lautet: ein traditionelles Zeichen als Angebot an die Widersacher zu setzen. Und Paulus geht darauf ein! Ob sich damit der Gang der Dinge aufhalten lässt?

BARBARA JANZ-SPAETH

Komm, heiliger Geist, mach uns frei von Angst. Komm, heiliger Geist, begleite uns auf dem Weg in die Zukunft. Komm, heiliger Geist und erfülle unser Denken und Beten, unsere Sorge und unsere Zuversicht mit deiner Kraft.

Klärung

Wie bändigt man eine Menschenmenge, die Tumult auf dem Programm hat? Die nicht mehr hinhört, vom eigenen Geschrei gelenkt wird und ihren Emotionen freien Lauf lässt? Die Gewalt als legitimes Mittel betrachtet? Die Mitläufer in den Bann zieht und sich zum gewalttätigen Mob entwickeln will? Es mutet eigenartig an, dass eine solche Menschenmenge ausgerechnet von der noch verhassteren Herrschaftsmacht fürs erste gestoppt wird. Gewalt gegen Gewalt, Macht gegen Macht, die gewünschte Festnahme zur Beruhigung. Zumindest kein Tod. Nicht gleich.

Warum löst Paulus einen solchen Aufruhr aus? Wer ist er wirklich und wie wird er dargestellt? Ein Jude, römischer Bürger, gebildet. Ein Gelehrter, der neue Wege beschreitet und damit alte Sicherheiten ins Wanken bringt. Ein Störenfried, der Gewohntes neu denkt. Einer, der Selbstverständliches in Frage stellt. Ein Radikaler, der keinen Stein auf dem andern lässt und genau aus diesen Steinen etwas Neues aufbaut. Einer, der Argumenten gewachsen ist, weil er die Dinge durchdacht hat. Einer, der Anstoß erregt in seiner Klarheit. Einer, bei dem man Fehler finden will, um die eigenen Fehler nicht zu sehen. Einer, dessen Worte ins Herz treffen, weil sie geistvoll sind. Einer, der Jesus Christus nachfolgt.

So einer ist schwer zu ertragen. Kaum auszuhalten. Weg mit ihm!

Wer hat die Stärke und den Mut, solchen Menschen entgegenzutreten? Es sind die gleichen Bilder damals wie heute. Das Geschrei, das sich steigert und in Gewalt mündet. Menschen, die hemmungslos werden in ihrer Wut und ihrem Zorn. Aggressionen, die nicht mehr unter Kontrolle zu bringen sind. Sinnlose Zerstörungswut. Wer kann da Einhalt gebieten? Wer findet das Wort, die Sprache, die Geste, die verstanden wird? Wer bringt einen anderen, einen heiligen Geist in diese Welt?

BARBARA JANZ-SPAETH

Gib uns Besonnenheit, Klarheit und Herzenswärme. Lass uns still werden, um dich, Gott, zu hören. Schenke uns Worte, die klären, Hände, die versöhnen, Augen voller Liebe. Sei du bei uns, wo auch immer wir sind.

Verwandlung

»Er hat mich begleitet auf dem Weg ins Leben«, so erinnert sich Paulus in seiner Rede an das Volk in Jerusalem. Jetzt musste er Rede und Antwort stehen, denn er war erkannt worden. Schließlich war Paulus es, der Heiden in den Tempel geführt hatte. Ob würdig oder nicht, ihm war wichtig, dass alle in den Tempel gehen können, um zu Gott zu beten. Paulus hat so für viel Verwirrung und Ärger bei seinen jüdischen Mitbürgerinnen und Mitbürgern gesorgt.

Jetzt, auf den Stufen des Tempels stehend, kann sich Paulus vor den Menschen erklären: Hananias war es, der ihn ins Leben geführt hat. Bemerkenswert, denn der gottesfürchtige Mann Hananias war Jude. Doch das Herz des Hananias zeichnete noch etwas anderes aus. Seine Liebe zu Gott führte ihn dazu, der Stimme in sich zu vertrauen, die ihn aufforderte, mit Saulus zu sprechen und ihn zu einem neuen Weg zu ermuntern. Wie Schuppen fällt es Saulus von den Augen, als er von Hananias gesagt bekommt, sich zu ändern, zu Jesus zu bekennen und sich taufen zu lassen, um die Sünden abzuwaschen.

Was das mit dem »vom Saulus zum Paulus« zu tun hat, ist wenig spektakulär. Es war in der damaligen Zeit durchaus üblich, seinen Namen je nach Umfeld zu nutzen. Saulus war der Name, der im jüdischen Kontext bekannter war. Paulus, nun ins Hellenistische übertragen, eben der, der im heidnischen Umfeld verwendet wurde. Verwandelt wird der Jude Saulus, der in der Welt der Menschen, die nicht jüdischer Abstammung waren, von Gott und Jesus Christus zu erzählen vermag und zum Glauben einlädt. Ihm gelingt diese Aufgabe so trefflich, dass von ihm, Paulus, intensiv die Rede war – auch im jüdischen Tempel.

Mutig, unerschrocken, zuversichtlich, so weiß Paulus von Gott und seinem Sohn zu erzählen. Was für ein Segen! So können wir heute sagen: Paulus hat auch uns geleitet auf dem Weg ins Leben.

CHRISTIAN STALTER

Jesus, der du zu trösten vermagst, dein Wort gibt Mut und Halt, wenn Angst das Leben prägt. Bewahre mein Herz in der Zuversicht, dass mit dir mein Leben gelingt.

Verwirrung

Wenn Staub in der Luft liegt, dann kann keiner mehr atmen und reden. Argumente bleiben in der ausgetrockneten Kehle hängen. Einsichten sind im dichten Staub wahrlich nicht mehr zu haben. Hilfreiches kann also weder ausgesprochen, noch gesehen werden. Der wirklich redegewandte Paulus hatte alles gegeben, um einen Zugang zu den Menschen zu bekommen oder sie gar zu überzeugen. Doch es hat ihm nichts genutzt. Verärgert über die Unvoreingenommenheit des Paulus, Menschen ohne jüdische Abstammung und Rituale Gottes Nähe zu verkünden, haben sie das Urteil gefällt. Es gibt keine Aussicht auf Gnade.

Im Gefängnis ist Paulus zunächst vor den gewalttätigen Massen geschützt. Dass er römischer Bürger ist, rettet ihn ein weiteres Mal. Im rechten Moment erkennt zunächst der Centurio und dann der Tribun, wen sie vor sich haben. Denn wer römischer Bürger war, und Paulus war es seit seiner Geburt, der hatte viele Rechte. Er durfte bestimmten Bestrafungsarten nicht ausgesetzt werden. Gefoltert oder gegeißelt durfte er nicht werden, noch musste er die Todesstrafe fürchten, es sei denn bei Hochverrat. Aber vor allem war es einem römischen Bürger möglich, im Rahmen eines ordentlichen Gerichtsverfahrens sich selbst verteidigen zu können.

Wenn der Staub sich gelegt hat, kann Paulus seine Hoffnung und seinen Glauben wieder ins Spiel bringen, aussprechen und sichtbar werden lassen. Die Erinnerung an die Begegnung mit Hananias, der ihm die Kraft gab, Christus zu erkennen, gibt Paulus den Mut, seinen im Herzen brennenden Glauben wieder wirken zu lassen. Befreit von den Ketten, hat er die Gelegenheit, sich an den erneut versammelten Hohen Rat zu wenden. Welch beeindruckende Kraft zeichnet Paulus aus, im Glauben an den Auferstandenen sich den Widrigkeiten zu stellen!

CHRISTIAN STALTER

Du Geist Gottes, erhalte in mir die Kraft, mein Leben aus der Hoffnung und Zuversicht zu deiner Liebe zu gestalten, die du in deinem Sohn Jesus Christus mir offenbart hast.

Verständigung

Alles oder nichts, das erkennt Paulus ganz klar. Wenn es ihm nicht gelingt, das Synhedrium, also den Hohen Rat von seinem Glauben an Jesus Christus zu überzeugen, ist alles aus. Doch wer kann bestehen, wenn es darum geht, die Feinheiten des Glaubens den verstockten Herzen zu erklären?

Es ist dieser eine Moment im Wirken Jesu, der für Paulus zum entscheidenden Glaubensmosaik wird: die Auferstehung Jesu. Das gibt ihm letztgültige Sicherheit. So fragt er seine Zuhörenden, ob es etwa im Judentum nicht die Vorstellung der Auferstehung gäbe. Die Antwort ist klar. Ja, es gibt sie. Für die Pharisäer gehört die Auferstehungshoffnung zwingend zum jüdischen Glauben. Auch wenn die Sadduzäer dem nicht folgen können, so hat innerhalb der Geschichte Gottes mit seinem Volk diese Hoffnung ihren festen Ort.

In der Begegnung des Paulus mit dem Hohen Rat wird deutlich, dass nach dem Tod Jesu und seiner Auferstehung die Nähe zum jüdischen Glauben sehr eng war. Erst mit der Zerstörung des Tempels in Jerusalem, dem zentralen Heiligtum des Judentums, 70 n.Chr., entwickeln sich konsequent zwei Religionen mit ihren Besonderheiten.

Für Paulus ist eines klar: In dem Juden Jesus wird die Weite der Liebe Gottes sichtbar. Mit seiner Auferstehung beginnt das Glaubensherz neu und zuversichtlich zu schlagen. Doch was Paulus und mit ihm inzwischen viele Anhänger mit glühender Begeisterung zu bekennen vermögen, erkennen die anderen nicht an. Auch wenn Paulus jetzt nicht weiß, wie es mit ihm und seinem Bekenntnis zu Jesus Christus bei aller Bedrohung weitergehen wird, er bleibt zuversichtlich.

Die Liebe Gottes, die in Jesus Christus sich offenbart hat, ist es letztlich, die den Verstand wachhält und die Hoffnung groß, die das Herz mutig macht und die Begeisterung klar.

CHRISTIAN STALTER

Gott, in deiner unendlichen Güte erneuerst du uns. Schenke unserem Herzen und unseren Händen, unseren Worten und unseren Taten deinen Geist des Lebens.

Nach Gott schmachten

»Schmachten« ist so ein Wort, das einem ab einem gewissen Alter nicht mehr ohne Weiteres über die Lippen kommt. Jemanden anschmachten, schwärmerisch sein, wird eher Teenagern zugeordnet und findet im Jugendalter vielleicht seinen Ausdruck in Postern, die an die Wand des Kinderzimmers gehängt werden, anrührenden Bildern auf dem Smartphone oder in sehnsüchtigen Blicken, die dem »Objekt der Begierde« zugeworfen werden. Ergreifende »Schmachtfetzen« gibt es zwar im späteren Leben im Kino oder Fernsehen immer wieder zu sehen, aber dieses dort geweckte Verlangen hat letztlich nur wenig Auswirkungen auf das wirkliche Leben.

»Nach dir schmachtet mein Fleisch wie dürres, lechzendes Land ohne Wasser« – wie im heutigen Psalm 63 zu lesen – darf als nicht ganz alltägliche Formulierung Gott gegenüber angesehen werden. Wieso eigentlich nicht? Sind wir dafür zu erwachsen? Ist unser Glaube zu nüchtern? Ist das womöglich ungehörig, unpassend oder sogar peinlich, so von seinem Glauben zu sprechen?

Entschuldigen Sie meine vielen Fragen, aber wie innig, liebevoll, intim empfinden Sie Ihre Beziehung zu Gott? Der heutige Psalm ist in Teilen eine einzige Liebeserklärung an Gott: »Wie an Fett und Mark wird satt meine Seele, mein Mund lobt dich mit jubelnden Lippen.«

Wohl die allermeisten Menschen sind es nicht gewohnt, über ihre Beziehung zu Gott zu reden. Den Glauben offen darzulegen, haben die Wenigsten gelernt. In der Regel ist dies etwas, über das nicht gesprochen wird. Umso hilfreicher könnte es einmal sein, sich die Worte des Psalms zu eigen zu machen und dadurch die eigene Dankbarkeit, Sehnsucht und das Vertrauen Gott gegenüber zum Ausdruck zu bringen?!

THOMAS STEPHAN

Herr, unser Gott, ich danke dir von Herzen für alles, womit du mich beschenkt hast. In so vielen Momenten meines Lebens warst du für mich da. Auf dich konnte und durfte ich mich immer verlassen. Begleite und leite mich auch weiterhin, ein Leben lang.

Die Hilfe anderer – unser Schutz

Das geht so schnell: erst die üble Nachrede. Dann kommt es zur falschen Anklage. Die, die einem übel wollen, rotten sich zusammen. Ob vor der Nachbarschaft, im Kreis der Kolleginnen oder unter Freunden. Da kann man sich kaum wehren. Ein Wort gibt das andere. Ein Gerücht entsteht. Schon ist man abgestempelt. Wie soll man sich davor schützen? Alleine kann man es häufig kaum. Man ist vielmehr darauf angewiesen, dass jemand zu einem steht. So ein Helfer kann dann auch jemand sein, den wir gar nicht kennen.

So ist es Paulus ergangen. Zwar werden die jüdischen Menschen wie oft sehr negativ dargestellt – als Urheber einer Verschwörung. Das das Neue Testament immer wieder durchziehende Motiv der verstockten Juden ist leider auch hier erkennbar.

Doch kann man diesem Teil der Lebensgeschichte des Paulus auch etwas Positives entnehmen. Zwei Menschen sind es, die ihn beschützen – ohne dass er es angeregt oder erbeten hat. Sein Neffe, also ein Mitglied seiner Familie, und der fremde Oberst, der zur Gruppe seiner Bewacher gehört. Sie lassen sich nicht irre machen von den Vorwürfen und Verschwörungsaktionen. Sie bleiben standhaft. Und das – vielleicht – aus unterschiedlichen Motiven: Es mag beim Neffen noch die familiäre Sorge sein, die ihn Partei für Paulus ergreifen lässt, doch der Oberst handelt vermutlich aus anderen Gründen. Er möchte die geltenden Regeln einhalten. Weil Paulus römischer Bürger ist und Rechte hat, schützt er ihn. Er betrachtet die Lage nüchtern und befindet: Da ist kein Grund für eine derartige Strafe.

Blinder Gehorsam gegenüber Regeln ist nicht immer gut. Aber ein nüchterner Blick auf die Lage, ein Einordnen einer hitzigen Situation in vorgegebene Spielregeln kann schützend wirken. Das ist auf dem Fußballfeld so, wenn der Schiedsrichter eingreift, und das war bei Paulus so. Und auf diese Weise kann auch ein Fremder zum Schutzengel werden. Darauf kann man nicht immer vertrauen, aber wenn man ihn hat, kann man dankbar sein.

JACOB JOUSSEN

Sende uns Schutzengel, die gegen böse Verleumdungen aufstehen und die uns schützen, wenn wir selbst es nicht mehr können.

Die Hoffnung auf die Auferstehung ist unser Fels

Aus vielen Fernsehserien ist sie bekannt: die klassische Gerichtsszene. Der Angeklagte hat noch einmal das letzte Wort, er kann sich verteidigen und darlegen, warum er im Sinne der Anklage nicht schuldig ist. Ein solches rechtsstaatliches Verfahren kannte auch die antike Welt, das Rechtssystem der Römer war epochemachend – und Paulus, als römischer Bürger, profitierte davon.

Auf die Anklage hin, er sei schädlich und habe versucht, den Tempel zu entweihen, wehrt Paulus sich. Und das mit aller Wortgewalt, die ihm wohl eigen war. Seine Verteidigungsrede ist klar und auch für uns beispielhaft. Sie fasst in aller Kürze zusammen, was er glaubt und worauf er sein Leben und sein Handeln stützt. Sein Credo kann und sollte auch unseres sein: »Ich habe die Hoffnung zu Gott, nämlich dass es eine Auferstehung der Gerechten wie der Ungerechten geben wird.« Das erinnert – sicher nicht zufällig – an die Zusammenfassung im 15. Kapitel seines ersten Briefs an die Gemeinde in Korinth: »Ist Christus aber nicht auferstanden, so ist euer Glaube nichtig, so seid ihr noch in euren Sünden; dann sind auch die, die in Christus entschlafen sind, verloren.« Damit formuliert Paulus den Anker unseres Glaubens, der auch uns vor dem Gericht am Ende unseres Lebens festhalten wird. Paulus lässt sich nicht irre machen, er wankt nicht.

Er führt uns aber zugleich deutlich vor Augen, wozu dieser feste Glaube führen kann. Der Glaube vertröstet nicht allein auf ein Irgendwann, er hat unmittelbar heute eine Konsequenz. Denn er lässt einen handeln – hier und jetzt. Das ist der Grund, warum Paulus sich auf den Weg macht – um zu beten, um Almosen zu überbringen, um Gutes zu tun. Auf diese Weise erlangt er ein reines Gewissen, sodass ihm all die Anklage, all die bösen Vorwürfe, die seine Gegner vor Gericht gegen ihn vorbringen, nichts anhaben können. Das ist nicht Selbst-Gewissheit, das ist Gottes-Gewissheit, die der Grund für ein souveränes Leben sein kann.

JACOB JOUSSEN

Wir glauben, dass du, unser Gott, deinen Sohn Jesus Christus von den Toten auferweckt hast. Lass diesen Glauben in uns wachsen und zum Motor unseres Handelns werden.

Nicht geben, um zu bekommen – sondern geben, weil man liebt

Das hätte der römische Statthalter Felix wohl gern so gehabt: dass sein korruptes Ansinnen Erfolg hat und er Geld von Paulus erhält, damit er ihn freilässt. Wie heute in vielen Teilen der Welt war auch damals, im antiken Rom, die Korruption weit verbreitet. Auch in Deutschland ist das Phänomen Korruption nicht unbekannt. Zwar liegen wir im internationalen Vergleich sehr gut, auf der einschlägigen Liste belegen wir immerhin den neunten von 180 Plätzen.

Doch man muss ja gar nicht aufs Ganze gehen und unter Korruption nur das verstehen, was Felix in der Episode von der Verschleppung des Prozesses gegen Paulus vorhat. Sicher: Wenn ein Amtsträger sich Geld erhofft, um eine Handlung vorzunehmen, ist er korrupt, wenn er das Geld auch erhält.

Aber es gibt eben auch die Korruption im Kleinen, in unserem Alltag. Wie oft geben wir, weil wir die Gegenleistung schon im Blick haben. Das ist zwar keine Korruption im Rechtssinne. »Ich gebe, damit du gibst« – der lateinische Spruch »do, ut des« bildet für juristisch versierte Menschen sogar die Grundlage aller Verträge. Doch, um ein bekanntes Jesus-Wort in einen anderen Zusammenhang zu stellen: »Bei euch aber soll es nicht so sein.« Wir sollen nicht immer schon die Gegenleistung im Blick haben. Sondern: Geben um des Gebens willen, Helfen um der Hilfe willen, Lieben um der Liebe willen – das ist Kennzeichen unseres Glaubens. Nicht immer schon darauf zu setzen, dass sich das Geben auszahlt, das ist das Gegenteil von Korruption und sollte ein Markenkern christlicher Haltung sein. Geben, nicht weil man eine Gegengabe erwartet, sondern geben, weil man liebt.

Das funktioniert nicht immer. Man wird enttäuscht werden. Man wird mehr geben, als man erhält. Aber wenn wir aus dem ständigen Kreislauf des »Gebens, damit man erhält« ausbrechen, wird es befreiend wirken.

JACOB JOUSSEN

Befreie uns von der Engstirnigkeit, nur deshalb zu geben, weil man auf eine Gegenleistung setzt. Lass uns erkennen, dass die Gabe selbst den Geber segnen wird.

Recht sprechen und sprechen lassen

Anklagen, Verschwörungen und ein Richterstuhl – bestes Material für einen Blockbuster voll Action und Spannung. Doch wer richtet hier eigentlich wen? Paulus hat sich gemäß seinem Recht als römischer Bürger auf den Kaiser berufen. Der Kaiser soll nun also im »Fall Paulus« Recht sprechen. Zur Rechtsprechung – damals wie heute – gehört das Anhören der Angeklagten und der Verletzten. Zum Rechtsprechen gehört unbedingt auch das Sprechenlassen. Wer auf dem Richterstuhl sitzt, von dem wird erwartet, dass er Recht und damit das Richtige spricht. Aber nicht selten liegen Rechtsprechung und erhoffte Gerechtigkeit weit voneinander entfernt. Im Rechtsstaat gibt es dann die nächste Instanz als Überprüfung. Beweiswürdigung ist ein schwieriges Geschäft und Anwältinnen und Anwälte sind als Beistände segensreich. Wo das Recht nicht so hochgehalten wird, hat ein Richterstuhl mitunter unsichtbare Schnüre an den Stuhlbeinen: Macht, Strategie, Politik, eigene Interessen. Manchmal sind denen, die darauf sitzen, durch unsichtbare Fesseln die Hände gebunden. Vor des Kaisers Richterstuhl soll sich Paulus verteidigen. Gefangen zwischen Intrigen wird er zum Spielball römischer Gerichtsbarkeit, trotzdem ist der Apostel zuversichtlich. Denn er weiß, dass es Gottes Souveränität ist, die letztlich Recht über sein Leben spricht. Vom Kaiser erwartet Paulus, dass dieser feststellt, dass er zu Unrecht angeklagt wurde. Im Glauben weiß er sich fest in Gottes Gerechtigkeit geborgen. Sie ist an keinen Stuhl gebunden, von keinen Fesseln gehalten. Paulus weiß: Gottes Gerechtigkeit lässt all jene Stimmen laut werden, denen das Recht zu sprechen genommen wurde, die nicht gehört werden, sich nicht verteidigen können oder ganz ihrer Rechte beraubt wurden.

HEIKE SPRINGHART

Gott, gib, dass wir einander zuhören und Menschen für sich sprechen lassen. Gerade die, die am Rande der Gesellschaft stehen, die, deren Stimme zu leise oder nicht hörbar ist. Lass ihre Stimme immer wieder auch durch unser Handeln laut werden.

Nochmal hinsehen und nochmal und nochmal

In der Welt der Behörden schafft das Weiterreichen von Akten von Zuständigkeit zu Zuständigkeit oft ein Dickicht, in dem Menschen und ihre Geschichten verloren zu gehen drohen. Von Verantwortungsdiffusion ist dann die Rede. Weil am Ende niemand die Verantwortung übernimmt in der Black Box des Behördendickichts. Bei Gerichtsverfahren allerdings sichert die nächste Instanz den zweiten Blick.

Festus hat einen Gefangenen überlassen bekommen. Nachdem er sich einen ersten Eindruck in dieser Angelegenheit gemacht hat, weiß er, dass der »Fall Paulus« und dessen theologische Ausführungen außerhalb seiner Kompetenz und Gerichtsbarkeit liegen. Zugleich will er vor seinem Vorgesetzten, dem Kaiser, nicht schlecht dastehen, wenn er Paulus ohne handfeste Anklage zu ihm schickt. Nach römischem Recht kann Festus kein Vergehen bei Paulus feststellen. Er sieht die Grenzen seiner Verantwortung und will auf Nummer sicher gehen. Deswegen fragt er einen anderen um Rat, reicht den Fall weiter. Wieder wird Paulus vorgeführt, noch einmal soll er aussagen. Diesmal vor Agrippa. Wieder Zittern, wieder die eigene Geschichte erzählen. Wieder dem Urteil ausgeliefert sein. Paulus wird weiter und weitergereicht. Die rechtliche Beurteilung ist nicht eindeutig. Die Zuständigkeit ebenfalls nicht, es geht immer eine Instanz höher bis hin zum Kaiser. Das könnte zermürbend sein, aber Paulus lässt sich davon nicht aus der Ruhe bringen. Jedes Mal aufs Neue spricht er von der Hoffnung, aus der er lebt. Die Zuversicht geht ihm nicht aus. Paulus bindet all die losen Enden immer wieder neu zu einer Schleife zusammen und nutzt jede neue Begegnung dazu, von Gottes Liebe zu erzählen.

HEIKE SPRINGHART

Gott, du führst die losen Fäden in meinem Leben zusammen. Sei bei denen, die zermürbenden Verfahren ausgesetzt sind. Stärke die, die Recht sprechen müssen. Lehre uns unterscheiden zwischen der Wahrnehmung der eigenen Grenzen und der Notwendigkeit, verantwortlich für Recht und Gerechtigkeit einzustehen.

Mit brennendem Herz

Wo Menschen zum Verstummen gebracht werden, wird das Recht blass. Für sich selbst sprechen zu dürfen, angehört zu werden vor Gericht, das ist ein grundlegendes Gut in unserem Rechtsstaat. Egal in welchem Verfahren: Jeder Mensch hat das Recht, gehört zu werden, die eigene Geschichte zu erzählen, ob stammelnd, weil so viel Schmerz drin steckt, oder brennend, weil die ganze Leidenschaft für den Glauben darin zum Ausdruck kommt. Auch Paulus ist es nach römischem Recht erlaubt, für sich selbst zu sprechen. Paulus ist in seiner Verhandlung Angeklagter, Verteidiger und Zeuge in einer Person. Er erzählt, wo er herkommt, was sein Leben geprägt und verändert hat und woran er glaubt. Paulus verteidigt sich im Zuge des Gerichtsprozesses nicht nur selbst, sondern er verteidigt auch den Glauben, für den er steht. Von seiner Jugend und den Wegen und Irrwegen seines Lebens, von fanatischem Religionseifer und umstürzenden Erfahrungen. Er beschönigt nichts. Er zeigt, wo er in die Irre gegangen ist und warum er jetzt mit der neu gewonnenen Verletzlichkeit umso leidenschaftlicher für den Glauben einsteht. Als Zeuge eines anderen, nicht als Rechthaber des Glaubens. Paulus legt mit seiner Geschichte dar, dass die Anschuldigungen gegen ihn haltlos sind. Aber es geht nicht nur um ihn und darum, dass er seine Haut rettet. Er steht da vor Gericht als brennender Zeuge der Kraft Christi gegen den Tod. Solcher Protest gegen den Tod ist eine subversive Kraft. Weil er den Drohkulissen den Boden entzieht. Deswegen ist er angeklagt. Weil er sich die Hoffnung auf die Auferstehung nicht nehmen lässt. Die Anklage gegen Paulus könnte auch lauten: Ostern. Gegen die todbringenden Mächte der Welt fragt er Agrippa und Festus und jede und jeden von uns: »Warum haltet ihr es für unglaubwürdig, dass Gott Tote auferweckt?«

HEIKE SPRINGHART

Gott, halte in mir die Glut wach, die das Lebensfeuer gegen den Tod anfacht. Stärke mich darin, zu erzählen von dem, was mich trägt und tröstet, was meine Hoffnung ist, und schenke mir Menschen, die mir von ihrer Hoffnung erzählen.

Behütet wie einen Augapfel

Bekannte biblische Aussprüche gibt es mehr als man denkt. Ob wir »ein Herz und eine Seele« sind, »auf Herz und Nieren« geprüft, ob wir »in jemandes Fußstapfen« treten oder »im Schweiße unseres Angesichts« arbeiten, ob wir »jemanden zum Sündenbock machen« oder »jemanden in die Wüste schicken«, »gegen den Strom schwimmen«, »über den Jordan gehen« oder letztlich feststellen müssen, dass es »nichts Neues unter der Sonne« gibt ... Zitate aus der Bibel, die ihren Einzug in die Alltagssprache gefunden haben, gibt es viele.

Der heutige Psalm 17 hält einen Ausspruch bereit, der im Kontext des sorgsamen Umgangs mit zerbrechlichen Dingen auftaucht: »Behüte mich wie den Augapfel, den Stern des Auges ...« Ganz praktisch steht dahinter die Erfahrung, dass das Auge – ebenso wie der Mensch an sich – extrem verletzlich ist. In Form eines Bittgebets wendet sich daher der Betende an Gott und bittet um seinen Schutz und Beistand vor den »Frevlern« und »Feinden«.

Wenn das Leben gelingen soll, braucht es Sicherheit(en). Bedroht an Leib und Seele zu sein, hält niemand lange unbeschadet aus. Grenzverletzungen, übergriffiges Verhalten, Gewalterfahrungen in jeglicher Form sind an der Tagesordnung und gilt es mehr denn je zu ächten und zu verhindern. Gerade das Internet strotzt so vor Gewalt. Nicht nur in Form von Bildern und Filmen, sondern auch durch Hassrede, Beschimpfungen und grobe Vorwürfe finden unzählige Verletzungen täglich statt. Jeder Mensch hat ein Recht auf körperliche und seelische Unversehrtheit. Jeder Mensch ist es wert, behütet wie ein Augapfel zu werden.

Die Bibel ist voll von Worten, die mehr als »bloß Worte« sind. Sie und ihre Aussagekraft im Alltag wieder zu entdecken, lohnt sich für einen selbst, aber auch für den Umgang mit den Menschen, mit denen wir täglich zu tun haben.

THOMAS STEPHAN

Herr, unser Gott, behüte uns wie deinen Augapfel und lass uns nicht zu Schaden kommen. Mach uns aber auch sensibler und rücksichtsvoller im Umgang untereinander.

Freimut

Paulus ist nicht auf den Mund gefallen. Er macht seinem Herzen Luft. Doch die Gefahr ist groß, dass er sich um Kopf und Kragen redet. Da ist es gut, dass Festus ihn unterbricht. Er fürchtet, dass sich Paulus in eine Wahnvorstellung steigert, was am Ende schlimm ausgehen könnte.

Doch es kommt anders. Einmal im Redefluss unterbrochen, entwickelt sich ein Gespräch auf Augenhöhe. Paulus nimmt die Sorge des Festus auf und gibt das, was in ihr steckt, an König Agrippa weiter. Er nimmt für sich in Anspruch, bisher vernünftig geredet zu haben. Argumentativ und frei heraus kommen die Drei ins Gespräch. Es ist geprägt von der klaren Haltung des Paulus und von einer feinen Ironie zwischen ihm und dem König. Denn dieser ist so beeindruckt, dass, wie er sagt, nur ein kurzer Schritt fehle, Christ zu werden. Genau das wünscht Paulus allen Anwesenden, freilich mit dem diskreten Hinweis, dass sie es ohne Fesseln sein sollten.

Diese binden die Hände, fesseln aber nicht seinen Mund. Unerschrocken ergreift er das Wort vor den beiden Autoritäten. Freimütig bekennt er sich zu Christus. Er erinnert daran, dass Jesus in aller Freiheit gewirkt hat und nichts im verborgenen Winkel geschah. Dieser Freiheit vertraut sich Paulus an. Der Freimut des Glaubens prägt seine Worte. Daraus gewinnen sie ihre Kraft. Was Paulus sagt, wirkt auf Festus, Berenike und Agrippa ein. Sie können sich dem nicht entziehen. Sie erkennen und bestätigen seine Unschuld. Doch die Fesseln bleiben. Denn Paulus hat sich auf den Kaiser berufen. Auf dem Weg nach Rom werden ihn die Erfahrungen dieses Gesprächs begleiten.

Auch uns kann dieses Gespräch ermutigen. Es geht um die Freiheit des Wortes. Es ist bedroht, weil zu viel beschwiegen wird, was zu sagen wäre. Es wird als Herrschaft missbraucht, um anderen das Wort zu verbieten. Christinnen und Christen aber sind Wortmenschen. Freimütig zu sprechen, bleibt unsere Aufgabe. Im rauen Klima unserer Zeit ist ein angstfreier Dialog nicht leicht. Doch in ihm kommt die Freiheit eines Christenmenschen zur Sprache.

JÜRGEN THIESBONENKAMP

Gott, gib mir ein festes Herz und Mut zu Worten aus deinem Wort.

Wagemut

»Navigare necesse est.« Von Plutarch geprägt und Pompeius in den Mund gelegt, sagt dieses Wort, dass »Seefahrt nötig« ist, um Menschen zu versorgen. Damals ging es um Getreideschiffe von Ägypten nach Rom. Mit den Herbststürmen fürchteten die Seeleute die weite Fahrt. Doch das Getreide musste nach Rom. Das fordert dieses Wort. Pompeius fügte hinzu: »Vivere non est necesse.« Er verlangte vollen Einsatz: »Leben ist nicht nötig.«

Wer im Sturm bestehen will, muss Entscheidungen treffen. Damit wird auch Paulus konfrontiert. Sicher segelten sie im Schutz der Küsten. Der Herbst nahte. In Myra ankerte ein Schiff mit Getreide für Rom. Das Wagnis schien überschaubar, Paulus mit diesem Schiff nach Rom zu bringen. Doch dann ging es mühsam voran. Die jüdischen Fastentage waren vorüber. Das galt als Datum, die Seefahrt zu beenden und in einem Hafen zu überwintern. Doch schon damals drückten Termine. Man wagte die Weiterfahrt. Paulus ahnte die Gefahr und warnte. Die Ladung war ihm wichtig, aber mehr noch das Leben der Menschen. Der Hauptmann schlug seine Warnung in den Wind. Für ihn zählte die Erfahrung der Seeleute und das noch günstige Wetter. Doch es kommt knüppeldick. Von Wolken verdeckt geben Sonne und Sterne bald keine Orientierung mehr. Die Menschen an Bord tun alles, um ihr Leben zu retten. Es geht nur noch um Durchhalten bei schwindender Hoffnung.

Biblische Bilder tauchen auf: Jona auf der Flucht vor Gottes Auftrag im Sturm. Die Jünger in Todesangst, als der See sie zu verschlingen droht. Das alles erinnert an Lebensphasen, wo Wellen über uns zusammenschlagen, wir das Schicksal mit Händen aufhalten wollen und uns schmerzlich erinnern, Warnungen auf die leichte Schulter genommen zu haben. Wo der Druck groß ist, ein Ziel zu erreichen, schwindet die Vorsicht. Waghalsigkeit gefährdet das Leben, gerade dann, wenn es heißt, alles sei halb so schlimm. Wagemut gehört zum Glauben und ist in verzagten Zeiten nötig. Sein Ziel ist es aber, Leben zu bewahren.

JÜRGEN THIESBONENKAMP

Guter Gott, hilf mir im Wagnis des Lebens zu unterscheiden, was guttut und was schadet.

Lebensmut

Nordwind, Sturmfluten, den Wellen ausgeliefert und orientierungslos. So treibt das Schiff mit Paulus und den anderen Seekranken übers Meer. Sie taten alles, um das Schiff zu retten: Getreide und Geräte gingen über Bord, Treibanker wurden ausgebracht, das Beiboot gesichert. Angst beherrschte sie: »Da war all unsere Hoffnung auf Rettung dahin« (20).

In diese Worte drängen sich Bilder vom Mittelmeer heute. Nicht seetaugliche Boote werden für Menschen zum Strohhalm der Hoffnung. Was wir da sehen, holt den Schiffbruch von damals nahe an uns heran. Aber nicht Wind und Wetter allein machen das Mittelmeer zum grausamen Ort. Der Weg übers Meer ist bei den Flüchtenden der letzte entscheidende Schritt, ihr Ziel zu erreichen. Doch Schleuser bereichern sich an ihrer Not. Sie haben das Geld, die anderen das Risiko.

Um Geld, wenn auch in einem anderen Geschäftsmodell, ging es auch damals. Das Getreide musste nach Rom. Bezahlt wurde erst beim Löschen der Fracht. Geschäfte dulden oft keinen Aufschub. Doch jetzt im Sturm ging es nur noch ums Überleben. Paulus erinnert zwar kurz an seine Mahnung zu überwintern. Doch er kartet nicht nach. Er wird zum Mutmacher, wo alle verzagen. Mutmacher soll es auch auf den Booten der Flüchtenden geben. Frauen und Männer, die zwar von Seefahrt nichts verstehen, aber eine innere Kraft haben, die Wind und Wellen standhält und auf Rettung hofft.

Beides trifft auf Paulus zu. Seemännisch hat er nichts beizutragen. Wo alle panisch sind, hat er den Mut, von dem zu sprechen, was er gehört hat. Das »Fürchte dich nicht!« des Engels gilt ihm. Doch er gibt an die anderen weiter, was ihn ermutigt. Er glaubt an seine Rettung und, dass alle überleben werden; anders als sie es erhofften, ohne Schiff und mit einer ungewissen Zukunft. Mehr als dieses Wort und den Glauben daran hat Paulus nicht. Auf schwankendem Boden und in Panik kann solch ein Wort aus dem Herzen viel bewirken, auch bei uns. Der Glaube eines anderen kann uns zu einem Leben ermutigen, in Gefahren und Gefährdungen zu bestehen.

JÜRGEN THIESBONENKAMP

Gütiger Gott, schenke uns Worte, die ermutigen und zum Leben helfen.

Solidarität zur See

Ein nächster Eintrag im Logbuch. Ein weiteres Stück Seefahrt-Literatur in der Bibel. Solch eine Seefahrt ist nicht lustig. Kampf mit den Elementen, dramatische Lebensgefahr, Aufatmen im letzten Satz. Das alles zieht uns in den Bann. Auch zu Zeiten globalisierter Transportwege und aktueller Nachrichten von Seenot und Schiffbruch.

Der Wetterbericht könnte aus Jack Londons »Reise mit der Snark« 1907 stammen: »Welch ein Schlamassel, wenn man sich leewärts von seinem Ziel befindet und dazu noch gegen eine starke Strömung und heftigen Wind ankämpft.« Vom Proviant notiert auch Georg Forster an der Seite von James Cook 1775 auf seiner »Reise um die Welt«: »Die übrigen sammelten in kurzer Zeit neue Stärke beym beständigen Gebrauch frischer Lebensmittel. Worunter vorzüglich allerley Küchen-Gewächse, und eine Art schwarzes Rocken-Brod, die beste Wirkung thaten.«

Paulus wird charakterisiert wie Ferdinand Magellan 1513 in den Worten von Stephan Zweig: »der Mann und seine Tat«, ein »Kenner der Menschen, der Länder, des Meeres und der Gestirne«. Das Evangelium ist hier auf seiner »Reise um die Welt«. Zwischen Gefahr und Rettung, Sturm und Flaute, Ebbe und Flut. Neue Begegnungen und Entdeckungen gehören dazu. Aber Lukas schreibt ganz anders als wenig später Lucian. Der (über-)treibt seine »Wahren Geschichten« mit einer fantastischen Seereise bis zum Mond wie ein früher Sciencefiction. Lukas dagegen erzählt vom Unterwegssein des Evangeliums mit großer, von Gottvertrauen gespeister Gelassenheit. Und mit viel Realitätssinn für Risiken und Rettungsaktionen.

Ein solidarisches Kapitel im Logbuch der frühen Christenheit. Für Seeleute, die jedes Detail nachempfinden, wenn sie zu unserer Versorgung monatelang auf den Weltmeeren unterwegs sind. Und für Menschen, die ihr Heil auf der Flucht über das Mittelmeer suchen und sich unfassbaren Gefahren aussetzen. Beides mag sich fern von unserem Alltag abspielen – doch es gehört zum Miteinander und in die Fürbitte einer weltweiten Christenheit.

JAN JANSSEN

Barmherziger Gott, bleibe mit uns unterwegs, halte uns auf Kurs und reiche uns deine rettende Hand.

Insel-Impressionen

Zur Rettung gehört Erdkunde. Die Weltreise des Evangeliums landet nicht auf einer »Insel der Seligen«. Das reale Fleckchen Erde heißt Malta. Legen wir diese Worte neben die Urlaubsbilder von Kanaren oder Balearen. Nehmen wir Inseln weder paradiesisch noch kolonialistisch. Und spielen wir nicht Robinson Crusoe – genauer Alexander Selkirk auf Más a Tierra. Nicht Paul Gauguin auf Tahiti oder Robert Lous Stevenson auf Samoa.

Inseln sind auch in der Bibel Inbegriff der Ferne und Fremde. Unerreichbar. Nicht ganz geheuer. Auch von Johannes auf Patmos und Barnabas auf Zypern hören wir wenig. Doch selbst dorthin, bis an die Enden der Erde, reicht Gottes Menschenfreundlichkeit – wie von Jesaja angesagt. Das dürfen Paulus und die Bordgemeinschaft hier und jetzt erleben.

Malta ist etwas größer als Fehmarn, einiges kleiner als Usedom. Der Satz über freundliche Inselkinder zu Beginn einer kalten und verregneten Wintersaison ist karg, aber herzerwärmend. Wie diesen ersten Christenmenschen so begegnet uns dort – auch weit weg, wohin wir uns »reif für die Insel« sehnen – ein Alltag: Feuer schüren und Gefahr bestehen; religiöse Vielfalt und seelsorgerliche Not; Reichtum und Gastfreundschaft; Krankheit und Erholung.

Dieser Reisebericht weitet den Horizont unserer Urlaubssehnsüchte. Was wäre jenseits von Traum und Tourismus noch zu erzählen? Im Jahr 1846, bei kaum 300 Insulaner*innen auf Wangerooge, sterben 15 Menschen an Ruhr. Zehn Jahre später geht das alte Dorf im Weststurm unter. Und doch ist Neuanfang an einem Ort, der bis heute Gastfreundschaft pflegt – im Respekt vor der Vielfalt und in der Versorgung mit dem Nötigen. So hält es Lukas' Bilanz auch von der Überwinterung auf Malta fest.

Inseln stehen für Kommen und Gehen, für notwendiges Weiterziehen und Unterwegs-Bleiben. Dann folgt auf dem weiten Weg des Evangeliums noch ein Hafen-Hopping durch Hoffnungsorte: Stationen am Wege, Pausen und Rückenwind, freudige Begegnung mit Geistesverwandten und manches Entgegenkommen, das zuversichtlich stimmt.

JAN JANSSEN

Ewiger Gott, lass uns ankommen. Schenke freundliche Begegnung. Hilf uns aufzubrechen.

Die Weite der Weltstadt

Ich war noch nie in Rom. Soll schön sein da. Prächtig, trubelig, beeindruckend – so schwärmen viele von denen, die dort waren. Hauptstadt eines alten Weltreiches und überall Geschichte zum Greifen nah. Man sieht den Reisenden den heiligen Schauer noch an. Mega-Stadt, Metropole, Menschenmassen. Und dieser Verkehr! Dann diese Mode! Nicht zu vergessen: dieser Espresso!

Endlich kommt Paulus nach Rom. Lange geplant und intensiv vorbereitet. Mit voller Absicht kommt er hier an sein großes Ziel. Man könnte Erhabenheit erwarten und Ehrfurcht. Aber nichts davon. Rom scheint nicht anders zu sein als Athen. Oder eine der Hafenstädte der letzten Wochen. Dieser Reisebericht kommt ohne Architekturbeschreibungen aus, keine Prachtbauten, keine Kunsteuphorie. Er benennt weder Tempel noch irgendein anderes Gotteshaus. Und weltberühmte Würdenträger hat Paulus offenbar auch nicht gesehen. Selbst von der Konfrontation mit dem kaiserlichen Machtzentrum kein Wort.

Paulus trifft in der Weltstadt die jüdische Gemeinde. Da gibt es viel zu klären. Hintergründe und Vorwürfe, Distanzen und Hoffnungen. Aber: »Nichts gegen mein Volk«! Ganze Tage sitzen sie in ihrer Herberge zusammen. »Gut, dass wir uns endlich sehen und sprechen.« »Gut, dass wir hören, wie du denkst.« Tage voller Begegnung und Kommunikation, Schriftstudium und Jesusnachfolge. Die einen so, die anderen so. Die alten verheißungsvollen Worte treffen auf neue hoffnungsvolle Herzen, Abschiede und Neuanfänge.

Für zwei lange Jahre wird Paulus Einwohner einer quirligen Weltstadt und Teil einer bunten Weltgemeinschaft. Dieser Reisebericht wird am Ende kein Abschnitt im Baedeker, sondern in der Bibel. Und schließlich wird kurz und knapp bilanziert, worauf es unterwegs ankommt: lebendige Gastfreundschaft, biblische Verkündigung und große Freiheit.

Rom ist auch nicht alles. Paulus will ja weiter. Vielleicht noch nach Spanien (Röm 15,28). Jedenfalls bis an die Enden der Erde. In unbeirrter Hoffnung und in aller Freiheit.

JAN JANSSEN

Lebendiger Gott, gib uns offene Augen und Ohren für deine Reisepläne mit uns – und offene Herzen für die Weggemeinschaft.

Der Trost durch Gottes Weisung

Psalm 119 ist eine umfassende Meditation über 176 Verse, geordnet in 22 Strophen nach den Buchstaben des hebräischen Alphabets. Thema dieses kunstvollen Gebets ist die Beziehung des Beters, der Beterin zu Gott durch seine Weisung, die Tora. Weisung, Wort, Ausspruch, Entscheide, Gebote, Befehle, Zeugnisse und Gesetze – mit acht verschiedenen Ausdrücken wird über Gottes Weisung gesprochen und ihre Bedeutung für das Leben des betenden Ich betrachtet, in immer wiederkehrenden Wendungen. Es geht hier um die Weisung, die Mose am Sinai erhalten hat und die in den fünf Büchern der Tora des Mose, im Pentateuch, festgehalten und zur Beachtung im gläubigen Leben aufgegeben sind. Der Beter, die Beterin ist Gott nahe, hält sich an Gottes Gebot und beschäftigt sich damit. Allerdings tun das nicht alle Menschen: Viele kümmern sich überhaupt nicht um Gott und verspotten die, die versuchen, ihr Leben an Gott auszurichten. Das wird als Not und Elend erfahren, es ruft Gefühle des Zorns auf diese Gottlosen hervor, auch ein Empfinden der Fremdheit. Die ständige Beschäftigung mit Gottes Wort, sogar des Nachts, gibt aber Kraft und Trost. Sie hilft, die Anfeindung auszuhalten und bei Gottes Gebot zu bleiben. Der Psalm wird von jemandem gesprochen, der oder die eine große Nähe zu Gott lebt, aber sich sozial ausgegrenzt erfährt. Wer dennoch bei Gottes Weisung bleibt – meditierend und handelnd –, erlangt Trost. Die Gesetze Gottes sind ein Lobgesang, ein Lied der Hoffnung. Gottes Weisung bedeutet Leben, wie bereits im 5. Buch Mose zu lesen ist, dessen Theologie der Psalm 119 voraussetzt und weiterentwickelt: »Siehe, hiermit lege ich dir heute das Leben und das Glück, den Tod und das Unglück vor, nämlich so: Ich selbst verpflichte dich heute, den Herrn, deinen Gott, zu lieben, auf seinen Wegen zu gehen und seine Gebote, Satzungen und Rechtsentscheide zu bewahren, du aber lebst …« (Dtn 30,15–16)

AGNETHE SIQUANS

Gott, wenn mich das Bekenntnis zu dir in Bedrängnis bringt, schenke mir Trost und Hoffnung! Deine Weisung bringe mir Leben nach deinem Wort.

Einführung zum 4. Buch Mose auf S. 378ff.

Segensworte, die nicht veralten können

Eine kleine Kachel hängt seit Jahrzehnten in meinem Arbeitszimmer. Darauf steht in hebräischer Schrift der Aaronitische Segen. Uralte Segensworte aus der Wüstenzeit Israels und doch immer wieder neu. Diese Worte tun mir gut. Weisen mir den Weg. Das spüren auch so viele Menschen seit Jahrhunderten und Jahrtausenden, Juden und Christen, Männer und Frauen, Fromme und eher vom Glauben entfernte Menschen. Alle, die nicht nur in Macht und Leistung ihr Heil suchen. Es gibt Segensagenturen, Segensautomaten, Segensbücher in Fülle. Manchmal erschreckend, wozu Segen gebraucht und missbraucht werden soll. Die Angebote von Segensriten überschlagen sich fast. Segen aber ist nicht geeignet für eine Geschäftemacherei. Segen schenkt Gott, einfach aus Liebe und umsonst und über andere Menschen. Mir ist der Aaronitische Segen vertraut, lieb und teuer. Dieser dreifach ausgesprochene persönliche Zuspruch (Gott segne dich) – und zugleich die Zugehörigkeit zu den anderen, zu den Israeliten, Juden, Christen. Ich ganz persönlich werde angesprochen. Und ich darf diese Segensworte anderen zusprechen. Nicht nur im kirchlichen Gottesdienst. Nicht nur als Pastorin oder Priester. Alle, die von Gott Heil erwarten, dürfen diese Worte sprechen und Gottes Namen anderen mitteilen. Es ist ein schöner Brauch in jüdischen Familien: Da segnen die Eltern ihre Kinder an den Sabbatabenden, mit eben diesen Segensworten und Auflegen der Hände. Welches aber ist der Name Gottes? Wir kennen inzwischen viele Namen oder Bezeichnungen für Gott, besser: Umschreibungen, Annäherungen. Wenn Gott 100 Gesichter hat, wie die jüdische Tradition sagt, dann hat er auch 100 Namen. Unsere Deutungen bleiben vielfältig. Übrigens wurde der Aaronitische Segen vor 600 Jahren von Luther als Schlusssegen des Gottesdienstes eingeführt, als evangelisches Erkennungszeichen damals bis heute. Auch die liberalen jüdischen Gemeinden beschließen so ihre Gottesdienste – häufig auch die katholischen Gemeinden. Und wir alle bitten Gott um Segen für uns und für die ganze Welt.

MARIA JEPSEN

Alles ist an Gottes Segen und an seiner Gnad gelegen über alles Geld und Gut.

Gott bei uns – bei Tag und Nacht

Kann Gott bis ins Letzte mit menschlichem Verstand erfasst werden oder mit unseren anderen Sinnen? Kann Gott jemals durch KI ersetzt werden? So viel wir theologisch erforschen und inbrünstig beten, Gott bleibt geheimnisvoll. Sein Name und sein Aussehen, seine Wirkkraft und seine Gegenwart – alles, was wir davon erzählen und fühlen, sind Versuche der Annäherung, des Verstehens. Mal stärkend, mal erschreckend oder auch ohne spürbare Folgen. Gott kommuniziert durch Zeichen und Worte, auch durch Naturphänomene und Zeitgeschichte – auf vielfältigste Weisen. Gott bleibt geheimnisvoll. Die Israeliten lernten Gott so in der Wüste Sinai kennen. Gebote und verschiedene kultische und gesellschaftliche Regeln erhielten sie durch Mose und Aaron, in Gottes Namen. Daran sollten sie sich halten. Seine Gegenwart zeigte er in dem Zelt der Begegnung, im Zelt der Offenbarung, in der Wohnung, wie es im Hebräischen heißt. Dort war er den Menschen ganz nah. Luther spricht von der Stiftshütte, im Anklang an eine trutzige Stiftskirche oder feste Burg. Aber es war doch eher ein transportables Zelt, mit der Bundeslade und den 10 Worten. Gott ist kein Gott, der sich hinter Mauern versteckt. Der zurückgezogen residiert. Gott ist mit seinen Menschenkindern unterwegs, Tag und Nacht. Immer vor Ort, zur Seite, gibt sogar den Rhythmus von Bleiben und Gehen vor. Wolke und Feuer als Sinnbilder für Gott – spürbar und verhüllt, nicht begreifbar und doch ganz nah. Wie Sturm und Beben, wie Rauch, wie Feuer und Wolken, mit oder ohne Regenbogen. Gott ist nicht dingfest, nicht fassbar, nicht vorführbar. Anders als die anderen Gottheiten damals – anders auch als heutige Heilsversprecher. »Der Wolken, Luft und Winden gibt Wege, Lauf und Bahn, der wird auch Wege finden, da dein Fuß gehen kann.« Was Paul Gerhardt nach dem Dreißigjährigen Krieg dichtete, das wird bis heute geglaubt und erfahren, auch von Menschen in den heutigen Kriegsgebieten und Wüsten.

MARIA JEPSEN

Gott, begleite mich und behüte alle Menschen, die mir vertraut sind, und auch die anderen, deine ganze Schöpfung. Sei Schutz und Schirm überall und allezeit.

In guter Ordnung

Nach dem ausverkauften Konzert strömen die Menschen aus dem Saal hinaus. Es kommt zu Staus auf den Gängen, zu Drängeleien an der Garderobe. Es dauert, bis alle endlich draußen sind. Eine große Menschenansammlung ohne Ordnung löst sich schlecht auf.

Wie geordnet brechen dagegen die zwölf Stämme Israels auf. Die lange, immer gleich strukturierte Aufzählung drückt diese Ordnung auch sprachlich aus. Ein Heer nach dem anderen macht sich auf. Alle wissen, wann sie dran sind und was zu tun ist, angeführt von dem jeweiligen Befehlshaber. Alles verläuft planvoll. Das Zelt – gleichsam ein wandernder Tempel – wird abgebaut und zum nächsten Haltepunkt vorausgetragen und steht bereits aufgebaut bereit für die nachher gebrachten Heiligen Geräte und die Bundeslade.

Gesichert ist auch der Weg durch die gefährliche Wüste. Als »Navi« gibt die Wolke Orientierung, Gott selbst weist den Weg mit dem Ziel »verheißenes Land«. Doch trotzdem ist es gut, einen ortskundigen Führer, der die Augen offenhält, dabei zu haben. Mose fragt seinen Schwager Hobab, ob er diese Aufgabe übernehmen will. Vermutlich geht er mit, auch wenn seine Antwort offenbleibt.

Die Israeliten können sich auf Gottes Gegenwart verlassen. Gottes Nähe wird mit der Bundeslade verbunden. Wie sich ein König von seinem Thron erhebt und nach der Rückkehr dort wieder niederlässt, so wird die Bundeslade als Ort der Macht und Gegenwart Gottes beschrieben.

Fremd mag uns diese Vorstellung sein. Doch die Sehnsucht, die sich darin ausdrückt, kenne ich auch: Gottes Da-Sein, seine Kraft und Führung wirklich spüren und erfahren zu können, damit ich sicher meinen Lebensweg gehen kann. Und wenn ich wenig von Gottes Nähe merke? Vielleicht kenne ich einen lebenserfahrenen Menschen wie Hobab. Jemand, der ein Auge auf mich hat und den ich um Rat fragen kann. Das wäre schon ein großer Segen!

JÜRGEN KAUFFMANN

Gott, ich bitte dich, hilf mir durch den Zweifel und die Verunsicherung hindurch, dir zu vertrauen. Lass mich die Zeichen deiner Gegenwart erkennen, durch die ich voller Zuversicht meinen Weg mit dir gehen kann.

Es ist nie genug

Mehr als ein Jahr liegt der Aufbruch aus Ägypten zurück. Die Vorbereitungen für die Fortsetzung der Wanderung sind abgeschlossen und es kann losgehen. Aber statt das angekündigte »Gute« (Num 10,32) anzugehen, klagen die Menschen über ihr böses Los. Unzufriedenheit frisst sich wie ein Brand von den Rändern ins Zentrum. Die Menschen verklären die Vergangenheit: Ägypten war ein Schlaraffenland; die Wüste trocknet die Näfäsch, das hier mit Kehle übersetzt wird (V. 6). Näfäsch kann man auch mit Lebenskraft übersetzen, und in der Tat vertrocknet in einer langen Phase dauerhafter Belastungen jede Vitalität.

Diese Stimmung ist typisch für schwierige Phasen in einem Projekt und eignet sich, alles zu Fall zu bringen. Aber hier hat sie auch eine religiöse Komponente. Gottes Fürsorge wird als ungenügend zurückgewiesen. Das Murren ist ein Misstrauensvotum gegenüber Gott. Die Gier nach mehr und das Gefühl, nicht genug zu haben, ist ein Grundgefühl unserer Gesellschaft. Die Wirtschaft ist vom Wachstum abhängig. Wer kein »Mehr« erwirtschaftet, verschwindet vom Markt. Obwohl die Ressourcen begrenzt sind, gelingt es nicht, die Dynamik des »Mehr« zu durchbrechen.

Angesichts dieser Stimmung kommt Mose in eine Führungskrise. »Ich kann nicht mehr und ich will nicht mehr. Das ist alles dein Job, nicht meiner.« Ja, er weist Anzeichen eines Burnout auf. Er fühlt sich von Gott böse behandelt und beklagt sich. Gott ist die Mutter des Volkes, also soll er es ernähren. Die Antwort auf diese zweifache Krise ist eine zweifache Ankündigung.

Moses Überforderung soll gelöst werden, indem siebzig Älteste Anteil an seinem Charisma erhalten und sich die Verantwortung mit ihm teilen. Doch sind andere solchen Anforderungen gewachsen? Die Unzufriedenheit der Menschen wird mit der Ankündigung von sehr viel Fleisch beantwortet. So viel Fleisch für so viele Menschen. Ist das denkbar?

Die Antwort erfährt man erst im nächsten Abschnitt …

ELEONORE REUTER

Gott, nimm die Gier weg von uns. Lass uns zufrieden sein mit dem, was wir wirklich brauchen. Unser tägliches Brot gib uns heute.

Wenn doch Gott seinen Geist auf alle legte!

Num 11,24–35 enthält die Lösung von zwei Anliegen, die im ersten Teil des Kapitels erzählt werden: Erstens geht es darum, den ausgebrannten Mose zu entlasten, und zweitens um Gottes Antwort auf die Forderung des Volkes nach Fleisch. Während Mose schon in Ex 18 durch die Ernennung von Ältesten von Verwaltungsaufgaben entlastet wurde, geht es hier um spirituelle Führung. Siebzig bewährte Älteste erhalten Anteil an Gottes Ruach, die auf Mose liegt.

Ruach wird meist mit »Geist« übersetzt. Es handelt sich aber um jede (Luft-)Bewegung, von leichtem Wind bis zur Ekstase. Oft geht sie von Gott aus und bringt Menschen in Bewegung. Hier werden die mit Ruach Begabten fähig, prophetisch zu reden, also die Gegenwart kritisch zu deuten. Verantwortung zu teilen, ist für beide Seiten eine Herausforderung. In der Erzählung versuchen zwei Personen vergeblich, sich ihr zu entziehen. Das Misstrauen Josuas ihnen gegenüber ist vergleichbar mit Befürchtungen in heutigen Gemeinden: »Die gehören nicht zu uns. Ihr Reden ist nicht autorisiert. Darauf darf man nicht hören.«

In Vers 31–35 folgt eine weitere Erzählung über die Wirkung von Gottes Ruach. Sie weht Wachteln zum Lagerplatz. Wachteln fliegen bodennah und können leicht gefangen werden, wenn sie erschöpft sind. Der Text steigert ein natürliches Phänomen zum Wunder, um zu zeigen, dass Israel seine Existenz Gott verdankt: Die Wachteln sind göttliche Nahrung. Die Rast- und Maßlosigkeit beim Sammeln und der Versuch, das Fleisch haltbar zu machen, zeigen, wie wenig Vertrauen die Menschen haben, dass auch morgen genug da sein wird. Im Text reagiert Gott zornig. Doch aus solchem Verhalten folgt auch ganz natürlich eine schwere Plage. Der jüdische Gelehrte Maimonides (1138–1204 n. Chr.) fasst es so zusammen: »Wer von der Gier gepackt die göttlichen Gnadengaben verschlingt, wird sich selbst an den lebensförderlichen Gaben verschlucken.«

ELEONORE REUTER

Erfülle alle mit deiner Geistkraft, damit alle prophetisch reden können. Bringe die Erstarrten in Bewegung und eröffne den Geistlosen den Sinn für das Leben. Öffne den Stummen den Mund, dass sie deine Botschaft verkünden.

Geschwisterstreit

Auch die Bibel weiß: Geschwister streiten. Und sie nennt im heutigen Abschnitt einen bis in unsere Gegenwart hinein fast alltäglichen Grund für solchen Geschwisterstreit: Eifersucht, Missgunst, Neid.

Zunächst scheint die nicht standesgemäße – ausländische – Ehefrau des Mose Anlass für den Konflikt zu sein. Zippora stammt aus Midian (vgl. Ex 2,21) – und die Midianiter galten in späteren Zeiten als bedrohliche Nachbarn des Volkes Israel. Aber: Es geht um mehr. Mirjam und Aaron bestreiten, dass Moses im Blick auf die Kommunikation mit Gott irgendeinen Vorrang habe, dass Gott allein mit ihm und durch ihn spreche. Damit stellen sie das Führungsmonopol von Moses zur Debatte. Der wird im Text als »sehr demütig« charakterisiert – spannend, dass das hier gebrauchte hebräische Wort in den Psalmen »Arme« und »Elende« bezeichnet.

Erzählt wird, wie der Gott Israels selbst sich zu Wort meldet. Er bestreitet nicht, dass es in Israel auch andere Prophetinnen und Propheten (zu Mirjam vgl. Ex 15,20) gibt und geben wird, betont jedoch die einzigartige, hervorgehobene Rolle des Moses und das besondere Vertrauensverhältnis zwischen beiden. Und es wird erzählt, dass Gott handelt. Sein Zorn entbrennt, Mirjam wird aussätzig und damit vom Gemeinschaftsleben ausgeschlossen, isoliert, ausgeliefert. Aaron solidarisiert sich mit seiner Schwester, interveniert und wendet sich an Mose, der wiederum – so ganz und gar Prophet – Fürbitte tut und Gott bittet, Mirjam zu heilen.

Streit soll nicht sein. Auch wenn er sich nicht so dramatisch zuspitzt wie im heutigen Abschnitt, gefährdet er Leben, schneidet ab von der Verheißung, die auf einem friedlichen Umgang von Geschwistern, ganz allgemein von Menschen, liegt. Und von den Möglichkeiten, die ein gedeihlich-auskömmliches Miteinander eröffnen.

An solchem Miteinander scheint »dem Volk« gelegen zu sein. Es wartet ab, bis Mirjam wieder in die Gemeinschaft zurückkehren darf. Dann erst bricht es auf.

ERNST MICHAEL DÖRRFUSS

Schenke du mir, gnädiger Gott, immer neu die Kraft und den Mut, Streit zu beenden, Versöhnung zu leben, Schritte zu tun auf andere zu.

Der Weg zum Leben nach Gottes Wort

Der Beter, die Beterin des Psalms bringt wiederholt zum Ausdruck, Gottes Worte beachten zu wollen. Der letzte Vers spricht auch vom Lernen der Gesetze Gottes (V. 64). Das Wissen, das Nachdenken, die theoretische Beschäftigung ist die Voraussetzung für ein Leben nach der Weisung JHWHs. Ziel des Lernens und Studierens ist es, sein Leben nach Gott und seinem Wort auszurichten. Gerade in dieser Strophe des Psalms wird aber deutlich, dass das auch dem frommen betenden Ich, das uns hier begegnet, nicht immer gelungen ist. Er oder sie ist auf Abwege geraten und muss diese überdenken. Dieser falsche Weg wird mit »Frevlern« in Verbindung gebracht, die einen umgarnen und von Gott wegführen wollen (V. 61). Die Umkehr bleibt niemandem erspart (V. 59). Sie gelingt mit Hilfe der Gebote und führt zugleich zur Weisung Gottes zurück. Das bedarf einerseits der eigenen Entschlossenheit, die sich zurückerinnert an die eigene Zusage (V. 57 und 61). Andererseits ist aber auch Hilfe dafür notwendig, zunächst und vor allem die Zuwendung Gottes (V. 58 und 64). Daher finden sich im Psalm auch zahlreiche Bitten an Gott. Diese Bitten sind immer umfangen von Vertrauen, von einer Erfahrung der Nähe Gottes. Daher ist Dankbarkeit möglich (V. 62) und vielfach wird von Gottes Güte und Liebe (hier in V. 64) gesprochen. Sozial gesehen ist der Beter, die Beterin über weite Strecken sehr einsam. Die individuelle Not und die Beziehung einer einzelnen Person zu Gott stehen im Mittelpunkt. Dennoch kann niemand den Glauben nur für sich allein leben. Immer wieder wird auch von der Gemeinschaft der Gottesfürchtigen gesprochen, so auch hier (V. 63). Deren Verbundenheit ist unerlässlich, tröstlich und hilfreich. Ein Leben, das sich an Gottes Weisung ausrichtet, gelingt mit Gottes Hilfe und in der Gemeinschaft anderer, die denselben Weg gehen.

AGNETHE SIQUANS

Gott, deine Weisung ist Liebe. Schenke mir Entschlossenheit, Einsicht und deine Hilfe, mein Leben nach deinem Wort zu gestalten!

Habt Mut und bringt Früchte der Zukunft mit

Mose schickt auf das Geheiß Gottes Leute aus, um das Land der Zukunft zu erkunden. Offensichtlich ist es auch in der gegenwärtigen Lage von Kirche und Welt not-wendig, Grenzgänger und Grenzgängerinnen erkunden zu lassen, was auf uns zukommt. Menschen, die den Blick weiter und tiefer wagen.

Die Kundschafter bringen Früchte der Zukunft mit, ungewöhnliche Trauben, groß und schwer. Wer eine wache Wahrnehmung hat, entdeckt auch in den Entwicklungen der Gegenwart die herausfordernde Sehnsucht der Menschen nach Größerem und Anderem. Er entdeckt Lebenswillen und Lebensmut trotz aller bedrückenden Erfahrungen. Er entdeckt Größe und Stärke unter den Menschen, die sich dem Alltag stellen und ihre Situation voll Vertrauen und Gelassenheit annehmen.

Die Kundschafter berichten von einem Land mit vielfältigen Möglichkeiten, die freilich »erobert« und ergriffen werden wollen. »Milch und Honig« sind nicht eine Fata Morgana, sondern reale Chancen, die Gott uns auch in heutiger Zeit eröffnet. Es geht also nicht darum, aus der Gegenwart zu flüchten in Illusionen, es geht vielmehr um die geerdete Hoffnung, dass Gott uns aus der Zukunft entgegenkommt. »Wir werden hinaufziehen und das Land in Besitz nehmen. Wir können es bezwingen.« In dieser aus Erfahrungen gewonnenen Gelassenheit sollten wir aufbrechen, persönlich, kirchlich und gesellschaftlich.

Freilich gibt es auch die Kundschafter, die Resignation und Angst verbreiten, heute vielleicht mehr denn je. »Nein, wir können es nicht wagen. Die Verhältnisse werden uns erdrücken. Wir werden aufgefressen werden von Nöten, vor denen wir uns klein und ohnmächtig vorkommen wie Heuschrecken vor Riesen.« Solche sinnfressenden Nachrichten und Aussagen in populistischer Vereinfachung begegnen uns jeden Tag. Trauen wir eher denen, mit denen wir die Chancen und Möglichkeiten ergreifen, die Gott nicht aufhört uns zu schenken!

FRANZ-JOSEF BODE

Gott, lass mich heute mit allen Sinnen wahrnehmen, welchen Weg du mit mir gehen willst. Lass mich die Chancen dieses Tages erkennen, dir zu begegnen.

Die Kraft des Herrn in ihrer ganzen Größe

»Wäre es für uns nicht besser, nach Ägypten zurückzukehren?« Diese Frage ist Ausdruck der andauernden Versuchung, sich den Entwicklungen der Welt zu verweigern und rückwärtsgewandt in eine verklärte Vergangenheit zurückzufallen. Dabei sind die Annahme der Gegenwart und die geerdete Hoffnung auf Zukunft allein tragfähig für den weiteren Weg des Einzelnen, der Kirche und der Gesellschaft.

»Habt keine Angst! Der Herr ist mit uns.« Mose, Aaron, Josua und Kaleb müssen das Volk geradezu beschwören. Wie weit sind wir heute bereit, für die positive Botschaft des Evangeliums einzustehen und das Ja zu Gegenwart und Zukunft zu leben? Lassen wir uns nicht zu sehr von den schmerzlichen Erlebnissen im Kleinen wie im Großen übermächtigen, statt wach zu bleiben für die Möglichkeiten, die Gott uns jeden Tag schenkt in Personen, Ereignissen und Erfahrungen?

Dabei stimmt es: Auch das Ringen mit Gott gehört dazu, das Hadern und Bitten, wie Moses es mit Gott heftig anfängt. Die Gebete der Bibel, vor allem die Psalmen, sind voll davon, sich der Wirklichkeit vor Gott in Freiheit, mit Freimut und Selbstbewusstsein zu stellen. »Gerade jetzt sollte sich deine Kraft in ihrer ganzen Größe zeigen!«, wagt Mose zu sagen.

Gott lässt sich auf den Dialog mit den Menschen ein. Aber seine Souveränität und Autorität bleiben immer erhalten, auch da, wo er selbst Gefühlsregungen zeigt. Er kommt den Menschen umso näher, je mehr er sich trotz seines immer Größer-Seins auf sie einlässt, auf sein Volk und dessen Nöte. So hat er sich selbst als Gott Abrahams, Isaaks und Jakobs und letztlich als Gott aller Menschen vorgestellt und sein Da-Sein für die Menschen zu seinem Namen gemacht: Ich bin der Ich-bin-da (vgl. Ex 3).

Gerade jetzt, gerade heute soll sich die Zusage Gottes bewähren. Sie erspart uns nicht die Wüste, den Ort besonderer Herausforderungen. Doch diese Wüste zu wagen, führt in neues Leben.

FRANZ-JOSEF BODE

Gott, gerade heute möchte ich dir mitten in allen Herausforderungen des Alltags begegnen. Lass mich deine Nähe erfahren, wo ich sie am wenigsten erwarte, und segne mich für diesen Tag.

Murren und resignieren führt zu nichts

Die Worte für diesen Tag sind schwere Kost. Die menschlichen Regungen Gottes passen so gar nicht in unsere Vorstellung vom souveränen Herrgott im Himmel. Dabei ist die Strafe für die Menschen eine Auswirkung ihrer eigenen Vertrauenslosigkeit. Wer den Mut zur Zukunft aufgibt, der wird als »Leiche« in der Wüste bleiben.

Hoffnungs- und Perspektivlose werden die Wüste nicht bestehen, in die wir oft genug im Leben geführt werden. Gott mutet uns zu, ihm zu trauen, auch wenn das Ziel nicht klar zu erkennen ist, sondern »nur« von glaubwürdigen Personen bezeugt wird. Wer diese zuweilen sehr schmerzvolle Herausforderung nicht annimmt, wird zur »Leiche« und erreicht nicht die Fülle des Lebens.

»Ihr werdet erkennen« – nach 40 Jahren, einer biblischen Zeit des Langmutes Gottes –, »was es heißt, wenn ich mich von euch abwende« (V. 34). Solche Zeiten der Abwendung Gottes erfahren wir im Kleinen und im Großen oft als lang und intensiv. Ein Wort des Theologen Karl Rahner lautet: »Glauben heißt, die Unbegreiflichkeit Gottes ein Leben lang aushalten.« Bezeichnenderweise steht dieser Satz im »Gotteslob« unmittelbar unter dem Lied »Großer Gott, wir loben dich; Herr, wir preisen deine Stärke.« Gott ist und bleibt immer größer und anders als unsere Vorstellungen. Sein Geheimnis auszuhalten ist aber nicht nur das Sich-Fügen in eine undurchschaubare Rätselhaftigkeit, die sich in Orakeln äußert, sondern bedeutet, sich einzubergen in sein Geheimnis, das als »Heim« bewohnbar ist, sofern wir den Verheißungen Gottes trauen, der unser Heil will und nicht unser Unheil.

Das ist in Zeiten der Abwendung Gottes nur schwer anzunehmen. Es muss zusammen mit anderen ausgehalten werden, die uns halten und stützen. Denn es bleibt die Zusage Gottes, dass er auch in solcher Zeit bei uns ist – auch auf Wüstenwegen, auf denen er uns selbst entgegenkommt.

FRANZ-JOSEF BODE

Gott, mit leeren Händen und mit Zweifeln stehe ich vor dir. Mein Glaube verdunstet in der Hitze meiner Geschäftigkeit. Sprich du das Wort des Trostes und der Aufrichtung – an diesem Tag!

Aus Fehlern lernen

Der Warnung des Mose zum Trotz macht das Volk sich eilig auf den Weg. Es will jetzt einziehen ins Gelobte Land. Es meint, aus seinen Fehlern gelernt zu haben, will ein Zeichen setzen, dass der zuvor gezeigte Kleinmut überwunden ist. Mose, so wird erzählt, bleibt im Lager zurück – und mit ihm die Lade, die die Gegenwart Gottes bei seinem Volk symbolisiert und verkörpert. Kopflos und gottverlassen suchen die Losgezogenen die Konfrontation. Der Kampf endet mit einer desaströsen Niederlage – bis Horma werden die Eindringlinge von den Bewohnern des Landes zurückgeschlagen. Der hebräische Ortsname lässt sich mit »gebannter Ort« – und so: Ort der Vernichtung – übersetzen.

Was eigentlich braucht es, damit ich aus meinen Fehlern lernen kann? Der heutige Bibelabschnitt gibt Hinweise. Er zeigt: Kopflosigkeit hilft ebenso wenig weiter wie irgendeine Form von Aktionismus. Es hilft, wenn ich mich unterbreche oder unterbrechen lassen kann – um in Ruhe meinen Fehler nochmals in den Blick zu nehmen, seinen Ursachen auf die Spur zu kommen. Es kann hilfreich sein, mir vor Augen zu führen, wer mich auf meinem Weg begleiten kann, wenn ich Fehler hinter mir lassen will. Es kann helfen, mich mit Menschen auszutauschen, denen ich vertraue; die meiner Sicht ihre Perspektive zur Seite stellen. Und es kann helfen, meine Fragen vor Gott zu bringen. Ihn im Gebet um Einsicht zu bitten oder den weiten Horizont, den es braucht, um umzukehren, neu anzufangen und nicht in alte Handlungsmuster zurückzufallen.

Dass der lebendige Gott das Volk Israel nicht bei seinen Fehlern behaftet, ihm seine Gnade nicht entzieht, seine Geschichte liebend und barmherzig begleitet, macht Mut.

Auch ich kann und darf in allem darauf trauen, dass Gott mich nicht auf meine Fehler festlegt, mich nicht bei ihnen behaftet. Er zeigt sich barmherzig und gnädig, als ein Gott, in dessen offene Arme ich umkehren, mit dem ich aufbrechen kann, als ein Gott, der mir einen neuen Blick ermöglicht.

ERNST MICHAEL DÖRRFUSS

Danke, guter Gott, dass du versprochen hast, deinen Menschen barmherzig und gnädig, geduldig und voll großer Güte zu begegnen. Lass mich darauf immer wieder neu vertrauen.

Blüten gegen das Murren

Ein Stab schlägt aus und bringt Knospen und Früchte hervor. Ein Zeichen der Hoffnung und des Neuanfangs, das allem Murren des Volkes ein Ende setzt. Endlich, denn offensichtlich war Gott mit dem, wie sich das Volk Israel verhalten hat, an die Grenzen seiner Geduld gelangt. Gott muss gewiss viel ertragen, wenn er auf seine Schöpfung blickt. Doch wie reagiert er auf endlose Schleifen inneren Widerstands und Groll der Menschen, die auf Dauer nichts bewegen oder gar voranbringen? Menschlich, mit Aggressionen oder Gewalt? Mit eigenem Murren und Grollen? Aug' um Aug', Zahn um Zahn? Nein, ganz und gar nicht. Gott geht eigene Wege und setzt Zeichen eigener Art. In diesem Fall wird er schöpferisch tätig. Zarte Blüten, ja, sogar Früchte wachsen über Nacht am Stab Aarons. Damit ist Gottes Wille klar und die Ordnung gesetzt – Aaron bzw. der Stamm der Leviten wird das Hohepriesteramt durch die Generationen innehaben. Niemand wagt es an dieser Stelle, Gottes Zeichen zu hinterfragen. Und schlagartig hat auch alles Murren ein Ende. Das Aufblühen schenkt Hoffnung und Perspektive, alte, festgefahrene Gedankenwege können endlich verlassen werden, ein Neuanfang ist gesetzt. Kein Wunder, dass der aufblühende Mandelbaum noch heute in Israel und der jüdischen Kultur eine hohe Symbolkraft besitzt. Die Blüten, die Anfang Februar überall in Israel aufblühen, sind mehr als die ersten Frühlingsboten. Sie werden als ein »Fingerzeig für den Sieg des Lebens« verstanden, wie es Ben Chorin 1942 in dunkelsten Zeiten der Schoa in seinem bekannten Gedicht »Das Zeichen« formuliert hat. Gottes Worte werden sich durch alle Zeiten hindurch erfüllen, selbst dann, wenn die Lebenswirklichkeit eine andere zu sein scheint.

WIBKE KLOMP

Gott, wir bitten dich, lass auch bei uns Blüten und Früchte aufgehen, wo wir uns festgefahren haben und keine eigenen Perspektiven entwickeln.

Und noch einmal...

Die Menschen hören einfach nicht auf zu nörgeln und zu meckern. Vorwürfe über Vorwürfe und Fragen über Fragen müssen sich Mose und Aaron als Anführer von den Israeliten gefallen lassen. Die anfängliche Begeisterung ist vergessen, was bereits geschafft wurde, aus dem Blick geraten. Im Hier und Jetzt ist alles, aber wirklich alles nur Mist. Und jetzt auch noch Miriams Tod. Mit einem lapidaren Satz wird er festgehalten, nicht mehr und nicht weniger. Keine Würdigung ihres Lebens, kein Wort zu den Umständen oder zur Beisetzung. Zu sehr scheint man mit sich selbst beschäftigt zu sein. Immerhin hatte Miriam das Volk doch durch das Rote Meer begleitet, war Prophetin und wurde mit Aussatz gestraft, als sie die Autorität ihres Bruders Mose nicht akzeptierte. Sie war gewiss für das Volk eine Leitfigur und von Gott ebenso ausgewählt wie ihre beiden Brüder.

Was interessiert die Vergangenheit? Das Leben geht weiter und das bei Weitem nicht so, wie es das Volk sich vorgestellt hat. Veränderungen müssen her und das möglichst schnell – am besten ohne Aufwand für die Beteiligten. Eine Situation, die der heutigen Zeit durchaus nicht unähnlich ist. Schnelle Lösungen, die einem Wunder gleichen – danach sehnen sich Menschen. Mose und Aaron haben Zweifel an der schnellen Lösung und in diesem Fall damit an der Wirkkraft Gottes. Sie staunen vielleicht selbst, als das Wunder gelingt, das Gott ihnen zutraut und die Bedürfnisse des Volkes befriedigt. Ganz und gar spannend ist darum diese Vertrauensfrage, die Gott im Anschluss den beiden stellt und die auch wir uns stellen dürfen. Was trauen wir Gott in unserem Leben eigentlich zu? Und was traut Gott uns zu? Sind wir bereit, sein Wirken an uns überhaupt wahrzunehmen? Oder meckern und nörgeln wir derweil lieber über alles, was anders sein müsste und könnte?

WIBKE KLOMP

Gott, wir bitten dich, lass unser Vertrauen in dich wachsen. Lass uns gewiss sein, dass du uns auch in schwierigen Zeiten im Blick hast und für uns sorgst.

Gottes Weisung schenkt Gutes und Vergnügen

Sechsmal kommt in dieser Strophe des Psalms das Wort »gut« (hebräisch tob) vor. Das ist inspiriert durch den alphabetischen Aufbau des Psalms, dessen Zeilen hier immer mit dem Buchstaben tet beginnen. Inhaltlich lenkt die Form des Gedichts den Blick damit auf Gottes Güte, die auch mit der Gabe seiner Weisung am Sinai verbunden ist. Gott ist gut und tut Gutes (V. 68), gut ist auch seine Weisung (V. 72). Sie zu lernen ist ebenfalls gut (V. 66). Was ist nun das Gute daran? In erster Linie geht es darum, dass das Meditieren von Gottes Wort und das Leben, das sich daran orientiert, den Menschen in die Nähe Gottes führt. Gott ist das Gute schlechthin, seine Schöpfung ist gut, was er den Menschen tut, ist gut. Damit beginnt die Strophe: Gott hat seinem »Knecht« Gutes erwiesen. Der »Knecht« Gottes ist jemand, der ihm besonders nahe steht. Mose (Ex 14,31; Num 12,7 u. ö.) und David (2 Sam 7,5 u. ö.) werden als »Knechte JHWHs« bezeichnet. Der »Knecht JHWHs« in den sogenannten »Gottesknechtliedern« in Jes 49-53 ist ein von Gott Auserwählter, der seinen heilvollen Auftrag ausführt. In den Psalmen sind es oft die Frommen, die als »Knechte« bezeichnet werden. Entscheidend ist also die Bindung und enge Beziehung zu JHWH, die zugleich einen besonderen Auftrag beinhaltet. Dazu gehört auch und vor allem das Halten der Weisung Gottes, die zum Guten führt und Leben gibt (vgl. Dtn 30,15-16). Das Herz des Beters, der Beterin ist ganz bei Gottes Gebot (V. 69), um es zu beachten, das heißt, in der Praxis des Lebens umzusetzen. Das wird in diesem Psalm nicht in erster Linie als eine Last beschrieben, sondern als Freude (V. 70). Man kann den hebräischen Ausdruck auch als Vergnügen, Lust oder Ergötzen übersetzen, also eine starke positive Emotion. Die Weisung Gottes ist sogar wertvoller als Gold und Silber (V. 72).

AGNETHE SIQUANS

Gott, du willst mir Gutes mit deiner Weisung: Erfülle mein Herz mit Freude über dein Wort, das mir den Weg zum Guten zeigt!

Generationenwechsel in Gelassenheit

Drei Männer steigen auf den Berg, zwei kommen wieder herab. So geräuschlos kann der Übergang zum Nachfolger funktionieren: Mose nimmt Aaron die Gewänder ab und legt sie Eleasar an. Durch die Übergabe der Kleidung und der Insignien wird die Amtseinsetzung vollzogen. Damals war es üblich, dass die Nachfolge im Amt vererbt wird. Erst in römischer Zeit werden die Erb-Regelung und die lebenslange Beauftragung abgeschafft. Als Eleasar bekleidet mit Aarons Gewand zurückkommt, war dem Volk also sofort ersichtlich, dass Aaron verstorben ist. Zur hohepriesterlichen Ausstattung gehörten damals Efod (kunstvoll gestalteter Teil des Ornats aus Gold, Purpur und Edelsteinen), Lostasche (Brusttasche mit Lossteinen für die Erteilung von Orakeln) und Kopfschmuck. Aaron wurde 30 Tage lang beweint, eine bedeutsam lange Zeit.

Unser Textabschnitt beschreibt den Generationenwechsel, der die Wende einläuten wird. Die bisherige Führungsriege tritt ab. Mit dem Tod von Miriam und Aaron ist das Ende der Wüstenzeit näher gerückt. Jetzt steht nur noch der Tod des Mose aus. Der nächsten Generation wird das versprochene Land gegeben werden.

Auffallend ist, wie unspektakulär das Lebensende von Aaron beschrieben wird: »Aaron wird jetzt mit seinen Vorfahren vereint.« (V. 26) Wenn Sterben so einfach wäre! Aaron scheint sich nicht dagegen zu wehren. Er gibt sein Amt ohne Zögern ab. So könnte der Übergang in den Ruhestand gelingen: Gewand ablegen, Insignien weitergeben (Büroschlüssel, Login-Daten, Diensthandy …) und der Nachfolgerin beziehungsweise dem Nachfolger Gottes Segen wünschen. Es ist eine Erleichterung für alle Beteiligten, wenn im Beruf, in der Gemeinde und auch in der Kirchenleitung die Übergänge mit großer Gelassenheit, in Würde und mit segnender Haltung vollzogen werden. Mose, Aaron und Eleasar haben es uns vorgemacht.

CHRISTINE HAAG-MERZ

Guter Gott, es fällt mir nicht leicht, Aufgaben abzugeben, Ämter und Ansehen anderen zu überlassen und letztlich mit dem Sterben einverstanden zu sein. Ich bitte dich: Begleite mich beim Loslassen, lass mich bei dir aufgehoben sein.

Was hat dich denn gebissen?

Fast 40 Jahre lang ist das Volk Israel bereits unterwegs. Und jetzt muss nochmals ein Umweg eingelegt werden: zurück Richtung Schilfmeer statt hinein ins Gelobte Land. Wir können gut nachfühlen, dass ihnen die Luft ausgeht. Das Volk fängt an zu murren und sehnt sich nach den (angeblichen) Fleischtöpfen in Ägypten zurück. Vergessen ist die Unterdrückung, früher war halt alles besser! Es ist die letzte Murr-Erzählung der Auszugsgeschichte.

»Da schickte der Herr Giftschlangen unter das Volk.« (V. 6) Die Schlange ist wohl eines der ältesten und häufigsten ambivalenten Symbole der Menschheit (kann töten und heilen) und kommt in der Religion vieler Völker vor. Um ihrem Gift den Todesstoß zu nehmen, soll Mose eine kupferne Schlange an einer Stange befestigen. Dieses Zeichen kennen wir heute noch aus dem medizinischen Bereich. Es wird »Äskulapstab« genannt und gilt als Symbol des Gottes der Heilkunde aus der griechischen Mythologie. Die Forschung ist sich nicht ganz einig, ob unser Textabschnitt als Ursprung des Symbols in Betracht kommt. Es könnte auch sein, dass das Volk Israel das Zeichen der am Stab befestigten Schlange in Ägypten kennengelernt hat.

Die bissigen Schlangen verschwinden nicht, aber Gott verspricht: Das Aufblicken zur kupfernen Schlange sorgt dafür, dass die gebissene Person am Leben bleibt. (V. 8) Der Schlange ins Gesicht blicken, mich meinem Murren und Versagen stellen – kann es sein, dass wir genauer hinsehen müssen, womit wir uns auch selbst verletzen und was uns krank macht?

Jesus hat auf unseren Text Bezug genommen, als er mit Nikodemus von seinem Leiden und Sterben gesprochen hat (Joh 3,14). Sein Tod am Kreuz kann als Heilszeichen verstanden werden, als Versprechen Gottes, dass wir leben sollen. Trotz aller Bisse sind wir gehalten von Gottes Barmherzigkeit und Güte – wie die Israeliten damals.

CHRISTINE HAAG-MERZ

Barmherziger Gott, so oft lasse ich den Kopf hängen und starre voller Angst auf die Schlangen, die mich umkreisen. Ich möchte zu dir aufsehen, mit dem Murren aufhören und neue Möglichkeiten erkennen. Danke für dein Versprechen, dass ich leben soll.

Ausweichen oder kämpfen?

Ganz höflich bittet das Volk Israel um Erlaubnis, durch das Land des Amoriterkönigs Sihon ziehen zu dürfen. »Wir wollen nur die Königsstraße benutzen.« (V. 21) Aber König Sihon verweigert den Durchzug durch sein Gebiet. Nicht einmal die Königsstraße, die wichtigste Nord-Süd-Verbindung östlich des Toten Meeres von Damaskus nach Ägypten, darf genutzt werden. Soll das Volk Israel also erneut einen Umweg in Kauf nehmen? Dem eigenen Vorhaben treu bleiben und der Verheißung trauen – oder den Plan aufgeben und schon wieder ausweichen? Nein, dieses Mal stellen sich die Israeliten dem Kampf und erobern das Land der Amoriter, die zuvor bereits Moab eingenommen hatten. Nun ist das ganze Ostjordanland in der Hand Israels.

Das Heschbon-Lied in den Versen 27 bis 30 handelt in poetisch geformter Sprache vom territorialen Konflikt um dieses Gebiet. Sinn und Funktion des Liedes sind nicht eindeutig interpretierbar, vor allem, weil es auch textliche Unsicherheiten gibt. Eventuell könnte es als Siegeslied Sihons über Moab entstanden sein und nun die Überheblichkeit von König Sihon zeigen: Er hat zwar Moab besiegt, aber jetzt unterliegt er dem Volk Israel, welch ein Spott!

Die Bibelwissenschaft hat herausgefunden, dass sich die Berichte von der Landnahme widersprechen und die Eroberung des Landes in Wirklichkeit wohl kaum so stattgefunden haben kann; es ist eher wahrscheinlich, dass sich kleinere Gruppen in bereits besiedelten Gebieten niedergelassen und sich einigermaßen friedlich integriert haben. Es fällt heutzutage schwer, die Berichte über die Vernichtung der dort angesiedelten Bevölkerung als »Gottes Willen« stehen zu lassen. Das Buch Rut erzählt später von der Moabiterin (!) Rut, die zur Urgroßmutter von König David wird (Rut 4,17). So werden aus den besiegten Feinden in unserem Textabschnitt die Ahnen des judäischen Königshauses – wie tröstlich.

CHRISTINE HAAG-MERZ

Treuer Gott, soll ich einen Umweg in Kauf nehmen oder lieber kämpfen? Wann soll ich für eine wichtige Sache einstehen, wann aus Klugheit nachgeben? Hilf mir, die richtige Unterscheidung zu treffen.

So ein Schlamassel!

Israel ist auf der Siegesstraße: Auf dem Weg gen Kanaan gewinnen sie Schlachten, rücken vor, erobern sich Gebiete. Jetzt stehen sie vor Jericho. Und hier geht es um die Zukunft Israels: um sein Leben und Gedeihen oder um seinen Untergang. Es geht um alles. Aber Gottes Volk merkt davon gar nichts. Es taucht auch nicht als handelnde Figur auf. Die aktiven Hauptakteure sind andere: der moabitische König Balak, der weit entfernt lebende Seher Bileam und Gott, der im Hintergrund die Fäden zieht.

Balak, König der ältesten Stadt der Welt (Jericho), hat Angst. Er fürchtet sich vor der Kraft und Überlegenheit Israels: Mit menschlichen Mitteln kann man Israel nicht besiegen. Darum will er sich gleichsam überirdische Hilfe holen. Balak schickt nach Bileam, der einige hundert Kilometer entfernt wohnt. Bileam war ein angesehener Seher, der am Eufrat lebte. (Und übrigens: Ein außerbiblisches Zeugnis beweist, dass es den Seher Bileam tatsächlich gab.)

Bileam soll Israel verfluchen – und damit Israel gleichsam die Kraft nehmen. Anschließend würde Balaks Armee Israel besiegen – so ist die Überlegung des Moabiters. Die erste Delegation, die Bileam engagieren und bringen soll, scheitert. Denn Gott verbietet Bileam, dem Fluchauftrag Balaks zu folgen. Der König schickt eine zweite, noch edlere Delegation. Bileam geht davon aus, dass Gott ihm befiehlt, sie auch wegzuschicken. Aber Gott gibt ihm überraschenderweise grünes Licht – jedoch mit einer Auflage: Der Seher Bileam darf nur das sagen, was Gott ihm vorspricht. Bileam will Gottes Willen erfüllen; er sieht sich als Werkzeug Gottes.

Aber nun steckt Bileam im Schlamassel: Balak erhofft sich von ihm eine Verfluchung Israels. Bileam aber ahnt: Gott will etwas ganz anderes. Wird sich Bileams Dilemma lösen?

ACHIM KUHN

Gott, ich bitte dich, dass ich auf dich höre. Dass ich merke, was dein Wunsch ist. Dass ich erkenne, dass mein Reden und mein Tun wie ein Segen sein darf für andere Menschen. Gib mir dazu Kraft und Besonnenheit.

Ein Fall für den Tierschutz

Sprechende Tiere kommen in der Bibel nur zwei Mal vor: die Schlange in der Paradiesgeschichte (1. Mose 3) und Bileams Esel im heutigen Text. Wird die Schlange in der christlichen Tradition oft mit dem Bösen zusammen gesehen, spricht durch den Esel ein Engel Gottes. Beide Male sind die Menschen nicht darüber erstaunt, dass ein Tier mit ihnen spricht.

Dass der Esel spricht, ist nur eine von mehreren Merkwürdigkeiten in unserem Text; andere: Warum ist Gott zornig, dass Bileam die Delegation von Balak begleitet, obwohl er selbst doch Bileam dazu den Auftrag gegeben hatte? Warum nimmt Gott für seine mahnenden Worte den Umweg über den Esel, anstatt direkt sichtbar als Engel vor ihm zu stehen? Warum will der Engel des Herrn Bileam töten, obwohl der Engel letztlich nur den Auftrag Gottes wiederholt, den Bileam schon in Num 22,20 erhalten hatte? Warum kommt Bileam nicht die bewaffnete Delegation zu Hilfe – sondern stattdessen werden nur zwei begleitende Knechte erwähnt?

Diese Merkwürdigkeiten lösen sich auf, wenn wir Num 22,21 direkt mit Num 22,36 verbinden – und die Esel-Geschichte (V. 22–35) als einen Einschub verstehen. In diesem Einschub wird alternativ erzählt, wie Bileam zu seinem Auftrag kam, sich in seinen Seherspruchen genau an Gottes Vorgaben zu halten.

Dieser Text hat aber noch ein zweites Thema: Er schildert, dass ein Mensch keinesfalls ein Tier quälen soll. Denn vielleicht hat ein Tier einen Grund, wenn es scheinbar »blöd« tut – hier rettet der Esel durch seine Starrköpfigkeit Bileams Leben. Der Text bringt den früher oft vergessenen Gedanken auf den Punkt: Auch ein Tier ist ein Geschöpf Gottes – gehe sorgsam damit um. Schütze dein Tier, statt es zu quälen, fordert der Engel. Der Text erzählt das nicht moralinsauer, sondern mit Humor: Der Esel legt sich einfach hin, als Bileam »blöd« tut.

Manchmal ist nicht das Tier der Esel, sondern der Mensch; weil er oft genug nicht merkt, dass er in die falsche Richtung unterwegs ist oder mit Gewalt mit dem Kopf durch die Wand will. Gut, wenn uns dann ein Engel dazwischenfunkt; oder ein Esel!

ACHIM KUHN

Gott, lass mich gegenüber allen Geschöpfen lebensfreundlich sein.

Vorhang auf – erster Versuch

Jetzt geht's los: Der moabitische König ist froh, dass der Seher Bileam endlich da ist und seines Amtes wirken kann. Er ist ja nur dazu – teuer genug – von weither geholt worden: Er soll jetzt endlich anfangen, Israel zu verfluchen, damit Balak Israel militärisch besiegen kann. Bileam weist nochmals darauf hin, dass er nur sagen kann, was Gott befiehlt.

Und nun beginnt eine eindrücklich gegenläufige Bewegung: Bileam lässt auf der »Höhe des Baal« (Bamot-Baal) sieben Altäre aufbauen und 14 Tiere opfern. Diese Opferrituale waren im Baals- wie auch im JHWH-Glauben üblich. Der duftende Rauch sollte (den jeweiligen) Gott gnädig-gewogen stimmen für menschliche Wünsche. Es ist eine Handlung des Menschen, die – wie der Rauch – gleichsam von unten nach oben geht. Genau umgekehrt ist das, was Bileam ein paar Meter weiter erfährt: Gott spricht zu ihm; hier geht es nicht um menschliche Bitten und Riten (wie Opfer), sondern allein um Gottes Anliegen. Der Weg ist hier auch klar vertikal – aber jetzt umgekehrt von oben nach unten: Gott trägt Bileam auf, was er über Israel sagen soll.

Kurz darauf spricht Bileam in Anwesenheit des Königs und seinen höchsten Leuten – aber er bringt keinen Fluch über Israel heraus, sondern ein Segenswort. Das heißt: Bileams Worte bringen über Israel kein Unheil, durch die die Lebenskraft oder das Wohlergehen des Volkes gemindert werden könnten, sondern es sind aufbauende Worte.

Erstaunlich mutet an, warum Bileam Israel segnet. Nicht nur, weil Gott es ihm befiehlt, sondern auch weil Israel nicht von Gott verflucht worden ist, weil es sich von allen anderen Völkern abgrenzt und weil es so zahlreich ist. Berührend und vorausschauend ist, dass Bileam den Frieden, den Israel mit Gott ausstrahlt, persönlich und vorbildhaft versteht. Denn er selber wird später in unfriedliche Ungnade (siehe auch 4. Mose 31,8) fallen.

ACHIM KUHN

Gott, hilf, dass heute nicht meine Wünsche an dich im Vordergrund stehen, sondern meine Aufmerksamkeit gegenüber dir – und gegenüber meinen Mitmenschen. Nur um eines möchte ich dich bitten: Schenke mir inneren Frieden.

Lang lebe der König

Die Krönung eines Königs oder einer Königin ist heute ein öffentliches Medienereignis. Überall auf der ganzen Welt sitzen Menschen vor den Bildschirmen, um live dabei zu sein. Menschenmassen säumen die Straßen, jubeln dem neu gekrönten Monarchen begeistert zu und wünschen ihm Wohlergehen und ein langes Leben.

Die Monarchie kannte zu Zeiten, in denen dieser Psalm gebetet wurde, keinen solchen Pomp und Prunk. Die Verbundenheit von König und Volk war dafür viel enger. Die Menschen beten mit großer Wertschätzung für ihren König. Sie wünschen ihm, dass es ihm wohlergeht und er Erfolg hat – auch im Kampf mit den Feinden, der vielleicht gerade bevorsteht. Von seinem Erfolg hängt eben auch das Wohlergehen des Volkes ab.

Volk und König eint der Glaube, dass Hilfe in der Not, Wohlergehen und Erfolg des Königs von Gott erbeten werden können. Im Namen des Gottes Jakob verbirgt sich sein Zuspruch: »Ich bin da und helfe dir.« König und Volk können im Jerusalemer Tempel Gottes Nähe besonders erfahren und ihre Gebete mit Opfergaben unterstützen.

Der König selbst spricht davon, dass sein Gebet erhört wurde. Er schöpft neue Zuversicht und seine Untertanen stimmen ein in das Bekenntnis der Macht Gottes. Sie bekennen voller Vertrauen: Wer sich auf Gott verlässt, hat auf sicheren Grund gebaut. Anders als diejenigen, die allein auf menschliche Stärke und ein gut ausgestattetes Heer setzen.

Krisen oder Notsituationen erleben wir auch heute. Wir können dann wie die Gläubigen im Psalm zu Gott beten und darin alle einschließen, die in unserem Staat Macht haben und Verantwortung tragen. Wir können für sie beten, dass sie sich in ihrem Amt dafür einsetzen, dass Krisen überwunden werden und verunsicherte Menschen wieder Vertrauen in die Zukunft schöpfen können.

JÜRGEN KAUFFMANN

Gott, wir bitten für unsere Verantwortlichen in Politik, Wirtschaft und Gesellschaft, dass sie die richtigen Entscheidungen treffen zum Wohle der Menschen. Zeige uns Möglichkeiten, wie wir selbst mitwirken können am Zusammenhalt unserer Gesellschaft.

Die Macht der Worte

So schnell gibt Balak nicht auf. Vielleicht hilft ja ein Perspektivwechsel, damit Bileam sieht, was für eine Bedrohung dieses Volk ist, ein neuer Blick auf diese immensen Menschenmassen, die da unten lagern. Die müssen geschwächt werden, und da hilft nur ein Fluch. Da reichen auch sieben Opferaltäre nicht aus, da braucht es diesen Wahrsager mit den besonderen Fähigkeiten. Bileam hatte die Macht der Worte. Mit dem, was er sagte, konnte er Menschen, sogar ganze Völker entweder stark machen oder niederwerfen.

In vielen Bereichen des Lebens ist es auch für uns selbstverständlich, auf die Wirkung von Worten zu vertrauen. Wir wissen, was ein freundliches Wort bewirkt, wir wissen, wie eine Beleidigung trifft. Mit guten Worten können wir einen anderen Menschen erfreuen, aufbauen, trösten, ihn für das Leben stärken. Mit bösen Worten bewirken wir genau das Gegenteil. Da können wir jemanden zur Schnecke machen, verunsichern, ihm allen Mut und Selbstvertrauen nehmen, manchmal für ein Leben lang.

Segen oder Fluch – Bileam probiert es ein zweites und später auch noch ein drittes Mal. Vielleicht hatte er sich ja beim ersten Mal verhört. Er will doch seinen Auftraggeber auch nicht enttäuschen. Mir scheint, dass Bileam zu diesem Zeitpunkt noch nicht viel verstanden hat vom Gott Israels. Und auch diesem Volk gegenüber ist er noch teilnahmslos und unberührt. Er sagt einfach weiter, was er hört. Aber in diesem zweiten Segensspruch wird nun deutlich, wie Gott sich mit dem Volk Israel verbunden hat, wie sehr Gott an seiner Seite ist und für es kämpft. Dagegen ist kein Kraut gewachsen, da hilft auch keine Zauberei und keine Wahrsagerei. (V. 23)

Dieser zweite Segensspruch ist auch ein Segen für Bileam, denn nun werden ihm die Augen geöffnet und er sieht, mit was für einem Gott er es zu tun hat.

DAGMAR ZOBEL

Gott, ich danke dir für dein segnendes Wort, das mich nährt, das mich leben lässt, das mir die Gewissheit schenkt, dass du mich begleitest. Bewahre mich davor, andere mit meinen Worten zu verletzen, lass mich gute Worte finden.

Mit offenen Augen

Jetzt spricht ein anderer Bileam, jetzt spricht »der Mann, dem die Augen geöffnet sind«. Jetzt nimmt er nicht mehr die Perspektive seines Auftraggebers ein, sondern sieht Israel, wie sie lagerten (V. 2). Zum ersten Mal hat er überhaupt einen Blick für dieses Volk, schaut hin, nimmt wahr, lässt sich berühren.

Mit welchen Augen schauen wir? Wir nehmen die Welt wahr, immer nur in Ausschnitten. Starren wir auf die Bilder von Krieg und Zerstörung, Gewalt und Elend, dann erscheint die Welt düster und hoffnungslos. Schauen wir in das strahlende Gesicht unserer Liebsten, sehen die Wunder der Natur, die Schönheit einer Landschaft, beobachten wir, wie fürsorglich Menschen miteinander umgehen, dann sieht die Welt anders aus. Je nachdem, wohin wir schauen, beeinflusst das unsere Wahrnehmung der Welt und auch, welchen Platz wir darin einnehmen. Können wir die Welt mit Gottes Augen sehen?

Gott sieht seine Welt und seine Menschen darin realistisch. Er sieht das Schreckliche, das Leid, das Böse und er sieht das Schöne, die Wunder, wo Menschen gut miteinander umgehen und Verantwortung übernehmen. Er sieht sie mit liebenden Augen an und kann sie über den Horizont hinaus größer denken und sehen, als sie momentan sind, wie ein Liebender eben.

Die Welt mit Gottes Augen sehen, das heißt eine Perspektive einnehmen, die ich von mir aus nicht habe. Ich muss mich orientieren, mich fest machen an dem, dessen Blick ich einnehmen soll.

Und mit neuer Perspektive kann Bileam weiter sehen und auch das zukünftige Heil, das Gott seinem Volk Israel zukommen lässt, in der Ferne erblicken. Ma Towu – wie fein sind deine Zelte, Jakob, und deine Wohnungen, Israel! (V. 5) Auch heute, am jüdischen Neujahrsfest, werden diese Worte eines Nichtjuden im Synagogengottesdienst gebetet.

DAGMAR ZOBEL

Um offene Augen, Gott, bitte ich dich, um den klaren Blick für das Unrecht, um den liebenden Blick für deine Geschöpfe, um den weiten Blick für deine Zukunft.

Stabwechsel

Der Übergang über den Jordan, der Eintritt in das verheißene Land steht unmittelbar bevor, aber Mose wird das Volk, das er vierzig Jahre lang geführt hat, nicht mehr persönlich hineinbringen. Für ihn gibt es nur noch einen Blick von oben auf das verheißene Land. Der Stabwechsel steht an. Was braucht es, um ein Volk in heiklen und fragilen Situationen des Übergangs zu leiten? Wen braucht es als Führungsperson?

Angesichts der zu erwartenden Konflikte wird einer gesucht, der das Volk in den Kampf führt und wieder heil zurückbringt, ein mutiger Heerführer (V. 17a). Gleichzeitig muss er aber auch umfassende Leitungsaufgaben erfüllen, etwa wie ein König, wie ein Hirte (V. 17b). Der Hirte, der die Schafe leitet und für sie sorgt, ist im Alten Orient ein weitverbreitetes Motiv für das königliche Amt und ist auch in der Bibel häufig zu finden.

Hat Mose noch selbst die Kundschafter ausgewählt, das Land Kanaan zu erkunden (Num 13), überlässt er jetzt Gott die Wahl seines Nachfolgers. Weil Josua ein Mann ist, »in dem Geist ist« (V. 18), fällt die Wahl auf ihn. Wie auf dem Exerzierplatz bei der Kommandoübergabe wird der Stabwechsel inszeniert. Vor den Augen des Volkes legt Mose ihm die Hände auf, und etwas von der Hoheit, der Autorität Moses geht auf Josua über, aber eben nur ein Teil. Josua bleibt in erster Linie der Führer in militärischen und politischen Angelegenheiten.

Dem Verfasser dieses Stabwechsels ist es ein Anliegen zu betonen, dass die unmittelbare Begegnung zwischen Gott und Mose seinem Nachfolger so nicht gewährt wird. Josua braucht den Priester Eleasar, der die Nachfolge Aarons angetreten hatte, als Vermittler. Nur auf dessen Befehl hin und nachdem er das Los befragt hat, soll das Volk in den Kampf ziehen. Eine weltlich-geistliche Doppelspitze also, wie sie beim Propheten Sacharja in seiner Vision von dem Leuchter und den zwei Ölbäumen (Sach 4,10) geschaut wird.

DAGMAR ZOBEL

Es soll nicht durch Heer oder Kraft, sondern durch meinen Geist geschehen, spricht der Herr Zebaoth.

Explosiv

Biblische Texte zu unterschätzen ist gefährlich. Sie nehmen der Leserin, dem Leser schnell die laue Sicherheit des allzu Vertrauten und explodieren geradezu, wenn man wagt, sie geistlich zu zerkauen, sie immer wieder in Mund, Herz und Verstand hin und her bewegt, wie es spirituelle Meisterinnen und Meister lehren.

Bei Bildern wie den Reich-Gottes-Gleichnissen vom Senfkorn und vom Sauerteig ist die Gefahr der Verharmlosung besonders groß. Es verwundert nicht, dass sie schnell »verschluckt« statt zerkaut werden, denn in beiden spielen Ausdauer und Geduld eine entscheidende Rolle. Man muss aktiv warten können, dem Konjunktiv eine klare Absage erteilen: Wenn es nur endlich etwas werden würde mit dem Reich Gottes, dann wäre alles gut.

Jesus war zu bodenständig, um unnützen Träumen nachzuhängen. Kein Senfkorn der Welt kann ein baumähnliches Ausmaß erreichen. Schiere Größe bedeutet nichts. Deshalb nimmt er neben der Dynamik des Wachsens sein Ziel in den Blick. In den Zweigen des Senfkorns nisten die Vögel, finden Heimat, wecken neues Leben. Der Mensch, der – auch – vom Brot lebt, braucht die Lebenskunst des Brotbackens und Menschen, die diese Kunst beherrschen, für sich und für andere. Weil Jesu Rede vom Reich Gottes im Kontext der Geschichte seines Volkes steht, erinnert er mit diesen Bildern an Israels Heimatlosigkeit in der Wüste, an seine brotlosen Wanderungen wie an den Hunger der Menschen bei der Brotvermehrung. Jesus spricht immer wieder davon: Das Reich Gottes soll Ruheplatz sein für Überforderte und Heimatlose, Nahrungsquelle für Hungernde an Leib und Seele, die ihre Möglichkeiten überschätzt haben und neue Kraftquellen brauchen.

Tu etwas dafür, dass diese Verheißung greifbar wird, tu das Deine. Tu es kryptisch, im Verborgenen, aber versetze die Welt konsequent in Gärung. Jetzt! Dann wird Hoffnung Wirklichkeit und alles wird vom Grunde her gut.

AURELIA SPENDEL OP

Gott, lass dein Wort in mir explodieren. Es soll mit ganzer Kraft seinen Weg finden. Es ist nicht bequem zu säen und Teig zu kneten, das weiß ich. Lass mir nicht so wichtig sein, was es mich kostet.

Wurzelwerk

Durch eine enge Türe müssen, wenn es auch eine komfortable Alternative geben könnte? Menschen kommen von allen möglichen Ecken und Enden und nur wenige dürfen beim großen Fest dabei sein? Wenn Beziehungen keinen Vorteil bringen und Schnelligkeit nicht belohnt wird, was soll die Sorge darum, dazu zu gehören? Das Reich Gottes macht es selbst wohlwollenden und interessierten Menschen nicht leicht. Seine Regeln sind so anders, als wir es in den wohlgeordneten Regelwerken unserer Lebenswelten kennen und praktizieren. Bei uns sind die Ersten die Ersten und die Letzten die Letzten. Der Präsident, der Prälat, der Politiker sitzen vorne, der Bürger, der Bettler, der Fremde stehen hinten. Wenn die Ersten die Letzten sein werden, die Letzten die Ersten, ist ein unangenehmer Beigeschmack von Ungerechtigkeit nicht weg zu diskutieren.

Aber es nutzt nichts, sich dagegen zu wehren und auf den eigenen Vorstellungen zu beharren. Gott bestimmt die Regeln, wenn es um sein Reich geht. Es ist nicht von ungefähr, dass Jesus diese Regeln auf dem Weg nach Jerusalem predigt. Wenn alles auf dem Spiel steht, muss alles, was wesentlich ist, überprüft und falls nötig, zurechtgerückt werden. In den Dörfern und Städten trifft Jesus auf Konventionen, Gewohnheiten, Strukturen. Sie sind wichtig, damit eine Gemeinschaft funktioniert und sich orientieren kann. Doch damals wie heute braucht es einen klaren Blick, der sieht, was krank und verkümmert ist. Es braucht den Mut, bis an die Wurzeln zu gehen, um wieder zu spüren, woher die Kraft zur Revision des Alten und zu Visionen des Neuen kommt.

AURELIA SPENDEL OP

Gott, wenn alles auf dem Kopf steht, schaut man in den Himmel statt auf die Erde. Das gefällt mir gut, spricht mich an und motiviert. Gib mir die Wendigkeit, um durch die enge Tür zu kommen und die Demut für den letzten Platz.

Keine einfache Sache

Wie kann es sein, dass Menschen das aus der Welt schaffen wollen und es auch tun, was ihnen zum Heil dient? Dass sie die töten, die dieses Heil verkünden, leibhaftig und im übertragenen Sinn des Mundtot-Machens? Ist es Angst vor Veränderung und vor Verlust oder die Angst, nicht mehr dazu zu gehören, nichts mehr zu sagen zu haben, wenn die Welt anders wird, das Gewohnte, Liebgewonnene zerfällt? Vielleicht ist von allem ein wenig dabei. Weisheit und Toleranz sind zarte Pflänzchen, Offenheit für Neues und Wagemut nicht jedermanns Sache.

In der Welt ist das so und in Theologie und Kirche ebenfalls. Propheten und Prophetinnen sind nicht immer gerne gesehen. Sie machen unruhig; es ist vernünftig, ihnen zu raten, sich Orte zu suchen, an denen sie besser wirken können als in etablierten Positionen. Aber sie lassen sich nicht vertreiben, gleich, ob sie Papst sind oder Lehrerin, Heilige oder Menschen wie du und ich.

Jesus durchschaut die Ränke und Listen seiner Gegner. Er ist bei denen, die wie er ihren Weg gehen, weil es ein Gottesweg ist. Das Ende kann katastrophal sein, es schert ihn und sie im Letzten nicht. Denn aus Gottes Hand kommt ihre Berufung. Propheten und Prophetinnen heute wie zu allen Zeiten sind in bester Gesellschaft: Gott selber ist mit ihnen. Wer könnte dann gegen sie sein? Was können Menschen ihnen anhaben? Aber: Konversion ist möglich. Menschen können lernen, hinter die Kulissen zu schauen und in denen, die sie mit ihrer Gottesrede irritieren, doch irgendwann einmal Botinnen und Boten des Lebens erkennen. Gebe es Gott.

AURELIA SPENDEL OP

Als Getaufte sind wir gesalbt zu einem prophetischen Leben. Und auch, wer nicht getauft ist, erkennt das Licht in der Dunkelheit. Gib uns die Chance, Gott, uns darüber zu freuen, wenn jemand kommt in deinem Namen und zu unserem Heil.

Eine feste Burg

Unsere Religionslehrerin malte die erste Notenzeile des Luther-Liedes »Ein feste Burg ist unser Gott« an die Tafel. Dann verband sie die Noten mit Linien und siehe da, wir konnten deutlich die Zinnen einer Burgmauer erkennen.

Burgen kannten wir aus Ritterfilmen und so konnten wir durch den Vergleich rasch verstehen, wie Gott für uns da ist. In einer Burg, meist auf einer Anhöhe gelegen, kann man sich vor Feinden hinter die Mauern zurückziehen und Schutz finden. Der Zufluchtsort ist befestigt und hält auch heftigen Angriffen stand. Diese Festung kann nichts so schnell ins Wanken bringen.

Der Psalm, Vorlage für den Lutherchoral, ist ein Lied, das nach einer offenbar bekannten Melodie die Stärke Gottes besingt. Die Gegenwart Gottes ist untrennbar verbunden mit dem Tempel in Jerusalem, der auf dem Berg Zion steht. Die Gegenwart Gottes garantiert, dass weder die lebensbedrohlichen Fluten des Meeres noch andere Völker der Stadt etwas anhaben können. Dort fließt Wasser und spendet Leben, selbst Belagerungen können überstanden werden.

Der Psalm besingt die unvorstellbare Macht des Schöpfers, die stärker ist als alle Königreiche oder Naturgewalten. Gott bleibt und steht fest zu seinem Volk. Diesem Gott wird sogar zugetraut, dass er alle Waffen zerstören und Kriege beenden kann.

Auch wenn wir Gottes Gegenwart nicht mehr mit einem Heiligtum lokalisieren, so können wir im Psalm immer zu Gott kommen, der für uns wie eine feste Burg da ist. In seiner Nähe können wir aufatmen, zur Ruhe kommen, neue Kraft sammeln und Zuversicht schöpfen, wenn unser Leben ins Wanken geraten ist. Der Psalm stimmt ein Triumphlied der Stärke Gottes an, obwohl oft genug die Realität die Macht Gottes in Frage stellt. Was für ein tiefer Glaube drückt sich darin aus! Traue ich Gott und seinen Möglichkeiten so viel zu, sogar mehr als mein Verstand für möglich hält?

JÜRGEN KAUFFMANN

Gott, beschütze mich und hilf mir, wenn mich Ängste und Nöte verfolgen. Schenke mir und allen, die sich danach sehnen, die feste Zuversicht, dass du immer bei uns bist.

Zwischen Unverständnis und Bewunderung

Jesus tut etwas, was andere nicht tun, zumindest nicht an diesem Tag, der Sabbat heißt. Für solche besonderen Tage gibt es besondere Regeln. Einige davon betreffen den Arbeitsalltag. Wir Mitteleuropäer kennen und lieben Feiertage, fragen aber oft nicht nach ihrer ursprünglichen Bedeutung. Nicht arbeiten zu müssen, sei die beste Erklärung für einen Feiertag. Und natürlich arbeiten wir auch ein bisschen – vielleicht zu Hause, in der Küche oder im Garten. Wir tun bestenfalls das, was uns Spaß macht. Andere Religionen nehmen das genauer. So habe ich an einem heißen Frühsommertag zwei Möbelträger erlebt, die trotz schwerer körperlicher Arbeit von Sonnenaufgang bis zum Untergang nichts getrunken haben. Es war die Zeit des Ramadans und die beiden waren gläubige Muslime. Meine Gefühle schwankten zwischen Unverständnis und Bewunderung.

Vielleicht gibt es diese Gefühle auch bei den stummen Zeugen in unserer Geschichte. Dort geht es auch um das Arbeitsverbot für den religiösen Feiertag. Aber Lukas geht es nicht darum, ob grundsätzlich gearbeitet werden darf, sondern um das, was trotzdem getan werden muss. Einen Menschen mit krankhaften Wassereinlagerungen im Körper zu helfen, ihn von Schmerzen und Beeinträchtigungen zu befreien, das geht. Genauso wie ein Kind oder ein Rind aus einem Brunnen zu retten, erklärt Lukas. Hier wird das Gebot der Feiertagsheiligung durchaus respektiert, aber präzisiert. Jesus und die Menschen, die um ihn sind, sind in dem jüdischen Kontext ihrer Zeit zu Hause und stellen ihn grundsätzlich nicht infrage. Und sie achten die Regeln erst recht im Hause eines leitenden Pharisäers. Aber Jesus heilt, er macht gesund und er setzt damit Prioritäten. Er bestätigt die jüdisch-christlichen Gebote und ordnet sie durch das, was am wichtigsten ist. Anderen Menschen zu helfen, sie zu heilen, das kennt keinen Feiertag. Das verstehe ich und ich bewundere es.

FRIEDERIKE VON KIRCHBACH

Gott, deine Feiertage sind ein Geschenk für mich. Lass mich das immer wieder neu begreifen. Ich danke dir für das, was ich tun, und jenes, was ich lassen kann.

Was bringt mir das

Hier geht es darum, andere zu dem zu bringen, was ich gern hätte. Wichtig ist, selbst dabei schön im Hintergrund zu bleiben. So ist bei einer festlichen Einladung die Tischordnung sehr wichtig. Wenn ich am falschen Platz sitze, kann der ganze Abend verdorben sein, auch wenn das Essen fantastisch ist. Ich mache das gern so, wie der Text empfiehlt. Wenn keine klare Sitzordnung vorgegeben ist, setze ich mich lieber etwas weiter hinten hin. Falls dann die Gastgeberin kommt und sagt: »… aber Sie haben doch da vorn einen Platz«, kann ich mich erfreut dorthin geleiten lassen. Wenn nicht, bleibe ich in einer guten Beobachterposition und habe vielleicht das Glück, jemanden neben mir zu haben, mit dem ich mich gut und unbeobachtet unterhalten kann. Manchmal gibt es Tischkarten und ich frage mich bange, neben wen ich wohl gesetzt werde. Das kann gut oder schlecht ausgehen. Und natürlich hoffe ich auch noch, dass jeder und jede sich freut, wenn er oder sie neben mir platziert wird.

Lukas macht es noch komplizierter. Er spricht vom Vergelten und meint die Hoffnung, dass eine gute Platzierung von einflussreichen Menschen dazu führen kann, dass man Vorteile davon hat und wieder eingeladen wird.

Die ganze Geschichte hat von Anfang bis Ende mit der Frage, was bringt es mir, also mit Berechnung, zu tun. Von dieser Eigenschaft sind wir alle nicht frei. Lukas' Empfehlung ist simpel, aber schwer einzuhalten: Verzichte darauf. Sei einfach nicht berechnend. Lade Menschen ein, von denen du keine Gegenleistung erwarten kannst, weil sie nichts haben. Und Lukas schreibt weiter, dass es dann so etwas wie eine himmlische Vergeltung gibt.

Ich habe mir gedacht, vielleicht ist diese himmlische Vergeltung schon eingetreten, wenn es mir gelingt, nicht berechnend zu sein. Wenn ich ohne Erwartungen auf eine Gegenleistung lebe und handle. Ich werde dann überraschende Erfahrungen machen, und sicher bleibt mir auch manche Enttäuschung erspart.

FRIEDERIKE VON KIRCHBACH

Gott, schenke mir bitte freundliche, überraschende Erfahrungen, wenn ich versuche, ohne die Frage zu leben, was es mir bringt.

Die misslungene Einladung

»Selig ist, der das Brot isst im Reich Gottes!« – das sagt einer, der gerade mit Jesus zu Tisch sitzt. Jesus antwortet mit einem Gleichnis: Ein Hausherr lädt zu einem großen Mahl ein. Doch die Eingeladenen haben Wichtigeres zu tun. Mit mehr oder minder nachvollziehbaren Gründen sagen sie ab. Der Hausherr reagiert zornig. Jetzt lässt er »die Armen und Verkrüppelten und Blinden und Lahmen« in sein Haus führen. Und nötigt Menschen von Landstraßen und an Zäunen, zu seinem Gastmahl zu kommen. An dieser Stelle empfand ich beim Lesen ein zunehmendes Unbehagen. Weil ich bei dem Hausherrn unwillkürlich an Gott dachte – so wie ich es in traditionellen Auslegungen gelernt habe. Sollte Gott die »Armen und Verkrüppelten« wie dann auch die Fremden und Außenseiter nur aus Frust und nur als Ersatzgäste in sein Haus eingeladen haben? Ich kann nicht glauben, dass Jesus mit diesem Gleichnis ein solches Gottesbild vermittelt. Deshalb: Ich verstehe den Hausherrn hier nicht als Gott und das geplante große Abendmahl nicht als zukünftige Tischgemeinschaft im Reich Gottes. Vor allem aber ist für mich das abschließende Urteil in Vers 24 über die zuerst Geladenen keine von Jesus ausgesprochene göttliche Verwerfung Israels, sondern das wütende Fazit des Gastgebers innerhalb des Gleichnisses. Der Zusammenhang mit dem gestrigen Bibeltext macht mir deutlich: Das Gleichnis spricht uns nicht als Eingeladene, sondern als Einladende an. Für unsere Seligkeit ist es nicht genug, wenn unsere Einladungen nur auf Gemeinschaft und Selbstvergewisserung in der eigenen Blase abzielen. Jesus legt uns Arme, Fremde und Außenseiter ans Herz. Gerade sie sollen – auch durch uns – den Anbruch des Gottesreiches schon hier und jetzt wahrnehmen.

ANNE SCHNEIDER

Gott, dein Geist inspiriere uns für entgrenzende Tischgemeinschaften in unseren Häusern und Gemeinden. Damit auch wir dereinst selig das Brot essen in deinem Reich!

Nachfolge oder Familienliebe?

Verlangt Jesus für die Nachfolge den radikalen Bruch mit familiären Beziehungen? Der heutige Bibeltext legt das nahe. Da sagt Jesus zu den Menschen, die mit ihm unterwegs sind: »Wenn jemand zu mir kommt und hasst nicht seinen Vater, Mutter, Frau, Kinder, Brüder, Schwestern, dazu auch sein eigenes Leben, der kann nicht mein Jünger sein.« Wir erfahren nicht, wie Jesu Weggefährten damals auf Jesu harte Ansage reagiert haben. Beim heutigen Lesen fällt es mir schwer, mich durch diese Radikalität zur Nachfolge motivieren zu lassen. Vielleicht sah das damals der Evangelist Matthäus – wie heute manche Bibelübersetzungen – auch so. Sie lassen Jesus abgeschwächt formulieren: »Wer Vater oder Mutter mehr liebt als mich, der ist meiner nicht wert …« (Mt 10, 37) Mein Widerspruch gegen dieses Jesus-Wort bleibt. Auch wenn Jesus jetzt statt Hass »nur« die grundlegende Zweitrangigkeit der Familienliebe fordert. Mir ist klar, dass die Evangelien eine Zeit spiegeln, in der Nachfolge Jesu oft hieß: Verlasse die Stabilität deines gewohnten Familienlebens, dein Zuhause, deinen erlernten Beruf. Und sei bereit, Kreuzeserfahrungen auf dich zu nehmen, dein Leben zu riskieren. Was aber sagt das für mein heutiges Christsein? Nachfolge heißt für mich: Ich muss mir über Prioritäten meines Lebens immer neu klar werden. Ein »Weiterso« mit allem, was mir lieb ist, und Verschonung von Leiderfahrungen wird's nicht immer geben. Aber muss ich meine Liebe zu Menschen und meine Liebe zu Jesus aneinander vermessen oder gar gegeneinander ausspielen? »Wer in der Liebe bleibt, der bleibt in Gott und Gott in ihm« (1 Joh 4, 16b). Das gilt auch für meine Familienliebe. Deshalb lehne ich für mein Christsein die Alternative »Nachfolge oder Familienliebe« ab.

ANNE SCHNEIDER

Gott, du gabst uns das Gebot, dich, unsere Mitmenschen und uns selbst zu lieben. Zeige uns konkrete Wege der Nachfolge, die dieses Gebot achten und erfüllen.

Die vorbehaltlose Zuwendung Gottes

Sie wollen so gar nicht in unsere Zeit passen, die Rede von einem Schaf und der Suche nach einer Drachme. Dabei könnte dieses Gleichnis gerade heute für Kirchen zukunftsweisend sein.

Dazu ist es notwendig, den Anlass für diese Erzählung in den Blick zu nehmen. Hier die Frommen, für die in der Welt alles eindeutig geregelt ist. Dort die Zöllner und Sünder, mit denen Jesus isst. Diese Tischgemeinschaft ist ein aussagekräftiges Bild für das Reich Gottes und eine neue Sicht der Welt und ihrer Maßstäbe. Die Pharisäer und Schriftgelehrten aber empören sich über das Verhalten Jesu.

Das Gleichnis spiegelt den Alltag. Ein Schaf zu verlieren, für das der Hirte verantwortlich war und für dessen Verlust er aufkommen musste, konnte ihn in den Ruin treiben. So auch der Verlust der Drachme für die in einfachen Verhältnissen lebende Frau, deren Notgroschen die Münze war. Wie immer in den Gleichnissen Jesu wird es möglich, sich an einer neuen Wirklichkeit zu orientieren, dem bereits anbrechenden Reich Gottes. Das Verlorene ist Gott wichtig. Ihm geht er – und bei der Drachme eine Frau als Metapher für Gott – ohne vorherige Bedingungen nach und lädt ein zur gemeinsamen Freude.

Der Schlusskommentar zur notwendigen Umkehr des Sünders scheint nicht zum Gleichnis zu passen. Schaf und Münze werden doch nicht aktiv. Für den Theologen Thomas Söding meint dies aber, dass Umkehr dann möglich wird, wenn der Sünder aufgesucht und eingeladen wird. Und müssten Hirte und Frau nicht auch für die Frommen Anlass zur Umkehr sein und zu einem anderen Umgang mit Verlorenem?

Damit wird der Text auch zur kritischen Anfrage an die Kirchen, die nicht selten mit rigiden moralischen Vorstellungen und Druck klarstellen wollten, wer rechtgläubig ist, wer zu ihnen gehört und wer nicht. Und dies immer wieder auch noch bis in unsere Tage. Das Gleichnis mahnt uns nachdrücklich, dass über die vorbehaltlose Zuwendung Gottes zu jedem Menschen nicht weit genug gedacht werden kann.

MICHAEL SCHLAGHECK

Der Herr ist mein Hirt, nichts wird mir fehlen. ... Güte und Huld werden mir folgen mein Leben lang.

Gottes grenzenlose Liebe

Die Gleichnisse Jesu sind wie eingebrannt in die christliche und säkulare Kultur. Sie fangen Wirklichkeit ein, nehmen Potenziale des Lebens wahr, sensibilisieren für neue Dimensionen, halten den Himmel offen. Besonders gilt dies für das Gleichnis des verlorenen Sohnes.

Wer denkt nicht an Rembrandts Meisterwerk, an den vor dem Vater knieenden Sohn mit abgerissener Kleidung. Der blinde alte Mann neigt sich zu seinem Sohn, legt seine Hände auf dessen Schultern. Der Kopf des Sohnes liegt am Herzen des Vaters. Ein goldenes Licht umfängt sie. Am Bildrand der ältere Sohn, eher düster blickend.

Der jüngere Sohn fordert sein Erbe, das er eigentlich erst nach dem Tod des Vaters erhält. Bereits jetzt scheint der Vater für ihn schon gestorben zu sein. Als er in der Ferne in Bodenlosigkeit fällt, wächst die Sehnsucht nach der Heimat. Er »geht in sich«, kehrt um. Der Vater läuft ihm entgegen. Der Vater wartet nicht auf ein Schuldbekenntnis, sondern fällt dem Sohn voller Liebe um den Hals. »Die Liebe Gottes hängt weder von unserer Reue noch von unseren inneren oder äußeren Veränderungen ab … sie hängt ausschließlich von ihm selbst ab.« (Henri Nouwen) Der Sohn war tot, er lebt, ein Fest der Auferstehung beginnt.

Es geht in diesem Gleichnis um Beziehungen, auch zum älteren Sohn. Der Vater lädt ihn zum Fest ein. Die Freude des Wiederfindens kann dieser aber nicht teilen, ebenso wenig wie die Schriftgelehrten und Pharisäer, die sich über Jesu Gemeinschaft mit Sündern empören.

Im Talmud wird von der Frage eines Nichtjuden erzählt, ob Rabbi Hillel ihm die Lehre des Judentums vermitteln könne, solange er auf einem Bein stehe. Würde in ähnlicher Weise nach der Lehre des Christentums gefragt, könnte mit diesem Gleichnis eine Antwort gegeben werden. Gott ist ein liebender Vater. Sein Erbarmen ist grenzenlos. Er schenkt seine Liebe allen Heimkehrenden, nicht nur denen, die scheinbar alle Gebote halten und zu wissen meinen, wer zur Gemeinschaft mit ihm gehört.

MICHAEL SCHLAGHECK

Wir hoffen, dass du uns immer erwartest, uns entgegenkommst und umarmst, den Ring des Sohnes an unseren Finger steckst und ein »Fest ohne Ende« beginnt.

Die strahlende Macht Gottes für immer!

Groß ist Gott, Himmel und Erde hat er geschaffen. Immer wieder staunen wir über Gottes Schöpfung. Einen Bruchteil der Schönheit nur besingt der Psalm. So viel könnte noch genannt werden! Auch von den Dingen, die wir Menschen mit Gottes Hilfe geschaffen haben. Staunen über minimalinvasive Operationen oder über die Möglichkeiten, mit Menschen am anderen Ende des Erdballs zu sprechen, als säßen sie am selben Tisch. Staunen immer wieder über das Wunder neuen Lebens. Licht ist das Kleid, das Gott trägt. Es leuchtet hinein in die Welt, die er geschaffen hat.

So dringend benötigt wird dieses Licht auf unserer Erde! So viel Dunkelheit ist in dieser Welt. Ich will das hier gar nicht alles aufzählen. Schon der Gedanke ist schwer genug. So viele Fragen habe ich an Gott. Wieso und warum, Gott? Gottes Herrlichkeit ist auch schwer. Zuweilen, weil sie so blendend schön ist, aber noch viel häufiger, weil so viel Leid die Welt durchzieht.

Gottes Herrlichkeit. Es ist ein vielschichtiges Wort, das da im Hebräischen steht: Es hat mit Schwere zu tun, mit Gewichtigkeit, mit Last, auch mit Ehre, Herrlichkeit. Die Bibel in gerechter Sprache übersetzt es in Vers 31 mit »strahlender Macht«. In dieses strahlende Licht, das Macht hat, das Himmel und Erde geschaffen hat, lege ich heute auf den Erntedank-Altar meine Fragen, meine Ratlosigkeit, meine Wut, meine Verzweiflung, meine Trauer, meine Müdigkeit über den Zustand der Schöpfung und des menschlichen Miteinanders. Neben leuchtenden Kürbissen und blühenden Herbstastern mag das befremdlich aussehen, aber all das gehört zu meinem Leben, das Gott geschaffen hat, das von Gott begleitet wird. Gerade ist es meine Art, Gott zu danken für das Leben – mit Höhen und Tiefen, mit Dunkel und Licht. Ich will darauf vertrauen, dass seine strahlende Macht verändern kann, wo mir die Hände gebunden sind.

ANNETTE RÖHRS

Großer Gott, herrlich, gewichtig, mächtig und menschlich klein, dein Segen erfülle unsere Welt.

Tun, was dem Leben dient

Dieses Gleichnis ist ziemlich anstößig: Jesus billigt offenbar das Verhalten eines raffinierten Gauners. Er fordert sogar seine Jünger auf, sich ein Beispiel an dem Verwalter zu nehmen. Worauf kommt es Jesus an? »Der Herr lobte den ungerechten Verwalter, weil er klug gehandelt hatte.« Zunächst ist zu sagen: Der Verwalter bleibt ein »betrügerischer«, »ungerechter« Verwalter. Dafür wird er nicht gelobt. Gelobt wird er für seine Klugheit. »Klug« ist eine Eigenschaft, die auch sonst in positiver Weise in der Bibel erwähnt wird: im Gleichnis von den törichten und klugen Jungfrauen (Mt 25,1-13). In Psalm 90 wird klug werden als eine anzustrebende Lebenshaltung beschrieben (Ps 90,12). Ein kluges Verhalten ist ein vorausschauendes Verhalten, das schnell erfasst, worauf es ankommt, und dann entschlossen handelt. Der Verwalter macht sich Gedanken über seine Zukunft: »Was soll ich tun?« V. 3. Er schätzt seine Situation realistisch ein. Er steht vor dem Aus. Er wird seinen Arbeitsplatz verlieren. Doch angesichts dieser Perspektive verfällt er nicht in Schockstarre. Nüchtern überlegt er seine Möglichkeiten. Schwere körperliche Arbeit kann er nicht verrichten und betteln ist für ihn beschämend. Er erkennt, dass er es nicht alleine schafft. Er braucht soziale Beziehungen. Freunde, die ihn unterstützen, ihn aufnehmen und Arbeit geben. Und ihm so eine neue Zukunft eröffnen. So versucht er durch einen beträchtlichen Schuldenerlass aus den Schuldnern seines früheren Arbeitgebers Freunde und Gönner zu gewinnen. Dieses Verhalten nennt Jesus klug, weil es realistisch die eigne Situation erfasst und wirksam für die Zukunft vorsorgt. Jesus möchte uns auf der Seite des Handelns sehen. Auch wenn wir dabei ungerechte Verwalterinnen oder Verwalter bleiben, sind wir doch als solche Kinder des Lichts (V. 8), weil wir die Zukunft nicht aufgeben.

BÄRBEL KOCH-BAISCH

Treuer Gott, schenke uns die Kraft, immer neu mit offenen Augen und wachem Verstand das zu tun, was dem Leben dient.

Tun, was Gott will

»Das alles hörten die Pharisäer ...« – bei anderen sehen wir eher und schneller, wenn etwas nicht gut läuft. Dieses negative Bild, das von Pharisäern und Schriftgelehrten in den biblischen Zeugnissen gezeichnet wird, hat Folgen bis in unsere Tage. Warum brauchen wir Menschen immer wieder die Abgrenzung in »die da« und »wir«? Warum meinen wir, unser Tun rechtfertigen zu müssen? Warum wollen wir gut dastehen und brauchen dazu den Vergleich mit anderen? Was ist denn unser Ziel dabei?

Wir wollen gut dastehen: »Wir sind nicht so schlimm wie die anderen. Und – es hat doch Gründe, warum wir so handeln. Wo kämen wir denn hin, wenn ...« Wir rechtfertigen, ja wir entschuldigen unser Reden und Tun, vor anderen und vor uns selbst. Rechtfertigen und entschuldigen setzen voraus, dass wir selbst wissen, dass das, was wir tun oder wie wir etwas tun, nicht richtig ist, nicht guttut, uns selbst nicht und anderen Menschen oder der Natur auch nicht. Jesus deckt solches Handeln auf. »Gott kennt eure Herzen.« Wichtig ist nicht, dass wir vor anderen angesehen sind, bewundert werden. Gott weiß um unsere Motivation. Er weiß um unsere Absicht und sagt: Das ist nicht nötig. Ihr braucht euch nicht besser zu machen. Selbstoptimierung setzt euch unter einen Druck, der nicht nötig ist und euch nicht guttut. Gott kennt uns. Er weiß um unsere Schwächen und Fehler. Er erinnert uns daran, das Ziel unseres Lebens nicht aus den Augen zu verlieren. Davon erzählt das Gesetz und die Propheten. Davon erzählt Jesus, wenn er verkündigt, dass das Reich Gottes angebrochen ist. Menschen sollen in Frieden und Gerechtigkeit hier auf Erden leben können. Alle Menschen. Da soll sich nicht eine über die andere erheben. Da soll der eine nicht den anderen aus dem Blick verlieren. Davon reden Gesetz und die Propheten – das gilt ohne Entschuldigung, ohne Selbstrechtfertigung, ohne Abstriche.

BÄRBEL KOCH-BAISCH

Treuer Gott, du kennst uns besser als wir selbst uns kennen. Schenke uns den gnädigen Blick auf unser eigenes Leben und das der anderen.

Tun, was Recht ist

Das Gleichnis vom Reichen und armen Lazarus ist die Konkretion des gestrigen Bibelabschnitts: Wer auf Erden angesehen ist und sich einen Namen machen will, indem er oder sie sich selbst rechtfertigt, um besser dazustehen, wird sehen, dass in Gottes Reich andere Maßstäbe gelten. In Gottes Reich werden Reiche vergessen sein. Sie haben keinen Namen mehr. Dagegen finden die Armen Beachtung. Sie bleiben nicht namenlos. Sie heißen Lazarus – das heißt übersetzt »Gott hilft« oder »Gott hat geholfen« – und sie sitzen in Abrahams Schoß. Das Gleichnis will nicht eine Beschreibung des Himmels und der Hölle liefern. Es will einladen zum Tun, was Recht ist, einem Tun, das dem Leben dient. Menschen sollen einander nicht übersehen oder sich aus dem Blick verlieren. Der Reiche lebt sein Leben. Er ist sich selbst genug, hat ein gutes Leben, »herrlich und in Freuden«. Er ist so auf sich selbst fixiert, dass er nicht einmal sieht, was sich vor seiner Haustür abspielt. Er nimmt nicht wahr, dass es Menschen gibt, denen das Lebensnotwendige fehlt – ein Dach über dem Kopf, zu essen, eine Gesundheitsversorgung. Lazarus stirbt eher als der Reiche. Das ist unsere Realität. Doch in Gottes Reich gelten andere Maßstäbe. Lazarus, der auf Erden bei den Hunden lag, wird in Gottes Reich in Abrahams Schoß gebracht. Auch der Reiche stirbt. Sicher wird eine große Beerdigungsfeier für ihn gemacht, entsprechend seinen Verdiensten, die er sich auf Erden erworben hat, entsprechend dem Namen, den er sich gemacht hat. Doch darauf kommt es in Gottes Reich nicht an. Das erkennt nun auch der Reiche. Er nimmt den großen Abstand wahr, zwischen Gottes Reich und seinem Tun zu Lebzeiten. Er bittet, dass Abraham Lazarus zu seinen Brüdern auf Erden schickt, damit sie erkennen, worauf es im Leben wirklich ankommt. Doch Abraham verweist auf das Gesetz und die Propheten: Alles, was Menschen zum Leben verhilft, kann ihnen bekannt sein. Sie, wir sollen tun, was Recht ist.

BÄRBEL KOCH-BAISCH

Treuer Gott, lass uns nicht aufhören, auf dem Weg der Gerechtigkeit und des Friedens zu gehen.

Stärke unseren Glauben!

Streit, Gewalt waren und sind an der Tagesordnung in dieser Welt. Die ersten Christen fragen nach einem gangbaren Exit aus dieser menschlichen Gemengelage. So manche Schlagzeile in einschlägigen Zeitungen stehen mir vor Augen, ganz zu schweigen von der Hetze und Häme, die sich im Netz ausbreitet. Warnt Jesus hier eindrücklich vor den Brandstiftern damals wie heute? Hütet euch! Eine fast aktuelle Mahnung. Jesus zeigt zudem einen konstruktiven Weg auf und holt mich so aus einer gewissen Erstarrung: Sprich denjenigen, diejenigen an, die sich durch ihr Verhalten und in ihrem Verhalten schuldig machen. Sprich es an, was Gemeinschaft verletzt, was das Miteinander vergiftet. Gib ihm oder ihr eine Chance zur Bitte um Entschuldigung, zur Umkehr. Mach die Tür wieder auf: Vergib, nicht nur einmal. Eine geistliche Fehlerkultur wird beschrieben, die aber auch ein gehöriges Überforderungspotential in sich trägt. Das schaffen wir nicht aus uns, so höre ich die Bitte: »Stärke unseren Glauben.« Das ist keine »moderne« Bitte. Diese Bitte weiß um die eigenen Grenzen und das Angewiesensein auf Gott gerade auch in Sachen Konfliktlösung und Frieden. In Zeiten, in denen auf Abschreckung und Waffen als Konfliktlösungsmodell gesetzt wird, manchmal aus reiner Verzweiflung, ist das ein Hinweis auf eine andere Option. Diese andere Möglichkeit wird aber nur durch Gottes Friedenskraft, seinen Heiligen Geist möglich. »Stärke unseren Glauben« – ich höre heute: Lass mich, lass uns auf deine Friedenskraft trauen, lass uns den Weg der Versöhnung und Vergebung als Möglichkeit erkennen und wagen. Im Gleichnis wird alles noch zugespitzt und auf den Punkt gebracht. Jesus nimmt die Alltagswirklichkeit auf, um die Beziehung zwischen Gott und Mensch vor Augen zu führen. Kurz gesagt: Wir sind Gott schuldig, auf seine Friedenskraft zu setzen, mit ihr den Weg Gottes der Vergebung zu leben. Aus Dankbarkeit gegenüber Gott gilt es zu wagen und zu tun, was wir ihm schuldig sind, und das dient dem Miteinander damals wie heute.

SUSANNE SCHNEIDER-RIEDE

Lebendiger Gott, stärke meinen, unseren Glauben, wirke in uns und durch uns mit deiner Friedenskraft!

Es geht um mehr als nur um den Dank!

Vom Aussatz befallen – das bedeutete damals unweigerlich die völlige Ausgrenzung aus der Gesellschaft. Die Erkrankten bitten nicht um Heilung, sie bitten um Zuwendung. Die Distanz, die sie täglich erleben, soll Jesus überbrücken – was für eine Erwartung. Die Reaktion Jesu ist konform: »Zeigt euch den Priestern.« Die Priester waren damals die entscheidende Gesundheitsbehörde. Einer der Geheilten wird ins Zentrum der Aufmerksamkeit gestellt. Er preist Gott mit lauter Stimme und er dankt Jesus. Er nimmt das, was ihm da passiert ist, nicht als selbstverständlich hin, sondern er spürt, was jetzt für ihn dran ist: Umkehren und Dank sind angesagt! Ganz beiläufig findet sich noch der Hinweis: Das ist ein Samariter, also einer, der einer religiösen Sonderbewegung angehörte. Einer, der auch schon ohne körperliche Beeinträchtigung mit Vorbehalten von andern rechnen musste. Jesus wundert sich. Was ist mit den andern neun? Ist denn keiner sonst umgekehrt? Jesus geht es um Umkehr, der Dank ist nicht das zentrale Anliegen. So wird deutlich: Die Neun halten nicht inne. Was ihnen da passiert ist, hat nichts in ihnen ausgelöst. Die Neun sind ihres Weges gezogen, sie haben nicht innegehalten, sie haben es nicht nötig, Gott in ihre weiteren Planungen einzubeziehen. Nur ein Fremder, einer, der sonst sowieso am Rande stand, hat begriffen, was jetzt dran ist. »Steh auf, dein Glaube hat dir geholfen«, mit diesem Hinweis Jesu endet die Geschichte. Die andern werden von Jesus nicht verurteilt, ihr Verhalten wird nur festgestellt. Ich frage mich: Umkehr – sich hinwenden, sich neu hinwenden zu Gott, meiner Lebensquelle, Umkehr – eine Kehrtwende, könnte sie für uns dran sein im persönlichen Leben, im gesellschaftlichen, im kirchlichen Leben? Eine Kehrtwende hin zu der Lebensquelle, zu Gott, dem Ursprung? Ja, es geht in dieser Szene um viel mehr als nur um den Dank, aber der hilft auch schon zum Leben!

SUSANNE SCHNEIDER-RIEDE

Lebendiger Gott, Umkehr, sich dir und deiner Lebenskraft anvertrauen, ist das für mich, für uns, für deine Kirchen dran?

Und wann?

Wann hört es endlich auf mit den Krisen, Kriegen und dem Leiden? Was wird sein am Ende der Tage, wie wird es sein, wann wird es sein, wann wird es endlich so sein, wie es im Sinne Gottes sein könnte, wann bricht das Reich Gottes endlich an? Die Antwort auf diese Fragen: Das Reich Gottes ist im gewissen Sinne bereits da und es steht auch noch aus. Die, die diese Sehnsucht nach dem Kommen Gottes in diese Welt in sich tragen, sind in der Zeit und zwischen den Zeiten unterwegs. Die Wiederkunft Jesu ist nicht planbar, bleibt unvorhersehbar. Es gilt, sich vorzubereiten, in Erwartung zu bleiben, darauf zu vertrauen, dass es wird. Die einen können das, die anderen können es nicht – fast zu nüchtern wird das festgestellt. Er wird kommen, und er wird plötzlich kommen. Es wird kommen und es wird plötzlich kommen. Die Hinweise auf Noah und Lot unterstreichen das Unplanbare. Es gilt die Jetzt-Zeit anzunehmen. Dazu gehört auch, Prüfungen und Leiden durchzustehen, Lebenszeit ist keine Wellnesszeit. Es geht um die Entscheidung, auf was setze ich, an was halte ich mich, besser, an wen halte ich mich. Will ich dem Reich Gottes in mir Raum geben, dem Guten in mir Raum geben? Setze ich auf den Weg Jesu vom Tod zum Leben? Es geht um Heil oder Gericht – mittlerweile fast fremde Kategorien. Ich komme ins Nachsinnen: Erleben wir nicht gerade in unseren Zeiten, dass unsere Lebensart einen hohen Preis hat? Erleben wir es nicht gerade in den letzten Jahren fast verdichtet, was es heißt, dass wir mit den Folgen unserer Lebensart zu rechnen haben? Sind das schon Erfahrungen im Sinne des Gerichtes? Es geht nicht um Angst, die umgehen soll, sondern um die Einladung auf das Gute, auf Gott zu setzen, der leidenschaftlich durch die Zeiten hindurch immer wieder um das Gute in und für diese Welt gerungen hat. Irgendwann wird er alles zum Guten wenden, wird das Heil ganz und gar möglich sein. Bis dahin gilt es, das Gute, das Reich Gottes, Spuren davon in uns zu spüren, zu entdecken und zu leben. Alles andere können wir getrost Gott überlassen.

SUSANNE SCHNEIDER-RIEDE

Lebendiger Gott, in mir, in uns kann das Gute in deinem Sinne werden, darum bitte ich dich!

Morgenlicht leuchtet

Wie beginne ich meinen Tag? Viel ist davon die Rede, dass eine gute Morgenroutine hilft, gut in den Tag zu starten, und nicht hoppladihopp in ihn hineinzustolpern, zu rennen, zu schleichen. Das ist keine neue Erfindung, sondern uralte Lebensweisheit und -praxis: »Früh richte ich mein Opfer dar.« Soll heißen: Früh mach ich mich bereit, Gott zu begegnen. Früh – nicht erst wenn der Tag schon halb vorbei ist und es mir dann gerade einfällt. Früh – am Beginn des Tages: Ausschau halten nach Gott, rufen, seufzen, vielleicht auch jubeln. Ich bringe meine Nacht mit in diese erste Begegnung mit Gott am Morgen, die verstörenden, aber auch die glücklichen Träume. Auch die ersten Gedanken zum neuen Tage sind dabei. Sehnsuchtsvoll nach Gottes Nähe richte ich mich ein. Der Rauch des »Opfers« steigt auf. Vielleicht die kleine Flamme einer Kerze. Vielleicht der Dampf der heißen Tasse Tee oder Kaffee in meinen Händen. Diesen Moment am Beginn des Tages bei Gott sein. Gott meine Zeit schenken. Gottes Zeit geschenkt bekommen. Und Gottes Liebe. Und Gottes Weisung.

So viel erwartet mich jeden Tag. Von manchem weiß ich. Anderes kommt unerwartet, unverhofft. Wird Böses darunter sei? Werde ich es erkennen? Wie soll ich damit umgehen? In den Worten des Psalms klingt es so klar: Hier die Guten, da die Bösen. Ja, das hätten wir gerne. Das Leben wäre viel einfacher. Aber so eindeutig ist die Unterscheidung in Gut und Böse oft nicht. Schon in meinem eigenen Denken, in meinem eigenen Handeln oft nicht. Da gibt es so viel abzuwägen. Auch einige böse Geister sind unterwegs, manche unerkannt. Das Leben ist so oft nicht einfach.

Ein Grund mehr, mich morgens bewusst in Gottes Gegenwart zu begeben. Mir klarzumachen: Gott begleitet. Gott handelt. Gott macht recht. Dazu nimmt Gott mich immer wieder in den Dienst. Möge ich offen bleiben für Gottes An- und Zusagen für mich! Und dann so fröhlich und zuversichtlich in den Tag gehen wie der Psalmbeter.

ANNETTE RÖHRS

Treib aus, o Licht, all Finsternis, behüt uns, Herr, vor Ärgernis, vor Blindheit und vor aller Schand und reich uns Tag und Nacht dein Hand.

Betet!

Das Gleichnis löst in mir gemischte Gefühle aus, denn es scheint mir nicht schlüssig zu sein. Wenn man auf den Richter schaut, hört man ihn an einer Stelle von sich selbst sagen, was zuvor schon der Erzähler über ihn gesagt hatte: dass er weder Gott fürchtet noch die Menschen scheut. Aber vor einer Witwe, die eigentlich überhaupt keine Macht hat, knickt er ein, nur weil er fürchtet, sie könne ihn ins Gesicht schlagen? Ich gehe mal davon aus, dass andere Personen mit Macht und Einfluss ihm viel mehr schaden könnten als diese unbedeutende Witwe. Da stimmt was nicht.

Wenn ich aber von dort aus auf die Witwe schaue, dann wächst meine Achtung vor dieser eigentlich so unbedeutenden, ohnmächtigen Frau. Sie schafft es allein mit ihrem Drängen, einem solch furchtlosen Richter so viel Angst zu machen, dass er schließlich nachgibt und ihr Recht verschafft. Vielleicht ist es tatsächlich nicht das Ins-Gesicht-Schlagen, das ihn vor der Witwe einknicken lässt, sondern noch etwas anderes, das uns der Evangelist aber nicht deutlicher erkennen lässt.

Jesus geht es am Ende aber weder um die Frau noch um den Richter, sondern einzig um das, was zwischen den Beiden passiert. Der schwachen, einflussarmen Witwe gelingt es, ihre Bitten selbst gegen den größten Widerstand durchzusetzen. Es gibt also keinen Grund, von Gott nicht die Erfüllung unserer Bitten zu erwarten, denn er leistet überhaupt keinen Widerstand. Schließlich sind die Gläubigen seine Auserwählten, denen er alles schenken will.

Aber glauben wir das? Unsere Gebete sind oft sorgfältig abgewogen, so dass niemand sich ausgeschlossen fühlt, aber auch in niemandem zu hohe Erwartungen geweckt werden. Fehlt da nicht der Glaube? Fehlt da nicht das Vertrauen, dass Gott wirklich eingreifen kann und auch will? Am Ende geht es mit diesem Gleichnis einzig darum: Gott zu vertrauen und ihm auch zuzutrauen, dass er alles zurechtrückt – und darum zu bitten.

MARTIN SENFTLEBEN

Herr, lehre uns beten!

Wer sich selbst erhöht …

Pharisäer und Zöllner, Gerechter und Sünder: In unseren Köpfen ist der Pharisäer schon immer der Böse, der Heuchler, der, dem man nicht trauen kann, obwohl in den Evangelien an manchen Stellen ein durchaus anderes Bild gezeichnet wird: Denken wir zum Beispiel an Nikodemus (Joh 3) oder Simon (Lk 7). Aber die Falschheit »der Pharisäer« ist sprichwörtlich geworden. Und so ist eigentlich klar, mit wem wir uns in diesem Gleichnis identifizieren: dem Zöllner, der sich nicht vorne hinstellt, sondern zurückbleibt und um Vergebung bittet.

Wie leicht geschieht es aber, dass sich die Rollen umkehren: Indem wir uns mit dem Zöllner identifizieren, erheben wir uns, schauen auf den Pharisäer hinab und denken: Bloß gut, dass ich nicht so bin wie der da. Stecken wir mit solchen Gedanken nicht doch in den Schuhen des Pharisäers? Es ist ja auch verständlich: Wir wollen immer in der besseren Position sein, und dem Zöllner wird nun mal die Vergebung seiner Sünden zugesprochen. Aber der Unterschied zwischen dem Sünder und dem Pharisäer kann ganz schnell verschwinden, wenn wir nicht aufrichtig sind.

Genau dazu passt dann auch die Aufforderung, das Reich Gottes wie ein Kind anzunehmen. Kinder sind unbefangen und lassen sich nicht durch Etiketten in ihrem Denken beeinflussen. Sie machen keine Vorbehalte, sie vergleichen sich nicht mit anderen, sondern sind schlicht sie selbst. Und so treten sie auch vor Gott.

Zu meinen Erinnerungen gehört, dass ich als kleines Kind nachts aufwachte und von draußen her ein helles Licht unter der Jalousie in den Raum, den ich mit meinen drei Brüdern teilte, drang. Ich war glücklich und schlief sogleich wieder ein, denn ich war überzeugt, dass dieses Licht von dem Engel herrührte, der an meinem Bett Wache stand. Als ich am nächsten Tag meinen Eltern davon erzählte, sagten sie nicht: »Es ist ja Sommer, da ist es abends noch lange hell, und du bist vermutlich aufgewacht, bevor es richtig dunkel wurde.« Sie ließen mir den Glauben. Dafür bin ich ihnen noch heute dankbar.

MARTIN SENFTLEBEN

Herr, lass mich dich mit den Augen eines Kindes sehen.

Folge mir nach!

Es bezeichnen sich heute viele Menschen als »Christen«, womit im Grunde gemeint ist: Sie sind Nachfolger Christi. Es sind mehr als ein Viertel der Weltbevölkerung. Aber wenn sie es tatsächlich wären, dann dürfte es wohl kaum mehr Kriege geben. Es gäbe keine Ausbeutung anderer Menschen, es gäbe keine Machtkämpfe, es gäbe keine Armut und keinen Hunger.

Denn Christen sind, wenn sie bereit sind, Jesus Christus nachzufolgen, weder machthungrig noch nutzen sie andere Menschen aus. Sie sind nicht streitsüchtig und hängen nicht am Geld. Im Gegenteil: Sie sind demütig, hilfsbereit, setzen sich für Gerechtigkeit (womit auch die gerechte Verteilung der Güter gemeint ist) ein, und suchen immer den Weg der Versöhnung.

Aber wir hätten Christus nicht gebraucht, wenn das alles so einfach wäre. Täglich müssen wir vielmehr feststellen, dass wir eben nicht versöhnungsbereit waren, dass uns unser eigenes Wohl wichtiger war als das Wohl anderer, dass wir eher gleichgültig sind, wenn es darum geht, welche Menschen dafür gelitten haben, dass wir unsere Waren zu niedrigen Preisen kaufen können. Wir erkennen unsere Unzulänglichkeiten und bitten Gott um Vergebung. Vielleicht bitten wir ihn auch am nächsten Tag, uns zu stärken, damit wir versöhnungsbereiter werden, dem Weh unserer Mitmenschen abhelfen und auch an jene denken, die in der Ferne für unseren Wohlstand leiden.

Leider ist auch das ziemlich realitätsfern. Viele Menschen, die sich als Christen bezeichnen, haben sich längst mit ihrer Unzulänglichkeit abgefunden und fühlen sich auch nicht schuldig. Ist Christus nur ein Vorbild, das nachzuahmen erstrebenswert sein mag, aber jede/r so, wie es ihm oder ihr gefällt?

Jesus ruft uns zum vollen Einsatz mit Leib und Seele. Denn der Weg ins Himmelreich ist sehr schmal. Wie gut, dass bei Gott nichts unmöglich ist!

MARTIN SENFTLEBEN

Gott, hilf mir, deinem Sohn Jesus Christus mit Leib und Seele nachzufolgen und stets auf deinen Willen zu achten. Gib mir die Kraft, ihn auch zu tun.

Einführung in das Buch Ezechiel siehe Seite 381ff.

Ungeplante Gotteserfahrung

Der Prophet Ezechiel ist wahrlich nicht zu beneiden. Eigentlich ist sein Zuhause in Jerusalem. Stattdessen lebt er seit 597 v. Chr. im Exil am Fluss Kebar, der irgendwo im heutigen Irak/Kuweit liegt. Dann ändert Gott Ezechiels Beruf. Wie sein Vater sollte er am Tempel in Jerusalem Dienst tun, und zwar im Alter von 30. Doch jetzt wird er stattdessen von Gott zum Propheten berufen, der die Zerstörung des Tempels als Gottes Strafe ankündigen muss.

Als ob das nicht schon reichte, schaut er auch noch außergewöhnliche Dinge: Vom Norden kommen große Wolken, Blitze und Feuer. Darin sieht er Kerubim. Deren Hände und Augen weisen in die vier Himmelsrichtungen. Der Norden steht für die Richtung des babylonischen Königs, aus der er kommt, um das Land Israel zu erobern. Dann schaut der Prophet ein Gefährt, das auch der Bibeltext nicht richtig beschreiben kann. Wichtig an der Beschreibung ist nur, dass die Räder sich in alle Richtungen bewegen können. Angetrieben wird dieses göttliche Fahrzeug vom Geist.

Diese verwirrenden Bilder drücken aus, dass Gott selbst im Exil, also am Ort der Gottesferne, da sein kann, und das mit voller Kraft. Gott kann überall sein, und zwar im Heiligen Geist. Der Tempel, der eigentliche Ort von Gottes Gegenwart, ist bei Ezechiel durch Götzendienst verunreinigt. Daher verlässt die Herrlichkeit Gottes den Tempel (Ez 10,8-22). Später aber kommt Gott zurück. Dann ist alles wieder gut. Jerusalem heißt dann »Hier ist JHWH« (Ez 48,35).

Als Menschen brauchen wir Orte und Rituale, die uns an Gott erinnern. Aber Gott ist daran nicht gebunden. Selbst im Exil kann Gott sich zeigen, und zwar mit viel Macht und Getöse. Das geschieht durch Gottes Geist. So können wir Gottes Kraft auch an vielleicht außergewöhnlichen Orten erleben. Vielleicht möchte Gott gerade dort uns etwas Essentielles mitteilen, so wie bei Ezechiel. Anfangs mag es dabei sehr ruppig zugehen. Aber Ezechiels Erfahrung zeigt, dass auch das zum Heil dient.

FRANK EWERSZUMRODE

Komm, Heiliger Geist, und schenke uns Gottes Nähe und Kraft. Komm in mein Leben.

Unfassbar und doch verständlich

Ganz schön laut ist Gottes Herrlichkeit: »Es war wie das Geräusch großer Wassermassen« (V. 24). Und zugleich ist es wunderschön, was Ezechiel hier schaut: Saphir und Bernstein. Farbe bringt der Regenbogen ins Spiel. Auch diesen, das Zeichen dafür, dass Gott Frieden mit der Schöpfung geschlossen hat, schaut Ezechiel in Gottes Herrlichkeit (V. 28). Weil nun Ezechiel erkennt, dass er es mit Gottes Herrlichkeit zu tun hat, fällt er auf sein Angesicht nieder. Denn kein Mensch kann Gott schauen. Auch Mose verhüllte sein Angesicht, als er erkannte, dass er es im brennenden Dornbusch mit JHWH zu tun hatte (Exodus 3,6). Aber beide Male passiert es, dass Gott spricht.

Diese sonderbare Schilderung in den heutigen Versen sagt uns zwei Dinge: Zum einen ist Gott immer größer. In keines unserer Konzepte passt Gott zu hundert Prozent rein. Kein Bild kann Gottes Herrlichkeit vollumfänglich zur Sprache bringen. Sonst wäre es nämlich nicht Gott. Zum anderen tritt genau dieser letztlich unbegreifliche Gott mit Menschen in Kontakt. Gott teilt sich mit, Gott offenbart sich. Wenn Gott mit Menschen spricht, dann passt Gott sich an uns und unsere menschlichen Fähigkeiten an, damit wir ihn auch verstehen. Johannes Calvin, der Reformator aus Genf, hat es so gesagt: Gott lallt mit uns so wie eine Amme mit einem Baby spricht. Würde sie anders sprechen, könnte der kleine Mensch gar nichts verstehen. Und so passt sich Gott auch uns an.

Dieser unfassbare Gott hat nicht aufgehört mit uns zu sprechen, mal so laut wie große Wassermassen bei Ezechiel – und manchmal so leise wie »das Flüstern eines sanften Windhauchs« (1 Kön 19,12).

FRANK EWERSZUMRODE

Gott, die Himmel und die Himmel der Himmel fassen deine Herrlichkeit nicht. Unendlich groß bist du. Zugleich bist du uns näher als es wir uns selber sind. Hilf mir, deine Stimme unter den vielen zu erkennen. Und lass mich immer wieder deine Herrlichkeit schauen, gerade dann, wenn der Alltag mal wieder besonders grau ist.

Stell dich auf die Füße

Der heutige Abschnitt erzählt, wie Gott Ezechiel zum Propheten beruft. Als Gott beginnt mit ihm zu sprechen, kommt Gottes Geist – die *ruach* JHWHS – in den Propheten. Die *ruach* Gottes bewirkt, dass Ezechiel Gott hören kann. Zugleich stellt sie ihn auf die Füße. So kann Ezechiel aufrecht vor Gott stehen und hören, was Gott ihm zu sagen hat.

Die Mission, die Ezechiel bekommt, ist wahrlich kein Zuckerschlecken. In Gottes Augen ist das Volk Israel widerspenstig geworden. Im Tempel von Jerusalem nämlich finden sich Bilder von anderen Göttern wieder. Außerdem beten die Menschen im Tempelinnenhof die Sonne an (Ez 8,12-18). Ähnliches geschieht auch außerhalb des Tempels: Die Menschen haben den Gott, der sein Volk abgöttisch liebt, verlassen und sich anderen Göttern zugewandt (Ez 16).

Ezechiel ist das Gegenteil des widerspenstigen Volkes – so stellt ihn die heutige Stelle dar. Ezechiel hört auf Gott. Er erfüllt den unangenehmen Auftrag. Damit er das kann, wird ihm in der Vision eine Schriftrolle gereicht, die er essen soll. Diese Rolle ist die Torah, die süß wie Honig schmeckt (V. 3,2). Auf diese Weise verinnerlicht Ezechiel Gottes Weisung.

Was können wir aus dieser Erzählung für uns mitnehmen? Gott will uns nicht in die Knie zwingen, sondern auf die Beine stellen. Dabei hilft uns der Geist Gottes. Gottes Wort soll ganz tief in uns drin sein. Deswegen ist es existentiell, immer wieder die Heilige Schrift zu lesen. Ein paar Worte, die uns berühren, können wir vielleicht in uns aufnehmen und im Geiste immer wieder wiederholen. So kauen wir auf Gottes Wort, damit es in uns hineingeht. All das geschieht, damit wir unseren Weg als glaubende Menschen mutig und mit beiden Beinen auf dem Boden gehen können, allen Widerständen zum Trotz. Der Gott, der die Menschen von Anfang liebt, begleitet uns dabei.

FRANK EWERSZUMRODE

Komm, Heiliger Geist. Komm und stell mich auf die Füße. Gib mir Kraft, mit Gottes guter Nachricht im Herzen meinen Weg zu gehen. Hilf mir bei Widerständen und Widrigkeiten mit deiner Liebe und Macht.

Der Baum und seine Frucht

Eine Seligpreisung (besser: Beglückwünschung) an der Eingangspforte des Psalters lobt den »Gerechten«, der sich in allen Lebenslagen von bösen Menschen distanziert. Deren Treiben sieht der Psalmist unter drei Aspekten: Sie sind im Geschäftsleben und im Umgang mit den Nachbarn »Schurken«; sie sind »Sünder«, das heißt dem Wortsinn nach: Sie verfehlen die Gebote JHWHs; sie sind »Spötter und Lästerer«, welche über die Gläubigen und über die »Gutmenschen« nur lachen. Was den Gerechten antreibt, ist die Tora des Herrn, das sind die Weisungen aus den fünf Büchern Mose. »Bei Tag und bei Nacht« murmelt er Sätze wie die Zehn Gebote, spricht sie vor sich hin und in sich hinein. Seine Meditationsmethode beschreibt er mit einem Verb, das anderswo das genüssliche Knurren eines Löwen über seiner Beute lautmalerisch wiedergibt.

Der am Quellbach der Tora gepflanzte Gerechte ist wie ein immergrüner Baum, der Schatten spendet und zur gegebenen Zeit Frucht bringt. Wo »Frucht« das gültige Symbol für gelingendes Leben ist, da greifen Selbstverwirklichung und Nächstenliebe, Ich-Stärke und Dasein für andere ineinander und sind nicht voneinander zu lösen: Man erfreut die Mitmenschen mit dem Ureigenen, mit dem Besten, was man zu geben hat.

Christen werden den Psalm, welcher der Bergpredigt (Mt 5-7) Baugerüst und Motive vorgegeben hat, freilich nicht ohne Lk 18,9-14 lesen: Jesus konkretisiert das Gegenüber von »Gerechter und Sünder« in der Szene vom »Pharisäer und Zöllner«. Dabei folgt er dem Duktus des Psalms: Zuerst kommt der Gerechte, dann der Sünder zu Wort; hinaus läuft es auf Gottes Beurteilung der beiden. Und da überrascht Jesus mit einer Pointe (V.14!), die dem Sprung von der Gerechtigkeit zur Selbstgerechtigkeit einen Riegel vorschiebt.

WERNER GRIMM

Ewiger, noch im Alter bitte ich dich: Mach in mir deinem Geiste Raum, dass ich dir werd ein guter Baum, und lass mich Früchte bringen.

Sprich

Sprechen, reden, verkündigen, das ist Aufgabe eines Propheten. Dazu wird er von Gott berufen. Was aber, wenn von vornherein klar ist, dass seine Botschaft keine Resonanz finden wird? Wenn sein Auftrag von Anfang an zum Scheitern verurteilt ist? Was macht das mit dem Boten, dem von Gott Beauftragten? Du wirst zu Menschen reden, die deine Sprache sprechen, aber sie werden dich nicht verstehen. Sie wollen dich nicht hören. Sie ignorieren deine Botschaft. Da braucht es Mut und Ausdauer. Da braucht es bedingungslosen Gehorsam. Da braucht es ein ganzes Ja. Ezechiel, der Prophet, könnte sich weigern. Er könnte sich auch selbst wappnen und schützen vor den Reaktionen seiner Volksgenossen. Er könnte sich in Sturheit und Trotz panzern. Aber nicht er, sondern ein anderer, Gott, wird ihn für diesen aussichtslosen Auftrag zurüsten. Denn, wo Gott einen Menschen in Dienst nimmt, ihn beauftragt, da rüstet er auch zu. Nicht ich, der kleine Mensch, muss mich hart machen, muss mich schützen. Nicht ich, der kleine Mensch, sondern der große Gott schützt mich, rüstet mich zu und aus mit allem, was es braucht, damit ich seinen Auftrag ausführen kann, damit ich im Gehorsam ihm folgen kann. So erlebt es Ezechiel. Hart wie ein Diamant wird seine Stirn, damit die harten und spitzen Reaktionen seiner Zuhörer ihn nicht verletzen können. Es ist ein großer Unterschied, ob ich selbst mich hart und undurchlässig mache, weil mir ein scharfer und rauer Wind entgegenweht. Oder ob ich meinen schweren Auftrag annehmen und durchhalten kann, weil ich mich ganz im Schutz meines Gottes wissen darf. Weil ich mich mit und in allem dem anvertraue, der mich gerufen hat. Er, der ruft, lässt die Seinen nicht im Regen stehen. Er ist spürbar nahe. So aber und nur so kann Ezechiel es im Gehorsam wagen, seinen aussichtslosen Auftrag anzunehmen und in Treue auszuführen.

SR. BRIGITTE ARNOLD

Herr, auf dein Wort will ich es wagen. Im Vertrauen auf dich bin ich bereit, nicht weil ich so stark bin, sondern weil du in und durch mich wirken willst. Dazu bin ich heute bereit.

Wache

Am Fluss Kebar findet sich Ezechiel wieder. Der Prophet teilt Los und Leid der Weggeführten. Hier bekommt er einen weiteren Auftrag. Er wird zum Wächter berufen. Aufgabe des Wächters war es, in Kriegszeiten die Menschen zu warnen. Wenn der Wächter gerufen hat, dann war der Feind im Anzug. Jeder, der den Wächterruf vernommen hatte, war aufgefordert, sich in Sicherheit zu bringen. Aufgabe und Verantwortung des Wächters waren, auf die drohende Gefahr im rechten Moment hinzuweisen. Wer aber den Wächterruf ignorierte, war für sich selbst verantwortlich.

Der Ruf des Wächters verlangt jetzt eine Entscheidung. Was früher war oder was einmal kommen wird, spielt jetzt keine Rolle. Jetzt ruft der Wächter und ich muss mich jetzt entscheiden, ob ich seinen Ruf ernst nehme oder ignoriere. Jetzt, in diesem Moment, geschieht Glaube. Bin ich bereit, die Zeichen der Zeit ernst zu nehmen? Bin ich bereit, mich aus dem gewohnten Alltag herausrufen zu lassen?

Das Wächteramt braucht es in Zeiten der Gefahr. Bei Ezechiel sind die Feinde nicht außen zu suchen, sondern sie finden sich im Innern, in den Herzen der Menschen. Falsche Sicherheit, Sorglosigkeit, Gleichgültigkeit gegenüber Gott und seinen Weisungen, das waren die Feinde, die im Innern wüteten und Schaden zufügten. Auf diese Feinde hatte Ezechiel als Wächter über dem Haus Israel zu wachen.

Bis auf den heutigen Tag hat die Kirche als Institution und ebenso jeder einzelne Christ die Aufgabe des Wächters in unserem Volk und unserem Land. Es ist die Aufgabe, zu mahnen und zu erinnern. Im 19. Jahrhundert waren es Menschen wie Wichern und Bodelschwingh, die die große soziale Not sahen und Zeichen setzten. Im 20. Jahrhundert waren es Christen der Bekennenden Kirche, die nicht stumm geblieben sind angesichts der Gewalt und Ausrottung jüdischen Lebens in Nazi-Deutschland. Die Feinde im Innern sind mitunter die Gefährlicheren. Wozu bin ich zum Wächter gesetzt oder welcher Weckruf gilt mir heute?

SR. BRIGITTE ARNOLD

Herr, mach uns stark im Mut, der dich bekennt, dass unser Licht vor allen Menschen brennt! Lass uns dich schaun im ewigen Advent. Halleluja

Verstumme

Der Prophet ist in seiner ganzen Person und Existenz mit der Botschaft, die er verkündigen soll, verbunden. Gott verlangt viel von ihm. Doch der besondere Auftrag bedarf auch der besonderen Zurüstung. Ezechiel sieht die Herrlichkeit Gottes. »kabod«, das hebräische Wort, das im Deutschen mit Herrlichkeit wiedergegeben wird, meint wörtlich: Schwere. Es ist Ausdruck der Gewichtigkeit Gottes. Der Mensch erschrickt darüber. Ezechiel fällt zu Boden. Dann aber heißt es, dass der Geist ihn wieder auf die Füße stellt. Der Geist Gottes selbst richtet den Propheten auf. Was Gott dem Propheten zu sagen hat, das kann und muss er aufrecht, aufgerichtet hören. Aufrecht begegne ich meinem Gott. Denn Gott hat es nicht nötig, uns Menschen niederzudrücken. Er richtet auf. Gott redet zu aufgerichteten und aufrechten Menschen. Das ist die Art der Begegnung zwischen Gott und Menschen. Erschrecken über die Größe und Gewalt Gottes ist das eine. Aufgerichtet, um aufrecht vor Gott zu stehen, ist das andere.

Wieder empfängt Ezechiel einen neuen Auftrag. Nach essen, sprechen, wachen heißt es nun: verstummen. Jetzt ist es genug. Es gibt ein Zu-Spät. Gott lässt sich nicht spotten. Das Verstummen des Propheten markiert das Gericht Gottes über sein Volk. Dieses Gericht haben sich die Menschen selbst zugesprochen. Lange genug hat Gott um sie geworben. Jetzt ist es genug. Ezechiel, der zum Prophet berufen ist, und damit zum Reden und Verkündigen von Gottes Wort; der die Prophetenformel »So spricht der Herr« immer und immer wieder gesprochen hat, er verstummt. Er muss verstummen. Ja, er wird regelrecht daran gehindert, weiterzusprechen. Aber auch dieses Verstummen hat seine Zeit, und diese Zeit bestimmt Gott. Gott nimmt die Menschen ernst. Er zwingt sie nicht. Wenn sie sich ihm verweigern, wirbt er um sie. Eindringlich und eindrücklich wirbt Gott um die Menschen, aber er zwingt sie nicht. Irgendwann gibt es ein Zu-Spät. Der Mensch hat sich selbst gerichtet.

SR. BRIGITTE ARNOLD

Hören will ich, Herr, solange du rufst. Aufmerksam horchen und dir gehorchen, als aufrechter Mensch, aufgerichtet von dir.

Ein Unglück nach dem anderen

Unter den Verbannten im Babylonischen Exil ist auch Ezechiel. Er kam mit der ersten Gruppe, die schon 597 v. Chr. verschleppt worden war. Seine Aufgabe ist schwer. Gott hat ihn, einen Menschen wie dich und mich, damit beauftragt, seinem Volk unangenehmste Botschaften zu überbringen. Er soll den Menschen ausrichten: »Aus Gottes Sicht habt ihr, das Haus Israel, euch falsch verhalten. Statt Gott anzubeten, habt ihr Götzendienst und Gewalt betrieben. Außerdem habt ihr euch politisch verrannt. Folglich wird es euch noch schlechter ergehen als jetzt schon. Ich wiederhole die Worte meines Vorgängers Amos, der schon vor 150 Jahren gesagt hat: Das Ende kommt.« Wer also gedacht hat, diese eine Verschleppung sei schon das Ende, irrt. Gott bestraft sein Volk weiterhin, indem er nicht eingreift, wenn Menschen Unrecht tun. Ezechiels drastische Worte zeichnen ein strenges Bild von Gott. Da geht es um Zorn, um Grimm, um einen Gott ohne Mitleid, ohne Gnade. Ganz nach dem Motto: Wer nicht hören kann, muss fühlen. Und wenige Jahre später wird sich das alles dann auch bewahrheiten: 587/586 v. Chr. wird der Tempel in Jerusalem zerstört, die Monarchie Juda geht unter, ein zweiter Menschenstrom muss nach Babylonien in die Verbannung ziehen. Die Menschen spüren, was sie sich eingebrockt haben.

Dieses gewaltvolle Gottesbild verlangt uns einiges ab. Leider wird häufig so getan, als sei das eben typisch für das Volk Israel oder für das Alte Testament. Zum Glück weiß man da heute besser Bescheid. Zum einen zeigt das Ezechielbuch: Selbst im erlebten Grauen sind wir mit Gott verbunden. Darin blitzt die Hoffnung auf, dass sich die Beziehung zwischen Gott und seinem Volk erneuert. Denn sie wurde ja nicht aufgegeben. Zum anderen ist bei Aussagen über Gott immer auf das gesamte Ezechielbuch zu sehen. Und da sind auch andere Aussagen zu entdecken, zum Beispiel Gott handelt wie ein guter Hirte, der das Verlorene sucht (Ez 34,11–16). Das Johannesevangelium führt dieses Gottesbild weiter (Joh 10).

EVELINA VOLKMANN

Der Herr ist mein Hirte. Und ob ich schon wanderte im finstern Tal, fürchte ich kein Unglück; denn du bist bei mir. Dein Stecken und Stab trösten mich.

Menschen vertreiben Gott aus seiner Wohnung

Die genaue Datierung zeigt an: Jetzt steht ein ganz besonderes Offenbarungsereignis bevor. Ezechiel ist in seinem Wohnhaus, um ihn Älteste. Sie warten gespannt auf einen Gottesbescheid durch ihn. Da wird der Prophet mit Haut und Haar in eine Vision verwickelt. Die göttliche Geistkraft (»ein Wind«) versetzt ihn von Babylonien nach Jerusalem zum Tempeleingang. Damit er auch alles begreift, was er wahrnimmt und worauf er im Tempel besonders achten muss, erhält er durch die Geistkraft eine Anweisung nach der anderen – und das, obwohl sich Ezechiel als Sohn einer Priesterfamilie sicherlich gut im Tempel auskannte. So nimmt Ezechiel zunächst wahr: Gott selbst wohnt im Tempel. Die Bibel umschreibt das sehr fein. Sie spricht von der »Herrlichkeit Gottes«, die sich im Tempel aufhält. Es gibt also einen irdischen Ort, dem der himmlische Gott seine Nähe und Gegenwart geschenkt hat. Deshalb ist der Tempel auch so wichtig. Gott wünscht sich, dass Menschen sich an diesen Ort begeben, um dort Gott zu begegnen. Hier nun erlebt Ezechiel das pure Gegenteil. Die Menschen brechen nach wie vor das erste Gebot und beten genau hier Götzenbilder an. Der Engel deutet das als Versuch, Gott aus seiner irdischen Wohnung zu vertreiben. Ähnlich verhält es sich im Tempelvorhof. Ezechiel sieht dort 70 Männer – sie stehen symbolisch für das ganze Volk Israel –, die mit Weihrauch Götzen verehren, darunter abscheuliche Tierdarstellungen. So ist dann auch zu verstehen, dass Gott nicht im Tempel bleiben will und wird. In Ez 10,18 erfahren wir, dass die Herrlichkeit Gottes den Tempel verlässt und ihn damit der Zerstörung preisgibt.

Auch in diesen elf Versen sind Hinweise auf Gott zu finden, wie er für uns Partei ergreift. Was wir tun, ist Gott nicht gleichgültig. Im Gegenteil, Gott eifert förmlich darum, dass die Beziehung zu uns stimmt. Aber Gott lässt nicht alles mit sich machen und zieht Grenzen in der Hoffnung, die Menschen dadurch zu sich zurückzugewinnen.

EVELINA VOLKMANN

Ich bin, Herr, zu dir gekommen, komme du nun auch zu mir. Wo du Wohnung hast genommen, da ist lauter Himmel hier. Zieh in meinem Herzen ein, lass es deinen Tempel sein.

Hat Gott sein Land verlassen? Nein!

Gott hat sein Land verlassen, denken die Menschen, die in Jerusalem Götzenbilder verehren. So deuten sie, was 597 v. Chr. geschehen ist: Judas Niederlage und die Verschleppung ins Exil. Folglich bekomme Gott sowieso nicht mit, was sie tun. Also könne auch nichts Verwerfliches dran sein. So wähnen sie sich hochmütig in trügerischer Sicherheit. Doch Gott ist gut informiert. Er zeigt Ezechiel diese schlimmen Dinge während seiner Vision in Jerusalem. Ezechiel sieht Frauen, die einen Fruchtbarkeitsgott namens Tammus beweinen, vermutlich während sie auf den jährlichen Herbstregen warten. Doch es kommt noch schlimmer. Ausgerechnet zwischen Vorhalle und Altar im Tempel, also an dem heiligen Ort, an dem die Priester an einem Fasttag beten, haben rund 25 Männer nichts Besseres zu tun, als die Sonne anzubeten. Es wundert dann auch nicht, dass im selben Atemzug die sozialen Vergehen angeprangert werden. Was ist von diesen Menschen auch anderes zu erwarten?

Mit diesen Versen erhält der Prophet erneut eine Begründung für Gottes Zorn, der den Tempel zur Vernichtung freigibt. Vermutlich begreift er: Anders lässt sich die begangene Schuld nicht aus der Welt schaffen. Doch bis zum Gnadenwort am Ende der Vision in Ez 11,20 ist es noch weit. Wie Ezechiel das wohl aushält? Möglicherweise hilft ihm, dass er beständig von Gottes Geistkraft begleitet wird. Sie bildet einen tröstlichen Gegenakzent zu der Abgötterei und zu der Unmenschlichkeit, die er ansehen muss. Sie bewegt ihn, kräftigt ihn, verbindet ihn mit Gott – allen Gräueln zum Trotz. Sie zeigt ihm, dass Gott, der für Gerechtigkeit sorgt, derselbe ist, der ihn aufrichtet.

EVELINA VOLKMANN

Warum muss ich so traurig gehen, wenn mein Feind mich drängt? Sende dein Licht und deine Wahrheit, dass sie mich leiten und bringen zu deinem heiligen Berg und zu deiner Wohnung.

Wohl dem Menschen, der sich belehren lässt

Ein Weisheitslied Davids begegnet uns heute, eine Unterweisung. Ein Lied, das uns klüger machen will. Da ist einem Menschen Gutes widerfahren und er will uns teilhaben lassen.

Ursprünglich bestand der Psalm wohl nur aus Dankesworten über eine erfolgte Rettung, davon gehen die meisten Forscher aus. Und dann kam ein zweiter, der hat auch Grund zum Dank und wollte den Weg zur Rettung aufzeigen und hat das Gebet erweitert. Er erklärte, interpretierte, was geschehen war, und will jetzt leiten mit seinen Augen, damit die anderen erkennen, was er erkannt hat und dann am Ende auch fröhlich einstimmen können in den Jubel.

Los geht das Lied mit Übertretungen, Sünde, Schuld. Das riecht trotz aller Seligpreisung ungemütlich, das riecht nach vielen Fehlern! Da wird das ganze Spektrum gottfeindlichen Handelns aufgefächert. Die hebräischen Begriffe beschreiben verschiedene Arten der Sünde: die unwissentliche Verfehlung, den zumindest schon geahnten Fehltritt und die bewusste Rebellion gegenüber Gott.

In welchem Leben kommen das ein oder andere oder alle drei nicht immer mal wieder vor? Und machen das Leben schwer. Weil man die Fehler eben doch nicht so einfach vergessen kann. Verdrängen vielleicht, aber vergessen … Irgendwo setzen sie sich fest und beschweren das Leben. Der Beter entscheidet schließlich: »Ich will dem Herrn meine Übertretungen bekennen.« Ob er bereit war, eine Strafe, zumindest eine Ermahnung entgegenzunehmen? Ich denke, ja, denn das ist doch das Normale: Auf Vergehen folgt Strafe.

Aber nichts dergleichen geschieht!: »… da vergabst du mir die Schuld meiner Sünde.« So viel Übertretung, Sünde, Schuld. Und Gott vergibt, deckt zu, rechnet nicht an! Wie oft hat Martin Luther wohl diesen Psalm gebetet, bevor er endlich verstanden hat, was da steht? Wie mauleselig muss er unterwegs gewesen? Wie oft muss man es mir erklären, muss ich es hören: Steh zu deinen Fehlern und vertrau, dass Gottes Liebe dich trotzdem von allen Seiten umgibt. Seine Gnade genügt.

ANNETTE RÖHRS

Schenke mir, Gott, Wegbegleiter*innen, die mich weisen und seligpreisen zu deiner Liebe hin.

Gott gibt seinen Geist, Sturmwind, Lebensatem, Neuanfang

Ezechiel spricht zu Menschen, die traumatisiert sind. Sie haben Krieg und Deportation erlebt. Eine lange und mühsame Reise zu Fuß hat sie ins Exil geführt. In der Fremde nagt das Heimweh an ihnen. Quälend ist die Frage: Ist das unsere Schuld? Straft Gott uns, weil wir ihn vergessen haben und unser Herz an anderes gehängt haben?

In all den tiefen Verletzungen und grüblerischen Gedanken lässt Ezechiel Hoffnungsbilder aufblühen. Gott wird ein anderes Herz geben. In schweren Erfahrungen ist das Herz hart geworden. Es kann nichts mehr fühlen. Es hat kein Mitleid mehr. Und weil das Herz nicht nur Ort der Gefühle, sondern auch der geistigen Kraft ist, ist es nicht nur steinhart. Es liegt auch steinhart in der Brust. Gott aber sagt durch den Propheten, dass das nicht für immer ist.

Denn Gott gibt seinen Geist, seine Ruach. So wie das hebräische Wort schillert, so vielfältig ist Gottes Beistand gegen alles, was das Leben lähmt. Seine Ruach ist ein stürmischer Wind, der in Bewegung bringt, was erstarrt ist. Gottes Ruach ist Gottes Atem, der Menschen neu leben lässt. Gottes Ruach ist Inspiration, die auf neue Ideen bringt.

Und Gott macht sich auf. Er macht sich auf den Weg. Wo es keine Rückkehr für die Verschleppten gibt, bricht Gott zu ihnen auf. Gott, der selbst über die bedrohlichen Mischwesen der Cherubim herrscht, geht ins Exil, wird ein Wanderer mit seinem Volk, folgt den Wegen der Menschen, die er liebt.

Inmitten dunkler Erfahrung, auf schwerem Weg, in Selbstzweifeln und in Nächten voll Grübeln hält Gott etwas in mir lebendig. Es kann wieder zu leben beginnen. Ich kann wieder zu leben beginnen. Denn wie mein Weg auch sein mag, es ist ein Weg, den Gott mit mir geht.

MONIKA LEHMANN-ETZELMÜLLER

Du hast deinen Geist denen versprochen, die auf dich vertrauen. Ich bitte um deinen Geist, damit ich einen Weg für mich finde. Ich bitte um deinen Geist, damit mein Herz heilen kann und meine Gedanken wieder hell werden. Bleib bei mir in dunklen Nächten voll Grübeln und schweren Träumen. Hilf mir, neu ins Leben zu finden.

Warum tust du das?

In schwerer Zeit will der Prophet Ezechiel Gottes Wort ausrichten. Er hält Reden und beschreibt seine Visionen. Aber er greift auch zu Zeichenhandlungen. Heute würde man ihn als Performance-Künstler bezeichnen. Er inszeniert seine Flucht mit Exilsgepäck. Er bricht ein Loch in die Hauswand, durch das er nachts schlüpft. Er kann sich sicher sein, dass seine Nachbarinnen und Nachbarn ihn fragen werden: Was machst du da eigentlich? Warum tust du das? Er lässt sein Publikum eine ganze Nacht schmoren. Reichlich Zeit, mit Gesprächsstoff und für fantasievolle Deutungen. Dann erklärt er, wie es gemeint ist: Auch die, die sich in der Heimat, in Jerusalem, sicher wähnen, sind es nicht. Auch sie werden ins Exil geführt werden. Selbst auf den König wartet ein schlimmes Schicksal. Ezechiel warnt mit seinen Worten vor einem Aufstand. Wenn die, die noch in Jerusalem bleiben durften, gegen die babylonische Kolonialmacht rebellieren, werden sie ins Exil geführt, genau, wie es schon Ezechiel und seinen Nachbarinnen und Nachbarn ergangen ist.

Düster ist die Botschaft. Aber mir gefällt, wie fantasie- und effektvoll Ezechiel seine Botschaft inszeniert. Das inspiriert mich. Auf so vielen Wegen kann Gottes Wort zu Menschen kommen. Wie ein Trostmantel legt es sich in eine Umarmung. Es brodelt stärkend in der Suppe, die ich für die kranke Nachbarin koche. Es hat liebevolle Hände, die unterstützen, streicheln und halten. Es geht auf die Straße und auf Marktplätze. Es macht Besuche. Es steckt Bettlern ein belegtes Brötchen zu. Es hat einen aufmerksamen Blick und viel Fantasie.

MONIKA LEHMANN-ETZELMÜLLER

Wir brauchen noch viel mehr von diesen Menschen, Gott, die Trost wissen, die Wärme haben, die Gutes tun, die verletzlich bleiben, die nicht verhärten, denen die Hoffnung nicht ausgeht, die beten, bis einer fragt: Warum tust du das?

Wenn es noch nicht gut ist, ist es noch nicht das Ende

Schwer zu ertragen ist die Lektüre. Auch als Parabel verstanden, ruft der Text der Bibellese ein Unbehagen hervor, das sich nicht vertreiben lässt. Brutaler Sexismus liefert die Bilder und bestimmt den Ton.

Die Einleitung zu Beginn des Textes gibt eine Lesehilfe. Dieser Text ist metaphorisch. Er soll als eine Geschichte gelesen werden, die von Gott und von Jerusalem spricht. Mit der Frau, die sich von ihrem Mann abwendet, ist Jerusalem gemeint. Aber auch hier entsteht Unbehagen: Wie kann solch eine Auslegung Jerusalem und seinen Menschen gerecht werden? Da lohnt es sich, jüdische Auslegung selbst zu befragen. Die rabbinische Auslegungstradition hat das Kapitel auf das rettende Handeln Gottes bezogen. Sie lässt die Hoffnung hervortreten, dass Gott selbst in schlimmster Situation rettet. So entsetzlich die Geschichte auch gewesen ist, so hart die Zeit im Exil auch ist, am Ende steht Gott zu seinem Volk. Er lässt es nicht im Stich. So gedeutet wird das Kapitel sogar Teil der Liturgie, die an Pessach in der Synagoge gefeiert wird.

Die harten und schwer erträglichen Worte und Bilder wollen vom Ende her gelesen werden. Gott wird retten. Am Ende werden das alle erkennen und erleichtert aufatmen. So gesehen kann ich verstehen, dass die Menschen aus der Parabel trotz der entsetzlichen Bilder Hoffnung schöpfen konnten.

Mich erinnert das an den Ausspruch aus dem wunderbaren Film »The Best Exotic Marigold Hotel«. Am Ende wird alles gut. Und wenn es noch nicht gut ist, ist es noch nicht das Ende. Vom Ende her betrachten – das mag auch für Phasen in unserem Leben gelten. Sie waren schwer, aber irgendwann waren sie vorbei. Und erst im Nachhinein zeigt sich, wie viel Hilfe es gab und dass Gott sehr nah war. Auf schwerem Weg sehe ich Gott auf mich warten. Er breitet die Arme aus, um mich zu tragen.

MONIKA LEHMANN-ETZELMÜLLER

Diese Zeit ist schwer für mich, mein Gott. Jeder Tag liegt auf mir wie eine Last. Hilf mir, dass ich nicht verzage. Gib mir die Zuversicht, dass es wieder anders wird, dass ich wieder aufatme und wieder ins Leben finde. Du bist bei mir. Ich spüre es nicht immer. Aber in manchen Augenblicken blüht deine Nähe auf. Das tröstet und wärmt mich.

Verschlüsselung

Ezechiel versucht es mit allen Mitteln. Nach den Zeichenhandlungen in Kapitel 4,5 und 12 spricht er nun zu den Exilierten in Babylon in einem Gleichnis mit zahlreichen Bildern. Adler und Zedernwipfel. Händler, Kaufleute, ein Weinstock und Wasser. Vor unserem inneren Auge entsteht die Lebenswelt Ezechiels und der Menschen, an die er sich wendet.

Doch sein Gleichnis ist kompliziert. Ezechiel spricht in Rätseln. Er möchte seine Hörer zum intensiven Nachdenken anregen und ihnen keine fertigen Antworten präsentieren. Wer ist der erste Adler, der für einige gravierende Veränderungen sorgt? Wer der Weinstock, der sich von diesem Adler, der ihn gepflanzt hatte, abwendet, um sich einem anderen zuzuwenden? Und warum ist der Weinstock so undankbar? Gut, so richtig in die Höhe entfalten konnte er sich nicht unter den Fittichen des erwähnten Adlers. Aber er war auf guten Boden und an viel Wasser gepflanzt und hatte alles, was er zu einem guten Leben brauchte! Und dennoch streckt er sich schließlich einem anderen Adler entgegen, in der Hoffnung, es unter seinen Fittichen besser zu haben. Der Schuss ging nach hinten los. Am Ende verlor er alles, was er hatte.

Unzufriedenheit, die den Blick auf die guten Dinge verschleiert, dic nach immer mehr und immer Größerem streben lässt, ist kein Phänomen vergangener Tage. »Da geht doch noch mehr«, »da ist doch noch was rauszuholen« – innere Stimmen wie diese, die einen gesunden Ehrgeiz übersteigern, verleiten schnell dazu, nie zufrieden zu sein. Neid und Missgunst sind dann die Fortsetzung davon.

Bei aller geschichtlichen Kontextualisierung kann uns das Gleichnis des Propheten auch heute noch bewusst machen, dass in der Dankbarkeit und in der Bescheidenheit der Schlüssel zur inneren Zufriedenheit liegt.

CRISTINA BURKERT-HUBER

Guter Gott, was wir sind und haben, kommt von dir. Hilf uns, dankbar und bescheiden auf das zu schauen, was du für uns bereithältst.

Soli Deo gloria

Nun wird das rätselhafte Gleichnis des vorherigen Abschnitts aufgelöst. Mit Zedekia, dem letzten König von Juda, war der Schuldige gefunden, der den Untergang des Südreichs zu verantworten hatte. Unter seiner Führung verfiel das Volk erneut dem Götzendienst. Und dazu brach Zedekia, der sich mit dem Pharao in Ägypten zu verbünden versuchte, den Treueeid, den er dem babylonischen König Nebukadnezar einst geleistet hatte.

Er ist der Weinstock, der sich nicht zufrieden gab mit den Zuständen, die sein Volk doch nach der Auffassung Ezechiels selbst verschuldet hatte. Immer wieder war das Gottesvolk von seinem Gott abgefallen. Hatte sich anderen Göttern zugwendet oder seinen Gott vergessen. Das babylonische Exil, in dem sie sich nun befanden, wird im Buch des Propheten Ezechiel als Konsequenz und Strafe für diesen Treuebruch verstanden.

Immer wieder warnt Ezechiel davor, sich den falschen Göttern zuzuwenden, und benennt die Missstände der Vergangenheit als mahnende Erinnerung.

Heute, am 31. Oktober, begehen evangelische Christen den Reformationstag. Damit feiern sie nicht eine schmerzliche Kirchenspaltung, sondern erinnern an einen Mann, der auch auf ungute Zustände in der Kirche seiner Zeit aufmerksam machen wollte.

Martin Luther prangerte den damals praktizierten Ablasshandel an und postulierte einen gnädigen Gott, der es ohne Einschränkung gut mit uns meint. Einen Gott, der nicht mit Geld bezahlt und nicht mit Kult besänftigt werden kann, sondern der einzig und allein fordert, dass wir uns ihm zuwenden, so wie er sich uns immer wieder neu zuwendet.

Der Reformationstag bietet die Gelegenheit, sich neu und ganz bewusst wieder auszurichten auf den einen Gott, der sich uns nur aus Gnade (sola gratia) zuwendet, sich uns in der Heiligen Schrift offenbart (sola scriptura) und dem allein unser Glaube (sola fide) genügt.

CRISTINA BURKERT-HUBER

Gnädiger Gott, wir danken dir, dass du es immer wieder neu mit uns wagst.

Saure Trauben und stumpfe Zähne

Visionen, Zeichenhandlungen, rätselhafte Gleichnisse und nun auch noch ein Sprichwort – der Prophet Ezechiel ließ nichts unversucht, um den Israeliten zu erklären, warum sie im babylonischen Exil fernab der Heimat leben mussten.

Unter den Exilierten macht sich Resignation breit. Sie tragen die Schuld ihrer Vorfahren. Diese hatten die guten Gesetze und Gebote Gottes nicht gehalten und sich mehr als einmal anderen Göttern zugewendet. Die Väter haben saure Trauben gegessen, aber den Kindern sind die Zähne davon stumpf geworden. Das Volk Israel scheint sich in dieser Schuldverstrickung zu baden. Was sollte man schon tun? Da kann man eben nichts machen …

Mitten in diese Stimmung hinein spricht Ezechiel zu den Menschen Klartext. Er räumt mit alten Weisheiten auf, indem er zunächst das alte Sprichwort mit den Trauben für ungültig erklärt, auf das sich die Israeliten lange stützten. Er rüttelt die Israeliten in ihrer Selbstbemitleidung wach. Von Gott richtet er aus, dass dieser seine Aussage aus dem zweiten Buch Mose korrigiert. Der Fluch der Strafverfolgung über mehrere Generationen hinweg ist von nun an gebrochen.

Lange saßen die Israeliten vor den Tellern mit der Suppe, die die Vorfahren ihnen eingebrockt haben. Nun endlich dürfen sie vom Tisch aufstehen. Gott reicht ihnen die Hand. Er wendet sich ihnen zu und gibt ihnen die Chance ganz neu anzufangen! »Schluss mit der Resignation! Es liegt an euch!«, höre ich Ezechiel zwischen den Zeilen sagen. Doch so ganz ohne Zutun der Menschen geht es dann doch nicht. Auch sie müssen sich auf Gott zubewegen. Müssen sich ihm zuwenden, damit wieder eine gute Beziehung entstehen kann.

Ein Neuanfang ist nur möglich, wenn beide Seiten miteinander von vorne anfangen. Aber er ist möglich! Immer wieder neu! Was für eine befreiende Botschaft, die – nebenbei gesagt – auch uns heute noch gilt!

CRISTINA BURKERT-HUBER

Barmherziger Gott, du wagst es immer wieder neu mit uns. Führe uns auf den richtigen Weg zu dir.

Zur Nachahmung empfohlen

Mobbing nennen wir heute das, was diesem Psalmisten seinerzeit widerfahren sein mag. Da sind Menschen, die es wahrlich nicht gut mit ihm meinen – warum auch immer; Gründe für ein solches Verhalten wissen wir ja heute auch oft nicht. Lügengeschichten werden über ihn erzählt, umzingeln und bedrängen ihn von allen Seiten; er wird verleumdet, dass er fast wie eine rissige Mauer zusammenbricht; und wie perfide ist es, dass man sich süßlich an ihn wendet, so tut, als meine man es gut mit ihm, während man doch nur versucht, ihn zu täuschen, in die Irre zu leiten und zu verderben. Mobbing – daran können Menschen verzweifeln und zerbrechen. Manche können ein Lied davon singen, auch der Psalmist. Aber sein Lied klingt anders. Auch er klagt, vielleicht mit fliegendem Atem und klopfendem Herzen, aufgewühlt und stresserfüllt. Aber dann erinnert er sich an Zugesagtes oder bereits früher Erlebtes. Es ist, als ob er einen heiligen Raum betritt, einen Schutzraum, der ihm Sicherheit gewährt. Er kommt zur Ruhe, ist nicht mehr gehetzt. Zuversicht erfasst ihn. Nein, er wird nicht stürzen! Das wird diesen Menschen, die ihn aus irgendwelchen Gründen zu Boden werfen wollen, nicht gelingen. Denn seine Hilfe ist Gott; sein Fels, der ihn selbst stark werden lässt! List und Tücke, Gewalt, auch psychische Gewalt, Lügen und Verleumdungen – all das kann einen Menschen zu Fall bringen und ihn zerstören. Aber ihn nicht! Da ist Gott vor! Vor ihm haben diese Methoden keine Macht und keinen Bestand. Die Menschen, die darauf bauen und sie anwenden, sind wie nichts vor Gott. Diese Überzeugung und dieses Vertrauen auf Gott, auf seine Schutzmacht geben dem Psalmbeter Zuversicht, machen ihn stark und widerstandsfähig. Nein, seine Widersacher werden ihm nichts anhaben können, weil er auf Gott, seinen Felsen und seinen Schutz, vertraut. Alle Welt soll es wissen! Auch wir.

CHRISTIAN RENOVANZ

Menschen stellen mir nach und wollen mir Übles. Ich bin zermürbt, habe keine Kraft mehr und kann dem nicht standhalten. Aber auf dich, Herr, vertraue ich. Du bist meine Stärke und lässt mich widerstehen.

Willst du nicht richten?

Hesekiel schaut genau hin. Er führt dem Volk damals vor Augen, was nicht recht ist. Er will es zuerst nicht. Gott fordert ihn auf: »Willst du nicht richten?« Es ist nicht schön, in Abgründe zu schauen.

Ich sehe im Herbst 2023: In der Ukraine und im Nahen Osten wird Blut in Strömen vergossen. In Deutschland wachsen Fremdenfeindlichkeit und Antisemitismus. Zahlreiche Fälle sexuellen Missbrauchs an Kindern kommen ans Licht – auch in der Kirche. Die Schere von Arm und Reich hat sich weiter geöffnet; auch legitimer Profit kann »unrechter Gewinn« sein. Die 6. Kirchenmitgliedschaftsuntersuchung von 2022 stellt fest: 47 Prozent der Bevölkerung beten nie. 64 Prozent lesen nie in der Bibel. Wie sieht es im Herbst 2025 aus? Und meine Abgründe? Wie sieht es bei mir aus? Wo bin ich beteiligt am Unrecht? Manches versuche ich richtig zu machen, oft fehlt mir die Konsequenz, manches sehe ich nicht, manchem weiche ich aus.

Hesekiel kündigt an, dass Fehlverhalten Folgen hat. Gott ist entsetzt und schlägt die Hände zusammen. Er wird sein Volk zerstreuen. Hesekiel soll das Volk »richten«, ihm dieses Urteil aussprechen.

»Er wird richten die Lebenden und die Toten«, so bekennen wir von Jesus im Glaubensbekenntnis. Die schwäbische Sprache gebraucht das Wort »richten« nicht nur im Sinne von »verurteilen«. Da heißt es zum Beispiel: »Ich richte mein Bett.« Oder: »Ich richte einen kaputten Stuhl.« Richten heißt da: Es wird wieder in Ordnung gebracht. So wie es gedacht war, soll es werden. Stimmig soll es werden, in einen guten Zustand gebracht.

Das ist das Ziel des »Richtens« auch bei Gott und den Propheten. Um etwas in Ordnung zu bringen, zu »richten«, ist nötig, sich alles genau anzuschauen. Manchmal müssen die Dinge auch in Bestandteile zerlegt werden. Dann kann alles seinen richtigen Platz finden. Das Ziel ist Recht, Gerechtigkeit – letztlich Frieden, Schalom.

HARTMUT MILDENBERGER

Gott, vergib, wo ich fehle. Hilf mir zurecht. Hilf meiner Schwachheit. Schütze mich, wo mir Unrecht getan wird. Ich bitte dich um Recht und Gerechtigkeit für folgende Personen in ihrer aktuellen Situation: ...

Verzweifelte Zeichenhandlungen

Klimaaktivisten kleben sich mit Sekundenkleber auf Straßen fest. Verzweifelt wollen sie den Verkehr mit seinem überbordenden Ressourcenverbrauch stoppen. Die Gesellschaft zeigt kaum Reaktion. Der Wille, umzukehren von umweltschädlichem Verhalten, ist viel zu gering. Sieht denn keiner, was die Stunde geschlagen hat?

Hesekiel lebt inmitten einer ausgekochten Gesellschaft, die nur nach dem eigenen Vorteil giert. Anfangs wirkt seine Zeichenhandlung so, als ob er eine wunderbare Fleischbrühe auskochen soll. Die besten Stücke soll er nehmen, so wie Gott das Beste seinem Volk gibt. In aller Öffentlichkeit macht er sein Feuer, das den großen Topf zum Kochen bringt. Allerdings ist der Topf schon vom Rost zerfressen, so wie die Sitten und Gebräuche der Bewohner der Stadt schon verroht und verrottet sind. Sogar wenn man dem Topf die Flüssigkeit entnimmt und zum Glühen bringt, löst sich der Rost nicht. So tief sitzt die Schuld des Volkes. Gott zeigt, dass er reinigen, ausglühen, läutern will. Deshalb stehen die Babylonier vor den Toren Jerusalems.

»Der Ölkonzern Exxon Mobil hatte bereits in den 80er Jahren berechnet, wie genau die Verbrennung von fossilen Kraftstoffen die Erde aufheizen würde. In einer internen Studie des Unternehmens stand, dass es zu ‚katastrophalen Konsequenzen' für einen Großteil der Weltbevölkerung kommen wird. Doch statt sein Geschäftsmodell zu verändern, fing der Konzern an, mit gut finanzierten Kampagnen den Klimawandel zu leugnen« (Stuttgarter Nachrichten 7.12.2023), sagt Journalist und Aktivist Raphael Thelen. Er versucht, mit wenigen anderen den Strom von Ausbeutung, Ressourcenverschwendung, Gewinnsucht oder Gedankenlosigkeit aufzuhalten.

An die wichtigste »Zeichenhandlung« Gottes will ich erinnern: Jesus stirbt am Kreuz, weil Gott die Welt bis in den Abgrund hinein liebt und nicht aufgibt. Wie Hesekiel ruft Jesus zur Umkehr und zur Läuterung auf. Gott liebt den Sünder und die Sünderin, aber nicht die Sünde.

HARTMUT MILDENBERGER

Schaffe in mir, Gott, ein reines Herz und gib mir einen neuen, beständigen Geist. Verwirf mich nicht von deinem Angesicht, und nimm deinen heiligen Geist nicht von mir.

Schicksalsschläge und Unfassbares

Am 7. Oktober 2023 überfällt die palästinensische Terrororganisation Hamas den israelischen Kibbuz Be'eri und massakriert 130 Menschen. Hadar ist 13 Jahre, in ihren Armen stirbt die Mutter, verblutet ihr Bruder. Sie überlebt schwer verletzt. »Hadar redet nicht, sie schweigt, sie zeigt ihre Gefühle nicht, sie weint nicht«, sagt ihre Tante. (Süddeutsche Zeitung 29.6.2023) Wenn Unfassbares geschieht, geraten Menschen in Erstarrung, verstummen.

Hesekiel soll die Jerusalemer auf das Undenkbare vorbereiten: Jerusalem mit seinem wunderbaren Tempel, Zufluchtsort und Augenweide, soll zerstört, Söhne und Töchter niedergemetzelt werden. Hesekiel soll dieses Schicksal zeichenhaft vorwegnehmen. Seine Frau stirbt einen plötzlichen Tod. Ihm wird das Liebste genommen, die »Freude seiner Augen«. Gott verbietet ihm hilfreiche Trauerrituale wie laute Totenklage oder Trauerkleidung. Diese könnten Schutz geben und Formen, das Unfassbare dieses plötzlichen Todes zu begreifen. Eine schwer erträgliche Symbolhandlung fordert Gott da von Hesekiel.

Manchmal ist es hilfreich, nur nach dem Wozu zu fragen. Das blickt nach vorne, gibt dem Geschehen einen Sinn. Hesekiel soll sein Volk vorbereiten auf das für sie Unfassbare. Es wird keine Zeit für Totenklage und Trauerriten sein. Sie sollen erfahren: »Ich bin Gott der Herr.«

Ich war als Notfallseelsorger gerufen. Der Vater ist an der Kaffeetafel tot zusammengesunken. Die Sanitäter haben ihn nebenan ins Bett gelegt. Die ganze Familie war erstarrt. Etwas gelöst hat dann: die Tür zu öffnen, nach nebenan zu gehen, den Toten zu sehen, zu berühren, zu begreifen; dann auch bei ihm zu weinen, zu klagen, zu erzählen. Traumatherapie versucht zu stabilisieren, das Trauma zu bearbeiten und in die eigene Lebensgeschichte zu integrieren.

Hadar hat später einen Job in einer Kita für Überlebende des Anschlags. Ein Dreijähriger fragt, wo »Dana« ist. Sie sagt nichts. Sie umarmt den Jungen, ganz lange, ganz fest. So wie es ihre Mutter gemacht hätte.

HARTMUT MILDENBERGER

Gott, steh Menschen bei, die Schicksalsschläge erleiden. Hilf Traumatisierten. Bewahre mich und die Meinen. Wo Gewalt herrscht, zeige Wege zum Frieden.

Schonungslose Analyse

Heute kaum mehr vorstellbar: Die Nachricht vom zweiten Fall Jerusalems erreicht den Propheten in Babylon nach fünf Monaten – und ist für ihn brandaktuell. Ezechiel war zu jener Zeit bereits mehr als zehn Jahre mit den Weggeführten aus dem Jahr 597 v.Chr. in babylonischer Gefangenschaft. Die Nachricht erreichte ihn mit dem zweiten Gefangenentreck nach 587 v.Chr. – für Ezechiel war mit dieser Nachricht ein einschneidendes Ereignis verbunden. In dieser Nacht noch kommt Gott wieder über ihn und gibt ihm, dem verstummten Mund, seine prophetische Sprache zurück.

Fünf Monate an Wegzeit! Das ist keine der schnell und unüberlegt ins Netz gestellten Sensationen, wie wir sie aus unserer gegenwärtigen Medienlandschaft kennen. Das Geschehen war während der langen Tage und Nächte auf dem Weg reflektiert. Was hatte den zweiten Fall Jerusalems bewirkt? Die Ahnung der Hinweggeführten wurde durch JHWHs Wort bestätigt. Nach dem ersten Fall Jerusalems im Jahr 597 v.Chr. hatten die im Lande Zurückgebliebenen die Zeichen der Zeit ignoriert. Sie missachteten weiterhin die Gebote Gottes. Einseitig hatten sie den Bundesfrieden mit Gott aufgehoben und verloren die von Gott verheißene Fülle des Lebens. Jetzt ist das Land vollends schutzlos seinen Feinden ausgeliefert.

Ezechiel urteilt aus der Sicht der in Babylon Gefangenen. Wir kennen das Phänomen. Menschen, die ihre heimatliche Umgebung verlassen mussten, tragen oft ein unrealistisches Idealbild des Verlorenen im Herzen. Das mag helfen, die angestammte Identität zu bewahren. Aber es verführt, sich im Exil allein als die wahren Bewahrer des heimatlichen Glaubens und der altehrwürdigen Traditionen einzurichten.

Am Ende des Abschnitts werden die Hörer eindrücklich gemahnt: Ezechiel singt nicht das schöne Lied von der guten alten Zeit, an dem die Seele sich labt und dann das Liederbuch zuklappen kann. Hier geht es um mehr. Die Hörer sind unmittelbar gefordert, ihr Verhalten zu ändern, weil im Wort des Propheten JHWH selbst in ihrer Mitte spricht.

KLAUS SCHWARZ

Herr, gib dass dein Wort meinen Sinn erneuere!

Neue Hoffnung keimt

Ein erster Gedanke führt ins Leere: Mit den falschen Hirten sind nicht die Könige Israels und Judas gemeint, die das Reich Davids und Salomos verspielt hatten. Sie hatten sich nie als Hirten bezeichnet – dieser Titel kam höchstens JHWH selbst zu. Anders die Großkönige der orientalischen Reiche. Sie verstehen sich als die Hirten ihrer Völker. Das Hirtenmotiv gewann bei den Israeliten erst während der babylonischen Exilzeit an Bedeutung. Für die Exilierten wird es zu einem aktuellen Bild. Es legt schonungslos die Charakterlosigkeit und Korruption der nur auf das eigene Wohl bedachten, im Lande verbliebenen Führungseliten offen. Aus Sicht des Exils spielte bei den Zurückgebliebenen der alte JHWH-Bund mit seinen Leitlinien und Geboten keine Rolle mehr. Das noch im Lande verbliebene Volk wird deshalb in alle Winde zerstreut. Keiner sorgt sich mehr um die Not des Anderen. Einzig JHWHs Bundeszusage bleibt unverbrüchlich bestehen. Er selbst übernimmt jetzt die Verantwortung als Hirte für sein Volk. Das ist die Botschaft, die Gott durch Ezechiel seinem Volk zuspricht. Dies Trostwort weist weit über die düstere Gegenwart der Gefangenen in Babylon hinaus.

In der heutigen Zeit klingt die Beschreibung der Lage im Lande verführerisch aktuell. Doch kann man die eigenen, aktuellen Erfahrungen einfach in den alten biblischen Text eintragen? Solche einfachen Überblendungen sind vom prophetischen Wort nicht gedeckt! Es bleibt die Frage, wie wir das prophetische Zeugnis aktuell deuten und verstehen müssen. Bereits die ersten Christen haben diese Verheißung auf sich und ihren Weg bezogen. Auch wenn das Neue Testament nicht direkt aus dem Ezechielbuch zitiert, so hören wir in vielem einen eindeutigen Grundton heraus. Bilder aus den Gleichnissen lassen sich als erzählerische Konkretionen von Motiven aus dem Ezechielbuch einordnen. Die Rückführung und Sammlung der Zerstreuten sind geweissagt: Das verlorene Schaf, der verlorene Sohn und viele andere Bilder aus Jesu Predigt kommen in den Sinn.

KLAUS SCHWARZ

Der Herr ist mein Hirte, mir wird nichts mangeln.

Gott wird nahbar

Ein schöner Satz: Das künftige Heil verdankt sich allein dem Eingreifen JHWHs. So wie er die Israeliten aus der Sklaverei in Ägypten herausgeführt hat, so wird er sein Volk auch aus der babylonischen Gefangenschaft herausführen und sie im Lande der Väter sammeln. Das klingt nicht schlecht, erinnert ein wenig an die abgehobene Lyrik mancher Predigten. So richtig anfangen kann ich als Einzelner damit noch nichts. Der Satz bleibt blass und theoretisch, ohne Seelenwärme und Nähe. JHWH liebt seine Schöpfung und seine Geschöpfe. Seine Liebe kann nicht fern, unpersönlich und unbestimmt bleiben. Deshalb wird Gott einen Hirten senden, der seinem Volk als Mensch ganz nahekommt. Er stammt aus Davids Familie. Ein König ohne Land, der JHWH unmittelbar angehört. Das wird kein Herrscher, der über seinem Volk thront. Er wird – so Gottes Wort aus Ezechiels Mund – als ein Fürst unter ihnen wohnen, nicht von oben über sie herrschen. Juden und Christen können diese prophetische Verheißung in gleicher Weise verstehen. Sie ist der Hinweis auf das Kommen des erwarteten Messias. Seine Macht beruht nicht auf rigider Kontrolle, sondern in behutsamem, sorgfältigem Prüfen. In ihm ist Gott seinem Volk ganz nahe. Das Bild des guten Hirten aus Davids Familie beschreibt die innige Gemeinschaft zwischen Gott und seinem Volk. Auf Schriftrollen aus den Höhlen von Qumran sind die Aufgaben eines guten Hirten der Gemeinde ganz klar gefasst: Er soll Erbarmen haben, wie ein Vater mit seinen Kindern; er soll sie in der Ermattung tragen und alle bindenden Fesseln lösen, damit kein Gebrochener oder Bedrückter mehr in der Gemeinde sei.

Bereits für die ersten Christen waren alle prophetischen Hinweise auf den kommenden Messias eindeutig in der Person von Jesus Christus erfüllt. In seinen Reden und Gleichnissen erkennen sie Gottes Wort für alle verständlich ausgelegt. Es kommt ihnen ganz nahe. Gott ist in Jesus leibhaftig mitten unter sein Volk gekommen. In seinem Reich wird die Fülle des Lebens herrschen.

KLAUS SCHWARZ

Herr, dein guter Hirte sei mein Schutz und Schild.

Klagen, aber auch hoffen!

»Was habe ich nur getan, dass es mir so schlecht geht, dass ich so leiden muss?« – »Warum straft mich Gott so?« – Fragen, die uns vermutlich auch schon begegnet sind; womöglich haben wir sie selbst einmal gedacht oder sogar ausgesprochen. Ein solches Denken, das einen Zusammenhang zwischen unserem Tun und Handeln und unserem Ergehen herzustellen versucht, findet sich schon in den Schriften des 1. Testaments, auch hier in diesem Psalm. Diebstahl wirft man dem Psalmbeter vor. Er leugnet vehement. Das Wasser steht ihm buchstäblich bis zum Hals und er droht unterzugehen. Das sieht doch nach einem klaren Gottesurteil aus: So geht es einem, der gestohlen und gelogen hat, heißt es. Aber damit gibt sich der Beter nicht zufrieden: Gott möge ihn doch prüfen, sein Handeln und seine Gedanken durchleuchten. Vor ihm wird er Bestand haben, keine Frage. Nicht nur in den Augen der Ankläger, sondern auch bei denen, die ihn achten und wertschätzen, wiegt allerdings der Vorwurf des Diebstahls und der Lüge umso schwerer, als er ein religiöses Vorbild, ein Diener Gottes ist, einer, auf den man hört und zu dem man aufschaut. Diese Menschen werden nun irre an ihm, aber letztlich auch an Gott. Da schwingt Enttäuschung mit. Die Schmähungen, die Schimpfreden, die auf den Psalmisten niederprasseln, gelten eigentlich Gott selbst. Der Psalmbeter erduldet sie für Gott, an seiner Stelle. Aber warum das alles? – Wir suchen nach Erklärungen für unser Schicksal, versuchen, es zu ergründen, meist vergeblich. Schicksalsschläge welcher Art auch immer ereilen uns einfach. Nicht weil sie eine Strafe wären, sondern weil sie Teil unseres Lebens sind. Entscheidender ist, wie wir damit umgehen. Der Psalmist klagt Gott sein Leid, sein Elend, seine Enttäuschung – und dies in der Zuversicht und Hoffnung auf seine Hilfe.

CHRISTIAN RENOVANZ

Ich bin in einer schwierigen Lebensphase. So vieles strömt auf mich ein, belastet und bedrückt mich, so dass ich nicht mehr weiterweiß. Und dennoch hoffe ich auf dich, Herr. Ich vertraue darauf, dass du bei dem allen an meiner Seite bist und mich herausführst.

Darum geht es!

Um dich geht es schon gar nicht, o Juda, welches du da im Exil sitzt. Dein Land ist fort. Deine Kinder wachsen in der Fremde auf unter anderen Herren und in schwierigen Verhältnissen. Deine Freiheit ist dahin und dein Stolz und deine Pläne auch. Da bist du nun in Babylon gelandet, du und deine Neffen und Nichten, zusammengepfercht im Exil. Ezechiel nimmt kein Blatt vor den Mund, zeigt keinen – auch nur – Anflug von Verständnis. Es geht nicht um euch, ihr Leute von Juda. Nicht um euer Heimweh und euer Selbstmitleid und eure ewigen gegenseitigen Schuldzuweisungen. Ihr seid von selbst in die Profanität abgerutscht. Gleich mehrfach bekommen wir das Wort zu hören. Profan nicht im Sinne von dreckigen großen und kleinen Sünden, die Judas Leute auf dem Gewissen haben. Ezechiel geht viel tiefer: Euer Herz ist kaputt, unbrauchbar, steinhart und eure Seele tief verletzt. Das ist gemeint, wenn ich von profan spreche.

Die Leute vom Judastamm wissen das. Das sind alles kluge Leute mit Kinderstube, Bildung und Karriere. Sie wissen, um es auf heute zu übertragen, dass das Wort profan von »pro-fanum« kommt, das ist Latein und bedeutet »außerhalb und vor dem Tempel«. Euer Herz ist so demoliert und eure Seele ohne Kraft, weil ihr euer ganzes Leben wie außerhalb des Tempels führt. Alles, alles in eurem Leben spielt sich außerhalb des Heiligtums Gottes ab. Pro-fanum eben.

Ezechiel lässt es nicht dabei. Er hat eine Ansage: Ihr werdet aus dem Exil entlassen werden eines Tages. Aus deiner Mitte, Juda, wird am Ende ein Name erwachsen, der von sich sagt: Er wird den Tempel zerstören und in drei Tagen wiederaufbauen. Überall, nicht nur in Juda und in Babylon. Und dann, ja dann, ist für die, die das einsehen, das Wort profan, rein technisch, nicht mehr denk- und lebbar. Dann wird jeder Millimeter, den wir berühren, fanum, heilig sein. Und wir uns entsprechend benehmen – in Gottes Heiligtum. Darum geht es.

HEIKE MILLER

Heiliger Gott, in deinem Sohn Jesus Christus, geboren aus dem Stamme Juda, machst du der Profanität ein Ende. Lass mich aus dem Exil heimkehren, mit neuem Herz und deinem Geist und leben und wandeln in deinem Heiligtum allein.

Sterblicher, können diese Knochen leben?

O Ezechiel, wann gehen dir die Worte aus? Nein, er schreibt nicht aus der Ferne. Er ist mittendrin, hat alles miterlebt, Deportation, Exil und Anarchie. Aber das ist neu: Die Hand Gottes ist über ihm. Weniger vielleicht als Zeichen fürsorglicher Bewahrung. Mehr im Sinne von: Gottes Hand packt ihn am Kragen und führt ihm die Realität vor Augen. Als ob es Ezechiel nicht jeden Tag am eigenen Leib selbst erlebt: vertrocknete Knochen, verlorene Hoffnung, und wie es sich anfühlt, abgeschnitten von allem, was lebt. Was neu ist, ist die Frage von Gott, »Sterblicher, können diese Knochen leben?« Es klingt wie die Worte des Notfallsanitäters, der den wankenden Traumatisierten bei Bewusstsein halten will, der Namen abfragt von Kindern und Ehefrau und wo sie zur Schule gegangen sind. »Sterblicher« – gleich zweimal kriegt Ezechiel das zu hören, – »Sterblicher, können diese Knochen leben?« – Und es klappt. Der Patient antwortet. Die Isolation ist gebrochen, die Knochen bewegen sich.

Die Antwort des Sterblichen inmitten des »finsteren Tals« ist korrekt. Die Verbindung ist gemacht, das Wunder hat begonnen. Die vielen Knochen arrangieren sich neu, welch ein Krach, Geist kommt in die Gebeine – und das Ganze, nachdem Ezechiel dem Geist Gottes das Kommando gibt! So herum, wenn das keine Auszeichnung Gottes ist. Die Hoffnung ist wiederentdeckt, aktiviert, durch den »Sterblichen« und Gott erklärt: »Ihr seid immer noch das, nein, mein Volk Israel. Mein Bund mit euch gilt nach wie vor. Ihr mein Volk und ich euer Gott. Ihr werdet Land, Kinder und Segen neu bekommen und meine Gebote halten. Und nächstes Mal, wenn das Tal der trockenen Gebeine euch erreicht, werdet ihr antworten, wie Ezechiel: O Herr, Gott, du allein kennst die Antwort.« Das reicht vollkommen.

HEIKE MILLER

O kraftvoller mutmachender Geist Gottes, lass Knochen um Knochen, Sehne um Sehne, Muskel um Muskel neu erwachen, lass Heilung geschehen und Leben beginnen im Tal der Gebeine. Du allein weißt die Antwort. »Können diese Knochen leben?« Die Antwort ist ein simples »Ja«! So sei es denn, Gott sei Dank.

Mathematik der Kreuzestheologie

Das haben schon viele versucht. Aus zwei mach eins. Daran sind schon viele gescheitert. Die Leute im Exil wissen, was das Schlimmste ist in allem Elend: dieses Gefühl und die Einsicht, einfach abgeschnitten zu sein. Wenn es keine Verbindung mehr gibt, miteinander, mit Gott und mit der Welt. Die Forschung erklärt das so: Abbrüche und Isolation gelten als Hauptursachen von Armut, ganz egal, ob finanzieller, geistiger, sozialer oder geistlicher Natur. Und Ezechiels Frage ist akkurat: Wie in aller Welt sollen je wieder Verbindungen in dieser Armut entstehen, wie aus zwei Stöcken eins werden?

Es braucht jemanden, der nicht nur zwei Königreiche zusammenbringt. Es braucht jemanden aus dem Hause Davids, der höhere Mathematik treibt, der auch die Diaspora sieht: Das ist schlechthin überall, wo Leute leben. Der sie ruft und liebhat, sich für sie aufopfert. Der Männern und Frauen zeigt, wie am Ende, ganz am Ende, die beiden Stöcke eins werden können. Nicht mit Klebestreifen oder Bindfaden, sondern mit seinen Nägeln an seinem Kreuz. Die Rede ist von einem neuen, ganz neuen Abschnitt der Geschichte, von einem, nein, dem Königreich, das allein uns wieder in Beziehung bringt. Mit ihm, mit uns selbst und mit einander. Und dann den Abbrüchen den Riegel vorschiebt (wenn das mal kein Paradoxon wird!). Dass Menschenverbindungen wachsen und Netzwerke gelingen und Verantwortungsträgerinnen ihre Kompetenz in Realität umsetzen und der, der am Kreuz hängt, all das uns zeigt und es gelingen lässt, wenn wir horchen und gehorchen. Aus zwei und drei und vier mach eins! Ein Gott und ein Volk, ein Gebot und eine Gnade, eine Wahrheit und eine Vernunft, eine Passion durchlebt von Gott in seinem Sohn, der leidenschaftlich liebt. Das ist Mathematik in Kreuzestheologie.

HEIKE MILLER

Wie dankbar, o Gott, wir sind für deine mathematische Lösung, aus zwei mach eins, durch deine Nägel am Kreuz. Die Armut besiegt, das Leben im Überfluss geschenkt. Heile du die abgebrochenen Teile unseres Lebens, dass wir den Reichtum leben, den du schenkst.

Schauen, was uns hoffen lässt

Hinschauen soll der Prophet und sich alles genau merken. Ein Gottesbote steht ihm zur Seite, führt ihn und hilft ihm, die Dimensionen dessen zu erfassen, was er zu sehen bekommt. Der 10. Tag des Neuen Jahrs: nach dem alten Kalender Israels der Versöhnungstag, die Vision also, das Versprechen von Wiederherstellung und Versöhnung. Nach babylonischem Kalender das Fest, an dem Marduk die Ehrerbietung aller Götter entgegennimmt. Also eine subversive Vision: Ezechiel sieht, dass die Herrlichkeit des Ewigen wieder bei Seinem Volk aufscheint.

Zu sehen bekommt der Prophet eine zweite Schau des Tempels. In der ersten sah er, weshalb der Ewige seinen Lichtglanz vom Tempel abzog; jetzt sieht er, dass das Gotteshaus neu ersteht und der Ewige in Seine Stadt zurückkehrt. Es braucht architektonisches Vorstellungsvermögen, damit in uns ein Bild entsteht aus der Fülle von Worten, Zahlen und Maßangaben, die wir lesen. (Hilfreiche Skizzen finden sich leicht im Netz.)

Drei Tore hat der Tempelbezirk, drei Tore der Innenhof, ein Tor das Allerheiligste: Der Sabbat wird abgebildet. Der Innenhof ist 25 mal grösser als das Allerheiligste, 25 mal größer als der Innenhof ist der Tempelbezirk dieser Schau im 25. Jahr. Halbzeit des Exils, Befreiung im 50. Jahr, im »Jubeljahr«? Der schwer erträglichen Verbannung, in der alles seine Konturen zu verlieren droht, die vertraute Ordnung sich auflöst, wird eine klare, wunderbar proportionierte Zukunft versprochen. Gott schafft Kosmos aus dem Chaos.

Die ausführliche Beschreibung des Osttors beinhaltet die Verheißung: Ihr werdet wieder Zugang bekommen dorthin, wo ihr Gottes Schönheit und Licht erfahrt. Visionen laden zur Meditation. Nicht eine einfache Tür verschafft Zutritt, sondern ein längerer Tordurchgang. Gregor der Große zum Beispiel sah in jedem Schritt durchs Tor die Vertiefung einer Tugend, damit ein Wachsen in der Liebe.

BENEDICT SCHUBERT

Lass mich schauen, geheimnisvoller Gott, was meine Hoffnung wachhält und stärkt. Danke, wenn du mich nicht allein lässt, sondern mir Menschen zu Seite stellst, die mich leiten und verstehen lassen, was mir sonst ein Rätsel bliebe.

Gott ist erneut in unserer Mitte

Noch einmal wird der Tempel ausgemessen. Dass die Maße hier nicht exakt mit denen aus Kapitel 40 übereinstimmen, hat mit unterschiedlichen Überlieferungen zu tun. Krönend wichtig der letzte Satz der Beschreibung des Neubaus: Das Heilige soll vom Unheiligen geschieden sein. Die Nähe von Thron und Altar im zerstörten Jerusalem war eine der Ursachen für die Katastrophe (43,8): Wo politische Macht sich religiös legitimiert, kommt das bekanntlich selten gut.

Jetzt kehrt die Herrlichkeit, die Schönheit, der Lichtglanz des Ewigen in den Tempel zurück. Von Osten kommt sie; sie geht auf wie die Sonne, und es wird Tag. Es weicht die Nacht der Gefangenschaft, des Verlusts, der Verachtung, der Entfremdung und des tiefen Zweifels, ob Gott sein Volk aufgegeben habe, denen überlassen, die es als Spielball in ihren Machtspielen missbrauchen. Israel wird wieder den Ort haben, an dem Gottes Orientierung sich festmacht, von wo aus alles ins richtige Verhältnis gesetzt wird.

Israel soll den Plan für den Tempel sehen und darin begreifen, dass Gnade und Gericht beim Ewigen keine Gegensätze sind: Ins helle Licht der Gegenwart Gottes getaucht leben wir auf, atmen wir befreit durch. Wir erfahren Gnade. Gleichzeitig erkennen wir in diesem Licht unsere Abwege und Fehleinschätzungen, die Lieblosigkeiten und alles, was wir tun aus der Angst zu kurz zu kommen. Gnade ist Gericht, sie bringt uns zurecht.

Oben auf dem Berg soll alles »hochheiliges Gebiet« sein: Boden, der nur barfuß, verletzlich zu betreten ist. Es geht nicht um »Reinheit«: Wo Gemeinden diese gesucht haben, endete es im unbarmherzigen Ausschluss derer, die für unpassend gehalten wurden, weil sie unangepasst waren. Es geht sehr wohl aber darum, dass wir uns lösen aus allen Bindungen und Verstrickungen, aus allen Verpflichtungen und Gewohnheiten, um in Gottes Nähe erneut Freiheit und Klarheit zu finden; dann können wir trittsicher Gottes, nicht unsere Wege weitergehen.

BENEDICT SCHUBERT

Mach es wahr, heller Gott: Weiche nicht mehr aus unserer Mitte. Weiche nicht mehr von mir, damit ich meine Abwege und deine Wege erkenne und deiner Weisung folge.

Neues Leben strömt bis in alle Abgründe

Zum dritten und letzten Mal wird der Prophet zum Tempel geführt. Bei großen Bau- und Kunstwerken, ebenso bei »inneren Wanderungen« zum Geheimnis Gottes entdecken wir bei jedem weiteren Besuch und Rundgang etwas, was uns zuvor entging. Bei den ersten Malen hatte der Prophet das Wasser noch nicht fließen sehen – oder sprang die Quelle erst auf, als Gottes Lichtglanz sich wieder im Tempel niedergelassen hatte? Dort, wo das Wasser unter der südlichen Seitenwand herausrieselt, ist es auch leicht zu übersehen, doch fließend schwillt es wunderbar an; knapp zwei Kilometer weiter unten ist es ein Strom, den der Prophet nicht mehr zu Fuß durchqueren kann.

Ziel des Wegs ins Innerste des Heiligtums ist nicht Abgeschiedenheit, sondern Vergewisserung: Glaube, Hoffnung und Liebe sollen gefestigt werden. Wir sollen uns nicht in der Gegenwart Gottes verlieren, sondern aus ihr soll Leben in die Welt hinausströmen. Der Seher Johannes wird erneut schauen, was Ezechiel sah: Wo alles steinig und tot war, wo Salzkrusten auch noch den letzten Rest Leben haben absterben lassen, da wachsen nun Bäume, sie bringen Frucht, ihre Blätter haben Heilkraft.

Eine poetische Vision gegen das Harte, Brutale, Tote: Der Lebensstrom, die Vielzahl der Fische; wir werden ans Netz erinnert, das die Jünger an jenem Morgen herausziehen, als der Auferstandene sie am Seeufer erwartet (Joh 21). Platz zum Netze-Trocknen und auch noch Orte, wo Salz gewonnen werden kann, damit der Geschmack des Lebens sich entfalten kann. Sogar das Tote Meer, der tiefste Punkt der Erde, wird neu aufleben. Die Kirchenväter erkannten das Wasser als das Wort Gottes. Oder die Taufe. Im Wortsinn und als Symbol ist das Bild begeisternd tröstlich: Paradies statt Wüste.

BENEDICT SCHUBERT

Gott des Lebens, lass mich erkennen, wo dein Lebenswasser auch erst als Rinnsal fließt. Lass mich ihm folgen, bis ich eintauchen kann. Lass es fließen bis in meine tiefsten Abgründe, damit Neues auflebt. Und bringe die vielen von Gewalt und Trostlosigkeit Geplagten ans Ufer; sammle sie im Schatten der Blätter, die Heilung bringen.

Zwei, die unschuldig leiden

Man kennt das ja: Unterschiedliche, vielleicht sogar fanatische religiöse Gruppierungen sind aufeinandergestoßen, unversöhnlich und der festen Überzeugung, dass die jeweils andere den Zorn Gottes verdient. Den Psalmisten hat man dabei wohlmöglich als Wortführer gefangen gesetzt. Und nun feiert man, begeht ein Opferfest, zeigt, dass man im Recht ist und der Psalmist mit seinen Anhängern im Unrecht. Aber der klagt Gott sein Leid; alles, was man ihm angetan hat, spricht er laut aus; alle sollen es hören: die Schmach, die Schande, auch die Mitleidslosigkeit, mit der man ihm Galle und Essig anstelle des Trostbrotes gereicht hatte, das Todgeweihte üblicherweise erhielten. Und dann ruft er wie einen Fluch den Zorn Gottes auf seine feiernden Gegner herab, auch er überzeugt von der Richtigkeit seiner Auffassung. Plötzlich nimmt der Psalm jedoch eine unvermutete Wendung: Etwas muss geschehen sein – vielleicht eine Rettung. Er endet als Lob- und Dankgebet. – Ortswechsel, Zeitensprung: ein paar hundert Jahre später, Golgatha, ein Mann wird zusammen mit zwei weiteren gekreuzigt – Jesus. Auch er ein unschuldig Leidender, auch er spürt die Verlassenheit, auch er klagt Gott sein Leid, auch ihm reicht man Galle und Essig. Seither wird dieser Psalm durch Christus hindurch gelesen, seine Aussagen als Fingerzeig auf Christus verstanden: der leidende Gerechte. Allerdings sind da zwei wesentliche Unterschiede: Anstatt seinen Anklägern und ihren Schergen zu fluchen und Gottes Zorn auf sie herabzurufen, spricht Jesus eine Bitte aus: »Vater, vergib ihnen, denn sie wissen nicht, was sie tun!« Segen statt Fluch! Und das Zweite: Die Geschichte Jesu nahm ein anderes Ende: Da war keine unvermutete Rettung; er musste sterben, um durch seine Auferstehung neues Leben zu bewirken – für uns.

CHRISTIAN RENOVANZ

Lieber Vater im Himmel, dir klage ich mein Leid. Manches in meinem Leben liegt im Dunkeln, lastet schwer auf mir und ich verstehe es nicht. Aber mit der Auferstehung deines Sohnes Jesus Christus ist mein Leben hell und licht geworden. Dafür danke ich dir.

Einführung zum 1. Thessalonicherbrief auf S. 408ff.

Du musst dich entscheiden!

Schon beeindruckend! Da finden in vergleichsweise kurzer Zeit offenbar viele Menschen zum Glauben. Sie bilden eine christliche Gemeinde in multireligiösem Umfeld. Sie kommen zur gemeinsamen Andacht zusammen. Meistens vor Sonnenaufgang. So etwas erregt Aufmerksamkeit in Thessaloniki, sogar in benachbarten Orten. Wie wird das Leben als Christen weiter Gestalt gewinnen? Die Umkehr von den Abgöttern hin zum lebendigen Gott ist noch frisch in der Erinnerung. Auch beim Apostel Paulus. Das betont er in seinem persönlichen Brief, indem er wertschätzend über den »Erfolg« der missionarischen Arbeit schreibt.

Früher wurden solche positiven Berichte und die sich daraus ergebenden Themen als »Missionsromantik« bezeichnet. Andererseits: Mitten in einem geistlichen Aufbruch dabei zu sein, kann sehr euphorisierend für das eigene Glaubensleben sein!

Im Brief werden Fragen behandelt, die nach dem missionarischen Impuls vor Ort aufgekommen sind; quasi erst nach der Erstbekehrung. Eine Lebenswende hat spürbare Auswirkungen. Es ist ein Aspekt, der in der missionswissenschaftlichen Forschung oft reflektiert wurde. Dies wird zum Beispiel sichtbar beim erbetenen Besuch einer Beerdigung einer Person, die diese religiöse Wende so nicht vollzogen hat. Oder wenn das eigene Kind eine Partnerschaft mit jemandem aus einer anderen Religion eingeht. Auch die Einladung zu Festen zur Verehrung anderer Gottheiten erfordert Entscheidungen. Was tun? Es gibt keine einfachen Antworten!

Eine Bekehrung reicht offenbar nicht aus, es folgen weitere im Laufe der Zeit. In unserer Zeit und unserem Kontext scheint dies weniger relevant zu sein. Oder doch? Wie gehen wir mit den Auswirkungen der Säkularisierung konkret um? Treffen wir bewusst oder unbewusst Entscheidungen, nicht, um uns abzugrenzen, sondern um zu unseren Glaubensüberzeugungen zu stehen? Solche Fragen sind komplex und erfordern sorgfältige Überlegung.

MARKUS NIETZKE

Ewiger Gott, in der Nachfolge muss ich manches abwägen. Hilf mir dabei, dir treu und meinen Mitmenschen gegenüber fair zu bleiben.

Besondere Wertschätzung

Paulus reflektiert über die Art und Weise, wie er und seine Mitapostel Gottes Evangelium verkündigen. Dies wird heute von vielen wahrgenommen mit dem Gedanken: »Aha, so lief das damals in Thessaloniki ab. Auch wenn wir die Einzelheiten heute nicht mehr genau kennen. Doch heute müssen wir neue Wege und Methoden finden.« Diese Feststellung ist durchaus berechtigt. Es ist wichtig, insbesondere im Kontext der digital geprägten Lebensweise der Generationen Z und Alpha im Vergleich zu den Babyboomern oder älteren Traditionalisten über neue Zugänge nachzudenken. Es ist sehr angebracht, darüber nachzudenken, wie das Evangelium in der heutigen Zeit – insbesondere in den sozialen Medien – verkündet werden kann. Die Auswahl von Methoden und Strategien diesbezüglich sind legitime Überlegungen. Allerdings könnte ein wichtiger Gedanke des Apostels Paulus bei allen Planungen leicht übersehen werden: Gott hat ihn und andere mit dem gleichen Auftrag für würdig befunden, ihnen das Evangelium anzuvertrauen. Daraus spricht allein schon eine beachtliche Wertschätzung. Das Vertrauen, mit einer Botschaft betraut zu werden, hängt nicht nur von der Zuversicht dessen ab, der diese Aufgabe vergibt, sondern auch von der daraus folgenden Mitwirkung der oder des Beauftragten. Paulus betont, dass die Mitwirkenden im Missionsdienst von Gott wohlwollend ausgewählt wurden und nicht aus eigennützigen Motiven handeln. Ihre Motivation gründet daher in der Zustimmung Gottes. Wenn sie die anvertraute Botschaft verkünden und dabei einen Dienst an der Gemeinde in Thessaloniki ausüben, geschieht dies nun mit Verantwortung und Integrität. Ernsthaftigkeit stellt eine Voraussetzung für alle Dienste in der Gemeinde und Kirche dar. Doch mit dem Wohlwollen Gottes und der zugesicherten Wertschätzung – als Rückenwind verstanden – kann ein solcher Dienst heute ebenfalls mit (neuer) Freude ausgeführt werden. Das ist bemerkenswert!

MARKUS NIETZKE

Du vertraust es uns an, dein Wort in unserer Zeit angemessen weiterzusagen. Auf vielerlei Weise, Gott. Ich will es gerne mit meinen Gaben tun.

Verbundenheit im Glauben – Wunsch und Wirklichkeit

Es ist eine empfundene Realität, dass Menschen, die neu zum Glauben gekommen sind, Widerspruch erfahren. Dieser nimmt sehr unterschiedliche Formen an. In unserem Umfeld haben wir es eher mit Gleichgültigkeit der Sache gegenüber zu tun. Ein mildes Lächeln – vielleicht mit dem Spruch versehen: »Wenn du es brauchst!« – kann einem ganz schön zusetzen! Wenn Nachbarn oder Angehörige, Freundinnen und Bekannte schulterzuckend drüber hinweggehen, dass man etwas Großartiges erkannt hat und nun davon spricht, löst das Hemmungen aus. Das trifft offenbar insbesondere auf Themen des Glaubens an sich und der Kirche zu. Die Kritik an der Institution ist nicht immer ganz unberechtigt. Das gehört zur Fairness im Umgang mit solchen Themen dazu. Glaubt man den Berichten von Menschen in anderen Ländern, die von einer Religion in eine andere konvertieren, ist oft von Widerstand bis hin zu persönlichen Anfeindungen und religiöser Verfolgung die Rede. Die politische Verfolgung um des eigenen Glaubens willen ist immer ein unbequemes Thema. Aber immerhin nach wie vor ein triftiger Grund, in Deutschland unter Umständen Asyl gewährt zu bekommen. Dabei ist es gleich, ob diese Verfolgung Christen trifft oder Angehörige anderer Religionen. Vor dem Gesetz gilt: Gleiches Recht für alle! So etwas mögen sich die Christen in Thessaloniki damals sehr gewünscht haben: »Einfach nur als Christen leben…« Sie werden bedrängt. Das hat sich herumgesprochen. Der Apostel nimmt das Anliegen in seinem Brief behutsam auf. Er will Trost spenden – sogar einen Besuch möglich machen. Beistand, Bestärkung, Zuspruch: für bedrängte Menschen immerhin eine kleine Perspektive. Das, was dem Evangelium in diesem Kontext entspricht, ist, dass trotz der Trennung und der Bedrängnis ein tiefes Band der Gemeinschaft im Glauben besteht. Paulus betont die Freude, die aus der Verbindung im Glauben entsteht. Schön, wenn dieser Funke – nicht nur damals in Thessaloniki – überspringt.

MARKUS NIETZKE

Himmlischer Vater, wir danken dir für die Gemeinschaft im Glauben mit anderen Christen. Hier bei uns und in aller Welt.

Lebenshilfe und Lebensfreude

Zwischen Paulus und der Gemeinde in Thessaloniki besteht eine enge Beziehung. Sowohl in der Gemeinde wie bei Paulus selbst besteht der Wunsch, möglichst bald wieder persönlich in Kontakt zu kommen. Eine erneute Reise zu der Gemeinde ist Paulus im Moment nicht möglich. Ein Brief allein wäre ihm zu wenig und auch nicht schnell genug. Heute ist es einfach, die räumliche Distanz mit den Möglichkeiten der modernen Kommunikation ganz schnell zu überbrücken. Daran war zu Zeiten des Paulus nicht zu denken.

Paulus wählt eine andere Lösung. Er schickt seinen engsten Mitarbeiter Timotheus zur Gemeinde in Thessaloniki. So erhält er Nachrichten aus erster Hand. Und es sind überaus gute Nachrichten! Wie gut, dass Paulus darauf nun mit einem Brief reagiert. Weil der erhalten geblieben ist, können wir bis heute von ihm profitieren. Dass die Beziehung zwischen Paulus und der von ihm gegründeten Gemeinde intakt ist, ist für uns heute nicht entscheidend. Wir ziehen auch aus anderen, von Konflikten geprägten Briefen des Paulus Gewinn. Zentral ist der Maßstab, den Paulus an seine Beziehung zur Gemeinde anlegt. Wie kommt sie mit den von ihm vorausgesagten Bedrängnissen zurecht? Beim Stichwort »leben unter bedrängenden Bedingungen« fühle ich mich den Gemeindegliedern in Thessaloniki nah. Auch wenn die von Paulus angedeutete Verfolgung aufgrund des Glaubens in anderen Regionen der Welt bedrängender ist als bei uns. Aber ohne Herausforderungen ist das Leben auch bei uns nicht. Paulus beschreibt die für ihn zentrale Weise, auf die Belastungen zu reagieren. Weil die Menschen in Thessaloniki »im Herrn feststehen« und »dem Glauben hinzufügen, was ihm noch fehlt«, bieten sie ihm Anlass zur Freude – auch über die räumliche Entfernung hinweg. Mit unseren Worten hieße das doch: Wo ich mich um klare Orientierung bemühe und meinen Glauben als lebenslangen Lernprozess begreife, wird er mir zur Lebenshilfe. Und ich kann anderen zum Anlass der Lebensfreude werden.

TRAUGOTT SCHÄCHTELE

Immer wieder komme ich in meinem Leben nicht um Beschwerliches herum, Gott. Lass mich meinen Glauben nicht verlieren, sondern aus ihm Kraft schöpfen und Lebensfreude gewinnen.

Gottes Maßstab für mein Leben

Paulus ist der Gründer der Gemeinde in Thessaloniki. Er fühlt sich deshalb als deren geistlicher Begleiter auch für die Lebenspraxis der Gemeinde verantwortlich. Darum will er seinen Brief nach Thessaloniki nicht beenden, ohne der dortigen Gemeinde einige klare Regeln zur Lebenspraxis mit auf den Weg zu geben. Er rät zu einem verantwortlichen Umgang mit der Sexualität. Er mahnt den Verzicht auf betrügerische Methoden im geschäftlichen Umgang an. Und er bittet darum, mit der eigenen Lebenspraxis nicht unangenehm aufzufallen. Diese drei Themen haben sich bis heute nicht erledigt. Und auf allen drei Feldern gibt es bis heute Kontroversen, innerkirchlich und in der Gesellschaft überhaupt. Was sind die Maßstäbe einer zeitgemäßen Sexualmoral? Wie wirtschaften wir gerecht? Aus welchen Kernelementen besteht eine christliche Ethik?

Paulus hat konkrete Antworten im Rahmen der Vorstellungen seiner Zeit gegeben. Unsere Konkretisierungen sehen heute sicher anders aus. Wir können von Paulus aber nach wie vor lernen, wenn es um den Maßstab geht, an dem sich unser Handeln messen lassen muss. Paulus findet den im Verweis auf die geschwisterliche Liebe – Liebe hier verstanden, als der angemessene Umgang miteinander im Rahmen der christlichen Gemeinde. »Ehrbar wandeln vor denen, die draußen sind« – so umschreibt Paulus die von ihm angedachte christliche Lebenspraxis. Mir gefällt daran, dass er die Öffentlichkeit und die Gesellschaft, in der wir leben, nicht außen vor lässt. Es geht immer auch um die Glaubwürdigkeit gegenüber anderen. Dies geschieht am besten in einem Beispiel gebenden Verhalten, das niemanden übervorteilt und andere zur Nachahmung verlockt. Im Leben und Wirken des Jesus von Nazareth haben wir da doch das beste Vorbild.

TRAUGOTT SCHÄCHTELE

Längst nicht immer weiß ich, wie ich mich recht verhalte, Gott. Mut brauche ich dazu und Weisheit, vor allem aber die Einsicht in das, was du von mir willst.

Hoffnung, die leben lässt

Es hat die Menschen schon immer aufs Heftigste interessiert! Wie wird das sein am Ende aller Zeiten? Was wird aus dieser Erde und dem gesamten Weltall? Was wird eigentlich aus mir? Von der Antwort auf diese Fragen hängt meine Einstellung zum Leben ab. Paulus spricht von einem Leben mit oder ohne Hoffnung. Wenn ich sicher sein kann, dass am Ende alles gut wird, ist die Gegenwart, die längst nicht nur gut ist, besser zu ertragen. Es erstaunt mich schon, was Paulus hier zu wissen meint und wie genau er den göttlichen Ablaufplan kennt. Und es beruhigt mich zugleich, dass Paulus sein Wissen, das er hier entfaltet, später doch auch korrigiert und weiterentwickelt. Er ist sich in diesem ältesten Brief, den wir von ihm kennen, noch ganz sicher, dass er noch am Leben ist, wenn Christus wiederkommt. Genau dahinter setzt er in einem späteren Brief ein großes Fragezeichen. Paulus kennt die von der Apokalypse geprägten Vorstellungen seiner Zeit. Und er scheut sich nicht, die Wiederkunft Christi darin unterzubringen. Wann genau sich das aber alles so abspielen wird, muss am Ende auch für ihn offenbleiben.

Was aber nicht offenbleibt, ist die Gewissheit, dass wir am Ende »beim Herrn sein werden« – für immer. Das genügt eigentlich! Nicht nur um am Ende beruhigt sterben zu können, nein, auch um jetzt schon getrost zu leben. Trost ist für Paulus hier der zentrale Begriff, um dem Leben Sinn und Richtung zu geben. Wenn es mir gelingt, diesen Trost aus Glauben in mein gegenwärtiges Leben zu ziehen, muss mir für das zukünftige nicht bange sein. Auch ohne dass ich schon jetzt alle Abläufe und Einzelheiten kenne. Das genügt – für mich und für die Menschen, die mit mir unterwegs durchs Leben sind. Hier und weltweit.

TRAUGOTT SCHÄCHTELE

Ich muss mir keine Sorgen um die Zukunft meines Lebens machen. Die liegt in deinen Händen, Gott. Aber ich will mich um meine Gegenwart sorgen, da bleibt mir noch genug zu tun, damit ich bei Trost bleibe.

Unser Gott ein zu preisender Kriegsheld?

»Kein Psalm hat in der Forschung so viele Hypothesen und Diskussionen ausgelöst wie der 110. Psalm.« Das schreibt Hans-Joachim Kraus in seinem Psalmen-Kommentar. Wahrscheinlich geht es hier um die feierliche Inthronisationsrede eines Königs. Unklar aber ist, wie weit es sich in diesem Psalm um Verheißungen, Erinnerungen oder Visionen handelt. Oder um ein liturgisches Formular, mit dem ein beamteter Prophet dem israelitischen Stadtkönig Jerusalems »nach der Weise Melchisedeks« zusätzlich die Amtswürde »Priester des höchsten Gottes« überträgt. Der Priesterkönig wüsste sich damit gleichsam an Gottes »rechte Seite« gerufen. Er bekäme damit direkten Anteil an Gottes Kriegsmacht. Gott selbst würde durch diesen König alle Feinde zerschlagen und zerschmettern. Des Königs Kriege wären also Gottes Kriege. Eine Vision, die sich Potentaten bis heute zu eigen machen. Heute ist der letzte Sonntag des Kirchenjahres. Im Volksmund »Totensonntag« genannt. Evangelische Christinnen und Christen erinnern an diesem Sonntag in besonderer Weise an ihre Toten. Aber sie bekennen den Totensonntag als Ewigkeitssonntag. Auf einen Psalm, der ein widerständiges Gottvertrauen trotz und inmitten aller irdischen Todesmächte und aller unserer persönlichen Todeserfahrungen besingt, hatte ich für diesen Sonntag gehofft. Der Psalm 110 lässt mich mit dieser Hoffnung jedoch verwirrt zurück. Ich will Gott nicht als Kriegsheld preisen. Ich sehe in diesem Psalm keine messianische Weissagung. Vor allem aber keinen Trost, der die Gewissheit stärkt: Nicht dem Tod und nicht der kriegerischen Gewalt gebührt das entscheidende Wort über das irdische Leben. Sondern dem, was bleibt: unserem Glauben, Hoffen und Lieben.

ANNE SCHNEIDER

Gott, danke für die Gewissheit: Weder Tod noch Leben, weder Engel noch Mächte noch Gewalten können uns von der Liebe trennen, die in Jesus Christus erschienen ist.

Die große Überraschung

Einer der frühesten Paulusbriefe. Paulus ist noch dabei, seine theologischen Vorstellungen über Gott und die Welt zu entwickeln. Am Ende des letzten Kapitels entfaltet er ein großes Szenario, wie es sein wird, wenn Christus wiederkommt. Denn das hat Auswirkungen auf die noch Lebenden und die Verstorbenen. Tröstlich soll es sein, was er schreibt. Und das ist es auch. Kein Mensch geht verloren. Aber seine Zuhörenden sind ungeduldig: »Alles schön und gut, aber wann wird das alles geschehen? Wie lange müssen wir noch warten, wir sehnen uns doch so nach Erlösung, nach Frieden, nach Sicherheit für uns und unsere Familien?« Paulus antwortet, in dem er eine deutliche Unterscheidung einführt. Es ist die Unterscheidung zwischen dem, was Gott verheißt und durchführt, und dem, was Menschen von sich aus erkennen und tun können. Was sie nicht tun können, ist, Gott zu berechnen. Denn Gott ist frei in dem, was er tut. Er wird die Verstorbenen wieder mit den Trauernden in seinem Reich im Frieden zusammenführen, das steht fest. Aber wann, lässt sich nicht vorhersagen. Schon gar nicht darf man seine Verheißungen verwechseln mit dem, was die römischen Kaiser als »Frieden und Sicherheit« ausrufen. Sich darauf zu verlassen, kann schnell ins Gegenteil führen. Was also soll und kann der sich an Christus klammernde Mensch tun? Er darf sich an dem Dreiklang Glaube, Liebe und Hoffnung festhalten. Mehr braucht man nicht, mehr kann man nicht sagen. Glaube an den wiederkommenden Christus, Liebe zu den Menschen und Hoffnung auf eine Erlösung. An dieser Rüstung prallen die Pfeile billiger Vertröstungen ab. Im Grunde gilt das bis heute. Christus wird kommen und uns in die Arme schließen, aber das ist ein zeitloser Moment, weil die Ewigkeit jeder Zeit gleich nahe ist. Wir können ihn nicht berechnen. Er wird geschehen, aber er wird uns völlig überraschen. Bis dahin leben wir in dieser Welt in Glauben, Liebe und Hoffnung. In dieser Form wird das nicht ewig lang sein, denn unsere Sehnsucht hat ein Ziel. Tröstlich ist das schon jetzt.

DIRK PUDER

Komm, Herr Jesus! Unsere Sehnsucht ist so groß wie nie. Erlöse deine Welt, schnell!

Die große Weltoffenheit

Sich einen Panzer anlegen, wie gestern empfohlen, ist schön und gut. Aber Paulus sieht durchaus die Gefahren. Panzer, das klingt nach Einigeln, nach Abschottung, nach Sekte. Genau das Gegenteil von dem, was Paulus will. So verdeutlicht er heute, wie die theologischen Erkenntnisse in die Lebensführung der Christen, in das praktische Leben umgesetzt werden sollen. Denn im Gegensatz zur Abschottung darf ich mit Glauben, Liebe und Hoffnung im Reisegepäck die Welt in allen Dimensionen erkunden. Tabus gibt es nicht. Wohl gibt es falsches Verhalten, es gibt Entscheidungen nur aus Eigennutz, Verletzungen, die wir uns zufügen, und vieles andere, was man pauschalierend als Sünde bezeichnen kann. Aber genau daraus erwächst unsere persönliche Verantwortung in der Welt, die Nachfolge Christi zu leben. Die Verantwortung kann uns keiner abnehmen. Die meisten der Ratschläge von Paulus dazu sind zeitlos und in ihrer Einfachheit jedem und jeder verständlich. Die Mitte unseres Abschnittes bildet der Satz: »Prüfet alles und das Gute behaltet.« Das eröffnet Freiheit. Nicht alles Neue ist schlecht und nicht alles war früher besser. Ich lege den Maßstab der Liebe und des Respektes an die Entscheidungen, die ich treffen muss. Ich kann nicht alles übersehen, treffe vielleicht falsche Entscheidungen, manchmal ist das so. Aber ich darf den Mut haben, mich meines eigenen Verstandes zu bedienen. Keiner soll mir, Gehorsam verlangend, sagen, was absolut richtig oder falsch ist. Meist sind Fragestellungen und Antworten in dieser Welt sowieso eine Mischung aus vielen Aspekten. Aber: »Löscht den Geist nicht aus«, sagt Paulus: »Bemüht euch allezeit darum, dem Guten nachzujagen!« Und wir mühen uns ja nicht allein. Paulus will seinen Brief in der Gemeinde vorgelesen wissen und er weiß, dann entspannen sich Diskussionen über das, was gut ist. Nicht zuletzt wird der wiederkommende Herr uns durch seinen Geist schon jetzt helfen, in Übereinstimmung mit Gottes Willen zu kommen.

DIRK PUDER

Guter Gott, hilf uns, dass wir nicht vom Weg abkommen. Wir brauchen erkennbare Leitplanken, deine Wegweisung, in jedem Moment unseres Lebens.

Einführung zum 2. Thessalonicherbrief auf S. 411ff.

Der große Ausgleich

Die Gelehrtenschaft streitet, ob der zweite Thessalonicherbrief von Paulus selbst stammt oder von einem späteren Autor verfasst wurde. Wer immer es war, er beschreibt die Wiederkunft Christi in einer kraftvollen Bildersprache. Vergeltung, Strafe, ja Rachegedanken spielen eine Rolle. Die Bilder sind damals schon lange bekannt, aber für Paulus sehr untypisch. Für unsere heutige Lektüre stehen drei Gedanken im Vordergrund. Erstens, der Brief will trösten: Gott wird eure Bedrängnis, euer Leiden beenden. Daran besteht kein Zweifel, obwohl ihr den Termin nicht kennt. Zweitens, Gott ist viel mächtiger als die menschlichen Bedränger. Schaut, was für eine gewaltige Heeresmacht Christus aufbieten kann: Engel und Feuerflammen. Drittens, die Bedränger werden »Strafe, Vergeltung, Verderben« erleiden, ja, aber nicht im Sinne einer Rache, sondern im Sinne eines Zerfallens ihrer eigenmächtigen Vorstellungen, ihrer schlechten Pläne, ihrer damit gewonnenen Macht und ihres weltlichen Reichtums. Ihr Lebenskonzept wird gewogen und für zu leicht befunden und vernichtet. Ihre Verkrümmung in sich selbst wird aufgehoben. Sie werden aufgerichtet und jeder und jede ist dann ein ganz neuer Mensch. Der alte Mensch ist vergangen, ein neuer wird geschaffen. Ich kann Gottes Gericht, welches vom »Angesicht des Herrn« (V. 9) herkommt, nur unter den Vorgaben von Liebe und Erbarmen verstehen. Wie Jesus an anderer Stelle sagt: »Ich bin nicht gekommen, die Welt zu richten, sondern sie zu retten« (vgl. Joh 12,47f.). Damit sind wir dem ursprünglichen Paulus wieder näher als der Einschub der harten Bildersprache. Es gibt in der Bibel und in der Theologie bis heute viele Vorstellungen und Gedanken, was Gerechtigkeit Gottes, was Gottes Gericht wohl bedeuten mag. Paulus kann das nicht ausführen, die anderen Briefe sind da noch klarer, ohne an den Kreuzestod Jesu zu denken und die durch ihn vollzogene Rechtfertigung der Sünder. Hier deutet der letzte Vers (V. 12) diese Zusammenhänge an.

DIRK PUDER

Herr, richte unsere Welt mit Liebe und Erbarmen auf, denn sonst kann niemand vor dir bestehen.

Warten können

Kinder üben mühsam ein, wie schön es ist, auf etwas warten zu können. Ungeduld ist ein Zeichen für erwartete Lebensfreude. Am Ende des Lebens kosten es Menschen aus, noch auf etwas warten zu können; mag es auch noch lange dauern – der angekündigte Besuch ist versprochen! Wartezeiten im Alltag können gesegnete Zeiten sein, wenn sie vorbereitet sind: Wir können ein Buch mitnehmen in das Wartezimmer; viele Angebote liegen bereit, mit Enkeln im Zug zu spielen; in ein unerwartet bereicherndes Gespräch können wir vor einem Dienstzimmer einer Behörde kommen. Das Warten hat Potentiale – eröffnet Möglichkeiten.

Paulus war der Überzeugung, dass Jesus Christus nach seiner Auferstehung bald wiederkommt – und dann für immer. Er meinte, wir müssten nicht lange warten. Er hat sich offenkundig getäuscht. Die ersten Christenmenschen starben kurz nach ihrer Taufe – und wo blieb nun Jesus Christus? Das zweite Schreiben an die Gemeinde von Thessaloniki ändert die Strategie in der Argumentation: Christus Jesus kommt erst wieder, wenn der Kampf gegen die Mächte des Bösen gewonnen ist. Es bedarf noch der irdischen Zeit, in der die Liebe sich als siegreich erweisen soll. Die Wartezeiten sind ein Segen.

Die Mächte des Bösen haben wir Menschen in den letzten Jahren neu erfahren: Von Irrtum, Lüge, Unrecht, Gesetzlosigkeit spricht der biblische Text. Wir können diese Stichworte gegenwärtig leicht konkretisieren. Unübersichtlich ist die Weltwirklichkeit. Wer weiß Rat? Wo sind die Personen mit Autorität, die das Recht für alle schaffen könnten? Warten auf bessere Zeiten mit Unruhe im Herzen – das ist angesagt. Die Sehnsucht nach einer Wende zum Guten bewegt viele.

Wartezeiten können tätige Zeiten sein. Im Tod geschieht für jede und jeden von uns die Zeit der Ankunft Jesu Christi in unserem Leben. Das Sterben ist unausweichlich immer schon bald zu erwarten. Zuvor gilt es noch viel zu tun im Kampf gegen das Böse in der Welt.

DOROTHEA SATTLER

Christus Jesus, schenke uns geteilte Lebensfreude im Warten auf dich!

Ein gutes Wort sprechen

Die Lebensweisen, die einem christlichen Leben entsprechen, werden in den biblisch überlieferten Mahnreden oft erinnert: Glaube, Hoffnung und Liebe leben; immerzu standhaft bleiben in allen Anfechtungen; gute Werke tun. Wer so handelt, lebt auf ewig getrost und in sicherer Hoffnung. Vertraut sind solche allgemeinen Beschreibungen christlicher Existenz – und zugleich nicht leicht zu leben: Was geschieht in mir, wenn die Zweifel groß werden? Wann erfüllt sich für mich meine Hoffnung? Wie gehe ich um mit mir, wenn ich Versuchungen zum bösen Werk erlegen bin? Gezeichnete Idealbilder können auch Ängste auslösen.

Eine Weisung ist ungewöhnlich: Wir mögen immer wieder Kraft finden zum guten Wort. Die »guten Werke« können wir leicht konkretisieren: soziale Dienste, Spenden, Hilfsbereitschaft, Achtsamkeit, diakonisches Engagement. Was sind jedoch »gute Worte«? In therapeutischen Kontexten werden drei Hinweise gegeben: Gute Worte sind einfühlsam (empathisch), aufrichtig (authentisch) und gutheißend (akzeptierend). Gute Worte können heilsam sein; sie verändern den angesprochenen Menschen; sie bringen ihn mit den eigenen Lebenswünschen in Beziehung. Gute Worte verurteilen nicht; sie richten auf; sie werten nicht ab.

Die hohe Kunst der Rede zur rechten Zeit will eingeübt sein – immer wieder. Niemand – auch kein Christenmensch – kann immerzu voller Hoffnung, im Glauben getrost, voller Liebe, standhaft in jedem Leiden leben. Es bedarf des guten Wortes, der Zusprache im Miteinander. Der Mensch sucht das Gespräch. Jedes gute Wort ist dabei willkommen. Gerade in den Momenten, in denen wir die Erwartungen an ein christliches Leben nicht erfüllen, sind Worte gute Worte, wenn sie mit Realitätssinn und Achtsamkeit auf die Gegenwart nicht verschleiern, dass wir alle hinter den Erwartungen an ein Leben im Geist Jesu Christi zurückbleiben.

DOROTHEA SATTLER

Christus Jesus, schenke uns Geduld mit uns selbst!

Soll nicht essen, wer nicht arbeitet?

Selbstbewusst tritt der Schreiber des Briefs an die Gemeinde in Thessaloniki auf: Er fordert zur Nachahmung der Lebensweise auf, die er zusammen mit denen, die die Gemeinde gegründet haben, vorgelebt hat: Immer ordentlich haben sie gelebt, voller Mühe und Sorge Tag für Tag, niemandem sind sie zur Last gefallen, nur das selbst verdiente Brot haben sie gegessen, keinen Anspruch auf fremden Unterhalt haben sie erhoben. Selbstlob ist spürbar zwischen den Zeilen – Erwartungen werden formuliert.

Es wird nach den ersten Jahrzehnten christlicher Mission Anlass gegeben haben, an die geschilderten christlichen Tugenden mahnend zu erinnern: unter Anstrengungen für sich selbst und andere Menschen zu sorgen, immerzu zu arbeiten, keine Zumutung füreinander zu werden. Offenkundig war dies doch nicht so selbstverständlich, und es musste daran erinnert werden.

Und heute: Erwecken die Mahnungen nicht den Eindruck, dass der Mensch nur Lebenswert hat, wenn er sich werktätig am Gemeinwohl beteiligt? Es gibt viele Menschen, die arbeiten wollen und es nicht können: Es fehlen die Stellen, für die sie qualifiziert sind; die Arbeitserlaubnis ist noch nicht erteilt; die Rahmenbedingungen für alleinerziehende Mütter sind nicht hinreichend. Manche Menschen sind psychisch krank: Sie haben zwar eine gute Ausbildung – und dennoch finden sie keinen Weg in den Tag der Arbeit in der Frühe des Morgens.

Missbrauch ist geschehen mit dem Gedanken, dass nicht essen soll, wer nicht arbeiten will. Solidarität ist gefragt mit Menschen, die nicht arbeiten und dennoch essen möchten und leben wollen. Stellvertretung im christlichen Sinn kann auch dies bedeuten: für Menschen einen Raum des Lebens offenhalten, den diese sich selbst nicht erarbeiten können. Die Gesellschaft steht vor der Herausforderung, sich als uneigennützig zu erweisen.

DOROTHEA SATTLER

Christus Jesus, befreie mich aus allen Versuchungen!

Erde gehört Gott – auch im Advent

Ich liebe die Advents- und Weihnachtszeit. Ich mag diese Zeit mit Kerzen anzünden, Türchen öffnen, Plätzchen backen, Weihnachtsoratorium hören – aber auch Glühwein und Riesenrad vor der Marienkirche in Berlin.

Meine Angst vor Kitsch ist in dieser Zeit abgeschaltet. Wenn jemand fragt, warum ich so bin, dann sage ich, dass es vermutlich daran liegt, dass ich im Erzgebirge aufgewachsen bin. Dort ist diese Zeit besonders zauberhaft. Der schönste Weihnachtsschmuck stammt von dort. Bis heute noch. Wäre es nicht ziemlich traurig, wenn wir in diesen Tagen ganz normal wie immer weitermachen würden, während es draußen unfreundlich ist und schnell dunkel wird? Es ist für mich wie eine Wärmequelle aus Kindheitstagen, die jetzt wieder zu fließen beginnt.

In den Kirchen und Gemeinden beginnt jetzt ein besonders anstrengendes Programm, und wir haben die Chance, einiges richtig zu machen, ohne vorher groß überlegen zu müssen. Lieder und Bibeltexte haben ihren festen Platz, genau in dieser Zeit. Der Psalm 24 – mit dem 7. Vers: »Machet die Tore weit« gehört dazu. Es ist der Psalm des 1. Advent, der mit dem bekannten Adventslied von Georg Weissel »Macht hoch die Tür«, vertont wurde. Und es gibt gerade zu diesem 3. Teil des Psalms noch viele andere adventliche Vertonungen.

Am Anfang des Psalms heißt es aber erst einmal, dass die Erde Gott gehört. Dieser Satz lässt sich nicht auf eine bestimmte Zeit im Jahr festlegen. Er ist umfassend richtig und stimmt das ganze Jahr über, immer. Ich weiß, dass ich etwas, was mir nicht gehört, mit Sorgfalt und Respekt behandeln muss.

Es gilt beides zusammenzuführen, das gemütliche Feiern des Advents und unsere Verantwortung für diese Welt, die uns nicht gehört. Für den Psalmisten passt beides zusammen. Er weiß, dass die fröhliche Erwartung des Kommen Gottes in diese Welt in unserem Herzen an den Respekt vor der Schönheit seiner Schöpfung gekoppelt ist.

FRIEDERIKE VON KIRCHBACH

Komm, o mein Heiland Jesu Christ, meins Herzens Tür dir offen ist.

Einführung zum Buch Sacharja auf S. 389ff.

Umkehr – Heimkehr – Zukunft

Da wollen sie wieder nach Hause, die Kriegsflüchtlinge, die Vertriebenen, die Heimatlosen, die Exilierten. Die Sehnsucht treibt sie – sie haben sich immer wieder ihre Geschichte erzählt und nie aufgegeben. Von den Vätern und Müttern wissen sie um die Zerstörungen, wissen, dass sie neu, ganz von vorne, anfangen müssen. Es ist ihre Adventszeit. Ursachenforschung würde man heute sagen: Wie konnte es nur so weit kommen? Der Prophet gibt ihnen den Schlüssel in die Hand – macht es anders, kehrt um! Unausgesprochen steht dazwischen, dass Gott vergibt, die Last der Vergangenheit und den Weg in die Zukunft frei macht.

So wird dann Umkehr erkennbar sein: Wenn man sich von Gott abgewendet hat, soll man sich jetzt ihm wieder zuwenden. Wenn man sein Leben ohne einen Bezug zu ihm gestaltet hatte, dann soll er wieder einbezogen werden. Umkehr soll auch sichtbar werden: für Gott einen Raum, einen Tempel zu schaffen und ihn dort präsent zu wissen; steinerne Symbole im öffentlichen Leben, die so viel mehr bedeuten – wie auch heute Kirchen bei uns verstanden werden.

Am Anfang des neuen Kirchenjahres steht die große Hoffnung, dass etwas Neues in die Welt kommen wird, weil gewiss ist, dass es nicht so bleiben kann, wie es ist. Der schonungslose Rückblick zeigt: Die Lösung heißt, sich mit Gottes Hilfe vom Vergangenen zu lösen, genauso wie auch schon damals zur Zeit des Propheten Sacharja. Ernsthafte Adventszeiten sind ernste Umkehrzeiten. Hierzu hat Gott uns allen die guten Weisungen, die Lebensangebote geschenkt. Sie vermögen, die Tür zu einem gerechten, achtsamen Leben zu öffnen. Sie wollen uns mitnehmen, Gottes Lebensangebote mit unserem Leben zu füllen.

HANS-JOACHIM ZOBEL

Manchmal, Gott, ist es das Unausgesprochene, durch das du mir einfach die Kraft schenkst, einen neuen Anfang zu entdecken und einen neuen Weg zu sehen. Manchmal ist es auch die klare Erinnerung daran, wie gut du es mit mir und allen Menschen meinst, wenn wir nach deinen Geboten leben, Verantwortung gestalten, Gerechtigkeit üben und Beziehungen füllen. Dafür danke ich dir.

Gott am Werk – Zukunft schenken

»Dich schickt der Himmel«, ein Ausruf, ein Glücksruf. Egal, ob die Situation verworren, das Problem vielschichtig, die Beziehung vertrackt, die Perspektive ausweglos ist. Im richtigen Moment kommt jemand mit dem lösenden Satz, mit einer hoffnungsvollen Botschaft oder einem klärenden Wort. Solche Engel im richtigen Moment sind unvergesslich – solche Engel der Hilfe und hier vor allem der Deutung begegnen Menschen seit Urzeiten.

Sie kommen auf verschiedenen Wegen ins Leben, mal in Gestalt von Menschen, mal in Visionen. Tief hineingezogen war das Volk in die Geschichte, 70 Jahre Exil verlangen nach Verstehen und Deutung. Bleibt es beim Zorn Gottes, der durch die Eigenmächtigkeit der Eroberer schlimmer ausgefallen ist als er eigentlich gemeint war? Und noch wichtiger ist die Frage: Gibt uns unser Glaube, der uns in diesen vielen Jahrzehnten durchgetragen hat, eine Hoffnung auf Zukunft?

Auch Propheten sind manchmal auf Engel angewiesen, die ihnen das erschließen, was Gott für sein Volk – oder manchmal für einen persönlich – in Aussicht nimmt. Der Mensch tritt zurück, weil das, was ausgerichtet werden soll, er nicht selbst machen oder bewirken kann. Gott, so richtet der Prophet aus, hält an ihnen fest, weil sie jetzt am Glauben festhalten. Das ist gut zu erfahren und tröstlich zu hören. Und dass so die bange und belastende Frage, wie lange noch, eine Antwort bekommt.

So wie sie zurückkehren, kehrt sich Gott auch ihnen wieder zu. Sie haben eine Zukunft in einem neuen Jerusalem. In allen Aufbrüchen und Anfängen sehen sie Gott am Werk. Ihr neues Leben verstehen sie als ein Geschenk, ein Werk göttlicher Barmherzigkeit.

Ich wünschte mir, dass Flüchtlinge, die wir beherbergen, Obdachlose, die wir speisen, und Suchende, denen wir mit Rat zur Seite stehen, hier eine Spur dieser göttlichen Barmherzigkeit erfahren.

HANS-JOACHIM ZOBEL

Gott, ich bitte dich heute darum, dass ich für dich in meinem Alltag wach bin, die Spuren zu entdecken, die du in mein Leben einziehst, für die Botschaften, die du durch andere Menschen mir zukommen lässt, für die Ermutigungen, die zwischen den Zeilen stehen – und dass ich es auch aushalte, wenn ich einmal nichts von dir merke.

Großes Bild der Hoffnung

Ein neues Jerusalem für alle. Welch ein Bild für heute! Wenn die Religionen, die sich auf diesen Gott berufen, ein gemeinsames Zuhause haben und hier miteinander in Frieden leben, dann wird etwas von dem Shalom erfahrbar, den die Vorgängerpropheten in verschiedenen Spielarten angesprochen haben.

Dabei ist die lange Geschichte sehr wohl im Blick – Spielball der verschiedenen Groß- und Weltmächte zu sein, mit Phasen der Besetzung, Unterwerfung und Zerstörung. Sie kamen aus allen vier Himmelsrichtungen, immer wieder. Daher war es in ihr Gedächtnis eingeschrieben, was es heißt, bedroht zu werden. Sie wussten, dass sie immer wieder der Verführung erlegen sind, auf militärische Stärke und Bündnisse zu setzen. Und zwischendurch auch die Gegenbewegung: Zeiten der Selbstbestimmung, wo sich das Leben blühend entfalten konnte, eben mit dieser Konzentration auf diesen Ort Jerusalem.

Und etwas damals noch nicht Gewusstes klingt auch an: Es werden Zeiten kommen, da werden sie weit verstreut sein und ohne diesen Tempel auskommen müssen. Doch noch ist es nicht so weit. Vermesst den Ort, bestimmt seine Größe, plant und beauftragt die Handwerker, bestellt die Künstler. Kommt zurück an den Ort eurer Mütter und Väter, gebt Gott die Ehre.

Wie ein roter Faden zieht sich die Frage nach dem Schutz, der Sicherheit dieses besonderen Ortes durch die Geschichte. Wer einmal Jerusalem besucht hat, hat erlebt, wie die Stadttore die Menschen beeindrucken. Sie nehmen gerne die Einladung an, auf den dicken Stadtmauern spazieren zu gehen. Auf solchen Schutz wurde über all die Jahrhunderte Kontinente übergreifend gesetzt.

Wann wird wohl das vom Propheten Sacharja weitergegebene Bild wirklich werden: die immaterielle Mauer und der Glaube, dass das göttliche Feuer des lebendigen Gottes letztlich der einzige Schutz ist? Wirklich: ein neues Jerusalem für alle!

HANS-JOACHIM ZOBEL

Gebet, laut zu singen: Tochter Zion, freue dich, jauchze laut Jerusalem! Sieh, dein König kommt zu dir, ja, er kommt, der Friedefürst. Tochter Zion, freue dich, jauchze laut, Jerusalem.

Aufbruch voller Hoffnung

»Vertraut den neuen Wegen, auf die uns Gott gesandt! Er selbst kommt uns entgegen. Die Zukunft ist sein Land. Wer aufbricht, der kann hoffen in Zeit und Ewigkeit. Die Tore stehen offen. Das Land ist hell und weit.« (EG 395,3) Mit diesen Worten hat Klaus-Peter Hertzsch im Jena des »Wendejahres« 1989 sich selbst und Vielen Mut gemacht. Er nimmt damit die Grundstruktur der prophetischen Überlieferung des Sacharja auf und trägt sie in unsere Zeit. Denn Vertrauen auf die Zuverlässigkeit des kraftvollen Gottes – dies ist die (im wahrsten Sinne des Wortes) not-wendige Voraussetzung für den geforderten Aufbruch. Es mag schwerfallen, die vertraut gewordene Umgebung des Exils zu verlassen. Es braucht Mut, die ersten Schritte in eine noch unbekannte Zukunft zu gehen. Aber es wird möglich gemacht durch die großartigen Zusagen Gottes. Er selbst ist der Garant für die Sicherheit der neuen Heimat.

»Ich will bei dir wohnen!« – dies gilt nicht nur für die aus Babylon Zurückkehrenden. Dies ist dem ganzen Gottesvolk zugesprochen, das unser Gott sich aus allen Völkern erwählt hat. So können wir alle singen »Tochter Zion, freue dich, jauchze laut, Jerusalem! Sieh, dein König kommt zu dir, ja er kommt, der Friedefürst« (EG 13,1).

Die ersten Hörenden der Prophetenworte haben es damals gewagt, sich auf den Ruf zum Aufbruch einzulassen. Trotz aller Ängste, trotz aller Sorge vor Scheitern oder gar Untergang. Sie werden uns so zu Vorbildern in unserer Zeit der Konflikte, der Krisen, der Herausforderungen. Dies gilt sicher an jedem neuen Tag, den unser Gott werden lässt. Aber in der Adventszeit werden wir in besonderer Weise daran erinnert. Es ist ja die Zeit der Erwartung seines Kommens. Es ist die Zeit der Abkehr von unguten Bindungen und Ängsten. Es ist die Zeit der Hoffnung, die nicht enttäuscht werden wird – mag sie auch noch so sehr auf die Probe gestellt werden. Denn unser Gott hält sein Wort. Ganz gewiss!

DETLEF PUTTKAMMER

Dreieiniger Gott, gründe du dein ewig Reich, schon heute – und mitten unter uns!

Die Freude der Befreiten

»O Heiland, reiß die Himmel auf, herab, herab vom Himmel lauf, reiß ab vom Himmel Tor und Tür, reiß ab, wo Schloss und Riegel für.« (EG 7/ GL 105) Ja, eigentlich ist es unmöglich, dass ein Schuldbeladener als gottgeweihter Priester seinen Dienst tun kann. Und so hätte der Ankläger des Hohenpriester Jeschua Erfolg haben können. Aber es kam anders. Denn es steht in Gottes Macht, Schuld zu vergeben. Er allein kann dunkle Vergangenheit unwirksam machen und eine neue, befreite Zukunft eröffnen. Der Schlüssel zum Öffnen versperrter Türen liegt allein in seinen Händen. Die Schuld wird nicht geleugnet. Aber ihre Wirkung wird aufgehoben. Jeschua wird gereinigt. Zeichen dafür sind die reinen Festkleider, die ihm angezogen werden. Ein neuer, ein guter Dienst wird ermöglicht.

Was Gott an Jeschua tat, ist ein Zeichen für seinen Heilswillen, der all' seinen Menschen gilt. Wir lesen die großartige Ankündigung: Unser Gott will die Schuld des Landes (und auch die jedes Menschen!) »wegnehmen an einem einzigen Tag«. So leuchtet hier, schon fünf Jahrhunderte vor dem Karfreitag in den Worten des Propheten das Evangelium von der Vergebung unserer Schuld auf. Gottes Knecht, der »Spross«, wird kommen und die Seinen von Schuld und Tod befreien. Wir kennen inzwischen den hier zugesagten Gesandten, den Messias Gottes. Sein Name ist Jesus. »Zu Bethlehem geboren im Stall ein Kindelein, gibt sich für uns verloren; gelobet muss es sein.« (EG 8/ GL 114)

Wer dies heute hört, darf staunen über das Wunder der Weihnacht und über die wunderbare Wahrheit von Karfreitag und Ostern. Solches Staunen öffnet die Herzen, füllt sie mit Dankbarkeit und Freude. Unsere Freude dürfen wir mit anderen teilen und gemeinsam den guten Gott loben, der so Großartiges schafft. Das Bild von Weinstock und Feigenbaum ist Symbol für den Frieden und die Geborgenheit, die uns geschenkt sind. So »wollen wir all danken dir, unserm Erlöser, für uns für; da wollen wir all loben dich zu aller Zeit und ewiglich.« (EG 7/ GL 105)

DETLEF PUTTKAMMER

Liebender Gott, du klare Sonn, du schöner Stern – dich wollen wir anschauen gern!

Ehre, wem Ehre gebührt

»Das Volk, das noch im Finstern wandelt – bald sieht es Licht, ein großes Licht. Heb in den Himmel dein Gesicht und steh und lausche, weil Gott handelt.« (EG 20) Der Prophet wird vom Boten Gottes aus dem Schlaf geweckt, und dann sehen seine Augen, was eigentlich die menschliche Sehkraft übersteigt. Er sieht einen goldglänzenden Leuchter mit sieben Lampen und jede Lampe brennt ebenfalls siebenfach. 7 x 7, das ist in der irdischen Mathematik einfach nur 49. Aber in der Vision des Sacharja ist es ein Bild, ein Aufleuchten der unendlichen Herrlichkeit und Macht Gottes. Sie übersteigt unser Denken und Vorstellen. Mit grenzenlosem Staunen erahnen wir sie.

Dieser Gott will seine menschlichen Werkzeuge durchaus gebrauchen, aber all ihr Tun bleibt doch in seinen Händen. So soll nun der persische Statthalter Serubbabel den Wiederaufbau Jerusalems trotz aller Widerstände voranbringen. Es wird dafür eine Vollendung geben, aber alles Lob gebührt dem Gott, dessen kraftvolles Wirken die menschlichen Möglichkeiten in jeder Hinsicht übersteigt.

Die alten Worte des biblischen Berichtes sind eine Ermutigung für jede und jeden von uns Heutigen. Wir werden durch sie aufgefordert, den Willen Gottes zuversichtlich in unserem Alltag umzusetzen. Das Tun des Hilfreichen, alles, was unseren Nächsten nützt, jeder Einsatz für Gerechtigkeit, Frieden und Bewahrung der Schöpfung steht unter Gottes Segen. Auch wenn wir dabei herausgefordert sind, selbst da, wo wir uns überfordert fühlen, will er, der Schöpfer des Himmels und der Erde, uns gebrauchen.

Solch gesegnetes Tun ist uns verheißen. Und damit sind auch wir in die lange Reihe der Werkzeuge Gottes gestellt. Am heutigen Tag erinnern wir uns an Nikolaus von Myra (4. Jh. n.Chr.), den Bischof, der bis heute in zahlreichen Geschichten und Legenden als Vorbild für tätige Nächstenliebe dienen darf. Dennoch gilt: Alle Ehre gebührt nicht uns Menschen, sondern allein dem Gott, der in uns und durch uns Gutes bewirkt.

DETLEF PUTTKAMMER

Leuchtender Gott, auch durch uns trag' deiner Güte hellen Schein weit in die dunkle Welt hinein!

Die Macht des Vertrauens

Wenn ich heute am 2. Advent den Psalm lese, den Hanna aus Freude über ihre Mutterschaft singt, dann kann ich gar nicht anders: Ich muss auch an Maria denken und an Elisabeth. Alles Mütter bedeutender Söhne, alles Frauen, die nicht bei ihrem eigenen Schicksal stehenbleiben, sondern die das, was ihnen begegnet, in einem größeren Zusammenhang sehen: Gott lässt die Menschen, die sich ihm anvertrauen, nicht im Stich. Egal, wie aussichtslos die Lage scheint, egal, wieviel Spott sie ertragen mussten oder wie wenig sie gelten in der Gesellschaft, in der sie leben: Gott hat ein Auge auf sie und denkt an sie.

Werden ihre Kinder deshalb so außergewöhnlich? Ist es der unerschütterliche und dankbare Glaube der Mütter, der die Söhne später dazu ermutigt, sich selbst als Gottes Boten zu verstehen und unermüdlich für Gerechtigkeit und Frieden einzutreten? Oder verfolgt Gott gerade mit diesen Frauen, die sich so unbeachtet wähnen, schon längst seinen ganz eigenen Plan?

Es ist immer wohl ein bisschen von beidem: Gott belohnt das Vertrauen der Frauen in seine Macht, und die Frauen ebnen ihm mit ihrem Vertrauen den Weg für sein mächtiges Handeln. Würde ohne ihr Vertrauen wohl auch etwas passieren? Selbst wenn, würden sie es nicht erkennen!

Wahrhaftiges Gottvertrauen kann die Welt verändern, gerade wegen dieser Wechselwirkung. Das ist wie ein Pendel, das, einmal in Bewegung gesetzt, nie mehr anhält, weil es auf jeder der beiden Seiten immer wieder einen kleinen neuen Vertrauensschub erhält. Deshalb finde ich es auch heute immer noch sinnvoll, mein Vertrauen in Gott zu investieren: in seinen Willen zur Gerechtigkeit, in seine Kraft und in seine Verlässlichkeit. Denn selbst wenn es nur meine Interpretation sein sollte, die in dem, was mir dann begegnet, Gottes Handeln am Werk sieht, wird mich dieses Handeln zu weiterem Vertrauen beflügeln. Und die Welt wird ein bisschen gerechter und ein bisschen friedlicher werden – nichts anderes hat der Gott, der uns in der Bibel begegnet, im Sinn!

DAGMAR KÖHRING

Was ich mir wünsche? Dass Gott mir das Vertrauen erhält, ihm in jeder Lebenslage zu vertrauen.

Zeit für einen Neubeginn

Das sechste und das siebte »Nachtgesicht« Sacharjas erscheinen rätselhaft und dunkel. Die riesige Schriftrolle beschreibt Gottes Fluch über Diebe und Meineidige. Dieser trifft alle im Verborgenen geschehenen Vergehen gegen Gottes Gebote. Aus den zehn Geboten werden hier der Diebstahl und der falsche Schwur vor Gericht erwähnt, vermutlich weil diese in dem von Armut gezeichneten Volk kurz nach dem babylonischen Exil besonders häufig vorkamen. Bevor Gottes Heilszeit anbrechen kann, müssen erst noch die unerkannt gebliebenen Verbrechen – vor allem der Diebstahl und der Meineid – gesühnt werden.

Das vorletzte Nachtgesicht des Propheten ist noch viel rätselhafter: Ein großes tonnenartiges Getreidemaß, ein Epha, erscheint, in dem eine Frau sich befindet, die gerade noch in das Gefäß zurückgestoßen werden kann. Ähnlich wie die Schriftrolle ist dieses fassähnliche Gefäß überdimensional groß. Die Frau im Epha wird mit der Sünde oder der Bosheit identifiziert, womit der Text eine späte Auslegungstradition von Genesis 3 aufnimmt (vgl. Spr 2,16–19; 5,1–23;6,24–29; 7,5ff.; 9,13ff.). Die Personifikation des Bösen ist eine Vorstufe der späteren Figur des Teufels.

Mit dem Wirken des Engels (V. 8) wird die Ausbreitung der Bosheit im ganzen Land gerade noch einmal verhindert. Die Vision ist aber noch nicht vorbei. Zwei Frauen mit Storchenflügeln treten auf, die mit ihren Flügeln weit fliegen können und vom Wind getragen werden. Ihr Auftrag besteht darin, das Epha mit der Frau darin nach »Schinar« – ein Name für Babylonien – zu tragen und ihr dort ein Haus, also einen Tempel zu erbauen – als Gegenbild des Tempels in Jerusalem.

Bevor Gottes Heil kommt, muss erst die Bosheit weggeschafft werden. Über Diebe und Meineidige wird Gottes Fluch laut, und anschließend wird Gott das Land auch von der Bosheit befreien, um mit dem Volk einen Neubeginn zu wagen. Ich ersehne Gottes Handeln auch in diesen Tagen des Advents. Wenn Gott kommt, kommt mit ihm auch die Gerechtigkeit!

SIBYLLE ROLF

Wo bleibst du, Trost der ganzen Welt, darauf sie all ihr Hoffnung stellt? O komm, ach komm vom höchsten Saal, komm, tröst uns hier im Jammertal!

Gottes Geist setzt sich durch

Die letzte Vision von Sacharja ist mit der ersten Vision (Sach 1,7–17) durch das Motiv der Pferde verbunden. Hier sind es allerdings nicht Reitpferde, sondern Zugpferde, die Streitwagen ziehen. Vier Wagen mit unterschiedlich farbigen Pferden kommen zwischen zwei Kupfer-Bergen hervor, die wohl das Tor zum Himmel symbolisieren. Die Winde des Himmels, die Gottes Streitwagen bilden, finden sich auch in Psalm 148,8 oder Jesaja 66,15. Gott hat in der biblischen Überlieferung Eigenschaften des Wettergottes Baal übernommen – und diesen damit entmachtet. Gott ist der Lenker der himmlischen Mächte!

Im weiteren Verlauf der Vision machen sich die Wagen auf den Weg. Der Fokus des Propheten wird auf die Wagen gelenkt, die nach Norden, nach Babylon ziehen. Gott wird im Norden, in den Ländern, die sich Israel gegenüber als feindlich erwiesen haben, seinen Geist senden. Mit Hesekiel 37,12ff. verstehe ich Gottes Geist als Leben schaffend: Gottes Geist wird die Menschen aus dem Exil zurückführen und ihnen einen neuen Anfang miteinander und mit Gott in dem Land ermöglichen, aus dem sie vertrieben worden sind. Damit erweist sich Gott als mächtig und als stärker gegenüber den Göttern und Herrschern aller anderen Völker.

Nachdem die sechste und siebte Vision Gottes Heilszeit vorbereitet haben, indem die Übeltäter bestraft und das Böse verbannt wurden, zeigt die letzte Vision, dass Gott seine Heilsmacht auf der ganzen Welt durchsetzen kann. Er ist mächtig genug dafür – und sein Geist wird Leben und Heil schaffen.

Traue ich dieser Macht? Auch angesichts der vielen Schreckensnachrichten und angesichts der vielen Machthaber, die an Brutalität und Machtgier den antiken Babyloniern um nichts nachstehen? Gott spricht ein Dennoch gegen Gewalt. Er ist mächtig genug, Neues zu schaffen. In dieser Zuversicht berge ich mich im Advent. Denn er kommt und lässt sich in unsere Geschichte verweben!

SIBYLLE ROLF

Komm, unser Gott, du Morgenstern und Friedefürst! Wir warten sehnsüchtig auf dich. Komm und sende deine Leben schaffende Geistkraft in unsere Welt. Sprich dein Dennoch zu Krieg und Gewalt!

Blick in die Zukunft

Nach Abschluss der Visionen erhält Sacharja einen prophetischen Auftrag. In der Erwartung, dass ein »Spross« kommen wird, der den zerstörten Tempel in Jerusalem wiederaufbaut. Wer der »Spross« ist, bleibt offen. Nach den deutungsbedürftigen Visionen erscheint der Auftrag handfest und konkret. Der Prophet soll sich auf den Weg machen und eine priesterliche Person krönen. Dass dieser Mensch kein König, sondern Priester ist, zeigt seine besondere Nähe zu Gott. Zugleich gibt es ein friedliches Nebeneinander von weltlicher und geistlicher Macht (V. 13f).

Mit allem wird deutlich: Gott möchte diesem Volk eine Zukunft und eine Hoffnung schenken. An der Zukunft darf konkret gebaut werden. Und nicht nur Menschen aus dem Volk Israel sind am Bau beteiligt, sondern ebenso auch die Fremden, die am Bau des Gotteshauses mitwirken. Vor allem dass »Fremde« dabei sind, wenn Gottes Haus von neuem entsteht, berührt mich. Gottes Heil bezieht die ganze Welt ein – wie sich auch an den Weihnachtserzählungen zeigt, als Hirten und orientalische Weisen zur Krippe kommen.

Die Gefangenen kehren aus Babylon zurück und nehmen ihre alte Heimat wieder friedlich in Besitz, die von allem Unrecht gereinigt wurde und in der es zwischen den einzelnen »Gewalten« (geistlicher und weltlicher Macht) keine Konkurrenz gibt. Das prophetische Bild Sacharjas malt das Heil nicht so visionär und farbig aus wie in anderen prophetischen Büchern – aber gerade in der konkreten Schlichtheit entfaltet es seine Kraft.

In dieser Adventszeit will ich der Kraft der biblischen Bilder vertrauen und mich und die Welt Gott anvertrauen. Ich will auf Gottes Zukunft hoffen, in der Gewaltherrschaft und Machtausübung nicht mehr gelten, sondern alle Weltvölker friedlich miteinander Häuser für Gott und die Menschen errichten. Seht auf und erhebt eure Häupter, weil sich eure Erlösung naht! (Lk 21,28)

SIBYLLE ROLF

Was fragt ihr nach dem Schreien der Feind und ihrer Tück? Der Herr wird sie zerstreuen in einem Augenblick. Er kommt, er kommt, ein König, dem wahrlich alle Feind auf Erden viel zu wenig zum Widerstande seind. – Ja, komm, unser Gott, mit deinem Heil und deinem Frieden.

Gott und offene Ohren

Ich gehe mit der Bibel durch das Jahr. Ich besuche regelmäßig den Gottesdienst. Hand aufs Herz: Für wen tue ich das? Der Prophet Sacharja erschüttert unser frommes Selbstbild: Ihr tut es für euch selbst, wenn ihr spendet oder das Mahl feiert. Für eure Religiosität gibt es keinen himmlischen Applaus. Die Frage ist vielmehr: Zeigt ihr Gott nicht die kalte Schulter und stellt euch taub gegenüber seinem Willen, trotz aller Spiritualität? Warum sonst lässt euch kalt, wofür Gott sich erhitzt und wofür alle Propheten und überhaupt die Bibel sich den Mund fusselig reden?

Gott verlangt nicht mehr Kirchlichkeit von euch, sondern mehr Weltlichkeit. Gott hat ein offenes Ohr für die Schreie der Leidenden. Gott verhärtet sein Herz nicht gegenüber den Ohnmächtigen. Blickt warmherzig auf die Welt und mit den Menschen geht barmherzig um. Das Kreuz hat einen spirituellen vertikalen und ebenso einen horizontalen weltlichen Balken. Gott segnet euch, damit ihr segensreich wirkt für andere.

Ich feiere Gottesdienst sonntags um zehn. Das bringt mir was und geht in Ordnung. Gerade Sacharja liegt viel am Tempelbau in Jerusalem. Gott will seinen Leuten dienen. Aber ich glaube und lebe als Christin und Christ nicht nur für mich. Gott will einen Gottesdienst, der anderen zugutekommt. Ort und Termin dafür stehen nicht im Gemeindebrief. Aber ich kann hören, wenn die Glocken läuten und dazu einladen: wo ich mich dafür einsetze, dass Fremde willkommen sind in meiner Nachbarschaft. Wenn ich erkenne, für wen ich mich heute stark machen werde. Beispiele finden sich genug bei Sacharja. Sie sind mir bekannt. Denn ich lese die Bibel für mich und gehe mit ihr für andere durch den Tag.

HANSFRIEDER ZUMKEHR

Gott, ich will nicht nur für mich selbst fromm sein. Lass mich erkennen, wenn ich mir dich mit meinem geistlichen Leben vom Leibe halte. Ich will mein Herz öffnen für jene, die dir am Herzen liegen. Hilf mir, so zu leben und zu lieben, wie ich glaube.

Gott und starke Hände

Eine beeindruckende Abfolge von Absichtserklärungen Gottes. Der Prophet betont diesen Absender. Sonst könnten Gottes Leute leicht dagegenhalten: »Fromme Wünsche!« oder »Wer's glaubt!«. Doch Gott ist kein Lieferant von unerreichbaren Traumzielen. Gott will sie realisieren und wirkt, damit sie wirklich werden. Was Gott sagt, ist überraschend »welthaltig«. Es ist wortwörtlich erbaulich. Es geht bei Sacharja immer auch um den Bau des Tempels. Jetzt gilt es, mit Hand anzulegen beim Bau des Reiches Gottes.

Wir verwenden in unserem Glaubenswortschatz gerne wohlklingende Begriffe. Sie sind regenbogenfarben, aber oft allgemein und wenig anschaulich. Hier sehe ich Gott am Werk. Ich spüre Lebensfreude. Alte Männer und Frauen sitzen gemütlich beisammen, Kinder spielen. Alle genießen wieder ohne Angst das Leben. Mit solchen Aussichten macht Gott uns den Mund wässrig.

Sacharja betont den Absender. Sonst würde ich sagen: Du malst eine bloße Idylle! Du sprichst von einer unerreichbaren Utopie! Bei solch starken Worten überprüfe ich aber besser meine Vorstellung von Gott. Traue ich Gott eine wirksame Rolle in unserer Welt zu? Vielleicht denke ich zu klein und beschränke Gott auf den Bereich innerer Stimmungen und Gefühle. Stelle mir Gott eher statisch vor. Gott ist jedoch dynamisch. Überirdisches Sein und höchst irdisches Tun. Gott mit hochgekrempelten Ärmeln. Gott wirkt in unserer Wirklichkeit. Das hat Auswirkungen im Leben dieser Welt.

Liebe, Frieden, Gerechtigkeit sind Tun-Worte. Gott tut sie. Mit uns. Sinnvolle Arbeit ist wieder angesagt. Für eine Welt, die auf dem Weg ins Reich Gottes ist. Ich glaube an Gott den Wirkmächtigen. Und spucke in die Hände, um zu beten und zu arbeiten.

HANSFRIEDER ZUMKEHR

Gott, hier sind meine Hände, hier bin ich. Stärke sie. Stärke mich. Danke, dass du unbeirrt den Weg mit deiner Welt gehst. Du gibst sie nicht auf. Ich will mich nicht lähmen lassen von all den Entwicklungen, die mich belasten. Zeige mir, wo meine Mitarbeit gefragt ist.

Gott und unermüdliche Füße

Zieht es uns auch an diesen Ort? Gott ist dort und das Böse ist fort. Wer sich nach diesem Ziel sehnt, hängt sich am besten an die Rockzipfel der Ortskundigen. Halten wir uns an Mose und die Propheten, heute an Sacharja. Fassen wir Evangelisten und Apostel an der Hand oder den Seher Johannes. Sie nehmen uns alle mit an den Ort, wo Gott unter uns Menschen wohnt und Gottes Angesicht über der Welt leuchtet. Das wird nicht in Rom sein mit dem Petersdom oder in Genf mit dem Weltkirchenrat. Wir kommen dort an, wo der Tempel des Gottes Israels steht. Wo das Kreuz errichtet ist und sich das österlich leere Grab findet. Gott ist dabei und das Leid ist vorbei.

Auf dieser Strecke sind wir »verheißungsgebunden«, aber auch weisungsgebunden. Es gibt keine Abkürzung zwischen der Bitte »Dein Reich komme« und dem verheißenen Friedensreich. Die Direktverbindung von der Gegenwart ins Gottesreich braucht unermüdliche Füße. Martin Luther sagte: Der Glaube ist immer im Tun. Wer diese Richtung einschlägt, hängt sich an Gottes menschenfreundliche Gebote. Sacharja beschreibt ein Miteinander ohne Übereinander und Gegeneinander. Wir werden beispielsweise auf diesem Weg nicht zulassen, dass Wahrheit verdreht und Hass auf Migrantinnen oder Minderheiten gesät wird.

In wie vielen Nationen sehnen sie sich nach diesem Ziel: Gott ist mit uns. Lasset uns nun gehen und die Geschichte sehen. Setzen wir uns schon vor Weihnachten in Bewegung. Schmücken wir uns mit einem glaubwürdigen Leben und einem liebenswürdigen Verhalten. Lassen wir es innerhalb unserer Tore, den Haus- und Kirchentüren aufleuchten. Stark wie ein Scheinwerfer muss es nicht sein, kerzenschimmerhell reicht.

HANSFRIEDER ZUMKEHR

Gott, wir sehnen uns nach der Welt, die frei ist von Unrecht und Schmerz. Du hast sie uns versprochen. Komme zu uns wie damals an Weihnachten. Gib uns einen neuen Schub in Richtung dieser Zukunft. Lass uns trittsicher auf dein kommendes Reich zugehen.

Standing Ovations erhöhter Frauen

Maria steht nicht allein auf weiter Flur. Ihr Jubel über Gott bricht aus ihr heraus, als sie ihre Verwandte Elisabet besucht. Beide sind schwanger, beide wurden es auf erstaunliche, ja wunderbare Weise, gegen alle menschliche Erfahrung. Und Marias Lied des Jubels und des Dankes ist zugleich eingebettet in die Rettungsgeschichten ihres jüdischen Volkes. Lukas gestaltet das Magnificat nach den Vorgaben und Motiven des Lobliedes, das Hanna, die Mutter Samuels, anstimmt, als auch sie, trotz ihrer offenkundigen Unfruchtbarkeit, noch im Alter einen Sohn gebiert. Sie alle, Hanna, Maria, Elisabet, wissen, dass sie das allein Gott zu verdanken haben. Was Hanna bekennt, ist wie eine gemeinsame Überschrift über dem Leben aller, die am Ende der menschlichen Möglichkeiten und Erwartungen ihre Hoffnungen in die Hände Gottes legen: »Der Mensch ist nicht stark aus eigener Kraft.« (1 Sam 2,9b) Genau davon weiß Maria ihr Lied zu singen. Mit Hanna ist sie sich einig: Wenn Gott ins Spiel kommt, dann werden bisweilen die Dinge auf den Kopf gestellt, da bleibt kein Stein auf dem anderen; Hungernde werden satt, Reiche gehen leer aus, Mächtige stürzen, die Erniedrigten und Kleinen stehen auf und werden groß; Menschen werden stark, frei und gehen ihre Wege mit erhobenem Haupt, in und mit Gottes Kraft. Nein, Maria steht nicht allein auf weiter Flur, sie besingt die große Rettung Israels, die sich im Ursprung seiner Geschichte in Ägypten ereignete, als Gott mit starkem Arm machtvoll die pharaonische Sklaverei zerbrach und Israel rettete. Sie besingt die Treue und das Erbarmen Gottes, die sich im Leben Abrahams und Saras zeigten, die ihrerseits zum Segen für Israel und alle Menschen werden sollten. Dieser Segen, dieses Erbarmen Gottes zeigen sich erneut und mächtig in Marias Kind, das die universale Verheißung im Namen trägt. Denn Jesus bedeutet: Gott rettet!

DETLEF ZIEGLER

Gott, wenn nichts mehr geht, wenn unsere Wege an ein Ende kommen, dann geh du voran. Du hast noch andere Hände als nur die unseren. Mit dir überspringen wir Mauern.

Friedenskönig sein

Achtung Falle! An dieser Stelle hören wir ganz schnell das adventliche Lied »Tochter Zion« und sehen Jesus am Palmsonntag nach Jerusalem ziehen. Die erste christliche Generation hat ganze Arbeit geleistet: Sie haben im von Sacharja prophezeiten Friedenskönig Jesus erkannt. Sie haben das in die Evangelien eingetragen. Sie haben eine starke christliche Tradition begründet. Dennoch sollten wir Sacharja in seiner Zeit lesen, um den Blick zu weiten.

Sacharja hat ein gedemütigtes Volk vor Augen, das aus dem Exil zurückgekehrt ist, aber keinen echten Neuanfang schafft. Ihnen verspricht Gott einen König, der so ist wie sie. Einen, der sich lieber zum Gespött macht (auf einem Esel), als mit Macht alles an sich zu reißen. Einen, der offenbar um seiner selbst willen, nicht wegen großen Aufzugs zu bejubeln ist. Einen, der Demut und Gerechtigkeit nicht vor sich her trägt, sondern beide Eigenschaften hat. Einen, der weiß, dass nicht er die Rettung geschafft hat, sondern sie ihm zuteil wurde. Dieser König macht nicht viel, außer diese Demut zu zeigen. Gleichzeitig wirkt Gott selbst und es wird Frieden. Das Nichtstun des Königs verhilft dem Frieden durch Gott zum Siegeszug. Das ist fast zu einfach, um wahr zu sein!

Wenn dieser Text nicht nur auf Jesus Christus zu beziehen ist, kann es viele solcher Friedenskönige geben. Im Großen wie im Kleinen wären sie so nötig: die zurückstecken können. Die nicht immer recht haben müssen. Die sich selbst nicht zu wichtig nehmen. Die es deshalb schwer haben und doch alles Gott zutrauen. Sie können ein Stück Frieden stiften. Sie haben kein Exklusivrecht auf ihr König-Sein. Vielmehr wird jeder weitere König und jede weitere Königin dem Frieden mehr Raum geben.

ANNE RADEMACHER

Schenke Frieden, Herr. Lass uns zu Friedensstiftern werden – mit deinem Beistand weit über unsere Kraft und Möglichkeiten hinaus!

Der durchbohrte Gott

Sacharja sagt uns hier ein Gotteswort mit ganz verschiedenen Facetten. Zunächst eine Heilszusage: Die Feinde werden vernichtet. Den eigenen Leuten sagt er den Geist des Mitleids und des flehentlichen Bittens zu. Mit diesem Geist ausgestattet werden sie auf Gott blicken, den von ihnen Durchbohrten. Diese Zusammenstellung ist zumindest ungewöhnlich und der Zusammenhang erschließt sich nicht auf den ersten Blick. Wir müssen also tiefer fragen.

Sacharja spricht in eine Zeit, in der das Gottesvolk aus dem Exil zurückkehren kann. Ein Neuaufbruch scheint möglich, aber immer hängt es ein bisschen: Nicht alle ziehen mit. Der Aufbau geht eher schleppend voran. Religiös bleibt letztlich alles beim Alten. Dagegen setzt der Prophet als Sprachrohr Gottes die Mahnung und Verheißung zur Umkehr. Das Volk soll sich Gott zuwenden. Das aber müssen sie nicht aus eigener Kraft. Alles, was sie dazu brauchen, verheißt Gott. In der Verheißung können wir hören, was sie vergessen haben. Dass Gott sie gerettet hat. Dass sie Mitleid mit den Kleinen und auch mit der Situation, in der sie sind, haben sollen. Denn irgendwie ist ihnen der Schmerz abhandengekommen, irgendwie haben sie sich im schlechten Mittelmaß eingerichtet. Sie scheinen auch keinen Grund mehr zu sehen, flehentlich zu Gott zu rufen. Vielleicht haben sie es zu oft versucht ohne Erfolg, vielleicht ist ihnen das Vertrauen verloren gegangen. Und vielleicht ist das der Grund, dass Gott sich als durchbohrt bezeichnet. Wo es nicht gewollt und erbeten ist, scheint er Schwierigkeiten zu haben, so wohlwollend zu handeln, wie er es will. Wo es kein Vertrauen in sein Handeln gibt, scheint ihn bohrender Schmerz zu plagen.

Diesem Gott kann man sich jederzeit, nicht nur damals bei Sacharja, zuwenden. Wir dürfen alles, was uns zerreißt und müde macht, zu Gott bringen. Wir dürfen ihn bitten. Wir dürfen so auf ihn blicken, der uns Gutes will. Er selbst wird uns den Impuls und den Geist dazu geben.

ANNE RADEMACHER

Schenk deinen Geist, du guter Gott. Schenke unserer Welt den Geist des Mitleids. Höre unser Beten für die Menschen um uns herum. Steh uns bei, damit wir leben können und leben lassen.

Der HERR ist König

Gibt es einen Ausweg aus ganz verfahrenen Situationen? Diese Frage stellen Menschen seit Jahrtausenden. Sie bewegt jene, die machtlos ungerechten und unerträglichen Situationen ausgeliefert waren und sind. Sie mag auch manchem von uns über die Lippen kommen, wenn wir vor den Herausforderungen unserer Zeit im Kleinen wie im Großen stehen.

Sacharja antwortet auf solche Fragen: Es gibt keinen Ausweg. Es muss eine völlig neue Welt her. Es reicht nicht, dass dieser oder jener neue Herrscher für Ordnung sorgt. Gott muss das Zepter in die Hand nehmen. Die nötigen Veränderungen übersteigen alles menschliche Können. Sacharja schildert uns deshalb, wie Gott selbst auf den Plan tritt – seine Füße werden auf dem Ölberg stehen – und wie er die Welt umgestaltet. Am Ende steht: Der HERR ist König über die ganze Erde. Alles wird neu sortiert. Aber es geschieht nicht ohne die alten Beteiligten. Es gibt kosmische Zeichen, aber die Menschen bleiben. Nur ist das Problem, dass auch sie sich grundlegend ändern müssen. Sonst passen sie nicht in Gottes neue Welt. Dieser Prozess aber ist äußerst schmerzhaft. Sehr drastisch schildert der Prophet die schrecklichen Ereignisse, die damit einhergehen. Schweres Leid scheint unvermeidbar zu sein. Immerhin leuchten zwischendurch Hoffnungszeichen auf und Sacharja sagt auch, wie gut es danach sein wird.

Ist Gottes Erscheinen also zu fürchten oder zu erhoffen? Beides ist in den prophetischen Weissagungen enthalten. Aus der Sicht der Verlierer, also derer, die jetzt vieles erleiden, für die die geschilderten Situationen Wirklichkeit sind, ist es ein Hoffnungssignal. Gott wird der Ungerechtigkeit ein Ende machen. Für die Gewinner ist es Mahnung zur Wachsamkeit, um sich nicht zu sehr in den Verhältnissen einzurichten. Für alle aber steht die Einladung zu schauen, wie wir für Gottes neue Welt tauglich werden.

ANNE RADEMACHER

Gott, du wirst einmal alles erneuern. Lass uns schon jetzt gegen Ungerechtigkeit aufstehen. Lehre uns Vertrauen, wo wir an unsere Grenzen kommen.

Einführung zum Buch Maleachi auf S. 395ff.

Liebe lässt sich nicht beweisen

Der Prophet kommt gleich auf den Punkt. Wort Gottes an sein Volk: Ich habe euch geliebt. Ich liebe euch. Sagt Gott. Punkt. Gott spricht die Seinen an, sucht den Kontakt, sucht die Nähe. Grund dafür ist seine Liebe, nichts sonst.

Wenn in einer guten Beziehung einer sagt: Ich liebe dich, dann ist erwartbar, dass die Antwort Freude ist und Dankbarkeit, ein Lächeln, das Bekunden der eigenen Liebe. Vielleicht steht leise die Frage im Raum: Womit habe ich das verdient? Leise nur, weil wer weise ist, weiß, dass es für die Liebe keine Erklärung gibt (nicht für die Liebe Gottes zu Jakob und nicht für irgendeine Liebe). Aber statt einer Antwort der Geliebten, kommt ihre Frage mit trotzig vorgerecktem Kinn: Wodurch zeigt sich das denn? Wenn ich meinem Mann sagte: Ich liebe dich!, und er dann zurück fragte: Und, kannst du das beweisen?, dann müsste ich fürchten, die Ehe sei nicht zu retten.

Gott versucht den Bund zu retten. Er holt weit aus, erzählt aus der gemeinsamen Geschichte. Den kleinen Jakob hat er geliebt, den Erstgeborenen zurückgesetzt. Hassen kann hier schlicht heißen: nicht so stark lieben. Immerhin ist Esau reich geworden und hat Versöhnung gefunden mit Jakob. Die Nachfahren Esaus aber, die Edomiter, waren sprichwörtlich gottlos. So wurden sie von Gott mit Hilfe ihrer Feinde dezimiert und verdrängt, ihr Land verwüstet. Gott erzählt die gemeinsame Geschichte und macht klar, er wird nicht zulassen, dass sie die Seinen je wieder bedrohen. Mit eigenen Augen werden sie es sehen, die Geschichte deuten können.

Liebe lässt sich nicht beweisen. aber ihre Auswirkungen lassen sich mit bloßem Auge erkennen. Ich habe euch geliebt. Ich liebe euch. Das ist Gottes erstes Wort. Wer es sich gesagt sein lässt, der wird verwandelt und kann das Leben neu deuten.

ANNE RESSEL

Gott; Ich will mir dein »Ich liebe dich!« unverdient gesagt sein lassen, ins Staunen kommen darüber mit Dank und Freude. Dann verwandelt sich vor meinen Augen das Leben, und ich übe, dich zu lieben – bitte frag nicht nach Beweisen!

Ehre sei Gott in der Höhe …

Nur wenige Tage bis zum Heiligen Abend. Wer Gottesdienste besucht, hat vielleicht in der Adventszeit gesungen: Mit Ernst, o Menschenkinder, das Herz in euch bestellt (EG 10). Wahrscheinlich ist das nicht, denn das Lied ist ein bisschen aus der Mode gekommen mit seinem Ernst und seiner Demut.

So wie zur Zeit Maleachis der Ernst beim Opferkult vergangen war. Ein Opfer diente dazu, sich als unzulänglicher, fehlerhafter Mensch Gott nahen zu dürfen. Die Tadellosigkeit des Opfers stand stellvertretend für die eigene Untadeligkeit. Aber: Ist ja nur ein äußerliches Zeichen, wie soll es da auf die Feinheiten ankommen? Ein Tier ist krank oder lahm? Es wird doch sowieso geschlachtet und verbrannt.

Wenn aber alle Form sich auflöst, weil alles egal ist, dann geht es auch, aber nicht nur um Gottes Ehre. Gottes Thron steht nicht auf so tönernen Füßen, dass er zusammenbricht, wenn Menschen nicht recht beten. Aber die Armseligkeit spirituellen Lebens spiegelt den Abbau sozialer Ordnung und den Verlust aller Ehrfurcht vor dem Leben auch in seinen alltäglichen Bezügen.

Ehre sei Gott in der Höhe und Frieden auf Erden den Menschen, die Gott liebt!, so werden es die Engel in der Heiligen Nacht mit derselben Inbrunst singen wie der Bote Gottes zur Ehrerbietung gegen Gott aufgerufen hat in der Hoffnung, dass dann Raub und Betrug nicht überhand nehmen. Weil Gott die Menschen liebt. Und die Menschen davor bewahren will, dass eh alles egal ist.

Wer Gott, Schöpferin aller Geschöpfe, die Ehre erweist, wird die Geschöpfe mit Respekt behandeln. Umgekehrt kann auch gelten: Wer mit Hingabe Plätzchen aussticht und mit Leidenschaft das Haus schmückt, wird es leichter haben, mit Ernst sein Herz zu bereiten für die Gegenwart des Heiligen in unserer Welt.

ANNE RESSEL

Gott, Herrscher aller Mächte, hilf mir, mich mit Ernst und Achtsamkeit der Dinge anzunehmen, damit mein Denken und Tun dir zur Ehre diene.

Herr, bin ich's?

Priester und Leviten waren betraut mit dem Tempeldienst. Sie gaben die Weisung Gottes weiter und legten den Segen auf das Volk. Levi hatte den Segen Gottes erhalten, um Segen und Schalom an das Volk weiter zu geben. Die Priester in seiner Nachfolge aber, das macht Maleachi deutlich, versagen, indem sie selbst die Gebote nicht befolgen und unterschiedlich Recht sprechen und die Gebote auslegen, je nachdem, wer vor ihnen steht. Der Prophet beschreibt dagegen das Ideal des Auftrags: Ehrfurcht vor Gott haben, zuverlässig die Thora auslegen, wahr reden, in Frieden und Aufrichtigkeit leben, andere vor Schuld bewahren.

Gott droht nun, die Priester aus dem Amt zu vertreiben. Mit dem Ende des jüdischen Krieges 70 n.Chr. wurde diese Drohung wahr. Aber es gab im Judentum noch eine andere Linie, wonach das ganze Volk für Gott ein Königreich von Priestern und ein heiliges Volk sein soll, eine Linie, die dann im zweiten Testament aufgenommen wurde: Ihr aber seid ein auserwähltes Geschlecht, ein königliches Priestertum, ein heiliges Volk, ein Volk des Eigentums, damit ihr die Tugenden dessen verkündigt, der euch aus der Finsternis zu seinem wunderbaren Licht berufen hat. (1. Petrus 2,9)

Es steht uns also gut zu Gesicht, die Mahnungen Maleachis auf uns selbst zu beziehen und zu fragen, wie wir das Ideal priesterlicher Existenz in unserem Leben umsetzen. Denn wie Maleachi leben wir in Zeiten, in denen nichts recht vorwärts gehen will, alles nicht so rosig ist wie erhofft und alte Gewissheiten bröckeln.

Inwiefern zeugt unser Reden und Handeln davon, dass wir Gott vertrauen? Wie schnell sind wir in unseren Urteilen über Menschen und stützen uns dabei nur auf ihr Aussehen und die Umstände der Begegnung? Wie unterschiedlich gehen wir um mit dem Gebot der Liebe, je nachdem, ob es uns gerade passt oder nicht? Wie oft sind wir nicht aufrichtig? Geben wir Leben, Segen und Frieden unter das Volk?

ANNE RESSEL

Gott, mitten in der Nacht bringst du ein Licht in die Finsternis. Ach, dass ich leuchte von deinem Licht!

Was für ein Besuch!

Manche Besucher kommen, weil sie eingeladen und erwartet sind. Manche schellen nur mal so an, schauen kurz rein, hinterlassen eine flüchtige Duftmarke. Andere kommen ungebeten, so gar nicht zur rechten Zeit. Hätte man bloß nicht aufgemacht!

Zweimal kommt Zacharias in seinem Lobgesang auf einen Besucher zu sprechen. Gleich am Anfang: Gott hat sein Volk besucht und ihm Erlösung verschafft. Und zum Ende hin: Uns wird besuchen das aufstrahlende Licht aus der Höhe. Gemeint ist diesmal Jesus, der Sohn Marias. Wie hört sich das an, dass Gott zu Besuch kommt? Gebeten? Erwartet? Ungelegen? Im AT ist der Gedanke, dass Gott zu Besuch kommt, zentral. Genau daran erinnert sich Zacharias dankbar. Aber Gott kommt, um zu bleiben. Ja mehr noch: Er zieht ein, nimmt Wohnung, mitten in Israel, sei es im Zelt der Wüstenwanderung, sei es im Tempel oder in der Tora mit ihrer Weisheit, die in Israel ihr Zelt aufgeschlagen hat. Die Einwohnung Gottes, seine Schechina, führt zu einer WG der besonderen Art: Gott und Mensch in einer Wohngemeinschaft, damit der Mensch, damit ich weiß: Er ist da! So lautet ja auch sein Name. Und dass er da ist, wird im Loblied des Zacharias durch den Gedanken des Eides und des Bundes vertieft und bestärkt. Gott bindet sich an sein Versprechen, das er Abraham und seinen Nachkommen gegeben hat. Seine Einwohnung in Israel ist unbefristet, von seiner Seite her unkündbar. Denn Gott ist treu.

Es kann nicht verkehrt sein, sich auf einen Besuch vorzubereiten, damit man nicht kalt erwischt wird. Zacharias gibt seinem ungeborenen Sohn im 2. Teil seines Liedes ein Geburtsorakel mit auf den künftigen Weg. Johannes wird dem Herrn vorangehen, ihm Wege in die Ohren und Herzen der Menschen öffnen, Heil und Versöhnung ankündigen durch eine Taufe der Umkehr und Erneuerung. Solche »Vorläufer« braucht es zu jeder Zeit, die sich selbst nicht zu wichtig nehmen, aber hinweisen auf den, dessen Besuch ein hoher, ein ganz besonderer sein wird.

DETLEF ZIEGLER

Gott, werde ich daheim sein, wenn du kommst? Wenn du anklopfst, will ich dir öffnen. Nimm Wohnung unter uns, in unseren Herzen! Du treuer Gott!

Mischehen heute

Es gibt Bibeltexte, die uns unmittelbar ansprechen, während andere verstören oder gar unverständlich bleiben. Und manchmal gibt es Texte, die beides verbinden. Der heutige gehört eindeutig zu den letzteren. »Haben wir nicht alle denselben Vater? Hat nicht der eine Gott uns alle erschaffen?« Wer liest hier nicht das Pathos der universellen Gleichheit und Solidarität der Menschen! Den einen, gemeinsamen Vater muss man wohl universell interpretieren, aber nicht auf die Menschen auf der Welt, sondern nur auf ganz Israel bezogen.

Wer die Bibel auf dieser Ebene liest, der legt sie letztlich meist mit dem Gefühl aus der Hand, abgestoßen zu sein. Dann bringt man sich aber um den geistlichen Gewinn. Diesen kann man sich in zwei Schritten erringen. Erstens, indem man versucht herauszufinden, was der Text ganz konkret in seiner Entstehungszeit bedeutete. Wozu das Mischehenverbot? Israel war damals ein kleines politisch und kulturell bedrängtes Volk. In den damaligen Großreichen waren Mischehen ein erfolgreiches Konzept der Aussöhnung verschiedener Völker; der Preis war die Aufgabe kultureller Eigenheiten. Israels kulturell-religiöse Eigenheit ist: durch seinen Glauben an den einen Gott für die ganze Welt Segen sein. Und genau darum geht es im Text: Ist denn der Welt wirklich gedient durch die Preisgabe dieser Eigenheit? Und dann muss man den zweiten Schritt vollziehen: Was bedeutet das heute? Heute muss niemand mehr in einer Gesellschaft mit Religionsfreiheit die Preisgabe des Eingottglaubens fürchten, wenn sie oder er jemanden heiratet, der/die nicht so glaubt. Ein Mischehenverbot oder das Gebot der Auflösung solcher Ehen ist also nicht mehr sinnvoll. Wohl aber gibt es heute andere Zustände und Haltungen, die es schwer machen, sich frohen Herzens zum einen Gott zu bekennen. Unsere Aufgabe wäre es, diese Zustände und Haltungen zu erkennen und gegen sie anzugehen!

MICHAEL HAUBER

Gott, du bist der Eine und Einzige. Lass uns dich als unser Einundalles bekennen und so der Welt zum Segen werden.

Das Gericht

Das Gericht Gottes ist kein populäres Predigtthema. Über Jahrhunderte wurde es genussvoll ausgewalzt, um die Gemeinden – nennen wir es beim Namen – gerade beim sechsten Gebot unter Kontrolle zu halten. Zurecht hat man diese Form schwarzer Pastoral, die Papst Franziskus als »Folterkammer« bezeichnet, in weiten Teilen hinter sich gelassen.

Und dennoch: Für das Alte wie das Neue Testament gibt es das Gericht. Meist drastisch und plastisch mit Feuer und Strafe gemalt. Man hat Michelangelos oder Memlings Jüngstes Gericht innerlich vor Augen. Reichlich unadventlich – vielleicht muss man sagen: nicht unseren beschaulich-bürgerlichen Vorstellungen vom Advent entsprechend – heißt es im heutigen Text, dass im Gericht mit Feuer und Lauge gereinigt wird. Diese erschreckenden Bilder verweisen darauf, dass Maleachi seinen Zeitgenossen sagen wollte: Der Verstoß gegen Gottes Gebote kann furchtbare Konsequenzen haben. Auch wenn es um den Zehnten geht. Und der Prophet geht davon aus, dass Gottesliebe und Menschenliebe zueinander gehören. Und deshalb wird Gott auch falsches Sozialverhalten und perverse gesellschaftliche Umstände richten. Tagelöhner, Witwen und Waisen sind die sozial Bedürftigen, Hilflosen der Antike. Denen man nicht das Geringste gönnt, die man ausbeutet.

Und heute: Lebt eine grotesk reiche, in der Regel weiße Oberschicht von wenigen 10000 Menschen zulasten der Mehrheit der Bevölkerung der nördlichen Hemisphäre, und diese wiederum in einem ignoranten Grundwohlstand zulasten der Menschen auf der Südhalbkugel des Planeten. Wir können und müssen nicht aus unserem Land und unserem Stand ausbrechen, wir müssen nicht arm werden, um vor Gottes Gericht bestehen zu können. Aber wir müssen lernen, Gott und unseren Nächsten zu ehren.

MICHAEL HAUBER

Gott, du abendloses Licht, lass uns in deinem Gericht deine unendliche Barmherzigkeit aufleuchten.

Euch wird die Sonne der Gerechtigkeit aufgehen

In vielen Bibelausgaben ist der heutige Text der letzte des Alten Testaments. Das passt zum Tag. Heute ist der letzte Tag des Advent. Morgen feiern wir die Geburt der Sonne der Gerechtigkeit. Ich mag Weihnachten schon 40 Jahre bewusst als Fest erleben – nie hat dieser Tag die Spannung verloren. Ich kann Freudensprünge wie ein junges Kalb machen wegen der Geburt Gottes in unserem Fleisch und doch habe ich noch jedes Jahr von neuem erlebt, dass die Erwartung dieser Geburt eine Konfrontation mit einer noch nicht gekannten Seite Gottes ist.

Mit Fug und Recht ist dieser letzte Text des Alten Testaments als eine Hilfe zu verstehen darüber nachzusinnen, was wir morgen feiern. Gottes Wort ist doch nicht Mensch geworden, um sich im Glanz seiner einmaligen gottmenschlichen Einheit zu sonnen! Gottes Wort ist einer von uns geworden, damit wir Geschwister des Gottessohnes sein können. Maleachi hat geahnt, dass sich Ungeheures ereignen wird: Wo Menschen anfangen, Mensch zu sein, wo sie Gott wirklich Gott sein lassen, da beginnt die Schöpfung so zu werden, wie Gott sie gewollt hat. Da wird Gottes Gebot gehalten, das man zurecht auf die drei simplen Forderungen reduzieren kann, den Nächsten und Gott zu lieben und sich selbst dabei nicht zu vergessen, weil die Achtung vor dem eigenen – von Gott geliebten – Ich ja die Basis der Liebe ist. Da ereignet sich das Gericht Gottes. Maleachi verschweigt nicht die Alternative: Das Land müsste dem Untergang geweiht werden. Aber auch hier ergreift Gott nochmal die Initiative. Er sendet Elija. In einem historischen Sinne glauben wir Christ*innen, dass der elijagleiche Johannes diese Prophezeiung erfüllt hat. Aber sie stimmt auch in einem weiteren Sinn: Der Name Elija heißt: Mein Gott ist JHWH. Wenn wir morgen die Geburt Jesu in uns feiern, dann ist JHWH auch unser Gott geworden.

MICHAEL HAUBER

Gott, dein Sohn ist die Sonne der Gerechtigkeit. Ihren Aufgang feiern wir, wenn es heute Abend wird. Lass allen Menschen diese Sonne aufgehen.

Von Gottes Gnaden

In der Menschheitsgeschichte haben Mächtige immer wieder versucht, ihre Herrschaft mit Gott zu legitimieren. Sie haben sich als »Herrscher/Könige von Gottes Gnaden« inszeniert, haben ihre manchmal brutal-unterdrückende Machtausübung sakral überhöht und göttlich begründet. Und auch wenn in unseren Tagen Monarchien eher seltener anzutreffen sind und das Gottkönigtum aus der Mode gekommen ist – göttliche Autorität für eigene Zwecke in Anspruch zu nehmen oder zumindest unterschwellig göttliche Legitimierung für sich zu behaupten, das begegnet durchaus.

Vor diesem Hintergrund ist Psalm 2 ein spannender Text, direkt zum Auftakt des Psalters. Wenn wir diese großartige Sammlung poetisch-hymnischer Lieder und Gebete betreten, dann schreiten wir über die zweiteilige Schwelle von Psalm 1 und 2. Und werden nach der eröffnenden Mahnung bezüglich des rechten Weges (Ps 1) direkt mit den harten Themen »Macht«, »Herrschaft« konfrontiert (Ps 2).

Von weltweiter Opposition gegen Gott und dessen Herrscher ist die Rede. Doch vergeblich ist dieses Aufbegehren; Gott wird als geschichtsmächtig gepriesen. Gottes König als »Sohn Gottes« kann keine Macht der Welt widerstehen. Wobei sich hier niemand selbst ermächtigt und dafür Gott missbräuchlich ins Feld führt – Gott selbst handelt und setzt seinen König ein. Wie dieser König herrscht, das illustrieren andere biblische Texte eindrücklich. Auf jeden Fall sind Recht und Gerechtigkeit zentrale Ankerpunkte; Friede, Wohlergehen, Schalom kommen hinzu.

Das klingt nicht nur utopisch, das ist es auch – innerweltlich betrachtet. Zugleich verdichten sich hier urmenschliche Sehnsüchte und Hoffnungen – danach, dass Macht und Herrschaft im Dienst des Lebens stehen und die Schöpfung zu einem »Lebenshaus für alle« werden lassen. Quasi paradiesische Zustände. Gerade angesichts der aktuellen politischen Situationen und militärischen Krisen in so vielen Teilen der Erde ist diese Sehnsucht aktuell wie eh und je.

HEINER WILMER

Allmächtiger Gott, gib Frieden unseren Tagen. Selig alle, die sich bei dir bergen!

Ein Glücksmoment nach Weihnachten

Spätestens morgen beginnt das Abschmücken. Die ersten Weihnachtsbäume liegen schon am Straßenrand. Die Festtagsstimmung weicht; der Alltag hat uns wieder.

Doch aufgepasst! Denn was in der Heiligen Nacht geschehen ist, will unseren Alltag verändern. Das Kind bleibt nicht still in der Krippe liegen; es will unter die Leute und in unsere Herzen und in die Welt einziehen. Die meisten Menschen freuen sich und lachen, wenn sie einem kleinen Kind im Kinderwagen oder auf dem Arm begegnen. Manche winken, manche fassen nach seinen Händen oder wollen ihm sogar über die Wange streichen. Auch Simeon lebt auf, als er Maria und Joseph mit Jesus im Tempel sieht. Er ist so begeistert, dass er einfach zugreift. Er nimmt den Eltern Jesus weg und auf den eigenen Arm. Was Maria und Joseph wohl dabei gedacht haben? Ob sie schon geahnt haben, dass dies nur ein erstes Vorzeichen ist, dass dieses Kind einen besonderen Weg gehen wird, um dieser Welt einen neuen Glanz zu geben?

Simeon sieht das kleine Kind, das Schutz und Fürsorge braucht; aber er spürt vor allem die Kraft, die von diesem Jesus ausgeht. Was für die Eltern nicht alltäglich, aber normal ist, dass man nach der Geburt in den Tempel geht und Gott um den Segen für das Kind bittet, wird durch Simeon zu einem besonderen Glücksmoment.

Er erkennt: »In diesem Kind kommt Gottes Heil auf die Erde!« Eine neue Welt tut sich auf, in der es nicht mehr um Macht und Gewalt geht, sondern um Frieden und um ein Miteinander im Geist der Liebe. Simeon beginnt zu singen, vielleicht zu tanzen. Alle Menschen und Völker sollen es hören und sehen: Gott ist für uns da. Gott vertraut sich uns an. Gott macht die Welt neu.

JOCHEN CORNELIUS-BUNDSCHUH

Eins aber, hoff ich, wirst du mir, mein Heiland, nicht versagen: dass ich dich möge für und für in, bei und an mir tragen. So lass mich doch dein Kripplein sein; komm, komm und lege bei mir ein dich und all deine Freuden.

Es werde Licht!

Was für ein Anfang! Was nun folgt, ist ursprünglich nichts weniger als die In-Kraft-Setzung des allerersten Schöpferwortes. Gott beginnt seine Schöpfung durch sein ausgesprochenes Wort: »Es werde Licht!« Von nun an ist die Welt kein Tohuwabohu mehr, nicht mehr »wüst und leer«. Von nun an schwebt der Geist Gottes über ihr. »Und es ward Licht.« Noch keine Sonne, kein Mond, keine Sterne. Das alles kam erst am vierten Tag der Schöpfung. Es ist das wesenhaft göttliche Licht, sein Wort in der Welt, das sofort den Unterschied macht. Zwischen Licht und Finsternis. Das ist nicht einfach hell und dunkel. Mit dem Licht ist von Anfang an gesagt: das Heil, die Erlösung, das Ende des Elends.

Noch ist nichts gesagt über das, was hier in diesem Evangelium folgen wird. Aber es wird ein Ringen sein zwischen Licht und Finsternis. Zwischen dem Licht, das anbricht, aufleuchtet, aufscheint, schöpferisch, heilsam, erlösend, und der Finsternis, wüst und leer, eben das vom Licht Unterschiedene zu sein. Sie kann's gar nicht ergreifen.

Das Johannesevangelium erzählt die Geschichte Jesu von Nazareth als das Kommen des schöpferischen Wortes Gottes, als Anbruch der Neuschöpfung. Die Tore des Paradieses sind wieder geöffnet, aus ihnen strahlt das Licht hinein in die Nacht. Maria wird am Anbruch des ersten neuen Tages im Paradies den Gärtner sehen, wird den Auferstandenen erkennen, wird in ihm das Wort Gottes wahrnehmen, das Licht der Welt (Joh 20,11–18).

Das Wort Gottes am Anfang. Damit ist die erste Seite der Thora aufgeschlagen, und man wird diese hier angefangene Geschichte nur verstehen, wenn man dieses Buch liest, das ganze Wort Gottes, die ganze Thora, und die Propheten und die Schriften. In ihren Buchstaben, zwischen ihren Zeilen, aus diesen Schriftrollen und Buchseiten leuchtet das Wort Gottes, leuchtet das Licht der Welt. Jetzt erwacht es zum Leben, jetzt wird es unter uns sein!

HANS-MICHAEL WÜNSCH

Das Volk, das im Finstern wandelt, sieht ein großes Licht, und über denen, die da wohnen im finstern Lande, scheint es hell. Du weckst lauten Jubel, du machst groß die Freude.

Der Zeuge

»Es war ein Mensch«. Statt »im Anfang« nun also Geschichte in der Welt, identifizierbar, namentlich benannt: Johannes. Der kam zum Zeugnis. Damit ist seine Funktion für dieses Evangelium beschrieben. Er ist der erste Mensch, der darin benannt wird. Mit ihm wird dieses Buch auch in seiner Erzählung beginnen: »Und dies ist das Zeugnis des Johannes« (Joh 1,19). Er wird als Erster den begrüßen, der im Mittelpunkt des Johannesevangeliums steht. Er wird bei ihrer ersten Begegnung sein Zeuge sein und ihm seinen Namen geben: »Siehe, das ist Gottes Lamm, das der Welt Sünde trägt!« (Joh 1,29) Dieses Buch erzählt die Geschichte des Gotteslammes. Anders als in den übrigen Evangelien ordnet es den Ablauf der Ereignisse nicht nach geschichtlichen Abläufen, sondern nach literarischer Funktion, setzt die sogenannte »Tempelreinigung« ganz an den Anfang (Joh 2). Wie in einem modernen Film, der durch seinen Schnitt vorab erzählt, was am Ende passieren wird, so dass man diese Bilder den ganzen Film über schon im Kopf hat. So liest man hier alles, was noch kommt, mit dem Ereignis vor Augen, das den Beschluss zu seiner Ermordung provoziert.

Johannes ist der eine von Gott gesandte Zeuge. Eine einzigartige Auszeichnung und Hervorhebung für einen Menschen. Er steht für die Wahrheit des Wortes: »ohne dasselbe ist nichts gemacht«. Er bezeugt alles, was in diesem Buch stehen wird.

Aber der, den er bezeugt, wird noch nicht namentlich genannt. Erst ganz am Ende dieses Prologs erhält das Licht der Welt erstmalig einen Namen: Jesus Christus (Joh 1,17). Die ganze Wirklichkeit, die ganze Wahrheit, alles, was ist, existiert nur in diesem Licht. Es ist dieses Wort, dieses Evangelium, dieser Name, in dem Gott sich ausschließlich und von Anfang an mit seiner Schöpfung in Beziehung setzt, und nichts ist davon ausgenommen (Joh 1,3).

HANS-MICHAEL WÜNSCH

Licht, das in die Welt gekommen, Sonne voller Glanz und Pracht, Morgenstern, aus Gott entglommen, treib hinweg die alte Nacht. Gib dem Wort, das von dir zeuget, einen recht gepriesnen Lauf, dass noch manches Knie sich beuget, sich noch manches Herz tut auf.

Erleuchtung

Bevor irgendetwas anderes erschaffen wurde, entstand durch das Wort als allererstes das göttliche Licht. Es ist nicht von ungefähr, dass Weihnachten als Lichterfest gefeiert wird, an dem die Kerzen brennen. Die überall sichtbare Lichtsymbolik dieses Festes ist ein Zeichen der Einsicht in dieses Geheimnis der Welt. Aus dem Stall in Bethlehem dringt ein Schein vom Paradies durch die Tür nach draußen, korrespondiert mit dem Stern am Himmel, durchbricht die Finsternis, sendet eine Botschaft in die Dunkelheit. Endlich empfängt die Welt das Zeichen, das ihr ermöglicht, sich selbst ins rechte Licht zu setzen, sich also zu verstehen. Woher kommen wir? Was ist der Grund der Welt? Was bestimmt unser Leben? Es ist zunächst einmal immer diesem Widerspruch ausgesetzt. Die Finsternis, die in der Welt doch eigentlich nur noch das verdrängte, das überwundene Gegenüber zum Licht der Welt ist, ist als Überwundene immer noch da. Und es ist in ihrer Macht zu verhindern, dass die Welt dieses Licht erkennt. Doch es ist das göttliche Wort, das ihr diese Macht über uns entreißt. Dieses Wort ist nicht ableitbar aus dieser Welt. Es tritt zu unserer Wirklichkeit hinzu. Fügt der Welt eine Botschaft hinzu, die immer schon zu ihr gehört, weil sie ja nichts anderes ist als Gottes Schöpfung. Aber dieses Wort muss in ihr aufgenommen sein, ergriffen werden. Es will zu Herzen gehen. Will kommuniziert sein, um seine Leuchtkraft zu entfalten.

Die Schöpfung ist Gottes »Eigentum«. Doch in dieser Welt gibt es noch ein besonderes Eigentum Gottes, sein Volk unter den Völkern, Israel. Und in seiner Mitte wird der geboren, tritt der in Erscheinung, den Johannes ankündigt und bezeugt. Die Welt erfährt von diesem Licht nur dadurch, dass in diesem Volk ein Text entsteht, ein Wort ausgesprochen wird, das dieses Licht der Welt zur Sprache bringt. Ohne die Thora, ohne ihr »am Anfang«, ohne Israel wüsste die übrige Welt nichts von ihrem Anfang, nichts von ihrem Geheimnis.

HANS-MICHAEL WÜNSCH

O klare Sonn, du schöner Stern, dich wollten wir anschauen gern, o Sonn, geht auf, ohn deinen Schein im Finsternis wir alle sein.

Gnade und Wahrheit

Das Wort wird etwas. Das ist schon in der Schöpfung so. Gott spricht sein Schöpferwort, »es werde Licht«. Und es »ward« Licht. Da alles, was ist, die ganze Schöpfung, durch dieses Wort erschaffen wurde, ist die Welt nichts anderes als Wirklichkeit gewordenes, realisiertes, materialisiertes Wort. Ist auch jeder Mensch erschaffen, ausgesprochenes, in die Welt gerufenes Wort, nach seinem Bilde. Identifizierbar in dem einen Menschen (ecce homo, Joh 19,5). In seinem Leben wird das Wort Fleisch, sichtbar, hörbar, anschaulich. Und mit ihm bekommt es einen Namen. Jetzt, endlich, am Ende des Prologs wird er genannt: Jesus Christus (1,17). Letzteres unterscheidet ihn von seinen Brüdern und Schwestern auf Erden. Jesus ist der Christus, der Messias, der Maschiach, der Gesalbte Gottes, das menschgewordene, Fleisch gewordene Wort Gottes. Jetzt gibt es zwei Namen im Prolog. Jesus, der Sohn, und Johannes, sein Zeuge. In Jesus wohnt das Wort unter uns. Die jüdischen Rabbinen reden von der Schechina, der Einwohnung Gottes inmitten seines Volkes Israel. Die Thora spricht von der Kabod, der Herrlichkeit Gottes, die sichtbar wird am Berg Sinai, an dem Israel durch Mose die Thora empfängt (1,17). Und nun wird sie im Leben dieses einen Menschen gegenwärtig. Wir »sahen seine Herrlichkeit«. Das macht ihn zum »eingeborenen Sohn«. Aus seiner »Fülle« empfangen wir Gnade und Wahrheit (1,14), Gnade um Gnade (1,15), und noch einmal Gnade und Wahrheit (1,16). Als der Prophet Jesaja den Tempel betritt, »sieht« er in einer Vision Gott, und die Seraphen, die Engel, rufen das aus: »Erfüllt ist die ganze Erde von seiner Herrlichkeit« (Jes 6,3 E). Diese uneingeschränkte Fülle ist in Jesus Christus gegeben. Sie wird in ihm zur Gegenwart. Die hat einen räumlichen und einen zeitlichen Aspekt. Wir reden vom »Hier und Jetzt«. Diese Unmittelbarkeit wird durch nichts eingeschränkt. Gott ist da. Der, den niemand je gesehen hat, wird im Leben des Sohnes anschaulich, gegenwärtig. Das wird das nachfolgende Evangelium verkündigen.

HANS-MICHAEL WÜNSCH

Schöpfer, wie kommst du uns Menschen so nah!

Segnen mit Frieden

Um den Duktus eines Telefonats von Karl Barth am Vorabend seines Todestages aufzunehmen: »Es wird regiert! Und zwar von ganz oben.« Im Rückblick auf das vergangene Jahr mit seinen Dunkelheiten, den Nachrichten von Krieg und Zerstörung tut es gut, an dieser Gewissheit unseres Glaubens festzuhalten. Denn wir wollen nicht die rosarote Brille aufsetzen und schönsehen, was kritisch bilanziert werden muss. Wir wollen aber auch nicht in Depressionen verfallen, die sich dem Geschehen der Zeit einfach ausliefern, als seien alle Versuche der Einflussnahme zum Besseren unmöglich. Sehen und sagen, was ist und wie es ist, ist die Voraussetzung von Veränderung. Dazu kommt die innere Gewissheit, dass allen, die sich als Herrschende über die Welt aufspielen, Grenzen gesetzt sind. Weil es einen Schöpfer gibt. Weil es ein lebendiges Gegenüber von uns Menschen gibt, das Grenzen setzen kann. Und zwar auch durch Macht. Ein Psalm aus archaischer Zeit bezeugt das heute beim Übergang zum Neuen Jahr. Er stellt den Gott Israels, JHWH, als anerkannten Herrscher des Himmels vor. Als Schöpfergott wirkt er machtvoll auf der Erde und wird in Naturgewalten erfahrbar. Als ewiger König ist er Stütze und Hoffnung für sein Volk. Sich beim Bedenken des vergangenen Jahres dieses Gottes zu vergewissern, ist weder Unsinn noch Wunschdenken. Er und seine Macht sind den uns Menschen gesetzten Grenzen nicht unterworfen. Deshalb ist es auch sinnvoll, sich in den Erwartungen an das kommende Jahr mit der Bitte um Kraft an Gott zu wenden. Mit dem Ziel: Die erbetene Kraft soll dazu dienen, Wege des Friedens zu gehen. Mit realistischem Blick auf unsere Welt und getragen von der Zuversicht unseres Glaubens: Gottes Segen will Frieden. Auch im Neuen Jahr!

NIKOLAUS SCHNEIDER

Du, unser Gott, lass uns deine Friedensmacht erfahren.

Einführung in die biblischen Bücher

Zur Textgeschichte der biblischen Bücher

WERNER GRIMM

I Aus gutem Grund empfiehlt der Herausgeber im Vorwort zu »Mit der Bibel durchs Jahr«, man möge vor der Lektüre der Auslegungen erst den jeweiligen Bibeltext selbst lesen und dafür die Lutherbibel oder die Einheitsübersetzung in Griffweite bereithalten. In der Tat bieten gerade diese Bibel-Ausgaben den Text in einer zuverlässigen Fassung und in einer würdigen sprachlichen Gestalt. Wer sie beide besitzt und bei Bedarf auch die jeweiligen Übersetzungen miteinander vergleicht, wird in der Regel auf nur in Nuancen differierenden Wortlaut stoßen. Neugierig machen die Ausnahmen. Ich setze einen Fall: Sie lesen den bekannten Vers Mi 6,8 zuerst in der Lutherbibel und dort als erste von drei Forderungen des Propheten: »nichts als Gottes Wort halten«. Sie schlagen die Einheitsübersetzung auf und finden an der betreffenden Stelle: »nichts anderes als dies: Recht tun«. Ein Unterschied, der nach einer Erklärung ruft! Ich setze einen zweiten Fall: Auf dem Bibelleseplan steht ein Abschnitt von der Kreuzigung Jesu auf Golgatha; Mk 15,33 erzählt von einer Sonnenfinsternis von der sechsten bis zur neunten Stunde – »über das ganze Land«, so heißt es in der Lutherbibel und ebenso in der Einheitsübersetzung. So steht es auch in der Basis-Bibel von 2021, welche die EKD »als gut lesbare Bibelübersetzung insbesondere zur Erstbegegnung mit der Bibel« empfiehlt. Aber nun besitzen Sie zufällig auch eine Übersetzung des Markus-Evangeliums von Eugen Drewermann und finden an der fraglichen Stelle: »kam eine Finsternis über die ganze Erde«. Sie stutzen. Spürend, dass Markus hier symbolträchtig erzählt und die Finsternis ein Gottesgericht anzeigt, stellen Sie sich die Frage, ob denn nun solches Zorngericht auf das »Land« zielt, also auf Israel, oder ob Gottes »Weltgericht« über die ganze »Erde« ergeht: Gott nimmt sozusagen den vierten Schöpfungstag (Gen 1,14-19) zurück. Trifft ersteres zu, könnte die Stelle antijüdisch missbraucht werden. Um die Rätsel, die uns Mi 6,8 und Mk 15,33 aufgeben, lösen zu können, werfen wir einen Blick auf die lange Geschichte des Bibeltextes, zuerst auf die des »Alten Testaments«.

II Der Begriff **»Altes Testament«** beinhaltet die christliche Sicht auf die jüdische Bibel. Er ist hergeleitet aus 2 Kor 3,14. Dort spricht Paulus in einer etwas komplizierten Auslegung von Ex

34,33.35 vom »alten Bund« (griech. *palaia diathäkä* = lat. *vetus testamentum*), dessen Texte nur von Christus her recht gelesen und verstanden werden können.

Die **Hebräische Bibel** als standardisierten Text, wie ihn Martin Luther seiner Übersetzung des »Alten Testaments« zugrunde legte, gibt es seit dem Ende des 1.Jh. n. Chr. Voraus ging dem ein langer Prozess, im Verlauf dessen die einzelnen Schriften nach und nach abgeschlossen und gesammelt wurden. Der **jüdische Kanon**[1] hat drei Teile: die Tora (= 5 Bücher Mose); die Propheten (»vordere«: von Josua bis Könige; »hintere«: von Jesaja bis zu den Zwölf Propheten); die Schriften (mit den Psalmen an erster Stelle). Diese Dreiteilung kennt schon das Wort des Auferstandenen an die Emmausjünger (Lk 24,27). Auf sie bezieht sich die traditionelle Bezeichnung der Hebräischen Bibel als **»TaNaK«**; sie ist gebildet nach den hebräischen Anfangsbuchstaben für Tora (**t***orah*), Propheten (**n***evi'im*) und Schriften (**k***etuvim*). Der sog. TaNaK bildet sowohl das sukzessive Werden der Hebräischen Bibel ab als auch einen verschiedenen »Heiligkeitsgrad«. Die Tora wird im Judentum als »hochheilige« Offenbarung empfunden; die Propheten gelten als deren legitime Ausleger. Die Heiligkeit einiger »Schriften«, z.B. des Danielbuches, war noch im 1. Jh. n.Chr. bei den Rabbinen umstritten.

Der älteste komplett erhaltene Text der **Hebräischen Bibel** stammt aus dem Jahr 1008 n. Chr. (**Codex Leningradensis bzw. Petrogradensis**). Auf ihm basiert die **Biblia Hebraica Stuttgartensia** (1977): die Textausgabe, mit der die heutige Bibelwissenschaft arbeitet. Etliche im Wüstensand oder in den Höhlen von Qumran gefundene Papyri lassen sich zwar in die Jahrzehnte um die Zeitenwende datieren, doch enthalten sie jeweils nur wenig umfangreiche Textfragmente[2] – mit einer beachtlichen Ausnahme. In einer Höhle am Toten Meer wurde 1948 eine Schriftrolle[3] mit

1 Er besteht je nach Zählweise aus 24 Schriften (so 4.Esr 14,45) bzw. 22 Schriften (so Josephus, Contra Apionem 1,8).

2 »Die Herausforderung für Altertumswissenschaftler bestand nicht nur darin, dass überhaupt nur sehr wenige antike Manuskripte überlebt hatten, sondern auch darin, dass von diesen wenigen meist nur noch winzige Schnipsel übrig waren. Papyrus war ein brüchiges Material, hergestellt aus den flachgepressten, sonnengetrockneten Stängeln einer zu den Sauergräsern zählenden Papyrusart, die an den Ufern des Nils heimisch ist.« (Ariel Sabar, Veritas, 2023, S. 25)

3 Während im Judentum die Schriften noch lange die Form der »Rolle« behielten, setzte sich im Christentum spätestens ab dem 4. Jh. der »Codex« durch.

dem gesamten Jesajatext (Qa) entdeckt, welche Archäologen ins vorchristliche Jahrhundert datieren, dazu Fragmente einer zweiten Jesaja-Rolle (Qb)! Verblüffend nahe beieinander liegen diese Jesaja-Texte, besonders Qb, und jener des Codex Leningradensis, der über tausend Jahre später niedergeschrieben wurde. Natürlich finden sich da und dort kleine Abweichungen: unbewusste Abschreibfehler, auch kleine Änderungen an mehrdeutigen Stellen, die der Copyist entsprechend seinem Textverständnis vorgenommen haben mag. Aber insgesamt zeigt der Vergleich, dass die Hebräische Bibel in all den Jahrhunderten zwischen der Abfassung der einzelnen Schriften bis ins hohe Mittelalter mit Sorgfalt und Ehrfurcht vor der Heiligen Schrift je und je abgeschrieben wurde. Das ist vor allem den sog. **Masoreten** (»Überlieferer«), einer jüdischen Gelehrten-Gruppe der Textkritiker, zu verdanken. Sie versahen ab dem frühen Mittelalter den bis dahin nur mit Konsonanten geschriebenen (!) Text mit Vokalzeichen und Akzenten, aber auch mit Leseanweisungen am Rande und legten ihn auf diese Weise fest.

Nun geben die schon angesprochenen wissenschaftlichen Textausgaben der Hebräischen Bibel nicht nur den Text des Codex Leningradensis aus dem Jahr 1008 n.Chr. wieder. Sie notieren darüber hinaus in einem sog. »textkritischen Apparat«[4] Seite um Seite auch Lesarten, die vom Wortlaut des masoretischen Standardtextes abweichen. Dafür kommen in erster Linie frühe Übersetzungen der Hebräischen Bibel in die griechische, lateinische, syrische und noch andere Sprachen in Betracht, die möglicherweise auf einen gegenüber dem Leningradensis ursprünglicheren Wortlaut des hebräischen Textes rückschließen lassen.

Die für die christliche Kirche wichtigste Übersetzung der Hebräischen Bibel ist die sog. **Septuaginta (LXX)**. Sie verdankt ihren Namen der Erzählung im Aristeasbrief (100 v. Chr.): Auf Anweisung des ägyptischen Königs Ptolemäus II (285–246 v. Chr.) haben 72 jüdische Älteste, von Jerusalem nach Alexandria entsandt, auf der Insel Pharos in stiller Abgeschiedenheit eine Übersetzung

---

Sein Vorteil besteht in seinem festen Einband. Die Pergament- oder Papyrusblätter sind in Lagen geschichtet und mit dem meist aus Holzdeckeln oder aus versteiftem Ziegnleder bestehenden Einband fest verbunden. Die Buchform ermöglichte es, mehrere oder alle Schriften der Bibel zu vereinigen, und erlaubte Beschriftung auf beiden Seiten des Schreibstoffes sowie Blättern zum Nachschlagen.

4 Am unteren Seitenviertel dem abgedruckten Text jeweils beigegeben.

der fünf Bücher Moses ins Griechische angefertigt; dabei haben sie ihre einzelnen Entwürfe miteinander verglichen und in Übereinstimmung gebracht. Soweit das Narrativ. Nach gut begründeter Theorie ihrer Erforscher dürfte die Septuaginta eher das Ergebnis einer sich über viele Jahre erstreckenden Arbeit mehrerer Übersetzer sein. Das legen auch erkennbar unterschiedliche Übersetzungstechniken in den einzelnen Schriften nahe. Was waren Zweck und Ziel des aufwändigen Unternehmens? In Alexandria existierte im 3. Jh. v. Chr. eine große jüdische Diaspora. Ihre Hebräisch-Kenntnisse genügten mit der Zeit nicht mehr, den Bibeltext in seiner originalen hebräischen und aramäischen Sprache zu verstehen. Man verlangte nach einer griechischen Ausgabe der Heiligen Schriften. Die Septuaginta ist in ihrer Endgestalt umfangreicher als der am Ende des 1. Jh. n. Chr. von pharisäischen Schriftgelehrten definierte Kanon der Hebräischen Bibel. Sie enthält zusätzlich: 3 Esra; Judit; Tobit; 1.-4 Makkabäer; Oden Salomos; Weisheit Salomos; Jesus Sirach; Psalmen Salomos; Baruch; Brief des Jeremias und Zusätze zu Ester und Daniel. Einige dieser Schriften findet man in den Ausgaben der Lutherbibel 2017 als sog. **Apokryphen** (»verborgene Bücher«) wieder; sie stehen dort zwischen den beiden Testamenten. In der Einheitsübersetzung sind dieselben Schriften an inhaltlich passender Stelle als »deuterokanonische« Schriften eingereiht. Martin Luther erachtete sie nicht als gleichwertig mit der Heiligen Schrift, aber immerhin seien sie »nützlich zu lesen« (Bibelausgabe von 1534).

Die Septuaginta erlaubt einmal Rückschlüsse auf den von ihr übersetzten hebräischen Text, der in manchen Fällen eine alte Lesart bewahrt, welche in der masoretischen Textüberlieferung verloren gegangen ist. Sie gewährt zum anderen Einblicke in das Denken des hellenistischen Judentums. Vor allem war sie die Bibel der ersten Christenheit. Während Jesus selbst erkennbar mit der Hebräischen Bibel lebte und häufig auf sie anspielte, haben die Verfasser der neutestamentlichen Schriften die jüdische Bibel (ein NT gab es zu ihrer Zeit noch nicht!) vornehmlich im Wortlaut der Septuaginta zitiert. Mit Folgen für die Dogmengeschichte! Wenn Mt 1,22-25 und Lk 1,26-35 ankündigen, dass eine »Jungfrau« (griech. *parthenos*) einen Sohn gebären wird, der den Namen Jesus bekommen soll, so beziehen sich diese Ansagen unverkennbar auf Jes 7,14. Dort steht in der Septuaginta tatsächlich die entsprechende Verheißung: »Siehe, die Jungfrau (*parthenos*) wird schwanger sein und einen Sohn gebären.« Im hebräischen Text hieß es aber: »Siehe, die junge Frau (*'almah*: die junge Frau im heiratsfähigen Alter) wird schwanger sein ...«! »Da die Septuaginta für das sich in die hellenistische Welt ausbreitende frühe Christentum die maßgebliche Version des AT war und zudem immer wieder zur apologetischen Auseinandersetzung mit dem Judentum herangezogen wurde, distanzierte sich das rabbinische Judentum ... von diesem Werk und schuf neue griechische Übersetzungen.« (Beate Ego im Calwer Bibellexikon, S. 1233)

Zur offiziellen Bibel der katholischen Kirche, besonders als Grundlage ihrer Liturgien, wurde aber die **Vulgata** (»die Volkstümliche«). In den ersten Jh.n n. Chr. waren verschiedene Versionen einer lateinischen Bibelübersetzung im Umlauf (**»Vetus Latina«**) gewesen. Papst Damasus I (366-384) gab dann eine Übersetzung in Auftrag – es sollte eine verbindliche Standard-Ausgabe geschaffen werden. Kirchenvater Hieronymus, der Auftragnehmer, hatte in Rom Rhetorik und Grammatik studiert und als Eremit in der Wüste von einem Judenchristen Hebräisch erlernt. Er legte seiner um ca. 400 n. Chr. fertigen Übersetzung weithin den ihm zugänglichen hebräischen Bibeltext für das Alte Testament zugrunde. Für das Neue Testament lehnte er sich an altlateinische Textzeugen an. Sein Verfahren war damals keineswegs selbstverständlich und stieß etwa auf den entschiedenen Widerspruch Augustins[5], der die Septuaginta als die für die Christenheit verbindliche Ausgabe des Alten Testaments hochhielt. Die Vulgata umfasst über den Bestand der Hebräischen Bibel hinaus in etwa noch dieselben weiteren Schriften wie die Septuaginta. Das respektable Werk setzte sich in der Kirche dann gegen die Konkurrenz der altlateinischen Versionen erst allmählich, deutlicher ab dem 8. Jh. durch. Im Trienter Konzil 1546 wurde die Vulgata dann zur allein maßgebenden Bibel der Katholischen Kirche erklärt. Der umfangreichere Kanon gilt bis heute, auch in der Ostkirche.

Die alttestamentliche Bibelforschung ist infolge einer langen und komplizierten Textgeschichte zu einem Gutteil **Textkritik**. Die Textvarianten an vielen Stellen fordern die Erklärer immer wieder heraus und machen die Exegese zu einem spannenden Unternehmen. Auf einen nahezu absolut gesicherten ursprünglichen Textbestand zurückgreifen können demgegenüber die Übersetzer des **Neuen Testaments**. Dessen endgültiger Umfang, wie er uns in heutigen Bibelausgaben begegnet, wurde erst durch

5 Augustin(us), Bischof des nordafrikanischen Hippo, war der wohl bedeutendste Theologe und Kirchenlehrer der Alten Kirche.

den 39. Osterbrief des Bischofs von Alexandria, Athanasius, im Jahr 367 festgelegt.[6] In die Zeit um 200 zu datieren ist aber ein in Rom verfasstes sog. Muratorisches Fragment, ein Kanonverzeichnis, welches außer 1./2. Petrus; Jakobusbrief; Hebräerbrief schon alle Schriften unseres heute gebräuchlichen »Neuen Testaments« enthält. Dessen in der Bibelwissenschaft vorrangig genutzte wissenschaftliche Ausgabe ist das »**Novum Testamentum Graece**« (Nestle-Aland). Dieses großartige, ebenfalls mit einem Apparat noch für die kleinsten Varianten versehene Werk wird seit 1898 immer wieder neu aufgelegt; die jüngste, 28. Auflage stammt aus dem Jahr 2012. Die wichtigsten Textzeugen, auf die sich das Novum Testamentum Graece stützt, sind der Codex Sinaiticus und der Codex Vaticanus, zwei komplette Textausgaben aus dem 4. bzw. 5. Jh. n. Chr. Das älteste Handschriftenfragment des NT stammt aus der Zeit um 120 n. Chr. (P52).

III Kommen wir nach diesem Durchgang durch die Textgeschichte auf unsere beiden in I gesetzten Fälle einer auffallenden Differenz zwischen verschiedenen Bibelübersetzungen zurück. Lassen sie sich aus der Textgeschichte erklären? Nein! In Mi 6,8 basieren wie auch meist sonst die Lutherbibel und die Einheitsübersetzung auf demselben hebräischen Text. Korrekt gibt die Einheitsübersetzung das hebräische *mishpath* mit »Recht« wieder, und nur so lässt sich das großartige magische Dreieck in Mi 6,8 erkennen: Es besteht aus 1) Handeln nach dem »Recht«, 2) liebevollem Verhalten im persönlichen Lebensbereich (hebr. *chäsäd*) und 3) einem von Ehrfurcht bewegten Achten auf die Weisungen und Winke des HERRN. »Ganzheitlich« lebt nach Micha ein Mensch nur, wenn er sich im öffentlichen Leben für das »Recht« einsetzt, im Zwischenmenschlichen sich von Liebe leiten lässt, und wenn beides in der ehrfürchtigen Aufschau zu Gott (also in der Religion!) gründet. Luthers Leidenschaft für das »Wort Gottes« und das Evangelium hat ihm bei seiner Übersetzung von Mi 6,8 zu einer unglücklichen Übersetzung von Mi 6,8 verleitet. An die Stelle des dort unübersehbar stehenden »Recht tun« setzte er »Gottes Wort halten«; »dazu trieb ihn die vom Tun des wahren Gotteswillens oft weit abführende ‚Werkgerechtigkeit' seiner

6 In der Urkirche galt als »heilig« lange Zeit das Christusereignis selbst und nicht so sehr das papierne Zeugnis desselben in den Schriften, die es auf verschiedene Weise umkreisen.

Zeit und das Anliegen, die Christen in der Erkenntnis und im Tun dessen zu verankern, was Gott gesagt und wirklich gefordert hat.« (Stuttgarter Erklärungsbibel z.St.)

Zum neutestamentlichen Beispiel: Mk 15,33. Hier irren die traditionellen Übersetzungen, wenn sie das griechische *gä*, welches eins zu eins dem hebräischen *'ärätz* entspricht, mit »Land« (und das wäre das Land Israel) übersetzen. *'ärätz* ist ein kartographischer Begriff, der ein begrenztes Gebiet bezeichnet; das kann ein Land in seinen Grenzen, aber auch die ganze Erde mit ihren Grenzlinien gegen die Meere und gegen den Himmel bezeichnen. Letzteres trifft immer dann zu, wenn von der Schöpfung (etwa: Himmel und Erde; Sonne und Mond etc.) die Rede ist. Genau dies aber ist der Fall in den prophetischen Texten vom Tag des HERRN, auf die Mk 15,33 sich bezieht. Die dort angesagte Sonnenfinsternis ist stets eine sich über die ganze Erde breitende; sie symbolisiert Gottes Weltgericht in einer Zeitenwende (vgl. etwa Jes 13,9-11; Am 8,8-10; Joel 2,10f; 3,3f). Die Entscheidung der Übersetzer, *gä* in Mk 15,33 mit »Land« wiederzugeben, trug tragischer Weise zu antijüdischen Ressentiments in der abendländischen Geschichte der Christenheit bei. Am griechischen Text hat es nicht gelegen. Er war für alle Übersetzer derselbe. Besonders an solchen Stellen ist eine methodisch vorgehende **Exegese** gefordert, Richtigstellungen vorzunehmen. Sie will Textaussagen, die infolge des Abstands der Heutigen zu den Damaligen nicht mehr einfach selbst-verständlich sind, präzisieren und erklären. Die Ausleger von »Mit der Bibel durchs Jahr« sehen ihre Aufgabe eben darin und als Basis ihres Bemühens, die Bedeutung der einzelnen Bibel-Abschnitte für die Gegenwart zu erschließen. Weitergehende Informationen erhalten Leserinnen und Leser, wenn sie eine der »Erklärungsbibeln« nutzen, wie sie sowohl für die Luther- als auch für die Einheitsübersetzung zur Verfügung stehen.

IV Die Zwischenbemerkung ändert nichts daran, dass unsere Bibel-Ausgaben ein hohes Maß an Vertrauen verdienen. Die Ausnahme einer fehlerhaften Übersetzungstradition bestätigt die Regel. In der Regel haben wir es bei den gängigen Bibeln der Gegenwart mit sorgfältig erstellten, niemals im Alleingang gefertigten, sondern im Rahmen eines Beratungsteams mindestens geprüften Übersetzungen zu tun. Sie unterscheiden sich in Stilfragen dort, wo sie eine verschiedene Leserschaft im Auge haben. Generell ist zu beobachten, dass die eine deutschsprachige Bibel eher Duktus und Grammatik der hebräischen oder griechischen

Bibelsprache nachzeichnen will, eine andere dagegen Wert darauf legt, dass der Sinn einer biblischen Aussage in der Sprache der Heutigen ankommt. Auch den kulturellen Wandel wird der eine Übersetzer mehr, die andere Übersetzerin weniger berücksichtigen. So handelt es sich beim majestätischen Vogel im Bild von Jes 40,31 (*näshär)* eindeutig um einen Geier, aber man ahnt, warum fast alle Bibelausgaben im christlichen Abendland den Geier durch den Adler ersetzen.

Bibeln in der jeweiligen Landessprache gab es in Europa schon vor der Reformation, darunter auch deutschsprachige, etwa die Wenzel-Bibel (Wien, 14. Jh.) oder die Bibel Mentelins (Straßburg, 1466). **Luther** begann sein stupendes Werk 1521 auf der Wartburg mit der Arbeit an den Evangelien. Unermüdlich »feilte« er an seinen Übersetzungen, immer auf Verbesserung bedacht. Eine Ausgabe »Die ganze Heilige Schrifft Deutsch« erschien dann 1545. Sie fußt nicht mehr wie die ihrer Vorläuferinnen auf der Vulgata, der in der westlichen Kirche inzwischen allgemein gebräuchlichen lateinischen Bibel, sondern auf dem hebräischen bzw. griechischen Urtext. Einen Grundsatz der Humanisten insoweit teilend, ging es Luther um eine philologisch exakte Erschließung der originalen Quellen. In seine Übersetzung des Alten Testaments nahm er, darin seinem Doktorvater Karlstadt folgend, nur die hebräischen Schriften des AT auf. Freilich ordnete Luther die Schriften des TaNaK etwas anders an; vor allem präsentierte er die prophetischen Bücher als Schluss-Teil des ATs, sodass die neutestamentlichen Evangelien, die von der Erfüllung der prophetischen Verheißungen erzählen, unmittelbar an diese anschließen.

Seiner Übersetzungsarbeit förderlich und für den Erfolg seines Werkes mit ausschlaggebend war Luthers enorme sprachliche Gestaltungskraft. Um besserer Verständlichkeit willen beließ er es oft nicht bei einer streng wörtlichen Wiedergabe des Textes. Er formulierte Sätze, welche die moderne Linguistik als »kommunikativ« lobt, weil sie in der Sprachwelt der Leserschaft ankommen und gerade so die Aussageabsicht und den Sinn des Urtextes transportieren. Luthers »demokratischem« Anliegen, möglichst vielen Menschen die Bibelinhalte zugänglich zu machen, kam die **Erfindung des Buchdrucks (Johannes Gutenberg)** zustatten, die eine weite Verbreitung deutschsprachiger Bibeln begünstigte. Luthers Bibel wurde *die* Bibel des deutschen Protestantismus; sie hatte prägenden Einfluss auf die Weiterentwicklung der deutschen Sprache.

In der Neuzeit hat man die Lutherbibel immer wieder der sich verändernden deutschen Sprache durch sog. **Revisionen** angepasst. In den Revisionen 1892 und 1912 ging es darum, unverständlich gewordene Wörter und Wendungen durch zeitgemäße zu ersetzen. Die ambitioniertere Revision von 1954–56 brachte Ergebnisse der Bibelwissenschaft ein und korrigierte einige Fehlübersetzungen Luthers. Schon die Revision 1984 versuchte, dem ursprünglichen Sprachstil der Lutherbibel wieder näher zu kommen. In dieser Richtung weiter bemühte sich die letzte Revision (2010–2017), in welcher viele renommierte, von der Evangelischen Kirche berufene Fachleute zusammenwirkten. In der Stuttgarter Erklärungsbibel von 2023 fasst das Vorwort die Intention dieser Revision so zusammen: »Grundanliegen … war es, die Übersetzung Martin Luthers anhand der hebräischen und griechischen Ausgangstexte auf exegetische und sachliche Richtigkeit zu überprüfen. Auf sprachliche Modernisierungen wurde weitestgehend verzichtet. Nur dort, wo Worte oder Ausdrücke nicht mehr oder nur falsch verstanden werden können, kam es zu einer sprachlichen Anpassung.« Als Paradebeispiel gilt den Herausgebern, dass man das Wort »Wehmutter« durch »Hebamme« ersetzte.

Die Geschichte der **Einheitsübersetzung** ist kürzer. Erstmals erschien sie als offizielle Bibelausgabe der katholischen Kirche im Jahr 1979; ihre Anfänge reichen zurück bis ins Jahr 1960. Damals hatte der Beirat der Deutschen Bischofskonferenz eine einheitliche katholische Übersetzung der Heiligen Schrift gefordert; das Zweite Vatikanische Konzil (1962–1965) hatte dann – im Zusammenhang damit, dass in den liturgischen Texten endlich die Volkssprachen verwendet werden sollten – entschlossen Nägel mit Köpfen gemacht. Auch die Einheitsübersetzung wurde unter Beteiligung zahlreicher renommierter Fachgelehrter inzwischen überarbeitet. Das Ergebnis intensiver Bemühung seit 2006 ist die revidierte, um 2016 nach den kirchlichen Prüfverfahren der Öffentlichkeit vorgelegte Fassung. Sie erhebt den Anspruch, sowohl im Bereich des Alten wie auch des Neuen Testaments die Ergebnisse der Bibelwissenschaft, speziell der Philologie, eingebracht zu haben, selbst dort, wo es nur um Nuancen ging. Die angestrebte Sprachebene der Einheitsübersetzung war und ist »die gehobene Gegenwartssprache«; nur im Falle eklatanter Unverständlichkeit der einen oder anderen Wendung haben die Revisoren sie dem gegenwärtigen Sprachempfinden angeglichen. Ähnlich wie die Bearbeiter der Lutherbibel waren auch die der Einheitsübersetzung darauf bedacht, das Fremde, das biblischem Stil anhaftet, weitgehend stehenzulassen, es sei oft kein Hindernis für das Verständnis der Schrift heute (Jürgen Werlitz im Anhang zur Einheitsübersetzung 2017, S. 1449). Ein Anliegen war von daher die Wiedergewinnung zwischenzeitlich verlorener biblischer Metaphern. Nicht länger soll das ursprüngliche, bildstarke biblische Wort durch abstrakte Begriffe wiedergegeben werden. So hatte man beispielsweise in früheren Auflagen das Wort »Hand« an vielen Bibelstellen ohne Not mit »Herrschaft«, »Macht« oder »Gewalt« übersetzt.

V Wenn uns die Sprache der Bibel nach allen Bemühungen ihrer Übersetzer um Verständlichkeit heute am Ende immer noch als eine »gehobene« begegnet, so ist das gut so. Dann erinnert sie uns daran, dass es um das Heilige in der Welt geht. Dann ermahnt sie uns, dem großen Geheimnis, das die »Heilige Schrift« in Serpentinen umkreist, in Ehrfurcht näher zu treten. Sucht sie doch die Geschichte Gottes mit uns Menschen, Sein »Abenteuer« mit der Welt (Hans Jonas; Günter Thomas), über einen Zeitraum von vielen, vielen Generationen in Worte zu fassen.

Numeri/4. Buch Mose

PETER RIEDE

Das Buch Numeri enthält erzählte Theologie, die besonders drei Themenkreise entfaltet: die Führung des Volkes Israel, die Funktion der Priester und das Land. Im Mittelpunkt der Darstellung stehen in Fortsetzung des Auszugs aus Ägypten die 40 Jahre dauernde Wanderung Israels durch die Wüste unter Führung des Mose und die damit verbundenen Erfahrungen und Geschehnisse mit Gott und unter den Menschen. Ziel dieser Wanderung ist das Land, das Abraham und seinen Nachkommen von Gott verheißen wurde. Im Wesentlichen zeigt sich, dass sich das Volk in Anbetracht der zu bewältigenden Probleme und Krisen in seinem Glauben an den Rettergott aus Ägypten, der ihm seine Freiheit schenkte, nicht bewährt. Besonders die Infragestellung der Herausführung als dem Heilsereignis schlechthin war gleichbedeutend mit einer Verweigerung des Glaubens (Num 14,1–4).

Der hebräische Name *Bemidbar* (»in der Wüste«) bezieht sich auf den durchgängig vorauszusetzenden Schauplatz des Buches, die Wüste, auf die schon im ersten Vers Bezug genommen wird, der lateinische Name *Numeri* dagegen auf die im Buch enthaltenen Listen mit ihren verschiedenen Zahlen bzw. auf die schon zu Beginn im Vordergrund stehenden Zählungen des Volkes (Num 1–4; 7; 26; 33; 34,1–12).

In den im Numeribuch gesammelten Geschichten und Stoffen, die unterschiedlichen Zeiten entstammen, spiegeln sich zumeist Probleme späterer Zeiten, insbesondere während des Babylonischen Exils, die in die Ursprungsgeschichte des Volkes Israel zurückverlagert werden. Die gezeigten Lösungsversuche sollen als Modelle dienen, die in ähnlichen Konfliktsituationen Ansätze zur Bewältigung bieten können. Hier ist insbesondere die Vorrangstellung der Priester wichtig, die das Buch immer wieder betont.

Das Buch vereinigt unterschiedlichste Textformen, Erzählungen genauso wie legislative Bestimmungen und Anordnungen (Num 5f; 8,1–10,10; 15; 18f u.ö.), die das Zusammenleben und vor allem den Kult regeln. So wird einerseits eine dramaturgisch angelegte Darstellung möglich, weil die legislativen Texte jeweils die Erzählhandlung unterbrechen und so eine Spannung aufbauen. Andererseits antworten gerade die gesetzlichen Bestimmungen auf Erfahrungen der Menschen und halten den Willen Gottes auch für künftige Zeiten fest. Letzteres zeigt sich beispielhaft an den Bestimmungen über die Opfer, die Festzeiten und die Gelübde (Num 28–30).

Das Buch lässt sich grob in folgende Abschnitte gliedern: Bis Kapitel 10,11 steht anknüpfend an das Buch Levitikus noch der Berg Sinai im Zentrum der Ereignisse. Hier finden die Vorbereitungen zum Aufbruch statt. Von Num 10,11–21,35 wird die Wanderung nach Moab berichtet. In den Kapiteln 22–24 schließt die Bileamerzählung an. Der Zug ins Ostjordanland steht im Zentrum der Kapitel 25–32. Das Buch wird abgeschlossen durch verschiedenartige Nachrichten über Aufenthaltsorte Israels seit dem Auszug aus Ägypten, Asylstädte und Erbvorschriften für Frauen (Num 33–36).

Zu Beginn des Buches geht es um eine Art Bestandsaufnahme, gleichsam die Voraussetzung für den Aufbruch in die Wüste und den daran anschließenden Zug ins verheißene Land. Mose und Aaron ermitteln im Auftrag Gottes die Gesamtzahl der wehrfähigen Israeliten (Num 1), die sich nach Stämmen gegliedert um das Heiligtum als der kultischen Mitte Israels versammeln (Num 2). Ausgenommen von dieser Maßnahme sind die Leviten, die zwar mit dem Dienst am Heiligtum betraut werden (Num 3–4), gegenüber den Priestern jedoch eine deutlich untergeordnete Rolle einnehmen. Verschiedene Bestimmungen regeln dann, wie die Heiligkeit des Versammlungsortes, in dem nach Num 5,3 Gott wohnt, gewahrt werden kann (Num 5). Num 6,24–26 enthält mit dem aaronitischen Segen den sicherlich bekanntesten Text des Buches, ist er doch bis heute Teil der gottesdienstlichen Liturgie.

Der Aufbruch vom Sinai (Num 10,11–36) wird von Seiten Gottes flankiert. Gott lässt sein Volk während des Zuges durch die Wüste nicht allein, er begleitet es tagsüber mit einer Wolken- und nachts mit einer Feuersäule, beides Zeichen für das göttliche Mitsein (Num 9,15–23).

Der Zug durch die Wüste selbst ist überschattet von verschiedenen Reaktionen des Volkes auf Gefährdungen, die es während dieser Zeit erlebt. Das Volk murrt angesichts der einseitigen Ernährung durch das Manna (Num 11) oder aufgrund des Mangels an Wasser (Num 20) oder auch als Zeichen des Protestes gegen die Gefährlichkeit des Zuges (Num 14,2f; vgl. auch Num 16,11; 17,6.20.25). Kundschafter werden nach Erreichen der Oase Kadesch ausgesandt, die das Land erforschen sollen (Num 13–14). Sie kehren zurück mit der guten Nachricht, dass das Land von Milch und Honig überfließe, und der schlechten, wonach seine Städte von starken Befestigungen geschützt würden, was beim Volk Angst und Zagen hervorruft. Feinde bedrohen Israel durch Krieg (Num 20; 21; 31). Die Leitungsautorität des Mose wird mit dem Hinweis auf seine Ehe mit einer Nichtisraelitin infrage gestellt (Num 12), und sein Führungsverhalten wird allgemein angezweifelt (Num 16f). Auf das fehlende Vertrauen des Volkes gegenüber Mose und letztlich auch gegenüber Gott reagiert dieser. Gott kündigt der Generation des Auszugs aus Ägypten den Tod an. Daraufhin schreitet Mose fürbittend zugunsten des Volkes ein und erreicht, dass Gott sein Urteil wandelt. Nur die den Glauben verweigernde, rebellische Generation soll die Verantwortung tragen. Sie wird 40 Jahre in »der Wüste« des Exils bleiben und dort auch sterben, ohne das verheißene Land zu betreten (Num 14,32f). Diese Generation wird abgelöst werden von einer neuen, die das verheißene Land erreicht. Auch Mose und Aaron werden den Einzug in das Land aufgrund des mangelnden Vertrauens auf Gott nicht erleben, sondern in der Wüste sterben (Num 20).

Die Landnahme selbst beginnt im Ostjordanland. Und die entsprechenden Berichte des Numeribuches spielen auch dort. Eine der bekanntesten Geschichten des Buches handelt von Bileam, einem nichtisraelitischen Propheten, der auch aus außerbiblischen Quellen bekannt ist (Num 22–24). Berühmt aufgrund seiner seherischen Fähigkeiten soll er das heranziehende Volk im Auftrag des moabitischen Königs Balak verfluchen. In einer nächtlichen Schauung erfährt er jedoch von Gott, dass das Volk gesegnet ist und somit nicht verflucht werden kann. In einer meisterhaften Inszenierung wird geschildert, wie Balak versucht, Bileam doch noch zum Fluchen zu bewegen. Doch er scheitert letztlich, und Bileam legt dreimal den göttlichen Segen auf Israel, wodurch der Anspruch auf das verheißene Land einmal mehr unterstrichen wird. Gleichzeitig zeigt die Episode exemplarisch, dass die Verheißungen Gottes für Israel unwiderruflich sind.

Mit der Annäherung an das Kulturland kommen neue Probleme auf, z.B. die Gefahr des Abfalls zu den Göttern der Völker, mit denen die Israeliten nun in Berührung kommen (Num 25). Das verheißene Land ist nun in Sicht. Mose kann es erblicken, wird es selbst aber nicht erreichen. Als sein Nachfolger wird Josua bestimmt (Num 27,12–23), der das Volk dann in das Land führen wird. Am Ende steht der Einzug in das verheißene Land unmittelbar bevor. Doch auch hier entstehen grundsätzliche Fragen: Wie steht es um die Beteiligung aller Stämme an der bevorstehenden Aufgabe? Können einige ausscheren und sich mit dem bisher Erreichten begnügen und dem Rest der Stämme die Inbesitznahme des Landes überlassen (Num 32)? Oder geht es auch weiterhin um ein gemeinsames Handeln?

Das Buch schließt rückblickend mit einem großen geographischen Wegverzeichnis, das die einzelnen Wegestationen seit dem Auszug aus Ägypten nennt (Num 33,1–49), und vorausblickend mit der Beschreibung der Grenzen des verheißenen Landes und seiner Aufteilung an die Stämme (Num 33,50–34,29). Auch dabei kommt dem Stamm Levi eine Sonderrolle zu (Num 35).

Ezechiel/Hesekiel

THEODOR SEIDL

Ein außerordentliches Prophetenbuch

Das Ezechiel-Buch ragt in mehrfacher Hinsicht aus dem Kanon der Prophetenbücher heraus: Es fasziniert durch die Bildmächtigkeit seiner Sprache, die Absurdität der prophetischen Zeichenhandlungen und die Plastizität seiner Visionsschilderungen.

Es gewährt auch wertvolle Einblicke in die wichtige Achsenzeit der Geschichte des Alten Israel zwischen 597 und 586 v. Chr.; sie umfasst die Ereignisse der Eroberung Jerusalems, der Zerstörung des Tempels, des Untergangs der Monarchie, der Deportation der judäischen Oberschicht nach Babylon und des Beginns der dortigen Gefangenschaft. Literargeschichtlich stellt das Buch Ezechiel einen wichtigen Referenzpunkt für die priesterliche Schicht (P) im Pentateuch und das »Heiligkeitsgesetz« (Lev 19–26) dar. Diese Bezüge wirken daher bis heute sehr anregend für die wieder lebhaft diskutierte Frage nach der Entstehung des Pentateuch.

Zeiten, Orte und Akteure in Ezechiel

Zeiten: Eine weitere Besonderheit des Ezechiel-Buches ist sein geschlossenes Datierungssystem, das das gesamte Buch gliedert und wertvolle biographische und politische Bezugspunkte ermöglicht. Die Eckpunkte dieses Systems können dies zeigen: Das Ausgangsdatum in 1,1f (Ezechiels Berufung) bezieht sich einerseits auf das 30. Jahr seines Lebens, andrerseits auf das 5. Jahr nach der ersten Deportation; das ist das Jahr 593 v. Chr. Das Wendedatum in 33,21 (Ezechiel erhält die Nachricht vom Fall Jerusalems) bezieht sich auf das 11. Jahr nach dieser Deportation, das Jahr 586, und das Enddatum in 40,1 betrifft Ezechiels Entrückung nach Jerusalem, die sich im 14. Jahr nach der Eroberung Jerusalems vollzieht, im Jahr 571. Aus diesen drei Datierungen ergibt sich eine Verkündigungsphase des Propheten zwischen 597 und 571 v. Chr. Die Texte des Ezechiel-Buches beziehen sich also auf die letzte Zeit des politisch verfassten Juda und auf die beginnende Exilszeit, ganz unabhängig davon, wann die Einzeltexte verfasst und niedergeschrieben sind, sicher in einigem Abstand zu den Ereignissen selbst.

Orte: Das Ezechiel-Buch kennt zwei Schauplätze der geschilderten Vorgänge: Babylon und Jerusalem. Nach Babylon wird Ezechiel mit seinen Landsleuten verschleppt; dort wird er auch zu seinem prophetischen Leitungsdienst (33,31) für die Exilsgemeinde berufen (1,1.3; 3,15). Jerusalem ist der Ort, wohin Ezechiel im Rahmen seiner Visionserlebnisse entrückt wird (8,1–4; 40,1–3), um sowohl die Gräuel am Tempel anzuprangern (8,1–18) als auch seine Wiedererrichtung und Neuordnung festzulegen (40–48). Babylon ist also der Aufenthaltsort der judäischen Exilierten-Gemeinschaft, der Gola, in der Ezechiel wirkt; Jerusalem ist der Ort seiner visionären Gegenwart und das Hauptziel seiner Gerichts- und Heilsbotschaft.

Akteure: Hauptakteur des Ezechiel-Buches ist JHWH. Von ihm geht jedes Wort aus, das Ezechiel der Gola in Babylon oder den Bewohnern Jerusalems mitteilen, auch jedes Handeln, das der Prophet vor seinen Adressaten vollziehen soll. Sprachlicher Ausdruck für diesen göttlichen Ausgangspunkt von Wort und Handeln des Propheten sind zwei Formeln, die sehr oft verwendet werden: die Wortereignisformel (z.B. 1,3) und die Erkenntnisformel (z.B. 6,7). Adressat aller göttlichen Wortäußerungen und Aufträge ist Ezechiel, der zweite Hauptakteur des Buches. Er berichtet von den göttlichen Aufträgen durchgehend in der Ich-Form, ist also der Ich-Erzähler des Buches. Angeredet wird er von JHWH stereotyp mit dem Titel »Menschensohn« (*ben 'adam*), was hier bedeutet: Vertreter der Gattung »vergänglicher, sterblicher Mensch«, der in großem Abstand zu Gott steht.

Biografisch erfahren wir von Ezechiel (hebr. *Jechezq-'El* – »stark ist Gott«) wenig: 1,3 führt den Vaternamen Busi an und nennt »Priester« als seinen Beruf, was den priesterlichen Horizont vieler Texte des Buches motivieren kann. Beiläufig teilt 24,18 mit, dass Ezechiel verheiratet war; aber die Nachricht vom Tod seiner Frau wird sogleich symbolisch auf das Verhalten und Ergehen seines Volkes gedeutet. Das betrifft auch weitere scheinbar persönliche Aussagen zu Ezechiel, wie sein zeitweises Verstummen (3,26; 33,22) oder sein Wächteramt (3,17) über Israel.

Weitere Akteure bleiben eher am Rand des meist visionären Geschehens und fungieren als Adressaten der prophetischen Botschaft: die Ältesten Judas (8,1) und Israels (14,1; 20,1), die verschiedenen Gruppierungen am Jerusalemer Tempel (8–11), die Könige Israels (17; 19; 34), die Propheten und Prophetinnen (13).

Das Ezechiel-Buch als Literatur

Die einheitliche Oberfläche

Kein Prophetenbuch ist sprachlich so einheitlich gestaltet wie Ezechiel. Das wird erreicht

- durch die Stilisierung aller 48 Kapitel als Ich-Rede oder Ich-Erzählung des Propheten,
- durch die Gestaltung dieser Ich-Rede als Zitat der göttlichen Aufträge,
- durch die konstante göttliche Anrede »Menschensohn«,

- durch zahlreiche wiederkehrende Formeln,
- durch die gliedernden Datierungen.

Doch dies ist nur die Oberfläche des Buches. Es ist wie auch die anderen prophetischen Bücher kein einheitliches, von einem einzigen Autor verfasstes literarisches Werk, sondern ein Sammelwerk verschiedener prophetischer Äußerungen aus mehreren Epochen.

Die Anzeichen eines längeren Entstehungsprozesses
Die Indizien seiner Uneinheitlichkeit und eines längeren Textwachstums ergeben sich aus den Spannungen, Widersprüchen und Brüchen im Textverlauf. Sie bestehen:

- zwischen Poesie und Prosa (vgl. z.B. 17 und 18),
- zwischen Unheils- und Heilsaussagen (z. B.: 6,1–7.8–10 sowie 11,1–13.14–21),
- zwischen Botschaften an die Gola und an Jerusalem (vgl. z.B. 14,21–23 mit 33,22–29),
- zwischen den an Israel adressierten Reden und den sogenannten Fremdvölkersprüchen (25–32),
- zwischen den dominierenden zeitlichen Verhältnissen des 6. Jahrhunderts und den ebenfalls vorhandenen Merkmalen apokalyptischer Literatur des 2./1. Jahrhunderts (in 37–39; 40–48).

So kann man ein längeres Wachstum der Buchwerdung annehmen, das sich vom 6.–2. Jahrhundert v. Chr. erstreckt haben dürfte. Dieser Prozess wird heute mit hauptsächlich zwei Entstehungstheorien zu erklären versucht:

- mit dem Fortschreibungsmodell, wonach bestehende Grundtexte nach und nach um erklärende, auch korrigierende Kommentare erweitert worden seien,
- mit redaktionsgeschichtlichen Modellen, wonach die anwachsende Textsammlung Ezechiel textübergreifend in etwa drei Redaktionsstufen überarbeitet und erweitert worden sei: in einer deuteronomistischen, priesterlichen und einer mit der Exilsgemeinde sympathisierenden Redaktion. Am Ende dieses Redaktionsprozesses stehen noch die apokalyptisch ausgerichteten Einträge, wie sie sich in Ez 37,1–15 greifen lassen.

Doch gibt es auch die gegenteilige Ansicht, Ezechiel sei ein einheitliches Prophetenbuch erst aus dem 3. Jahrhundert, verfasst von einem einzigen Autor, der sich den Namen des prominenten Exilspropheten ausgeliehen habe.

Häufige und typische Textsorten

An erster Stelle stehen die Visionsberichte. Allen voran das im Rahmen der Thronwagen-Vision sich vollziehende Berufungsgeschehen der Kap.1–3, die Vision vom Auszug (8–11) und Wiedereinzug der Herrlichkeit *(kabod)* JHWHs (43), die prominenten Visionserzählungen vom wiederbelebten Totengebein (37) und der in das ganze Land strömenden Tempelquelle (47). Bei allen diesen Berichten ist Ezechiel in das visionäre Geschehen einbezogen, die Hand JHWHs legt sich auf ihn, er ist ergriffen und körperlich betroffen; häufig ist ihm auch eine Deute-Gestalt (*angelus interpres*) beigegeben, die das Geschaute für ihn erläutert. Prophetische Zeichenhandlungen sind auch im Ezechiel-Buch Medien politischer Prophetie. So muss sich Ezechiel im göttlichen Auftrag einmal auf die linke, dann auf die rechte Seite legen, um die Schuld Israels und Judas zu tragen (4,4–8); oder er muss mit Sack und Pack vor den Menschen einherziehen, um ihnen die Verschleppung anzukündigen (12,1–7). Weitere solcher Zeichenhandlungen mit Verkündigungswert finden sich in 4,1–5,17.

Disputations- oder Bestreitungsworte sind wie in anderen prophetischen Büchern Orte theologischer Auseinandersetzungen: Dem zitierten Einwand des Volkes entgegnet der Prophet; so in 18,1–4 dem Sprichwort von den sauren Trauben oder in 20,32–38 dem Wunsch, wie die anderen Völker zu sein. Weitere Einwände des Volkes finden sich in 12,21–25; 33,10f; 37,11–14.

Typisch für das Ezechiel-Buch sind schließlich Bildreden, die ebenfalls im Dienst politischer Prophetie stehen, wie die Bildreden vom Findelkind Jerusalem, das sich zur Hure entwickelt (16; 23), vom Adler und der Zeder in Ez 17, von Tyros als Kaufmannschiff (Ez 27) oder vom Pharao als Weltenbaum (31f).

Aufbau

Der Endtext des Ezechiel-Buches folgt der klassischen Dreiteilung der Prophetenbücher: (1) Gericht und Unheil über Israel bzw. Jerusalem: 1–24; (2) Gericht und Unheil über die Fremdvölker: 25–32; (3) Heil für Israel bzw. Jerusalem: 33–39. Der 3.Teil ist im Ezechiel-Buch um einen umfangreichen Sonderteil ausgeweitet, dem »Verfassungsentwurf« 40–48; er nimmt die Neuordnung von Tempel, Priesterschaft und Jahresfesten vor, regelt auch die Landverteilung neu. Der Entwurf des neuen Tempels in vollkommenen Maßen fungiert deutlich als Gegenbild zum ersten Tempel mit seinen zahlreichen Missständen (8–11).

Ziele und Perspektiven

Die inhaltliche Ausrichtung des Buches lässt sich mit den drei Ebenen der Zeitachse skizzieren: Das Ezechiel-Buch schaut zurück auf die *Vergangenheit* des Volkes und benennt schonungslos die Ursachen der Katastrophen von 587/86. Sie lagen in der Widerspenstigkeit, im Trotz und in der Untreue des Volkes (2,6; 3,7–11;14,21–23;16;23). Daher kam das Gericht über Israel zu Recht. Deutliche Distanz von der Vergangenheit und Umkehr sind nötig (14,6).

Ezechiel blickt auf die *Gegenwart* des Volkes in der Gola, dem er selber angehört. Er versucht die Exilierten-Gemeinde als Elitegruppe der Zukunft Israels zu stabilisieren und auf den richtigen Weg zu bringen (11,14–21;14,14;33,30–33).

Schließlich schaut Ezechiel im »Verfassungsentwurf« (40–48) auf die *Zukunft* des Volkes und sieht sie im erneuerten Jerusalem und einem gereinigten Tempelkult (47). Er kann das ganze Land gesund machen (47,8f).

Wirkungsgeschichte

Im Neuen Testament haben das Ezechiel-Buch und sein Aufbau großen Einfluss auf die Konzeption der Johannes-Offenbarung ausgeübt. Beide Bücher beginnen mit einer Thronvision Gottes (Ez 1–3; Offb 4–5). Dabei tauchen die vier Wesen auf (Ez 1,10; Offb 4,6f), die in der späteren christlichen Tradition zu den Evangelistensymbolen werden. Auch das Motiv »Verschlingen der Buchrolle« aus Ez 2,8–3,3 wird in Offb 10,8–10 aufgenommen. Die Rede von der »Hure Babylon« (Offb 17) ist offenkundig von Ez 16;23 inspiriert, das Gericht über den Satan (Offb 20,7–10) von der Gog-Magog-Perikope in Ez 38f.

Die Wirkmächtigkeit der Bildsprache Ezechiels hat die Künstler vieler Epochen angeregt, vom Ezechiel-Zyklus in der Synagoge von Dura Europos (200 n. Chr.) über die Fresken in der Doppelkirche in Schwarzrheindorf bei Bonn (12. Jh.) bis zur bewegten Ezechielpredigt der Rokokoskulpturen von Zwiefalten (1765).

Für die musikalische Rezeption von Ezechiel-Texten lässt sich auf zwei Werke des 20. Jahrhunderts verweisen: auf Rudolf Mauersbergers »Dresdner Requiem« (1947–1951) und auf Krysztof Pendereckis 7. Sinfonie »Die Sieben Tore von Jerusalem« (1997); im 5. Satz, ein Melodram, trägt ein Sprecher in hebräischer Sprache den Text Ez 37,1–10 vor.

Joël

ELISABETH BIRNBAUM

Das Joëlbuch umfasst gerade einmal vier Kapitel und steht an zweiter Stelle innerhalb des 12-Prophetenbuches, nach Hosea, aber noch vor Micha. Sein Hauptthema ist der »Tag JHWHs«. Dieser Tag, an dem JHWH kommt, wird ein schrecklicher, beängstigender Tag sein. Er steht nicht nur erst in Zukunft bevor, sondern ist in gewisser Weise bereits angebrochen. In den Katastrophen seiner Zeit sieht Joël den Hinweis darauf, dass dieser Tag nahe ist.

Joël ist kein altes Buch wie Hosea oder Micha. Es ist wohl im 4. Jahrhundert v. Chr. entstanden und gilt als jüngste Schrift des Zwölfprophetenbuches. Seine Einordnung zwischen die viel älteren Bücher Hosea und Micha erfolgte nicht aus chronologischen, sondern aus inhaltlichen Gründen. Vor allem der zweite Teil des Buches greift Motive und Themen anderer Texte auf. Das Joëlbuch wird daher als »Schriftprophetie« bezeichnet. Seine Botschaft wurde in schriftgelehrtem Gespräch mit den älteren Prophetentexten entwickelt und formuliert.

Aufbau

Das Buch gliedert sich in zwei Teile. Meist wird Kap.1–2 als erster Teil und Kap. 3–4 als zweiter Teil betrachtet. Doch weisen die Verse 2,18–27 bereits auf den zweiten Teil voraus.

Der *erste Teil* ist an die Klageliturgie angelehnt und schildert in drastischen Bildern eine gegenwärtige Notsituation. Dürre, Hungerkatastrophe, Heuschreckenplage und Feindeseinfall quälen das Land und seine Bevölkerung (Kap. 1). Die große Not ist jedoch nur Zeichen und Vor-Bild eines viel größeren Ereignisses: Anfangshaft wird darin bereits der nahe bevorstehende Tag JHWHs spürbar. Doch sogar, wenn dieser Tag angebrochen ist, können Buße und Umkehr das Erbarmen Gottes erwecken. Seine Barmherzigkeit wendet die Not seines Volkes und ermöglicht neues Leben (Kap. 2).

1. Teil Die Not in Israel als Vorbote des Tages JHWHs

1,1 Überschrift

1,2–4 Prolog: Aufruf zum Hören und zum Weitererzählen des Geschehenen

1,5–12 Aufruf zur Klage im Wechsel mit der Schilderung der Not: Heuschreckenplagen; Feindeseinfall, Verwüstung

1,13–20 Aufruf zur Buße und Hinwendung zu JHWH; der Tag JHWHs ist nahe

2,1–11 Schilderung der Not; der Tag JHWHs kommt wie ein Feindeseinfall

2,12–17 Aufruf zur Umkehr; Grund: JHWH ist barmherzig; Hoffnung auf »Reue« JHWHs

2,18–27 JHWHs Heilshandeln

Der *zweite Teil* weitet den Blick auf alle Völker (»alles Fleisch«). JHWH gießt seinen Geist aus auf alle und verheißt denen, die seinen Namen anrufen, Rettung vor dem Tag JHWHs (Kap. 3). Das große Gericht gegen die gewalttätigen Völker selbst wird in Gang gesetzt und Jerusalem wird inmitten des Schreckens dieses Tages zu einer Stadt des Heils, zum Wohnort JHWHs (Kap. 4).

2. Teil Zion als Zuflucht am Tag JHWHs

3,1–5 Geistausgießung auf »alles Fleisch«; Aufruf zur Umkehr

4,1–21 Das Gericht an den Völkern

Theologische Schwerpunkte

1. Der *»Tag JHWHs«* wird von mehreren Propheten angekündigt (vgl. z.B. Am 5,18.20; Ob 15; Zef 1,14–18; Ez 30,3ff). Joël greift auf dieses Motiv seiner Vorgänger zurück und entfaltet es. Die größten Parallelen hat Joël mit Jes 13,6–22. Hier wie dort sind Zerstörung, Verfinsterung und Gericht die wesentlichen Kennzeichen dieses Tages. Sieben Mal – eine Zahl, die Heiligkeit betont – kommt der »Tag JHWHs« im Joëlbuch vor. Die Katastro-

phen der Gegenwart dienen als Bilder, um das Unaussprechliche und Furchteinflößende dieses Tages auszudrücken. Er wird verheerender sein als alles, was Israel je erlebt hat. Und: Der genaue Zeitpunkt dieses Tages ist unabsehbar. Einzig die Souveränität JHWHs bestimmt, wann der Tag anbricht.

Die drastischen Bilder zielen aber nicht auf Resignation und Verzweiflung, sondern auf Herzensumkehr. Auch damit steht Joël ganz in der Tradition der vorexilischen Propheten. Die entsetzte, verängstigte Frage: »Ja, groß ist der Tag des Herrn und voller Schrecken. Wer kann ihn ertragen?« (2,11) erhält eine Antwort in 3,5: »Wer den Namen des Herrn anruft, der wird gerettet – und wen der Herr ruft, der wird entrinnen.« Damit wird die Hoffnung ausgedrückt, dass nicht nur einzelne, sondern das gesamte Gottesvolk am Tag JHWHs Erbarmen findet. Allerdings: Einen Heilsautomatismus dafür gibt es nicht, nur die Hoffnung, dass Gottes Barmherzigkeit einmal mehr siegen werde.

2. Die *Geistausgießung*. Ein Zeichen dieser Barmherzigkeit verheißt Joël 3,1–5: Ehe dieser Tag anbricht, wird Gott über »alles Fleisch« seinen Geist ausgießen. Damit sind zwei bemerkenswerte Aspekte angesprochen: Zum einen bedeutet es, dass diese Gabe Gottes weder soziale noch geschlechtsspezifische Grenzen kennt. Nicht nur die hochgeachteten Alten, sondern auch die Jungen, nicht nur die sozial höhergestellten Männer, sondern auch die Frauen, und nicht nur die sozial besser gestellten Freien, sondern auch Sklaven und Mägde werden daran Anteil haben. Und zum anderen wird damit »allem Fleisch« etwas zuteil, was sonst nur den Propheten vorbehalten ist: in Träumen und Visionen, in prophetischer Gabe direkt mit Gott in Verbindung zu stehen. Alle sind Propheten.

Nicht zuletzt Petrus wird in seiner Pfingstpredigt Joël 3 zitieren und zu dem Schluss kommen: »Euch und euren Kindern gilt die Verheißung und allen denen in der Ferne, die der Herr, unser Gott, herbeirufen wird.« (Apg 2,39)

Sacharja

JÜRGEN KEGLER

Das Sacharjabuch wird durch Überschriften deutlich strukturiert. Der erste Teil (Sach 1–8) datiert die Worte des Propheten in die Regierungszeit des Perserkönigs Darius I. (522–486 v. Chr.). Sach

1,1 nennt den 8. Monat, Sach 1,7 den 11. Monat des 2. Regierungsjahres (520 v. Chr.) und 7,1 den 9. Monat des 4. Regierungsjahres, also das Jahr 518. Der zweite Teil (Sach 9–11) spricht von einem »Ausspruch« Gottes; diese Teile wurden früher einem anonymen »Deutero-« und »Tritosacharja« zugeschrieben, sie sind aber eher das Werk mehrerer Autoren. Sie werden nicht datiert, aber zeitgeschichtliche Anspielungen legen die Vermutung nahe, dass sie in hellenistischer Zeit entstanden sind. So werden in 9,13 die Griechen ausdrücklich erwähnt und 9,1–8 spielt wohl auf den Kriegszug Alexanders des Großen gegen Tyrus und Gaza an. Die Endgestalt des Sacharjabuches ist dann im 3. Jahrhundert v. Chr. geformt worden.

Im Zentrum des ersten Teils des Sacharjabuches (1–8) stehen acht Nachtgesichte Sacharjas. Dieses »Sehen in der Nacht« betont, dass es ein bewusstes Wahrnehmen ist, nicht das unbewusste im Traum. Einige der gesehenen Geschehen werden von einem Engel gedeutet und durch ergänzende Erklärungen interpretiert (1,16f; 2,10–17; 3,6–10; 4,8–10; 6,9–15). Inhalt und Deutung seien kurz skizziert:

1. Ein Mann zwischen Myrtenbäumen und verschiedenfarbige Pferde (1,8–17)
   Der Deuteengel: Sie erkunden die Welt; Gottes Zorn gilt den Völkern, Jerusalem aber erwartet eine neue Zukunft; der Tempel soll wiederaufgebaut werden.

2. Vier Hörner und vier Schmiede (2,1–4)
   Der Deuteengel: Es sind die vier Völker, unter denen Juda/Israel gelitten hat und die nun selbst zerschlagen werden.

3. Ein Mann mit einer Messschnur (2,5–9)
   Direkte Antwort des Mannes auf die Frage des Propheten: Er will die Mauern Jerusalems ausmessen, aber der Engel, der den Propheten begleitet, befiehlt: Jerusalem soll keine Mauern erhalten, JHWH selbst wird eine Mauer von Feuer sein.

Eingeschoben ist in 2,10–17 ein Aufruf an die Exilierten zur Flucht aus Babylon.

4. Der Hohepriester Jeschua – vor dem Engel des Herrn – und der Satan, der ihn anklagen will (3,1–10)

Der Engel weist die Anklage zurück und befiehlt, Jeschua neu einzukleiden. Ihm wird die Schuld vergeben und eine Verheißung gegeben: Jeschua wird der Tempel unterstellt und er wird den kommenden Davididen als Garant eines künftigen Friedens sehen.

5. Goldener Leuchter mit sieben Lampen und zwei Ölbäume (4,1–14)
   Der Deuteengel: 7 Lampen = 7 Augen Gottes; 2 Ölbäume = 2 gesalbte Männer des Herrn. Ermutigung für Serubbabel: Er hat den Tempelbau begonnen, er wird ihn auch vollenden können.

6. Eine fliegende Buchrolle (5,1–4)
   Der Deuteengel: Sie enthält den Fluch für Diebe und Meineidige.

7. Die Frau im Fass (*Epha;* Luther: Tonne) (5,5–11)
   Der Deuteengel: Es ist die Ruchlosigkeit. Sie wird nach Schinar (= Mesopotamien) gebracht, wo man ihr einen Tempel baut und sie auf ein Podest stellt.

8. Vier Wagen, die zwischen zwei Bergen aus Bronze hervor fahren (6,1–8)
   Der Deuteengel: Sie bringen das Gericht in alle vier Himmelsrichtungen.

Die theologische Zentralaussage des ersten Nachtgesichts lautet: Gott war nur ein wenig zornig über sein Volk, die Völker hingegen brachten ihm Verderben, d.h., ihr Zorn war schlimmer als der Gottes. Jetzt aber beginnt eine neue Heilszeit durch die barmherzige Zuwendung Gottes zu Jerusalem, das ebenso wieder aufgebaut werden soll wie der Tempel (1,15f). Dem korrespondiert das achte Nachtgesicht, das auch die Völker im Blick hat. Gottes Geist ruht auf der ganzen Welt, gerade auf dem Norden, d.h. dort, von woher das Unheil über Israel kam und wo Israeliten als Exilierte besonders gelitten haben (6,8). Mit dem Geist Gottes auf der gesamten Welt kommt diese zum Frieden. Das ist das Ziel des Visionszyklus.

Dieser Heilsperspektive werden zwei Unheilsaussagen zugeordnet: In der zweiten Vision wird die Zerschlagung der Völker, unter denen Israel gelitten hat, und in der siebten die Verbannung der Ruchlosigkeit nach Mesopotamien als Strafe für das, was Israel erlitten hat, geschaut. Offenbar ist dies eine Deutung der Eroberung Babylons durch die Perser: Sie ist Gottes Strafe für das, was Babylonien Israel angetan hat. Die Nachtgesichte III und VI verbindet das Thema Jerusalem. Jerusalem soll eine mauerlose Stadt sein, offen für alle, den Schutz gewährleistet Gott, er will wie eine Mauer aus Feuer werden. Und Jerusalem soll eine Stadt werden, in der weder Kriminalität noch Missachtung Gottes zu finden sein wird. Die verfluchten Diebe stehen für Kriminalität unter Menschen, der Meineidige für die Entheiligung des Namens Gottes. Beides, die Verletzung der Rechte des Nächsten und die Lästerung Gottes, sollen im neuen Jerusalem nicht zu finden sein.

In der vierten und fünften Vision geht es um zwei zentrale Institutionen: das Priesteramt und die Statthalterschaft. Jeschua, der hier den Titel Hoherpriester trägt, muss zunächst entsühnt werden. Dahinter steht die Erfahrung, dass die Priesterschaft nicht unbeteiligt war an den Ereignissen, die zur Zerstörung Jerusalems geführt haben. Die Szene der Neueinkleidung erinnert an die Investitur Aarons in Lev 8–10. Mit der Neueinkleidung Jeschuas wird zugleich seine Sünde vergeben (3,4). Ihm zugeordnet wird in der fünften Vision Serubbabel als politischer Repräsentant des neuen Staatswesens unter persischer Oberhoheit. Er wird als Gründer und Vollender des Tempels gewürdigt (4,9). Er wird mit dem Ehrentitel »Gottesknecht« (3,8) und »mein Spross« sogar dem Hohenpriester vorgeordnet, dieser ist mit den anderen Priestern »Zeichen« für den kommenden Herrscher. Anders als das Königsgesetz in Dtn 17,14–20 wird der weltliche Herrscher nicht der Tora, sondern dem Geist Gottes untergeordnet (4,6). Aber beide, Hoherpriester und Statthalter, haben gemeinsam, dass sie Gesalbte sind (4,14). Deutlich spürt man diesen Visionen das Bemühen an, die beiden höchsten Ämter in einem Gleichgewicht zu halten und dennoch dem Davididen Serubbabel einen gewissen Vorrang zu verleihen. In 6,9–15 wird Jeschua zwar gekrönt, aber der Priester wird auf dem Ehrenplatz zur Rechten des Herrschers sitzen, dieser aber wird »herrschen auf seinem Thron« (6,11); die Krone soll offenbar nicht getragen, sondern im Tempel aufbewahrt werden. »Und es wird Friede sein zwischen den beiden«, zwischen dem Hohenpriester und dem Statthalter. So ist dieser Text ein spannendes Dokument des Ringens um die neue Rangordnung, um geistliche und politische Herrschaft und ihre Beziehung zueinander im nachexilischen Jerusalem.

Der erste Teil des Sacharjabuches wird mit einer großartigen Vision der künftigen Herrlichkeit Jerusalems abgeschlossen: Gott selbst kehrt zum Zion zurück (vgl. Ez 43,2ff), die Menschen werden sich eines langen Lebens und vieler Kinder erfreuen können; die in der Diaspora Lebenden werden zurückkehren. Ganz wie im Haggaibuch (Hag 1,10; 2,15–19) wird mit dem Beginn des Tempelbaus eine neue Zeit des Segenshandelns Gottes beginnen. Gott wird Heil kommen lassen; dieses Heil erfordert als menschliche Antwort eine Ethik der Wahrhaftigkeit, der Gerechtigkeit, des Friedenschaffens und der Achtung der Heiligkeit Gottes (8,16f). Aber nicht allein Israel wird unter dem Segen Gottes stehen, die Völker werden zum Zion kommen, um dort Gott zu suchen und ihn anzubeten (8,23). Sie wollen Anteil haben an dem Mitsein Gottes, von dem sie wissen, dass Israel es erfahren hat.

Im zweiten Teil (Sach 9–11) finden sich Gerichtsworte gegen Fremdvölker und Städte, aber auch Heilsworte. Ein künftiger Friedensherrscher wird verheißen, der wie einst König Salomo bei seiner Krönung auf einem Esel reiten wird: »Juble laut, Tochter Zion! Jauchze, Tochter Jerusalem! Siehe, dein König kommt zu dir. Er ist gerecht und hilft; er ist demütig und reitet auf einem Esel, auf einem Fohlen, dem Jungen einer Eselin.« (V. 9) Im Matthäusevangelium wird dieser Text beim Einzug Jesu in Jerusalem zitiert; damit wird Jesus in diese Tradition der Erwartung des messianischen Königs eingeschlossen. Bei Sacharja wird der messianische König alle Waffen zerstören und ein universales Friedensreich errichten, er ist also diesseitig und politisch gedacht.

Mit diesen Erwartungen kontrastieren die Gerichtsworte gegen falsche Hirten in Sach 11. Der Text weist erkennbare Bezüge zu Ez 37 auf. Während Ezechiel die Wiedervereinigung von Juda und Jerusalem als Ziel vor Augen hat, wird in Sach 11 das Gegenteil erwartet: Die Stäbe »Huld« und »Eintracht«, mit denen der göttliche Hirt seine Schafe gehütet hat, werden zerbrochen, weil die irdischen Hirten die Schafe verkauft haben. Viele Einzelzüge in diesem Kapitel sind noch immer ungeklärt: Wer sind die drei Hirten in Vers 8, wer der eine schlechte Hirt in Vers 16? Möglicherweise ist an die Priesterschaft gedacht oder an Kollaborateure mit den seleukidischen Machthabern. Auch die Bedeutung der 30 Silberstücke als Hirtenlohn bleibt rätselhaft. Ist der Sinn: Mehr ist den Hirten das Volk nicht wert? Mehr geben sie nicht als Tempelabgabe? »Dieses Kapitel ist so rätselhaft, dass es den Rahmen – oder sogar den Anlass – für einen weiteren *masa* (Prophetenspruch) abgegeben hat, nämlich Sach 12–13(14).« (So

Redditt, Sacharja 9–14, Internationaler Exegetischer Kommentar zum Alten Testament, Stuttgart 2014, S. 102.)

Der dritte Teil (Sach 12–14) hat nur noch Juda und Jerusalem im Blick. Von Israel oder einer Wiedervereinigung ist nicht die Rede. Aber auch die Existenz von Juda und Jerusalem ist durch kriegerische Auseinandersetzung bedroht. In mehreren kurzen Gottesreden wird der besondere Schutz Gottes für Jerusalem und die Vernichtung der Feinde angekündigt (12,4.6.9). Aber zunächst wird von einer kollektiven Klage über einen, der durchbohrt worden ist, berichtet. Es bleibt unklar, wer gemeint ist; die exegetische Literatur ist voll von Spekulationen. Deutlich erkennbar ist, dass die Klage das ganze Volk ergreift, insbesondere aber das Haus David, das Haus Nathans, das Haus Levi und die Sippe Schimi und alle Frauen dieser Sippen. D.h. wohl, dass der Getötete diesen Häusern nahestand bzw. zu einer dieser Sippen gehörte und seine Ermordung sowohl für die Davididen, die Priesterschaft und die Propheten einen großen Verlust darstellte. Möglich ist, dass es sich um einen Vorfall im hellenistisch beherrschten Jerusalem handelt, wobei der oder die Täter aber nicht die Griechen, sondern Judäer gewesen sein könnten. Der Vers 12,10 enthält zudem ein sprachliches Problem. Luther übersetzt richtig: »sie werden *mich* ansehen, den sie durchbohrt haben«. Aber evtl. ist ein Buchstabe ausgefallen und dann wäre zu lesen: »sie werden auf *den* sehen, den sie durchbohrt haben«, eine Lesart, die durch den weiteren Text sinnvoller erscheint als hier einen Mord an Gott zu lesen, denn dann müsste es heißen: »sie werden um mich klagen« und nicht »um ihn«.

Jerusalem ist aber noch weit von der in Kap. 12 verheißenen Realität entfernt. Zunächst ist ein Reinigungsprozess nötig (13,1). Götzen und falsche Propheten müssen verschwinden. Mit großer Härte wird vor allem gegen falsche Propheten argumentiert: Eltern sollen den eigenen Sohn, wenn er falscher Prophet ist, »durchbohren«, also töten. Das erinnert an die Bestimmungen im deuteronomischen Gesetz (Dtn 13). Der Kampf um Jerusalem wird als Läuterungsvorgang verstanden, bei dem nur ein Drittel aller Bewohner bestehen wird.

Das Sacharjabuch endet mit Visionen dieses Kampfes um Jerusalem: Zunächst siegen die Feinde über Jerusalem; aber dann greift Gott ein; seine Füße stehen auf dem Ölberg, der sich spaltet. Danach beginnt eine Heilszeit: Gott kommt, es gibt weder Frost noch Hitze, keinen Tag und keine Nacht mehr, nur Licht, in Jerusalem wird eine Quelle entspringen und Gott wird König über alle Völker. Alle feindlichen Soldaten werden sterben, die übrigen Völker werden jährlich eine Wallwahrt zum Laubhüttenfest nach Jerusalem veranstalten. Alles wird dem Herrn heilig sein, auch die Pferdeschellen.

Wenn auch der dritte Teil des Sacharjabuches aus vielen kleinen Redeeinheiten und Gattungen besteht, so ist doch die theologische Grundaussage deutlich erkennbar. Angesichts der Bedrohung der Existenz von Juda und Jerusalem muss nach innen ein Reinigungsprozess stattfinden, nach außen nicht mit militärischer Gewaltanwendung, sondern mit Vertrauen auf das Eingreifen Gottes reagiert werden. Er ist der königliche Herrscher, der allein den Frieden und das heilvolle Leben garantieren kann. In 14,9 gipfelt dies in einem monotheistischen Bekenntnis: »Zu der Zeit wird JHWH der einzige sein und sein Name der einzige.«

Maleachi

JÜRGEN KEGLER

Das Maleachibuch beginnt mit demselben Wort *masa'* »Prophetenspruch, Orakel« (Luther: Last), mit dem in Sach 9,1 und 12,1 der zweite und dritte Teil des Sacharjabuches überschrieben werden. Das kann ein Hinweis darauf sein, dass das Maleachibuch ursprünglich den vierten Teil des Sacharjabuches darstellte, der dann bei der Kanonbildung, um die Zwölfzahl der »Kleinen Propheten« zu erreichen, als selbständige Prophetenschrift geformt wurde. Dafür spricht auch, dass »Maleachi« kein Eigenname ist, wie sonst bei den Propheten üblich, sondern eine Funktionsbeschreibung, »mein Bote«.

Das Maleachibuch bietet sechs Reden, in denen Argumente der Angeredeten zitiert und widerlegt werden. Diese Widerlegung geschieht in Form von Anklagen, Unheilsansagen, aber auch Heilsankündigungen. Sie bilden das Zentrum der theologischen Position des Autors. Soziale und kultische Missstände sind dafür verantwortlich, dass das verheißene Heil Gottes nicht Realität wird. Hier knüpft Maleachi an Sach 1–8 an. Besonders kritisiert werden die nachlässige Opferpraxis, die Mischehen mit Nichtisraeliten und Scheidungen. Maleachi fordert im Namen Gottes die Reinhaltung des Kultes, das Verbot der Mischehen, die Ablehnung der Scheidung. Die vierte und die sechste Diskussionsrede bieten einen anderen Akzent; in ihnen geht es um das Verhältnis von Frommen und Gottlosen. Die Frommen ringen mit der Frage, warum der Tag des Herrn ausbleibt und welchen Nutzen das Halten der Tora bietet, da die Gottlosen in der Regel erfolgreicher sind. Den Frommen wird verheißen, dass der Tag des Herrn als Tag der Läuterung kommen wird, ihm wird jedoch ein Bote vorausgehen. Die Namen der Frommen sind im Buch des Lebens verzeichnet, was ihnen die Barmherzigkeit Gottes am Gerichtstag garantiert.

Die letzten Verse des Buches (3,22–24) beschließen nicht nur das Maleachibuch, sondern den zweiten Teil des hebräischen Kanons (Nebiim). Mit der Aufnahme der Mahnung von Jos 1,7.13, die Tora des Mose zu befolgen, wird eine Brücke vom Beginn der Nebiim zum Ende dieses Kanonteils gebildet. Und die Verheißung der Wiederkunft des Elia verbindet die beiden großen Prophetengestalten des Alten Testaments: Mose und Elia. Jesus Sirach zitiert den letzten Vers des Maleachibuches (Sir 48,10); darum muss es vor dem 2. Jahrhundert seine vorliegende Gestalt erhalten haben.

Gliederung des Buches Maleachi (die Argumente der Angeredeten sind kursiv gedruckt)

1,1 Überschrift

1. Rede 1,2–5
Gottes Liebe zu Israel zeigt sich in der Vernichtung Edoms
»Ich liebe euch, spricht JHWH. Doch ihr sagt: *Woran sehen wir, dass du uns liebhast?* ... Ich habe Jakob lieb, Esau aber hasse ich ...« (V. 2f)

2. Rede 1,6–2,9
Der rechten Gottesverehrung widersprechen unreine Opfergaben
»Der Tisch des Herrn ist nicht so wichtig« (V. 7), *»des Herrn Tisch ist unheilig, und sein Opfer ist für nichts zu achten«* (V. 12), es werden lahme, kranke und fehlerhafte Tiere geopfert. Den Priestern wird deswegen grausames Unheil angesagt: »Siehe, ich will euch den Arm zerbrechen und den Unrat eurer Festopfer euch ins Angesicht werfen, und er soll an euch kleben bleiben.« (2,3)

3. Rede 2,10–16
Zwei Frevel in Jerusalem:

a) Heirat von Frauen, die fremde Götter verehren (Mischehen) – Ankündigung der Ausrottung;
b) Verstoßen der ersten Frau – Strikte Ablehnung der Scheidung.

4. Rede 2,17–3,5
Die Frage der Frommen und der Tag des Herrn
»*Wo ist der Gott, der da straft*?« (2,17) Die Frommen murren über das Ausbleiben des Eingreifens Gottes gegen das Unrecht. Die Antwort: Erst kommt ein Bote, der den Weg bereitet, dann kommt Gott in den Tempel, dieser Tag des Herrn wird ein Tag der Läuterung und des Gerichts.

5. Rede 3,6–12
Gegen die Unterschlagung des Zehnten
»*Womit betrügen wir dich?*« (3,8), die Antwort des Propheten: mit dem Zehnten und der Opfergabe; die dahinter stehende Angst vor Mangel wird durch die Verheißung göttlichen Segens aufgehoben.

6. Rede 3,13–21
Erneute Frage der Frommen und Tag des Herrn
Das Problem der Frommen: »*Es ist umsonst, dass man Gott dient; und was nützt es, dass wir sein Gebot halten ...?*« (3,13) Die Gottlosen sind reich, glücklich und erfolgreich. Die Antwort: Die Taten der Frommen sind verzeichnet und sie werden am Gerichtstag vor Strafe bewahrt.

Abschluss des Buches und des zweiten Kanonteils:
3,22 Mahnung zum Halten der Tora des Mose (Luther: Gesetz)
3,23f Elias Wiederkunft als Wegbereitung vor dem Gerichtstag

Das Motiv der Wiederkunft Elias ist im Neuen Testament auf verschiedene Weise aufgenommen worden. Einmal in der Form, dass Johannes der Täufer als wiedergekommener Elia gedeutet wird (Lk 1,17; Mt 17,11–13; Mk 9,11–13); diese Identifizierung wird allerdings in Joh 1,19–28 kritisiert. Sodann werden in der Erzählung von der Verklärung wie in Mal 3,22–24 die beiden großen Prophetengestalten Mose und Elia zusammen gesehen; ihnen wird Jesus bei- und übergeordnet (Mk 9par; Mt 17par; Lk 9).

Lukasevangelium

ANNE RADEMACHER

Der Evangelist Lukas, wer immer hinter diesem Namen der kirchlichen Tradition steht, hat uns das dritte Evangelium in der Abfolge der Schriften des Neuen Testamentes hinterlassen. Für uns heutige Leser ist es sehr praktisch, dass er uns am Beginn seiner Schrift (Lk 1,1–4) sozusagen auf seinen Schreibtisch schauen lässt. Er schreibt auf, mit welchem Ziel er schreibt, und gibt uns so eine Lesehilfe für sein Evangelium. Zunächst einmal stellt er sich in eine Reihe vieler Zeugen, so dass niemand auf die Idee kommen kann, er sei der Erste, der die Geschehnisse aufschreibt. Ja, bereits andere haben darüber geschrieben, aber da fehlt anscheinend noch etwas. Warum also eine neue Schrift, wo doch alles bekannt war? Dafür ist offenbar der Adressat verantwortlich, ein gewisser Theophilus, für den es wichtig war, Sicherheit und Klarheit im Glauben zu bekommen. Um das zu erreichen, hat Lukas ausführliche Studien betrieben, die Vorgänge zurückverfolgt und baut auf denen auf, die ihrerseits Augenzeugenberichte verarbeitet haben. Der Vergleich mit den anderen Evangelien zeigt: Er benutzt das Markusevangelium und zugleich eine Quelle mit Jesusreden, die offenbar auch dem Matthäusevangelium vorlag. Darüber hinaus aber hat er jede Menge anderen Stoff, der offenbar nur in seiner Gemeinde überliefert wurde bzw. nur ihm wichtig genug war, aufgeschrieben zu werden. Betrachten wir diese Texte, so findet sich vieles, was zum Grundbestand unseres Glaubens gehört: die weihnachtlichen Geschichten, darunter die Verkündigung an Maria, die Geburt des Täufers, der Besuch Marias bei Elisabet, die Hirten an der Krippe, die Erzählung vom zwölfjährigen Jesus im Tempel. In diesen Erzählungen wiederum stehen das Benedictus, das Magnificat und das Nunc dimittis, die großen neutestamentlichen Hymnen, die bis heute ihren festen Platz im Stundengebet haben. Aber auch die Gleichnisse vom barmherzigen Samariter und vom barmherzigen Vater, die Erzählung vom armen Lazarus und von Zachäus sind nur bei Lukas zu finden, ganz zu schweigen von der Himmelfahrt Jesu und der Emmauserzählung. Ohne das Lukasevangelium hätten wir weit weniger Feste im Kirchenjahr.

Aus den Spuren seiner Quellen und dem, was er schreibt, lässt sich seine Schrift zeitlich einordnen. Das Markusevangelium lag ihm vor, er schreibt also sicher nach 70 n. Chr. Allerdings wird es auch nicht zu lange danach gewesen sein, so dass eine Abfassung zwischen 80 und 90 n. Chr. wahrscheinlich ist. Sein Adressatenkreis scheint aus Christen zu bestehen, die mit jüdischen Gebräuchen kaum etwas anfangen können. Der Vergleich mit Mk und auch Mt zeigt das Weglassen dieser Traditionen bzw. die genaue Erklärung. Seine Gemeinde ist also griechisch geprägt, man redet da von Heidenchristen.

Wie aber sollen wir dieses Evangelium lesen? Zunächst so wie Theophilus – mit dem Ziel, im Glauben gestärkt zu werden. Dazu müssen wir den Weg Jesu an der Hand des Evangelisten mitgehen, und dieser Weg ist ein besonderer. Um ihn zu verstehen, lohnt es sich, den zweiten Teil des Lukasevangeliums in Betracht zu ziehen: die Apostelgeschichte. An deren Anfang bezieht sich der Autor ausdrücklich auf sein erstes Buch für Theophilus. Liest man beide hintereinander, so findet sich in der Mitte (im letzten Teil des Lk und im ersten Teil der Apg) alles auf Jerusalem zentriert. Dorthin ist Jesus sehr bewusst unterwegs (von Kapitel 9–19), von dort gelangt die Botschaft seiner Auferstehung letztlich bis an die Grenzen der Welt. Jerusalem aber ist für das Lk so eine Sache: einerseits der Dreh- und Angelpunkt, wo die wichtigsten Ereignisse geschehen, andererseits aber auch der Ort, wo die Ablehnung Jesu und seiner Nachfolger ihr Zentrum hat. Das mag ein Bild für den Glauben sein. Macht man sich auf den Weg ins Zentrum, so besteht zumindest die deutliche Gefahr der Ablehnung. Jedenfalls scheint das für den Evangelisten, für Theophilus und ihre Gemeinde so zu sein, auch deshalb das Streben nach Befestigung des Glaubens.

Wie aber wird Jesus vorgestellt? Mehr als alle anderen ist Jesus für das Lk der Heiland. Seine Sendung zu den Armen und Ausgegrenzten wird immer neu erzählt: Kranke, Frauen, Sünder – alle, die in der antiken Welt am Rande standen, werden durch Jesu Nähe gewürdigt und bekommen durch ihn das Heil zugesagt. Mehr als in allen Evangelien stellt uns Jesus Gott im Lk als barmherzigen Vater vor. Als einen, der alles mit Barmherzigkeit umgibt, aber auch auffordert, selbst barmherzig zu handeln. Eine zweite Lesehilfe also: Die Armen und Kleinen sind Gottes Lieblinge, zu ihnen gehören und für sie da zu sein, verbindet mit Jesus.

Im Lk ist Jesus außerdem der Betende. In keinem anderen Evangelium zieht er sich so oft zum Beten zurück, geschieht so viel in Situationen, wo Jesus betet – die Taufe, die Wahl der Zwölf, die Verklärung, am Ende die eindrückliche Schilderung des betenden Jesus am Ölberg. Jesus lehrt die Jünger im Lk das Vaterunser auf ihre Bitte hin zu lernen, wie beten geht. Eine weitere Spur: Um glauben zu können, muss man Kontakt mit Gott aufnehmen und Lukas versichert uns durch das Beispiel Jesu, dass es auch möglich ist.

Mit Blick auf Theophilus und die im Glauben zu Stärkenden aller Zeiten wird ein Weiteres im Lk wichtig. Diese Spur findet sich gleich in den Weihnachtsgeschichten. Was angekündigt wird, tritt ein: in der Verheißung der Geburt Johannes des Täufers, der Verkündigung des Engels an Maria, der Botschaft der Engel an die Hirten, der Weissagung von Hanna und Simeon. Der Evangelist setzt auf Verlässlichkeit. Sein Leser kann gleich zu Anfang erleben, wie Gott handelt und dass er hält, was er versprochen hat. Die Botschaft, so lernen Theophilus und alle Leser fast nebenher auf dem Weg, ist verlässlich. Dies wird für die Jünger mit Jesu Tod allerdings in Frage gestellt. Und wie ihnen geht es vielleicht jedem späteren Leser, der in seinem Glauben angefragt ist. Wohl deshalb erzählt Lukas uns die Emmausgeschichte. Hier legt der Auferstandene selbst den Jüngern das Geschehene aus und zeigt ihnen, wie sie mittels Schrift und seiner Worte alles verstehen können. An der Hand dieser beiden Jünger kann der Leser die letzte Gewissheit hören. Jesus begegnet den Seinen auf dem Weg und seine Ansagen werden erfüllt. Wohl nicht zufällig ist nur einer der Emmausjünger namentlich benannt (Kleopas) – mag sein, dass der andere weit nach Jesu irdischem Weg lebt, mag sein, dass der Evangelist diese Leerstelle lässt, damit sich der Leser mit Kleopas auf den Weg nach Emmaus begeben kann. Dies mag die wichtigste Einladung des Lk sein, die Begegnung mit Jesus in den eigenen Wegen zu erwarten und dort die Botschaft stets neu ausgelegt zu bekommen, die Botschaft, dass Gott Heil will und dies durch Jesus wirklich bringt. Das ist nicht nur für Theophilus eine gute Nachricht – Evangelium –, sondern für alle Leser des Lk bis heute.

Apostelgeschichte

THOMAS JOHANN BAUER

Ein Teil des lukanischen Doppelwerks

Ein Vorwort weist die Apostelgeschichte als Fortsetzung eines früheren Buches aus, das über das Wirken Jesu bis zu seiner Aufnahme in den Himmel berichtet hat. Dieses Buch ist das Lukasevangelium, wie an der beiden Schriften gemeinsamen Widmung an einen Theophilus erkennbar ist (Lk 1,3; Apg 1,1). Theophilus war wohl ein Mitglied der Gemeinde, das aus seinem Vermögen einen Beitrag zur Abfassung und Publikation beider Werke geleistet hat.

Die letzten Worte Jesu im Lukasevangelium blicken voraus auf die Verkündigung seines Todes und seiner Auferweckung bei allen Völkern (Lk 24,46f) und weisen die Jünger an, in Jerusalem auf den Empfang des Heiligen Geistes zu warten, der sie zum Zeugnis befähigen wird (Lk 24,48f). Mit der Wiederaufnahme dieser Worte beginnt die Erzählung der Apostelgeschichte (Apg 1,4–5.8), in der sich – angefangen bei der Herabkunft des Heiligen Geistes auf die Jünger am Pfingstfest (Apg 2) über die Öffnung der Gemeinde für die unbeschnittenen Heiden (Apg 10,1–11,18; 15,1–29) bis hin zur Ankunft des Paulus in Rom (Apg 28,16–31) – die Ankündigung des Auferweckten verwirklicht. Gleichzeitig ruft die Apostelgeschichte in den Missionsreden und an anderen Stellen immer wieder das Wirken, das Sterben und die Auferweckung Jesu in Erinnerung und verweist damit zurück auf das Lukasevangelium (Apg 1,1f.21f; 2,22–24; 3,13–15; 4,10; 5,30; 10,37–43; 13,27–31). Damit ist angezeigt, dass das Evangelium die inhaltliche Vorgabe der Verkündigung und die normative Grundlage des Bekenntnisses der nachösterlichen Gemeinde, d.h. der »Kirche«, ist.

Inhaltliche Grundlinien

Die Apostelgeschichte möchte ihren Leserinnen und Lesern, die bereits in einem großen zeitlichen Abstand zum Auftreten Jesu leben, versichern, dass die christliche Verkündigung und ihr Glaube eine sichere Grundlage haben, weil sie auf dem Zeugnis der »Apostel« ruhen. Während sonst im Neuen Testament mit »Apostel« die Gemeindemissionare der nachösterlichen Zeit bezeichnet werden, reservieren das Lukasevangelium und die Apostelgeschichte diese Bezeichnung (mit Ausnahme Apg 14,4.14) für den Kreis der »Zwölf«, dessen Anfang in der vorösterlichen Zeit liegt. Als Zeugen des irdischen und des auferweckten Jesus sind die »Zwölf« der verlässliche Grund der Verkündigung (Apg 1,22; 2,32; 3,15; 5,32; 10,41). Deshalb kann bei der nachösterlichen Wiederherstellung des Kreises der »zwölf Apostel« den Platz des Verräters Judas nur einer einnehmen, der mit Jesus sowohl in der Zeit vor seinem Tod als auch in den 40 Tagen zwischen seiner Auferweckung und Aufnahme in den Himmel zusammen war (Apg 1,21f). An die Stelle der »zwölf Apostel«, deren Dienst zeitlich begrenzt ist und die keine Nachfolger haben, treten die Gemeindemissionare, die das apostolische Zeugnis übernehmen und unverfälscht weitergeben. Dies wird exemplarisch an Paulus vorgeführt, der für die Apostelgeschichte nicht zum Kreis der »Apostel« und der maßgebenden Anfangszeugen gehört. In seiner ersten ausgeführten Missionspredigt wiederholt er, mit Verweis auf das Zeugnis der »Apostel«, die zentralen Inhalte der Pfingstpredigt und spricht gleichsam die Worte des »Apostels« Petrus nach (Apg 13,23–37; 2,22–36).

Den Leserinnen und Lesern wird außerdem versichert, dass sie sich als erwählte Gemeinde des Gottes Israel verstehen und sich auf seine Verheißungen berufen dürfen, obwohl sie als »Kirche« der Heiden mehrheitlich oder sogar ausschließlich nicht aus dem Judentum stammen. Am Ende der Apostelgeschichte wird mit einem Zitat aus dem Propheten Jesaja die weitgehende Verweigerung der Juden gegenüber der christlichen Verkündigung als von Gott gewollte Verstockung gedeutet (Apg 28,26f; Jes 6,9f). Zugleich wird betont, dass nach dem Willen des Gottes Israels allen Völkern der Weg zum Heil offen steht (Apg 10,35; 14,27; 22,21; 26,23; Lk 2,32; 24,47) und dass die Heiden, anders als die Juden, Gottes Heilsangebot bereitwillig und dankbar annehmen (Apg 28,28; 13,46f; 18,6). Die Apostelgeschichte betont, dass die Entstehung der »Kirche« und ihre Ausbreitung getragen ist vom Heiligen Geist, d. h. von Gottes schöpferischer, belebender und rettender Kraft. Als Gabe Gottes und des erhöhten Herrn ist der Heilige Geist seit dem Pfingsttag in der »Kirche« gegenwärtig (Apg 2,4.33). Er wirkt im Zeugnis der »Apostel« (Apg 4,8) und überall, wo Mitglieder der Gemeinde den Glauben verkünden (Apg 6,5.10; 7,55; 8,29), und den Getauften schenkt er das ewige Heil (Apg 2,17f.38; 4,31; 5,32; 8,15.17). Die entscheidenden Weichenstellungen verdanken sich seinem Wirken, nämlich die Entscheidung zur Heidenmission und zur Aufnahme der unbeschnittenen Heiden in die »Kirche« (Apg 10,1–11,18; 15,6–29) sowie der Anfang der Mission in Kleinasien (Apg 13,1–3.4ff) und dann in Europa (Apg 16,6–10). Im Blick auf ihren Inhalt lässt sich die Apostelgeschichte deshalb als eine Chronik der vom Heiligen Geist bestimmten Ausbreitung der »Kirche« verstehen, die ihre allmähliche Ablösung vom Judentum dokumentiert und theologisch zu deuten versucht.

Literarische und historische Fragen

Der Verfasser der Apostelgeschichte benutzt ältere Überlieferungen (zur »Urgemeinde« von Jerusalem, zum Wirken des Petrus und anderer »Apostel«, zur Gemeinde von Antiochia, zur Biographie und Mission des Paulus). Wie sehr dieses Material inhaltlich umgearbeitet wurde, kann man dort erkennen, wo die Briefe des Paulus parallele Überlieferung bieten. Dies betrifft unter anderem die Darstellung des Petrus als Initiator und Vorkämpfer der Heidenmission (Apg 10,47; 11,17; 15,7–11; Gal 2) oder die Schilderung der Jerusalemer Übereinkunft zur Heidenmission (Apg 15,19–21.28f; Gal 2,9f). Ebenso passt die Strukturierung der paulinischen Missionstätigkeit in drei Reisen nicht zu dem, was den Briefen des Paulus über seine Tätigkeit zu entnehmen ist; insbesondere die erste Reise ist nicht durch Angaben seiner Briefe gedeckt (Apg 13–14; Gal 1,17–24).

Nach heutigen Maßgaben kann die Darstellung der Apostelgeschichte nicht als historisch zuverlässig bezeichnet werden, sie entspricht aber den Vorgaben antiker Geschichtsschreibung, die nicht allein Fakten wiedergeben, sondern das Geschehen deuten wollte. Dazu dienen beispielsweise die Reden, die als freie Kompositionen des Verfassers die entscheidenden Wendepunkte markieren, das Geschehen kommentieren und seine Bedeutung erschließen. Zusammen mit romanhaften Ausschmückungen und der dramatischen Gestaltung von Einzelszenen tragen sie zu einer lebendigen und einprägsamen Darstellung der Anfänge der »Kirche« bei.

Der Titel »Apostelgeschichte« (eigentlich »Taten der Apostel«) ist nicht ursprünglich, sondern stammt erst aus dem späten 2. Jahrhundert. Er geht auf die sich in dieser Zeit durchsetzende Sicht zurück, dass Paulus und Petrus als die »Apostel« die maßgebenden Gestalten der Anfangszeit der »Kirche« sind (obwohl Paulus in der Konzeption der Apostelgeschichte nicht zu den »Aposteln« gehört). Auch die Identifizierung des Verfassers mit Lukas, einem Mitarbeiter des Paulus (Phlm 24; Kol 4,14; 2 Tim 4,11), erfolgt erst in dieser Zeit. Anlass dafür waren die Wir-Passagen im letzten Drittel des Buches, die den Eindruck erwecken, hier schreibe ein Begleiter des Paulus (Apg 16,10f;20,5–8.13–15;21,1–18; 27,1–28,16). Gegen Lukas oder einen anderen Mitarbeiter des Paulus als Verfasser sprechen jedoch die völlige Unkenntnis der paulinischen Briefe, ein deutlich von den Briefen abweichendes Paulusbild und die nur vagen Anklänge an die paulinische Theologie (Gnaden- und Rechtfertigungslehre; Apg 13,38f im Mund des Paulus und 15,9–11 im Mund des Petrus). Die Wir-Passagen sind eine literarische Konstruktion und zielen auf den Eindruck von Augenzeugenschaft und auf Nähe zum erzählten Geschehen.

Die Apostelgeschichte lässt erkennen, dass ihr Verfasser über eine gewisse Bildung verfügte. Dafür sprechen die weitgehend gepflegte, wenn auch nicht immer literarische Sprache und die Vertrautheit mit den Konventionen der Geschichtsschreibung. Gute Kenntnisse der biblischen Schriften in ihrer griechischen Übersetzung deuten auf eine Nähe zum Judentum; doch war er wohl nicht Jude, sondern gehörte zum Kreis der »Gottesfürchtigen«, also jener Heiden, die mit dem Monotheismus und der Ethik der jüdischen Überlieferung sympathisierten, den vollen Anschluss an die Synagoge wegen gesellschaftlicher Nachteile aber scheuten. Entstanden ist die Apostelgeschichte wahrscheinlich in einer der Städte Kleinasiens, Makedoniens oder Griechenlands, wo Paulus einst missioniert hatte und wo noch Erinnerungen an sein Wirken lebendig waren. Hinsichtlich der Entstehungszeit lässt sich nur sagen, dass die Apostelgeschichte das frühestens in den späten siebziger Jahren des 1. Jahrhunderts geschriebene Lukasevangelium voraussetzt. Vermutlich stammen beide Schriften aus den letzten beiden Jahrzehnten dieses Jahrhunderts.

Kolosserbrief

WALTER KLAIBER

Der Kolosserbrief gehört zu den kürzeren der Briefe des Paulus und steht in der Wahrnehmung oft im Schatten nicht nur des Römerbriefs oder der Korintherbriefe, sondern auch des Galater- und Epheserbriefs. Er ist aber mit seiner eigengeprägten Botschaft ein wichtiger Zeuge innerhalb der Sammlung der Paulusbriefe.

Der Brief ist an die Gemeinde in Kolossä geschrieben. Kolossä war eine Stadt in der Provinz Asia, also im Westen der heutigen Türkei, im Tal des Flusses Lykus. Die Gemeinde, die es dort gab, war nicht von Paulus gegründet worden, sondern vermutlich von dem Kolosser Epaphras (1,7; 4,12f). Auch in den Nachbarstädten Laodizea und Hierapolis scheint es schon Gemeinden gegeben zu haben (4,13). Die Grußliste in 4,10–18 hat viele Berührungen mit der des Philemonbriefs (Phlm 23f). Onesimus, um dessen Flucht es im Philemonbrief geht, stammte aus Kolossä und wahrscheinlich gehörte auch sein Besitzer Philemon zu dieser Gemeinde. Kolossä ist wie die beiden Nachbarstädte durch ein Erdbeben im Jahr 60 n. Chr. fast ganz zerstört, aber anders als diese nicht wieder aufgebaut worden.

Von Paulus selbst wird gesagt, dass er im Gefängnis ist (4,3.10.18). Das könnte auf eine Abfassung in Rom hinweisen; aber möglicherweise war Paulus auch schon in Ephesus für einige Zeit im Gefängnis gewesen, was sehr viel näher bei Kolossä lag als Rom.

Der Aufbau des Kolosserbriefs weist die typischen Merkmale eines Paulusbriefs auf: Er beginnt mit dem *Briefkopf* (1,1f) und der *Danksagung und Fürbitte* (1,3–11). Diese führt bruchlos hinein in den ersten Hauptteil (1,12–2,23): *Die Grundlegung: Christus und das Heil, das durch ihn geschenkt ist.* Er entfaltet sich in drei Teilen:

(1) *Die Bedeutung der Person und des Wirkens Christi* (1,12–23). In diesen Abschnitt ist ein kunstvolles Christuslied (1,15–20) eingearbeitet.

(2) *Die Vollmacht des Apostels* (1,24–2,7)

(3) *Die falsche Philosophie und die rettende Herrschaft Christi* (2,8–23). Das ist das Zentrum des Briefs. Hier wird die Auseinandersetzung mit einer bedrohlichen Lehre geführt, aber auch die Bedeutung des Christusgeschehens eindrücklich dargelegt (2,9–15).

Der zweite Hauptteil (3,1–4,6) beschreibt, was daraus praktisch folgt: *Die Konsequenz: Ein Leben aus dem Glauben.*

Nach einer grundsätzlichen Einleitung *Leben in der Gemeinschaft mit Christus* (3,1–4) werden die Folgerungen für das persönliche Leben dargelegt: *Der alte und der neue Mensch* (3,5–17; sehr schön 3,16f: der rechte Gottesdienst in der Gemeinde und der Welt), dann *Ein geordnetes Miteinander in einer christlichen Familie (Haustafel)* vorgestellt (3,18–4,1) und mit *Mahnung zum Gebet und zur missionarischen Verantwortung* abgeschlossen (4,2–6). Es folgt 4,7–18 *Briefschluss mit persönlichen Informationen und Grüßen.*

Leider ist es schwierig, die gefährliche Lehre (2,8: Philosophie), gegen die der Brief kämpft, genauer einzuordnen. In ihrem Mittelpunkt stand offensichtlich die Erkenntnis, dass sogenannte *Mächte der Welt* (Einheitsübersetzung: *Elementarmächte der Welt*; vgl. auch Gal 4,3) im Bereich zwischen Himmel und Erde und also auch zwischen Christus und den Christen herrschten. Man sah in ihnen mächtige Engel, denen besonders demutsvolle Verehrung erwiesen werden musste, damit sie einen nach »oben« ließen (2,18). Dazu gehörte die Beachtung von Speisevorschriften, bestimmter Kalender- und Feiertage, einschließlich des Sabbats, und anderer Tabuvorschriften (2,16.22f). Es gab wohl auch Einweihungsriten, in denen geheime Dinge geschaut wurden (2,18) und zu denen vielleicht auch die Beschneidung gehörte.

Dagegen setzt der Kolosserbrief eine Verkündigung der Christusbotschaft, die herausstellt, dass Gott durch Christi Tod am Kreuz und durch seine Auferweckung schon die ganze Schöpfung mit sich versöhnt und Frieden mit ihr und den Menschen gemacht hat (1,19f). Gott hat durch Christus »die Mächte und Gewalten ihrer Macht entkleidet und sie öffentlich zur Schau gestellt und über sie triumphiert« (2,15). Deshalb stehen die Christen nicht mehr unter der Herrschaft irgendwelcher Engelmächte und müssen sich auch nicht mehr besondere Vorschriften und Satzungen auferlegen lassen, um den Weg zu Gott frei zu machen. Denn sie sind »mit Christus für die Mächte der Welt gestorben« (2,20). Sie leben nicht mehr in dieser von allen möglichen Gewalten beherrschten Welt, sondern sind mit Christus auferstanden. Darum soll ihr Leben jetzt ganz auf das, was »droben ist«, also was Christus entspricht, ausgerichtet sein (3,1f).

Im Zuge dieser Auseinandersetzung macht der Kolosserbrief Aussagen, die sich merklich von dem unterscheiden, was Paulus in früheren Briefen gesagt hat. Heißt es in Röm 6,8: »Sind wir aber mit Christus gestorben, so glauben wir, dass wir auch mit ihm leben *werden*«, so lesen wir in Kol 2,12: »Mit ihm seid ihr begraben worden durch die Taufe; mit ihm *seid* ihr auch auferstanden durch den Glauben.« (vgl. 3,1) Auch das Bild vom Leib Christi wird unterschiedlich gebraucht: Wird in 1 Kor 12,12f die Gemeinde als Leib Christi bezeichnet, und damit der ganze Leib mit Christus identifiziert, so ist im Kolosserbrief Christus das *Haupt* des Leibes, und zwar nicht nur der Gemeinde (1,18; 2,19), sondern auch »das Haupt aller Mächte und Gewalten«.

Man kann diese Unterschiede zum Teil damit erklären, dass die Irrlehre in Kolossä eine neue Formulierung der paulinischen

Botschaft nötig machte. Die Bezugnahme auf diese Lehre erklärt auch, dass im Kolosserbrief viele Begriffe auftauchen, die sonst in den Paulusbriefen nicht gebraucht werden. Dazu kommt aber die Beobachtung, dass dieser Brief in einem deutlich anderen Stil geschrieben ist als die älteren Paulusbriefe. Er hat darin große Ähnlichkeit mit dem Epheserbrief, für den er wohl als Vorlage gedient hat. Darum sind viele Ausleger der Meinung, dass der Brief nicht von Paulus selbst stammt, sondern erst nach dessen Tod von einem seiner früheren Mitarbeiter verfasst wurde. Das Auftauchen der gefährlichen Irrlehre in den Gemeinden Kleinasiens machte eine Stellungnahme im Namen des Apostels nötig und Kolossä, wo es nach dem Erdbeben von 60 n. Chr. keine Gemeinde mehr gab, bot sich als fiktiver Adressat an.

Doch kann es sein, dass ein Brief mit so vielen persönlichen Mitteilungen nur Fiktion ist? Andere Ausleger gehen deshalb davon aus, dass Paulus diesen Brief zwar nicht persönlich diktiert hat, dass ihn aber ein Mitarbeiter, vielleicht war es Timotheus, in seinem Auftrag geschrieben hat. Dass Paulus bei der Abfassung im Gefängnis war, wäre eine einleuchtende Begründung für dieses Verfahren, das durchaus den Gepflogenheiten der Zeit entsprach. Diese Annahme würde auch erklären, dass sich der Brief zwar in seinem Stil und in manchen theologischen Aussagen von der Theologie der paulinischen Hauptbriefe unterscheidet, deren Grundlinien aber noch sehr nahesteht.

Wie dem auch sei, der Kolosserbrief ist ein eindrucksvolles Zeugnis für die Überzeugung der Urchristenheit, dass Gottes Handeln in Jesus Christus nicht nur Rettung und Befreiung für die einzelnen Glaubenden oder die christliche Gemeinde bedeutet, sondern Auswirkungen auf die ganze Schöpfung hat. In Christus begegnet Gott, der Schöpfer, der Befreier und der Versöhner, denn »in ihm wohnt die ganze Fülle der Gottheit leibhaftig« (2,9). Weil sie nicht mehr von den Machtspielen der Mächte dieser Welt abhängig sind, sind Christen zu einem neuen Leben befähigt (3,10), zu einem Handeln in dieser Welt, das im Namen Jesu geschieht und von seiner Liebe geprägt ist (3,17), und zu einem Miteinander, das alle Grenzen überwindet (3,11).

1. Thessalonicherbrief

ANGELIKA STROTMANN

Der erste Thessalonicherbrief ist der älteste der uns erhaltenen authentischen Paulusbriefe. Paulus schrieb ihn zusammen mit seinen Begleitern und Mitarbeitern Silas und Timotheus um 50–51 n. Chr. aus Korinth an die noch sehr junge christusgläubige Gemeinde in Thessaloniki, der damaligen Hauptstadt der römischen Provinz Makedonien. In kaum einem anderen Paulusbrief wird so deutlich, wie sehr der Erfolg der Evangeliumsverkündigung abhängt von der Glaubwürdigkeit und Authentizität der Missionare einerseits und von ihrem respektvollen, motivierenden Umgang mit der jungen Gemeinde und ihrer liebevollen Sorge um sie andererseits. Der ganze Brief ist durchzogen von dieser großen Zuneigung der Missionare zur Gemeinde von Thessaloniki und dem Wunsch, sie angesichts vielfältiger Bedrängnisse und Nöte aufzurichten und zu ermutigen, ihren Weg in der Nachfolge Jesu unbeirrt weiterzugehen. Daher wird der Brief auch als Trost- und Freundschaftsbrief bezeichnet.

Die Adressaten und Adressatinnen und ihre Situation

Die Gemeinde in Thessaloniki wurde gemeinsam von Paulus, Silas und Timotheus auf der zweiten Missionsreise des Paulus gegründet. Die Mehrzahl der Gemeindemitglieder kam nicht aus dem Judentum, sondern aus einem polytheistischen Milieu (vgl. 1 Thess 1,9). Von ihnen gehörten einige zur Gruppe der sogenannten Gottesfürchtigen, Menschen aus dem Heidentum/den Völkern, die sich für das Judentum interessierten, aber auf Grund der Beschneidung und der Speisevorschriften nicht vollständig übertreten wollten. Die Gemeinde war außerordentlich arm, so arm, dass die Missionare nach 1 Thess 2,9 hart für ihren eigenen Lebensunterhalt arbeiteten, um keinem zur Last zu fallen. Nach Phil 4,16 erhielten sie sogar mindestens zweimal finanzielle Unterstützung aus der reicheren christusgläubigen Gemeinde im nahegelegenen Philippi. Die drei Missionare blieben vermutlich mehrere Wochen, vielleicht auch Monate in Thessaloniki, bis sie wegen großer Anfeindungen von verschiedenen Seiten die Stadt verlassen mussten (Apg 17,1–10). Ob die Gemeinde nach dem erzwungenen Weggang der Missionare zunächst aus der Schusslinie geriet, wissen wir nicht. Der Brief selbst setzt jedenfalls weiterhin Konflikte und Nöte voraus (1 Thess 1,6; 2,14; 3,3f), die sich schon allein aus der Konversion ergaben, aus der Abwendung von den Götzen hin zu dem einen Gott Israels. Sie führte für den Einzelnen nicht selten zum Bruch mit dem bisherigen Umfeld und damit zu sozialer Isolierung. Der persönliche Gewinn musste daher so groß sein, dass er die Nachteile aufwiegen konnte. Neben dem neuen Sinnhorizont, dem Glauben an den lebendigen, wahren Gott Israels und an sein Evangelium von Tod, Auferweckung und Wiederkunft seines Sohnes Jesus Christus (1 Thess 1,9f), waren das die geschwisterliche Gemeinschaft (*ekklesía*) der Christusgläubigen als neues soziales Bezugssystem und die enge Beziehung zu den Erstverkündigern.

Die Themen des Briefes: Die Beziehung zu den Erstverkündigern und die Hoffnung auf die baldige Wiederkunft Christi

Zwei dieser drei Faktoren waren für die Gemeinde inzwischen mit Unsicherheiten verbunden: die Beziehung zu den Erstverkündigern und die Frage nach der Teilhabe an Auferweckung und Parusie/Wiederkommen Christi. Auf diese Unsicherheiten geht der Brief ausführlich ein und versucht sie auszuräumen. Schon im Briefeingang (1,1–10) ist das zu spüren. Die drei Missionare bestärken die Gemeinde, auf ihrem bisherigen guten Weg weiterzumachen. Nicht nur, dass deren Glaube, Liebe und Hoffnung die Missionare stark beeindruckt haben, sondern sie ist sogar für die Gläubigen in ganz Griechenland und weit darüber hinaus Vorbild eines christusgemäßen Lebens geworden.

Erst nach dieser wichtigen Bestätigung folgt der eigentliche Brief. Sein erster Hauptteil (2,1–3,13) greift das Problem der langen Abwesenheit der drei Gemeindegründer auf, die für die Thessalonicher Elternstelle eingenommen hatten und ihnen Orientierung und Weisung gaben (z.B. 2,7.11). Nun, allein gelassen, besteht die Gefahr, dass die Gemeindemitglieder ihr Vertrauen in die drei Missionare verlieren und aufgrund ihrer sozial prekären Situation den gerade neu gewonnenen Glauben wieder aufgeben könnten. Der ganze erste Briefteil ist ein Versuch der drei Erstverkündiger, an die gemeinsame Beziehung anzuknüpfen und sie zu aktualisieren. Daher erinnert Paulus die Gemeinde als erstes an die Geschichte dieser Beziehung, an den Anfang mit all der Mühe, Sorge und Liebe der Missionare ihr gegenüber (2,1–12) und den daraus erwachsenen guten Früchten der Thessalonicher. In 2,17–20 schreibt er dann von seiner Sehnsucht nach ihnen und den vergeblichen Versuchen, sie zu besuchen, so dass ihm schließlich nur übrigblieb, Timotheus nach Thessaloniki zu schicken (3,1–5). Von ihm erhielt er eine sehr positive Nachricht vom Glauben und von der geschwisterlichen Liebe der Gemeindemitglieder, die große Freude und Dank bei ihm und Silas auslöste (3,6–13). Doch die Gemeinde braucht neben der Vergewisserung der Liebe des Paulus zu ihr auch konkrete Weisung, die sie in ihrem gegenüber der heidnischen Umwelt veränderten Lebenswandel bestärkt und Glaubenszweifel beseitigt. Beides folgt im zweiten Hauptteil des Briefes (4,1–5,11). Auch hier ist auffällig, wie sehr die Missionare die Gemeinde loben, aufmuntern, stützen und in ihrem eingeschlagenen Weg bestätigen. In 4,1–12 stehen zwei Themen des ethischen Verhaltens im Zentrum: der verantwortliche Umgang mit der eigenen Sexualität (4,3–5) und der geschwisterliche Umgang untereinander in allen Bereichen des Alltags (4,6–12). Nur so war es möglich, gegenüber einer feindlich gesinnten Umwelt als Gruppe zu bestehen und ihr zugleich einen Spiegel vorzuhalten. Schwerwiegender als Probleme des Lebenswandels scheinen jedoch Zweifel in Bezug auf die Eschatologie gewesen zu sein. Wie Paulus und alle Christusgläubigen damals erwarteten auch die Thessalonicher in unmittelbarer Zukunft das Wiederkommen Christi vom Himmel her und damit die völlige Umgestaltung der gegenwärtigen Welt. Besondere Sorgen machte sich die Gemeinde über diejenigen unter ihnen, die schon gestorben waren. Sie vermuteten, dass sie zwar auferweckt werden, aber womöglich nicht wie die noch Lebenden für immer beim Kyrios Jesus sein würden. Mit seiner kurzen Beschreibung der endzeitlichen Ereignisse in 4,13–18 nimmt Paulus ihnen diese Sorge: Alle Gemeindemitglieder, Lebende und Verstorbene, werden Jesus begegnen und für immer bei ihm sein. Sie brauchen weder die Ereignisse der Endzeit zu fürchten noch das Gericht Gottes (5,1–11), denn Gott hat alle Christusgläubigen durch Jesu Tod zum Heil bestimmt. Der zweite Hauptteil endet in 5,12–22 mit verschiedenen Bitten und kurzen Aufforderungen; dazu gehört u.a. auch die Anerkennung derer, die sich für die Gemeinde einsetzen.

Der erste Thessalonicherbrief als Trost- und Ermutigungsbrief

Wie zwei rote Fäden durchziehen zwei Motive den ganzen Brief und verbinden den ersten Hauptteil mit seinem Beziehungsschwerpunkt und den zweiten Hauptteil mit seinem eschatologischen Schwerpunkt miteinander. Der erste rote Faden ist das Trost- oder Ermutigungsmotiv, das achtmal vorkommt. Der griechische Begriff parakaléo kann beides bedeuten und tut das auch in unserem Kontext. Gegenseitiger Trost und gegenseitige Ermutigung sind notwendig angesichts der Abwesenheit der Erstverkündiger, besonders von Paulus, angesichts der Konflikte mit der Umwelt und der Todesfälle in der Gemeinde. Der zweite rote Faden ist das Parusiemotiv. In jedem Kapitel des Briefes kommt es vor, insgesamt fünfmal, und erscheint dadurch wie das Ziel des Briefes und letztlicher Inhalt des Trostes. Paulus beschwört gleichsam das endgültige Kommen Christi und damit die Hoffnung auf ein ständiges Zusammensein mit ihm in seinem Königreich. Zugleich verbindet er das noch ausstehende Kommen Christi unterschwellig mit seinem eigenen noch ausstehenden Kommen – und das auch als Trost. Denn so wenig die Erstverkündiger trotz langer Abwesenheit die Gemeinde vergessen haben, so wenig hat der Gott Jesu Christi sie vergessen. Und so sicher Paulus nach Thessaloniki kommen wird, umso sicherer wird der Kyrios Christus kommen.

2. Thessalonicherbrief

ANGELIKA STROTMANN

Ob der zweite Thessalonicherbrief von Paulus stammt oder von einer späteren Hand geschrieben wurde, ist in der Forschung bis heute umstritten. Wenn der Brief nicht von Paulus selbst ist, so ist er doch deutlich vom ersten Thessalonicherbrief abhängig und der anonyme Autor hat ihn als eine Art Vorlage benutzt. Die Ähnlichkeiten in Aufbau, Themen und Sprache sind jedenfalls verblüffend und reichen bis zu fast identischen Formulierungen. Auf der anderen Seite gibt es auch auffallende Unterschiede. Nicht nur dieselben Themen wie die Endzeitereignisse mit der Parusie Christi und das Alltagsverhalten der christusgläubigen Thessalonicher werden sehr unterschiedlich akzentuiert, sondern auch der Ton des Briefes wirkt viel distanzierter, ist nicht so herzlich und zugewandt wie im ersten Brief. Die Sprache ist formelhafter und weniger originell als in den echten Paulusbriefen.

Probleme der Adressatinnen und Adressaten

Auch wenn wir die realen Adressaten/innen des 2 Thess und ihre Herkunft nicht kennen, können wir doch ihre Situation und ihre Probleme aus dem Brief erschließen. Anscheinend gab es unter ihnen eine Gruppe, die angesichts der ausbleibenden Parusie die Christusgläubigen mit ihrer Auslegung des 1 Thess verunsicherten. Sie behaupteten, dass der »Tag des Herrn« schon gegenwärtig und Christus schon wiedergekommen sei (2,1f). Das führte nicht nur zu einer falschen Einschätzung der Gegenwart, sondern bei einigen auch zu einem falschen, aus dem Takt geratenen Lebenswandel. Statt ihren Lebensunterhalt mit Arbeiten zu verdienen, ließen sie sich versorgen und beschäftigten sich mit unnützen Dingen (3,6–12) und heizten damit die Konflikte mit der Umwelt noch an.

Die noch ausstehende Endzeit und das entsprechende Alltagsverhalten

Der zweite Thessalonicherbrief ist um einiges kürzer als der erste. Das hängt vor allem damit zusammen, dass die Beziehungsthematik zwischen den Erstverkündigern und der Gemeinde, die den ersten Briefteil von 1 Thess dominiert, in 2 Thess fehlt. Nirgends ist von der Sehnsucht nach dem anderen die Rede, geschweige denn von einem Besuchswunsch des Paulus. Stattdessen versucht der Brief die falsche Eschatologie vieler Gemeindemitglieder zu korrigieren, so dass Belehrungen über die Endzeit im Zentrum stehen. Gleich der Briefeingang (1,1–12) spricht das Thema an, während der erste Hauptteil des Briefes es entfaltet (2,3–12). Der Autor argumentiert mit den gegenwärtigen Bedrängnissen, die als solche mitnichten die Wiederkunft Christi spiegeln. Im Gegenteil: Bevor der Kyrios kommt, werden immer bedrohlichere Ereignisse einander ablösen, bei denen der Mensch der Gesetzlosigkeit eine besonders unheilvolle Rolle spielen wird. Angesichts dessen ein undiszipliniertes Leben zu führen und in den Tag hinein zu leben (3,6–12), arbeitet dem Gesetzlosen in die Hände. Als weitere Orientierung bietet der Brief zweierlei als Hilfestellung an: zum einen das Vorbild des Paulus, der, als er in Thessaloniki war, Tag und Nacht gearbeitet hat (3,7–9), zum anderen das Festhalten an seiner überlieferten Lehre (2,15; 3,6), der die Thessalonicher gehorchen sollen. In gewisser Weise gehört dazu auch die Gerichtsandrohung an diejenigen, die die Gemeinde bedrängen (1,3–10) und der Wahrheit nicht glauben (2,10–11), wie an diejenigen, die vom Christusglauben abgefallen sind (2,3).

Fazit

Die Verzögerung der erwarteten Endzeit mit der Parusie Christi, die Betonung des Traditionsprinzips zur Orientierung und Stärkung der eigenen Identität sowie die Mahnung zu Unauffälligkeit und Anpassung weisen auf das Ende des 1. Jahrhunderts hin. Der anonyme Verfasser versucht mit seiner autoritativen Aktualisierung des 1 Thess die gegenwärtige Situation zu erhellen und den Irrweg einer seiner Meinung nach falschen Auslegung des Paulusbriefes aufzudecken.

Gebete

Sonntagmorgen

Herr Jesus Christus, Sohn des ewigen Gottes, unser Bruder und Erlöser,
an diesem Sonntag danken wir dir für deine erlösende Liebe, in der du für uns menschgeworden bist, unter uns gelebt, gelehrt und gewirkt hast. In allem hast du uns deine erlösende Liebe erwiesen, bis in den Tod hinein und durch den Tod hindurch zur Auferstehung hin.
Du ersparst uns nicht die Spannungen des Lebens und nicht Schwere, die es oft mit sich bringt. Doch du hast uns gezeigt, wie Gottes Liebe geht, wie weit sie geht um unseretwillen. Du hast uns das Wesen der Liebe Gottes offenbart. Denen, die an dich glauben, hast du den Geist Gottes in die Offenheit ihres Herzens eingegossen und hörst nicht auf, es immer wieder zu tun.
Du bist das Licht, das unser Leben hell macht, unsere große Zuversicht alle Tage und an diesem Morgen. Wir preisen dich heute und in Ewigkeit.

Sonntagabend

Gott des Himmels und der Erde, du hast uns diesen Tag geschenkt, der nun zu Ende geht. Ich danke dir für deine Güte und Treue, das Licht, das es heute gab, das mich sehen ließ, was um mich und in mir lebt,
die Worte, die ich gehört habe, deine und die der Menschen, denen ich begegnet bin,
das Geschenk des Lebens, das mit andern zu teilen möglich war.
Bleib uns in deiner Treue nah, wenn es nun dunkel wird und die Nacht kommt, lass uns ruhig werden in dir und in der Ruhe Kraft schöpfen können, die wir brauchen für morgen und die Werktage, die nun kommen, und in ihnen dir und den Menschen gut sein können.

Montagmorgen

Herr Jesus Christus,
ich liebe es, wenn ich so wie heute, kurz bevor der Wecker klingelt, wach werde. Rasch schalte ich ihn aus.
Ich atme die Stille des Morgens und heiße sie in meiner Seele willkommen.
Schweigend öffne ich mich dem großen Lobpreis der Schöpfung, nehme ihn mit allen Sinnen auf und stimme ein.
Bitte, lass uns gemeinsam durch diesen Tag gehen.

Montagabend

Herr Jesus Christus,
Du kennst die Heimlichkeiten des Herzens und hörst die Nuancen meiner Stimme.
Du hörst meine Freude und meinen Kummer,
meine Traurigkeit und meinen Zorn,
mein Mitgefühl und meine Abwehr,
meine Tränen und mein Lachen,
meine Verzweiflung und meine Ohnmacht,
meine Hoffnung und meine Sehnsucht.
In dir ist alles geborgen.
Ich danke dir!

Dienstagmorgen

Herr Jesus Christus,
hier bin ich vor dir.
Doch meine Gedanken laufen wie aufgescheuchte Hühner hin und her,
von einem Termin dieses Tages zum nächsten.
Es ist mir eigentlich zu viel; aber ich will versuchen, alles aus deiner Hand anzunehmen.
Ich bitte dich: Sei du an meiner Seite und segne diesen Tag. Stärke mich und schenke mir ein waches Herz für die Menschen, denen ich heute begegne, und für dich.
Ich danke dir für die Ruhe der Nacht und diesen Moment der Stille in deiner Gegenwart, aus der ich Kraft schöpfen darf für diesen Tag.

Dienstagabend

Herr Jesus Christus,
es ist Abend geworden.
Ich komme zu dir mit allem, was heute gewesen ist.
Ich danke dir für das, was gelungen ist, und für den ausgefallenen Termin, der mir eine kleine Atempause verschafft hat, für die Menschen, mit denen ich gut zusammenarbeiten konnte.
Ich vertraue dir das Schwierige und Bruchstückhafte an und das, was ich heute nicht geschafft habe.
Ich danke dir für diesen Tag und lege ihn mit allem in deine Hände zurück.
Ich bitte dich für die Menschen, denen ich heute begegnet bin. Segne sie.

Mittwochmorgen

Gott, du hast mich und alles ins Leben gerufen.
Du liebst mich, du willst mich und befähigst mich, damit mein Leben wachsen und reifen und dir eine Antwort werden kann.
Hilf mir heute, dein Geschenk und Zutrauen anzunehmen und in der Verbundenheit mit dir meine Schritte zu gehen, wie sie heute nötig werden und dem Leben gut und dienlich sind.
Geh du mit mir, wie du es zugesagt hast, damit ich mich an dich halten kann. Sprich zu mir und lass mich mit dem Ohr des Herzens hören, was du in mein konkretes Leben sagst, damit ich mich, so oft es nötig wird, daran orientieren kann und mich in den vielen Begegnungen mit Menschen, Dingen und Gedanken, die mich bewegen können, nicht verliere und verlaufe.
Ich weiß noch nicht, wie es gehen wird heute, aber ich will deinem Ruf Antwort geben, dich ehren und dich preisen, denn du bist der Gott meines Lebens.

Mittwochabend

Gott, der Tag, den du gegeben und mir aufgegeben hast, neigt sich zu Ende. Bevor ich ihn dir überlasse, schaue ich ihn an.
Ich danke dir für die guten Momente, für Worte, die ich gut sagen oder hören konnte, die geholfen oder ermutigt haben, die Freiheit gaben und Freiheit ließen, mir und denen, mit denen ich zusammenkam. Aber nicht alles war so, weder das, was ich gab, noch das, was auf mich zukam. Und manchmal habe ich ausgerechnet diesen negativen Stimmen zu viel Aufmerksamkeit gegeben, und es konnte sich in meinem Herzen mit seinem Denken und Fühlen breit machen und viel zu viel Raum gewinnen. Bevor die Nacht kommt, lass ich das los. Ich schaue aber auch auf das, was besser gewesen ist, sowohl für mich wie auch für die andern und dir mehr Antwort gab auf deinen Ruf und dein Zutrauen.
Ich danke dir, dass du mich gehalten hast an diesem Tag und mich jetzt ausruhen lässt, damit es morgen mit uns weitergehen kann.

Donnerstagmorgen

Herr Jesus Christus,
schon am frühen Morgen bin ich wach geworden – mit einem Lied auf der Zunge. Seitdem singt es in mir und stimmt mich ganz positiv auf den Tag ein.
Welche Freude!
Der ganze Tag liegt vor mir und ich hoffe, mich endlich einer Aufgabe ungestört widmen zu können.
Ich bitte dich: Schenke du dazu das Gelingen und segne diesen Tag!

Donnerstagabend

Herr Jesus Christus,
ich hoffe, dass auf diesen Tag zutrifft: »Der Mensch denkt und Gott lenkt!«
Immer wieder wurde ich unterbrochen und musste beiseitelegen, womit ich beschäftigt war. Das hat Kraft und viel Geduld erfordert.
Ist es dir auch so ergangen, als die Menschen so zahlreich zu dir gekommen sind, dass du mit den Jüngern nicht einmal Zeit zum Essen gefunden hast, als du mit den Jüngern mit dem Boot extra an einen anderen Ort gefahren bist und selbst dort aufgespürt wurdest?
Ja: »Der Mensch denkt und Gott lenkt!«

Freitagmorgen

Herr Jesus Christus,
nach einer Nacht, geprägt von Schlaflosigkeit und wirren Träumen, fällt es mir schwer, dich und diesen Tag zu begrüßen. Zu sehr bedrängen mich noch die Gedanken der Nacht. Als sie fast unerträglich wurden, hast du mir einen Satz aus dem Benediktus in Erinnerung gerufen:
»Er hat uns geschenkt,
dass wir … ihm furchtlos dienen.«
Ich danke dir für diesen Satz und will mit ihm durch diesen Tag gehen.

Freitagabend

Herr Jesus Christus,
nach der schwierigen Nacht ist ein großer Teil des Tages mühsam gewesen.
Doch es gab auch Lichtblicke, die mir geholfen haben, durch diesen Tag zu kommen.
Ich danke dir für die Sonnenstrahlen nach einem grauen Morgen, die meine Lebensgeister geweckt haben, für die Anerkennung, die mir überraschend zuteilwurde und für den Anruf einer Freundin.
So möchte ich den ganzen Tag deinem liebenden Erbarmen anvertrauen und mich für die kommende Nacht.

Samstagmorgen

Immer bist du da, lebendiger Gott.
Wie dem Fisch das Wasser, die Luft den Vögeln, so ist deine Gegenwart mein Element. In ihr bewege ich mich und gehe meinen Weg. Deine Liebe trägt uns, dein Geist erfüllt uns und Christus ist in unserer Mitte lebendig. Du bist lebendig in der Wirklichkeit, in der wir leben.
Deine Liebe und unsere Wirklichkeit sind unzertrennlich. In uns fließen sie ineinander, finden sich in der Konkretheit des Tages. Nichts soll von dir mich trennen, sage ich zu Christus.
Was mir zusetzt, soll mich von dir nicht trennen. Was Welt und die Menschen und mich erschüttert, soll mich von dir nicht trennen. Nicht die Kriege, nicht das Unrecht. Nicht das Verschuldete, nicht das Versäumte, weder im Ganzen noch in mir selbst. Weder Leid noch Versagen. Und auch kein Erfolg.
Deine lebendige Gegenwart, die immer mitgeht, ist Grund und Kraft, ist Hoffnung und Erbarmen für das Leben und mein Leben heute und jeden Tag.

Samstagabend

So viele Dinge heute, so viele Themen, lebendiger Gott, die mich ansprachen, zwischen denen ich mich immer mal wieder verloren habe. Und all die Gedanken, deren Wahrheit und Gewicht ich oft nicht unterschied und die ich in mich reinkommen ließ, bis für das, was mir wichtig ist, kein Platz mehr übrig war. Ich hab nicht mehr gemerkt, dass du gegenwärtig bist, war selbst nicht da, wo ich war. Herr, hab Erbarmen mit mir und uns. Es ist viel Geduld nötig, das Leben einzuüben, zu lernen und nicht aufzuhören, es immer wieder zu üben.
Hilf mir, wieder zu mir zurückzukommen am Ende des Tages, bevor es Nacht wird, und lass mich dir nahekommen. Ich suche dein Antlitz.
Behüte uns alle und mich in der Nacht, damit ich morgen mit gutem Mut und im Blick auf dich von Neuem beginnen kann.

Anhang

Bibelleseplan

Januar

1. **Neujahr**
   Psalm 19
2. Lukas 3,1–6
3. Lukas 3,7–14
4. Lukas 3,15–20

5. **2. Sonntag nach Weihnachten**
   Psalm 72
6. **Epiphanias**
   Erscheinung des Herrn
   Lukas 3,21–38
7. Lukas 4,1–13
8. Lukas 4,14–21
9. Lukas 4,22–30
10. Lukas 4,31–37
11. Lukas 4,38–44

12. **1. So nach Epiphanias**
    Taufe des Herrn
    Psalm 4
13. Lukas 5,1–11
14. Lukas 5,12–16
15. Lukas 5,17–26
16. Lukas 5,27–32
17. Lukas 5,33–39
18. Lukas 6,1–11

19. **2. So nach Epiphanias**
    Psalm 3
20. Lukas 6,12–16
21. Lukas 6,17–26
22. Lukas 6,27–35
23. Lukas 6,36–42
24. Lukas 6,43–49
25. Lukas 7,1–10

26. **3. So nach Epiphanias**
    Psalm 9
27. Lukas 7,11–17
28. Lukas 7,18–23
29. Lukas 7,24–35
30. Lukas 7,36–50
31. Lukas 8,1–3

Februar

1. Lukas 8,4–15

2. **Letzter So nach Epiphanias**
   4. So im Jahreskreis
   Psalm 16
3. Lukas 8,16–21
4. Lukas 8,22–25
5. Lukas 8,26–39
6. Lukas 8,40–56
7. Lukas 9,1–9
8. Lukas 9,10–17

9. **4. So vor der Passionszeit**
   5. So im Jahreskreis
   Psalm 18,1–20
10. Lukas 9,18–27
11. Lukas 9,28–36
12. Lukas 9,37–45
13. Lukas 9,46–50
14. Lukas 9,51–56
15. Lukas 9,57–62

16. **Septuagesimä**
    6. So im Jahreskreis
    Psalm 18,21–51
17. Lukas 10,1–16
18. Lukas 10,17–24
19. Lukas 10,25–37
20. Lukas 10,38–42
21. Lukas 11,1–4
22. Lukas 11,5–13

23. **Sexagesimä**
7. So im Jahreskreis
Psalm 15
24. Lukas 11,14–26
25. Lukas 11,27–32
26. Lukas 11,33–36
27. Lukas 11,37–54
28. Lukas 12,1–12

März

1. Lukas 12,13–21

2. **Estomihi**
8. So im Jahreskreis
Psalm 6
3. Lukas 12,22–34
4. Lukas 12,35–48
5. Aschermittwoch
Lukas 12,49–53
6. Lukas 12,54–59
7. Lukas 13,1–9
8. Lukas 13,10–17

9. **Invokavit**
1. So der österl. Bußzeit
Psalm 10
10. Levitikus 1,1–9
11. Levitikus 8,1–13
12. Levitikus 9,1–24
13. Levitikus 16,1–22
14. Levitikus 18,1–6.19–24
15. Levitikus 19,1–18

16. **16. Reminiszere**
2. So der österl. Bußzeit
Psalm 25
17. Levitikus 19,31–37
18. Levitikus 25,1–12
19. Levitikus 25,35–43
20. Lukas 18,31–43
21. Lukas 19,1–10
22. Lukas 19,11–27

23. **Okuli**
3. So der österl. Bußzeit
Psalm 34
24. Lukas 19,28–40
25. Lukas 19,41–48
26. Lukas 20,1–8
27. Lukas 20,9–19
28. Lukas 20,20–26
29. Lukas 20,27–40

30. **Lätare**
4. So der österl. Bußzeit
Psalm 84
31. Lukas 20,41–47

April

1. Lukas 21,1–4
2. Lukas 21,5–19
3. Lukas 21,20–28
4. Lukas 21,29–38
5. Lukas 22,1–6

6. **Judika**
5. So der österl. Bußzeit
Psalm 22,1–22
7. Lukas 22,7–23
8. Lukas 22,24–30
9. Lukas 22,31–38
10. Lukas 22,39–46
11. Lukas 22,47–53
12. Lukas 22,54–62

13. **Palmsonntag**
Psalm 22,23–32
14. Lukas 22,63–71
15. Lukas 23,1–12
16. Lukas 23,13–25
17. **Gründonnerstag**
Lukas 23,26–31
18. **Karfreitag**
Lukas 23,32–49
19. **Karsamstag**
Lukas 23,50–56

20. **Ostersonntag**
Lukas 24,1–12
21. **Ostermontag**
Lukas 24,13–35
22. Lukas 24,36–49
23. Lukas 24,50–53
24. Kolosser 1,1–8
25. Kolosser 1,9–14
26. Kolosser 1,15–20

27. **Quasimodogeniti**
2. Ostersonntag
Psalm 116
28. Kolosser 1,21–23
29. Kolosser 1,24–29
30. Kolosser 2,1–5

Mai

1. Kolosser 2,6–10
2. Kolosser 2,11–15
3. Kolosser 2,16–23

4. **Miserikordias Domini**
3. Ostersonntag
Psalm 23
5. Kolosser 3,1–4
6. Kolosser 3,5–11
7. Kolosser 3,12–17
8. Kolosser 3,18–4,1
9. Kolosser 4,2–6
10. Kolosser 4,7–18

11. **Jubilate**
4. Ostersonntag
Psalm 45
12. Joël 1,1–20
13. Joël 2,1–11
14. Joël 2,12–17
15. Joël 2,18–27
16. Joël 3,1–5
17. Joël 4,1–21

18. **Kantate**
5. Ostersonntag
Psalm 30
19. Apostelgeschichte 1,1–14
20. Apostelgeschichte 1,15–26
21. Apostelgeschichte 2,1–13
22. Apostelgeschichte 2,14–21
23. Apostelgeschichte 2,22–36
24. Apostelgeschichte 2,37–41

25. **Rogate**
6. Ostersonntag
Psalm 67
26. Apostelgeschichte 2,42–47
27. Apostelgeschichte 3,1–10
28. Apostelgeschichte 3,11–26
29. Himmelfahrt
Psalm 47
30. Apostelgeschichte 4,1–12
31. Apostelgeschichte 4,13–22

Juni

1. **Exaudi**
7. Ostersonntag
Psalm 27
2. Apostelgeschichte 4,23–31
3. Apostelgeschichte 4,32–37
4. Apostelgeschichte 5,1–11
5. Apostelgeschichte 5,12–16
6. Apostelgeschichte 5,17–33
7. Apostelgeschichte 5,34–42

8. Pfingstsonntag
Psalm 118,1–14
9. **Pfingstmontag**
Psalm 118,15–29
10. Apostelgeschichte 6,1–7
11. Apostelgeschichte 6,8–15
12. Apostelgeschichte 7,1–16
13. Apostelgeschichte 7,17–29
14. Apostelgeschichte 7,30–43

15. **Trinitatis**
Dreifaltigkeitsfest
Psalm 13
16. Apostelgeschichte 7,44–53
17. Apostelgeschichte 7,54–8,3
18. Apostelgeschichte 8,4–25
19. **Fronleichnam**
Apostelgeschichte 8,26–40
20. Apostelgeschichte 9,1–9
21. Apostelgeschichte 9,10–19a

22. **1. So nach Trinitatis**
12. So im Jahreskreis
Psalm 28
23. Apostelgeschichte 9,19b–31
24. Apostelgeschichte 9,32–43
Johannistag
25. Apostelgeschichte 10,1–23a
26. Apostelgeschichte 10,23b–33
27. Apostelgeschichte 10,34–48
28. Apostelgeschichte 11,1–18

29. **2. So nach Trinitatis**
13. So im Jahreskreis
Psalm 12
30. Apostelgeschichte 11,19–30

Juli

1. Apostelgeschichte 12,1–17
2. Apostelgeschichte 12,18–25
3. Apostelgeschichte 13,1–12
4. Apostelgeschichte 13,13–25
5. Apostelgeschichte 13,26–43

6. **3. So nach Trinitatis**
14. So im Jahreskreis
Psalm 103
7. Apostelgeschichte 13,44–52
8. Apostelgeschichte 14,1–7
9. Apostelgeschichte 14,8–20a
10. Apostelgeschichte 14,20b–28
11. Apostelgeschichte 15,1–21
12. Apostelgeschichte 15,22–35
13. **4. So nach Trinitatis**
15. So im Jahreskreis
Psalm 7
14. Apostelgeschichte 15,36–16,5
15. Apostelgeschichte 16,6–15
16. Apostelgeschichte 16,16–24
17. Apostelgeschichte 16,25–40
18. Philipper 1,1–11
19. Philipper 1,12–18a

20. **5. So nach Trinitatis**
16. So im Jahreskreis
Psalm 26
21. Philipper 1,18b–26
22. Philipper 1,27–2,4
23. Philipper 2,5–11
24. Philipper 2,12–18
25. Philipper 2,19–30
26. Philipper 3,1–11

27. **6. So nach Trinitatis**
17. So im Jahreskreis
Psalm 21
28. Philipper 3,12–16
29. Philipper 3,17–21
30. Philipper 4,1–9
31. Philipper 4,10–23

August

1. Apostelgeschichte 17,1–15
2. Apostelgeschichte 17,16–34

3. **7. So nach Trinitatis**
18. So im Jahreskreis
Psalm 11
4. Apostelgeschichte 18,1–22
5. Apostelgeschichte 18,23–19,7
6. Apostelgeschichte 19,8–22
7. Apostelgeschichte 19,23–40
8. Apostelgeschichte 20,1–16
9. Apostelgeschichte 20,17–38

10. **8. So nach Trinitatis**
    19. So im Jahreskreis
    Psalm 14
11. Apostelgeschichte 21,1–14
12. Apostelgeschichte 21,15–26
13. Apostelgeschichte 21,27–40
14. Apostelgeschichte 22,1–22
15. Apostelgeschichte 22,23–30
16. Apostelgeschichte 23,1–11

17. **9. So nach Trinitatis**
    20. So im Jahreskreis
    Psalm 63
18. Apostelgeschichte 23,12–35
19. Apostelgeschichte 24,1–21
20. Apostelgeschichte 24,22–27
21. Apostelgeschichte 25,1–12
22. Apostelgeschichte 25,13–27
23. Apostelgeschichte 26,1–23

24. **10. So nach Trinitatis**
    21. So im Jahreskreis
    Psalm 17
25. Apostelgeschichte 26,24–32
26. Apostelgeschichte 27,1–12
27. Apostelgeschichte 27,13–26
28. Apostelgeschichte 27,27–44
29. Apostelgeschichte 28,1–16
30. Apostelgeschichte 28,17–31

31. **11. So nach Trinitatis**
    22. So im Jahreskreis
    Psalm 119,49–56

September

1. Numeri 6,22–27
2. Numeri 9,15–23
3. Numeri 10,11–36
4. Numeri 11,1–23
5. Numeri 11,24–35
6. Numeri 12,1–16
7. **12. So nach Trinitatis**
   23. So im Jahreskreis
   Psalm 119,57–64
8. Numeri 13,1–3.17–33
9. Numeri 14,1–25
10. Numeri 14,26–38
11. Numeri 14,39–45
12. Numeri 17,16–26
13. Numeri 20,1–13

14. **13. So nach Trinitatis**
    24. So im Jahreskreis
    Psalm 119,65–72
15. Numeri 20,22–29
16. Numeri 21,4–9
17. Numeri 21,21–35
18. Numeri 22,1–20
19. Numeri 22,21–41
20. Numeri 23,1–12

21. **14. So nach Trinitatis**
    25. So im Jahreskreis
    Psalm 20
22. Numeri 23,13–30
23. Numeri 24,1–25
24. Numeri 27,12–23
25. Lukas 13,18–21
26. Lukas 13,22–30
27. Lukas 13,31–35

28. **15. So nach Trinitatis**
    26. So im Jahreskreis
    Psalm 46
29. Lukas 14,1–6
30. Lukas 14,7–14

Oktober

1. Lukas 14,15–24
2. Lukas 14,25–35
3. Lukas 15,1–10
4. Lukas 15,11–32

5. **Erntedankfest**
27. So im Jahreskreis
Psalm 104
6. Lukas 16,1–13
7. Lukas 16,14–18
8. Lukas 16,19–31
9. Lukas 17,1–10
10. Lukas 17,11–19
11. Lukas 17,20–37

12. **17. So nach Trinitatis**
28. So im Jahreskreis
Psalm 5
13. Lukas 18,1–8
14. Lukas 18,9–17
15. Lukas 18,18–30
16. Ezechiel 1,1–21
17. Ezechiel 1,22–28
18. Ezechiel 2,1–3,3

19. **18. So nach Trinitatis**
29. So im Jahreskreis
Psalm 1
20. Ezechiel 3,4–11
21. Ezechiel 3,12–21
22. Ezechiel 3,22–27
23. Ezechiel 7,1–13.27
24. Ezechiel 8,1–11
25. Ezechiel 8,12–18

26. **19. So nach Trinitatis**
30. So im Jahreskreis
Psalm 32
27. Ezechiel 11,14–25
28. Ezechiel 12,1–16
29. Ezechiel 16,1–22
30. Ezechiel 17,1–10
31. Reformationstag
Ezechiel 17,11–24

November

1. Ezechiel 18,1–3, 20–32
2. **20. So nach Trinitatis**
Allerseelen
Psalm 62
3. Ezechiel 22,1–16
4. Ezechiel 24,1–14
5. Ezechiel 24,15–27
6. Ezechiel 33,21–33
7. Ezechiel 34,1–16
8. Ezechiel 34,23–31

9. **Drittletzter So im Kirchenjahr**
32. So im Jahreskreis
Psalm 69,1–16
10. Ezechiel 36,16–32
11. Ezechiel 37,1–14
12. Ezechiel 37,15–28
13. Ezechiel 40,1–16
14. Ezechiel 42,15–43,12
15. Ezechiel 47,1–12

16. **Vorletzter So im Kirchenjahr**
33. So im Jahreskreis
Psalm 69,17–37
17. 1 Thessalonicher 1,1–10
18. 1 Thessalonicher 2,1–12
19. **Buß- und Bettag**
1 Thessalonicher 2,13–20
20. 1 Thessalonicher 3,1–13
21. 1 Thessalonicher 4,1–12
22. 1 Thessalonicher 4,13–18

23. **Ewigkeitssonntag**
Christkönigsfest
Psalm 110
24. 1 Thessalonicher 5,1–11
25. 1 Thessalonicher 5,12–28
26. 2 Thessalonicher 1,1–12
27. 2 Thessalonicher 2,1–12
28. 2 Thessalonicher 2,13–17
29. 2 Thessalonicher 3,1–18

30. **1. So im Advent**
Psalm 24

Dezember

1. Sacharja 1,1–6
2. Sacharja 1,7–17
3. Sacharja 2,1–9
4. Sacharja 2,10–17
5. Sacharja 3,1–10
6. Sacharja 4,1–14

7. 2. So im Advent
1 Samuel 2,1–10
8. Sacharja 5,1–11
9. Sacharja 6,1–8
10. Sacharja 6,9–15
11. Sacharja 7,1–14
12. Sacharja 8,1–13
13. Sacharja 8,14–23

14. **3. So im Advent**
Lukas 1,46–55
15. Sacharja 9,9–12
16. Sacharja 12,9–13,1
17. Sacharja 14,1–11
18. Maleachi 1,1–5
19. Maleachi 1,6–14
20. Maleachi 2,1–9

21. 4. So im Advent
Lukas 1,68–79
22. Maleachi 2,10–16
23. Maleachi 2,17–3,12
24. Heiligabend
Maleachi 3,13–24
25. 1. Weihnachtstag
Psalm 2
26. **2. Weihnachtstag (Stephanus)**
Lukas 2,29–32
27. Johannes 1,1–5

28. **1. So nach Weihnachten**
Johannes 1,6–8
29. Johannes 1,9–13
30. Johannes 1,14–18
31. **Silvester**
Psalm 29

Bibelstellenregister

Samuel

Psalmen

Ezechiel

Joël

Sacharja

Sacharja 6,9–15	10.12.
Sacharja 7,1–14	11.12.
Sacharja 8,1–13	12.12.
Sacharja 8,14–23	13.12.
Sacharja 9,9–12	15.12.
Sacharja 12,9–13,1	16.12.
Sacharja 14,1–11	17.12.

Maleachi

Maleachi 1,1–5	18.12.
Maleachi 1,6–14	19.12.
Maleachi 2,1–9	20.12.
Maleachi 2,10–16	22.12.
Maleachi 2,17–3,12	23.12.
Maleachi 3,13–24	24.12.

Lukas

Lukas 1,46–55	14.12.
Lukas 1,68–79	21.12.
Lukas 2,29–32	26.12.
Lukas 3,15–20	04.01.
Lukas 3,1–6	02.01.
Lukas 3,21–38	06.01.
Lukas 3,7–14	03.01.
Lukas 4,1–13	07.01.
Lukas 4,14–21	08.01.
Lukas 4,22–30	09.01.
Lukas 4,31–37	10.01.
Lukas 4,38–44	11.01.
Lukas 5,1–11	13.01.
Lukas 5,12–16	14.01.
Lukas 5,17–26	15.01.
Lukas 5,27–32	16.01.
Lukas 5,33–39	17.01.
Lukas 6,1–11	18.01.
Lukas 6,12–16	20.01.
Lukas 6,17–26	21.01.
Lukas 6,27–35	22.01.
Lukas 6,36–42	23.01.
Lukas 6,43–49	24.01.
Lukas 7,1–10	25.01.
Lukas 7,11–17	27.01.
Lukas 7,18–23	28.01.
Lukas 7,24–35	29.01.
Lukas 7,36–50	30.01.
Lukas 8,1–3	31.01.
Lukas 8,4–15	01.02.
Lukas 8,16–21	03.02.
Lukas 8,22–25	04.02.
Lukas 8,26–39	05.02.
Lukas 8,40–56	06.02.
Lukas 9,1–9	07.02.
Lukas 9,10–17	08.02.
Lukas 9,18–27	10.02.
Lukas 9,28–36	11.02.
Lukas 9,37–45	12.02.
Lukas 9,46–50	13.02.
Lukas 9,51–56	14.02.
Lukas 9,57–62	15.02.
Lukas 10,1–16	17.02.
Lukas 10,17–24	18.02.
Lukas 10,25–37	19.02.
Lukas 10,38–42	20.02.
Lukas 11,1–4	21.02.
Lukas 11,5–13	22.02.
Lukas 11,14–26	24.02.
Lukas 11,27–32	25.02.
Lukas 11,33–36	26.02.
Lukas 11,37–54	27.02.
Lukas 12,1–12	28.02.
Lukas 12,13–21	01.03.
Lukas 12,22–34	03.03.
Lukas 12,35–48	04.03.
Lukas 12,49–53	05.03.
Lukas 12,54–59	06.03.
Lukas 13,1–9	07.03.
Lukas 13,10–17	08.03.
Lukas 13,18–21	25.09.
Lukas 13,22–30	26.09.
Lukas 13,31–35	27.09.
Lukas 14,1–6	29.09.
Lukas 14,7–14	30.09.
Lukas 14,15–24	01.10.
Lukas 14,25–35	02.10.
Lukas 15,1–10	03.10.
Lukas 15,11–32	04.10.
Lukas 16,1–13	06.10.
Lukas 16,14–18	07.10.
Lukas 16,19–31	08.10.
Lukas 17,1–10	09.10.
Lukas 17,11–19	10.10.
Lukas 17,20–37	11.10.
Lukas 18,1–8	13.10.
Lukas 18,18–30	15.10.
Lukas 18,31–43	20.03.
Lukas 18,9–17	14.10.
Lukas 19,1–10	21.03.
Lukas 19,11–27	22.03.
Lukas 19,28–40	24.03.
Lukas 19,41–48	25.03.
Lukas 20,1–8	26.03.
Lukas 20,20–26	28.03.

Apostelgeschichte 26,24–32	25.08.
Apostelgeschichte 27,1–12	26.08.
Apostelgeschichte 27,13–26	27.08.
Apostelgeschichte 27,27–44	28.08.
Apostelgeschichte 28,1–16	29.08.
Apostelgeschichte 28,17–31	30.08.

Philipper

Philipper 1,1–11	18.07.
Philipper 1,12–18a	19.07.
Philipper 1,18b–26	21.07.
Philipper 1,27–2,4	22.07.
Philipper 2,5–11	23.07.
Philipper 2,12–18	24.07.
Philipper 2,19–30	25.07.
Philipper 3,1–11	26.07.
Philipper 3,12–16	28.07.
Philipper 3,17–21	29.07.
Philipper 4,1–9	30.07.
Philipper 4,10–23	31.07.

Kolosser

Kolosser 1,1–8	24.04.
Kolosser 1,9–14	25.04.
Kolosser 1,15–20	26.04.
Kolosser 1,21–23	28.04.
Kolosser 1,24–29	29.04.
Kolosser 2,11–15	02.05.
Kolosser 2,1–5	30.04.
Kolosser 2,6–10	01.05.
Kolosser 2,16–23	03.05.
Kolosser 3,1–4	05.05.
Kolosser 3,5–11	06.05.
Kolosser 3,12–17	07.05.
Kolosser 3,18–4,1	08.05.
Kolosser 4,2–6	09.05.
Kolosser 4,7–18	10.05.

1 Thessalonicher

1 Thessalonicher 1,1–10	17.11.
1 Thessalonicher 2,1–12	18.11.
1 Thessalonicher 2,13–20	19.11.
1 Thessalonicher 3,1–13	20.11.
1 Thessalonicher 4,1–12	21.11.
1 Thessalonicher 4,13–18	22.11.
1 Thessalonicher 5,1–11	24.11.
1 Thessalonicher 5,12–28	25.11.

2 Thessalonicher

2 Thessalonicher 1,1–12	26.11.
2 Thessalonicher 2,1–12	27.11.
2 Thessalonicher 2,13–17	28.11.
2 Thessalonicher 3,1–18	29.11.

Mitarbeiterinnen und Mitarbeiter

Ahrens, Annegret, Pastorin, ev.-freikirchl., 42651 Solingen | 12.–14.05.

Arnold, Sr. Brigitte, Pfarrerin, ev., CH-4125 Riehen | 20.–22.10.

Aßmann, Helmut, Oberkirchenrat, ev., 30169 Hannover | 13.–15.02.

Backhaus, Dr. Franz Josef, Pfarrer, röm.-kath., 33428 Harsewinkel | 20.–22.02.

Bähnk, Dr. Wiebke, Pastorin, ev., 25524 Itzehoe | 13.–15.01.

Barnstedt, Dr. Elke Luise, Direktorin beim BVerfG a.D., ev., 76199 Karlsruhe | 24.–26.02.

Bauer, Dr. Steffen, Pfarrer, ev., 64295 Darmstadt | 10.–12.02.

Bauer, Prof. Dr. Dr. Thomas Johann, röm.-kath., 99084 Erfurt | Apostelgeschichte

Beutler-Lotz, Heinz-Günter, Pfarrer, ev., 55234 Bermersheim v.d.H. | 24.–26.03.

Birnbaum, Dr. Elisabeth, Direktorin des Österreichischen katholischen Bibelwerks, röm.-kath., A-1010 Wien | 01.+05.+12.01.; Joël

Bode, Dr. Franz-Josef, Bischof em., röm.-kath., 49074 Osnabrück | 08.–10.09.

Brandt, Edwin, Pastor, ev.-freikirchl., 23570 Lübeck | 26.–28.06.

Brockmöller, Dr. Katrin, Geschäftsführende Direktorin im Katholischen Bibelwerk e.V., röm.-kath., 70176 Stuttgart | 27.–29.03.

Brunner-Wyss, Andrea, Pfarrerin, ev.-meth., CH-8302 Kloten | 07.–09.04.

Brutscheck, Dr. Jutta, Theologin i.R., röm.-kath., 99084 Erfurt | 20.–22.03.

Burkert-Huber, Cristina, Pfarrerin, ev., 82131 Gauting | 30.10.–01.11.

Buß, Dr.h.c. Alfred, Präses i.R. der Evangelischen Kirche von Westfalen, ev., 59425 Unna | 08.–10.05.

Butt, Dr. Christian, Pastor, ev., 23909 Ratzeburg | 26.–28.05.

Cornelius-Bundschuh, Prof. Dr. Jochen, Landesbischof i.R., ev., 76133 Karlsruhe | 01.+22.06.;26.12.

Danilovich, Dr. Yauheniya, Akademische Rätin, griech.-orth., 48163 Münster | 30.03.; 27.04.

Degkwitz, Dr. Sebastian, Pfarrer, ev., 81739 München | 10.+11.06.

Dierkes, Petra, röm.-kath., Leiterin der Hauptabteilung Seelsorge des Erzbistums Köln, 50668 Köln | 16.–18.06.

Doering, Wolfgang, Diakon, röm.-kath., 73450 Neresheim | 20.–22.01.

Dörrfuß, Dr. Ernst Michael, ev., Pfarrer und Kirchenrat, 72574 Bad Urach | 06.+11.09.

Durst, Dr. Stefan, Pastor, ev., 22587 Hamburg | 18.+19.02.

Eberl, Klaus, Oberkirchenrat i. R., ev., 41849 Wassenberg | 06.–08.03.

Ebert, Ingrid, Journalistin, ev.-freikirchl., 03149 Forst/Lausitz | 23.–25.06.

Eltrop, Dr. Bettina, Wiss. Referentin im Katholischen Bibelwerk e.V., röm.-kath., 73760 Ostfildern | 30.06.–02.07.

Ewerszumrode, Dr. habil. Frank, Pfarrer, alt-kath., 45127 Essen | 16.–18.10.

Faatz, Dr. Martin, Diakon, röm.-kath., 97222 Rimpar | 07.–09.07.

Fricke-Hein, Hans-Wilhelm, Pfarrer i.R., ev., 47441 Moers | 24.–26.07.

Gabel, Dr. Helmut, Domkapitular, röm.-kath., 97222 Rimpar | 30.01.–01.02.

Grimm, Dr. Werner, Pfarrer, ev., 88662 Überlingen | 23.02.; 15.06.; 19.10.; Textgeschichte

Haag-Merz, Christine, Referentin für Öffentlichkeitsarbeit, ev.-meth., 71034 Böblingen | 15.–17.09.

Hafner, Lea, Kindergärtnerin und Gerontologin i.R., ev.-meth., CH-3812 Wilderswil | 31.07.–02.08.

Hahn, Udo, Direktor Evangelische Akademie Tutzing, ev., 82327 Tutzing | 29.06.; 06.+13.07.

Hauber, Dr. Michael, Gymnasiallehrer, röm.-kath., 93059 Regensburg | 22.–24.12.

Heckel, Prof. Dr. Ulrich, Oberkirchenrat, ev., 73033 Göppingen | 24.–26.04.

Herlyn, Prof. Dr. Okko, Hochschullehrer i. R., ev., 47239 Duisburg | 07.–09.08.

Hermann, Dr. Markus-Liborius, Theologe, Hausleiter u. Geschäftsführer des Bildungshauses St. Ursula, röm.-kath., 99085 Erfurt | 13.–15.03.

Hilgenstock, Dr. Gabriele, Ärztin, ev., 44339 Dortmund | 04.+05.06.

Janssen, Jan, Inselpastor und Tourismusbeauftragter, ev., 26486 Wangerooge | 28.–30.08.

Janz-Spaeth, Barbara, Pastoralreferentin, röm.-kath., 73033 Göppingen | 11.–13.08.

Jepsen, Maria, Bischöfin i.R., ev., 25813 Husum | 01.+02.09.

Joussen, Prof. Dr. Jacob, Direktor des Instituts für Kirchliches Arbeitsrecht Ruhr-Universität Bochum, 44780 Bochum | 18.–20.08.

Kauffmann, Jürgen, Pfarrer, ev., 81825 München | 03.+21.+28.09.

Kegler, Prof. Dr. Jürgen, Kirchenrat i.R., ev., 68723 Plankstadt | Sacharja; Maleachi

von Kirchbach, Friederike, Pfarrerin, ev., 10115 Berlin | 29.+30.09.; 30.11.

Kirchgessner, Msgr. Dr. Bernhard, Domvikar, röm.-kath., 94032 Passau | 26.01.; 11.+18.05.

Kiroudi, Dr. Marina, Wissenschaftliche Mitarbeiterin, griech.-orth., 53113 Bonn | 08.+09.06.

Klaiber, Dr. Walter, Bischof i.R., ev.-meth., 72072 Tübingen | 28.–30.04.; Kolosserbrief

Klomp, Wibke, Dekanin, ev., 97877 Wertheim | 12.+13.09.

Kleele-Hartl, Dorothea, Geistliche Mentorin, röm.-kath., 83671 Benediktbeuern | 2.+9.02.

Knoll, Günter, Pfarrer, ev., 71083 Herrenberg | 27.–29.01.

Koch-Baisch, Bärbel, Pfarrerin, ev., 74523 Schwäbisch Hall | 06.+08.10.

Kock, Manfred, Präses i. R., ev., 50735 Köln | 17.–19.04.

Köhring, Dagmar, Pastorin, meth., 57586 Westerwald | 07.12.

Kohlhaas, Sr. Dr. Emmanuela OSB, röm.-kath., 50968 Köln | 16.+23.03.

Kolter, Dr. Claudia, Pädagogin und Theologin, ev.-freikirchl., 52070 Aachen | 10.–12.07.

Kostka, Prof. Dr. Ulrike, Diözesancaritasdirektorin, röm.-kath., 13409 Berlin | 22.–23.04.

Kuhn, Achim, Pfarrer, ev.-reform., CH-8708 Männedorf am Zürichsee | 18.–20.09.

Lehmann-Etzelmüller, Monika, Leitung des Predigerseminars Petersstift der ev. Landeskirche in Baden, ev., 69469 Weinheim | 27.–29.10.

Leonhardi, Angelika, Studienleiterin, ev., 01445 Radebeul | 10.–12.04.

Lubenow, Kerstin, ev., 10707 Berlin | 06.–08.02.

Michailidis, Gabriel, griech.-orth., 71638 Ludwigsburg | 04.–05.04.

Mildenberger, Hartmut, Pfarrer, ev., 70597 Stuttgart | 03.–05.11.

Miller, Rev. Dr. Heike, ev., 88011 New Mexico, USA | 10.–12.11.

Neiber, Hans-Christian, Pfarrer, ev., 95632 Wundsiedel | 02.–04.01.

Nietzke, B.A. P. Markus, Superintendent, ev., 29320 Hermannsburg | 17.–19.11.

Oberkampf, Anne, Pastorin, ev.-meth., 71032 Böblingen | 19.01.; 06.+13.04.

Puder, Dr. Dirk, Pfarrer i R., ev., 52134 Herzogenrath | 24.–26.11.

Puttkammer, Detlef, Pfarrer i.R., ev., 47506 Neukirchen-Vluyn | 04.–06.12.

Quincke, Christiane, Dekanin, ev., 75173 Pforzheim | 23.–25.01.

Rademacher, Dr. Anne, Seelsorgeamtsleiterin Erfurt, röm.-kath., 99084 Erfurt | 15.–17.12.; Lukasevangelium

Renovanz, Christian, Militärdekan, ev., 88699 Frickingen | 02.+09.+16.11.

Reuter, Prof.in Dr. Eleonore, röm.-kath., 49191 Belm | 04.+05.09.

Ressel, Anne, Pfarrerin, ev., 68161 Mannheim | 18.–20.12.

Riede, Prof. Dr. Peter, Kirchenrat, ev., 76135 Karlsruhe | 17.–19.03.; Numeri/ 4. Buch Mose

Rist, Prof. Dr. Josef, röm.-kath., 97072 Würzburg | 19.–21.05.

Ristić, Dipl. theol. Dejan, Wissenschaftlicher Mitarbeiter, griech.-orth., 80539 München | 30.+31.05.

Röhrs, Annette, Pfarrerin, ev., 74889 Sinsheim | 05.+12.+26.10.

Rolf, Dr. Sibylle, Pfarrerin, ev., 68535 Edingen | 08.–10.12.

Rose, Prof. Dr. Christian, Prälat i. R., ev., 72800 Eningen u. A. | 03.–05.03.; ##

Sattler, Prof. Dr. Dorothea, röm.-kath., 48291 Telgte | 27.–29.11.

Schäberle-Koenigs, Dr. Gerhard, Pfarrer, ev., 75385 Bad Teinach-Zavelstein | 03.–05.02.

Schächtele, Prof. Dr. Traugott, Prälat, ev., 68723 Schwetzingen | 20.–22.11.

Schäfer, Bärbel, Dekanin, ev., 79541 Lörrach | 14.–16.07.

Schäfer, Michael, Pfarrer, ev., 53111 Bonn | 10.–12.03.

Scharfenberg, Dr. Roland, Pfarrer, ev., 78112 St. Georgen | 01.–03.05.

Schlagheck, Dr. Michael, Akademiedirektor i.R., röm. kath., 46244 Bottrop-Kirchhellen | 03.+04.10.

Schneider, Anne, Lehrerin i. R., ev., 45136 Essen | 01.+02.10; 23.11.

Schneider, Dr. h. c. Nikolaus, Präses a.D. und Ratsvorsitzender der EKD a.D., ev., 45136 Essen | 06.+07.06.; 31.12.

Schneider-Riede, Susanne, Pfarrerin, ev., 76135 Karlsruhe | 09.–11.10.

Schroeder, Dr. Christoph, Pastor, ev., 22609 Hamburg | 09.–11.01.

Schubert, Dr. Benedict, Pfarrer, ref., CH-4057 Basel | 13.–15.11.

Schwarz, Klaus, Dekan i. R., ev., 71032 Böblingen | 06.–08.11.

Seidl, Prof. em. Dr. Theodor, röm.-kath., 85298 Scheyern | Ezechiel/ Hesekiel

Senftleben, Dr. Martin, ev., 38321 Denkte | 13.–15.10.

Sfiatkos, Emmanuel, Bischof von Christoupolis, griech.-orth., 14195 Berlin | 20.–21.04.

Siquans, Prof. Dr. Agnethe, röm.-kath., A-1010 Wien | 31.08.; 07.+14.09.

Smetana, Magdalena, Pfarrerin, ev., 72076 Tübingen | 06.–08.01.

Sobottke, Ilka, Pfarrerin, ev., 68161 Mannheim | 16.–18.01.

Spendel, Sr. Dr. Aurelia OP, röm.-kath., 86150 Augsburg | 25.–27.09.
Springhart, Prof. Dr. Heike, Landesbischöfin, ev., 76133 Karlsruhe | 21.–23.08.
Stalter, Christian, Pfarrer, ev., 82031 Grünwald | 14.–16.08.
Stephan, Thomas, Pastoralreferent, röm.-kath., 76863 Herxheim | 10.+17.+24.08.
Stöckigt, Beate, Pfarrerin, ev., 99510 Apolda | 04.–06.08.
Sträter, Dr. Beate, Pastorin, ev., 53113 Bonn | 27.02.–01.03.
Strotmann, Prof. Dr. Angelika, röm.-kath., 3398 Paderborn | 1. + 2. Thessalonicher
Sudermann, Albrecht, Theologe, LtdVDir. a.D., ev., 12159 Berlin | 28.–30.07.
Süselbeck, Dr. Heiner, Pfarrer i.R., ev., 52080 Aachen/E 07150 Andratx | 20.–27.07.; 03.08.
Thiesbonenkamp, Dr. Jürgen, Pfarrer i.R., ev., 47229 Duisburg | 25.–27.08.
Treptow-Garben, Katharina, Pfarrerin, ev., 68809 Neulußheim | 03.–07.07.
Utsch, Edgar, Oberstudienrat i.R, röm.-kath., 45888 Gelsenkirchen| 19.–21.06.
Vering, Johanna, Pastoralreferentin, röm.-kath., 33449 Langenberg | 05.–07.05.
Vliagkoftis, Dr. Konstantinos, Theologe, griech.-orth., 53227 Bonn | 2.–04.04.
Volkmann, Dr. Evelina, Kirchenrätin, ev., 70565 Stuttgart | 23.–25.10.
Wahl, Msgr. Stephan, Priester, röm.-kath., Jerusalem | 12.–14.06.
Weingardt, Dr. Beate, Theologin und Dipl.-Psychologin, ev., 72072 Tübingen | 17.–19.02.
Weiß, Thomas, Pfarrer, Kirchenrat i.R., ev., 76532 Baden-Baden | 16.02.; 02.+09.03.
Wenner, Rosemarie, Bischöfin em., ev.-meth., 69226 Nußloch | 02.+06.06.
Wilmer, Dr. Heiner SCJ, Bischof, röm.-kath., 31134 Hildesheim | 31.03.–01.04.; 25.12.
Wischniewski, Alexander, Priester i. E., alt-kath., 68305 Mannheim | 22.–24.05.
Witzenbacher, Dr. Marc, Oberkirchenrat, Prälat, ev., 76199 Karlsruhe | 21.–23.07.
Wolf, Christine, Schuldekanin, ev., 69123 Heidelberg | 04.+25.+29.05.
Wünsch, Dr. Hans-Michael, Pfarrer, ev., 70599 Stuttgart | 27.–30.12.
Zapff, Prof. Dr. Burkard M., röm.-kath., 85072 Eichstätt | 15.–17.05.
Ziegler, Dr. Detlef, Pfarrer und Dozent, röm.-kath., 48155 Münster | 14.+21.12.
Zimmer, Dirk, Pastor, ev.-freikirchl., 91332 Heiligenstadt | 14.–16.04.
Zobel, Dagmar, Prälatin i.R., ev., 79117 Freiburg | 22.–24.09.
Zobel, Hans-Joachim, Dekan i.R., ev., 79227 Schallstadt | 01.–03.12.
Zumkehr, Hansfrieder, Pfarrer, ev., 31224 Peine | 11.–13.12.